제2판 UNDERSTANDING INTERNATIONAL TRADE

국제통상학원론

성일석 · 이강용 · 김홍기 · 이영혜 지음

연습문제 해답은 교우사 홈페이지(북스토어)
http://www.kyowoo.co.kr 도서자료실에서 제공합니다.

2006년 국제통상학원론 초판본이 출판된 이후 국제통상분야에는 커다란 변화가 일어났다. 중국이 일본을 추월하여 미국과 더불어 G2의 위치에 올랐다는 것이 하나요 다른 하나는 WTO 체제 하에서 이루어지던 DDA(Doha Development Agenda)협상이 공식적으로 실패했다는 점이다. 그에 대한 대안으로 양자간 협상방식인 FTA가 대세를 이루게 되었다.

한국은 2014년 현재 EU, 미국, EFTA, ASEAN, 페루, 칠레, 호주, 터키, 캐나다 등과 FTA협상을 체결하였고 한·중 간 FTA는 2014년 연말 이전에 협상을 타결하기로 한·중 정상회담에서 합의하였다. 이렇게 되어 한국경제는 완벽하게 세계시장에 개방되었고 동시에 세계시장을 공략할 수 있게 되었다. 이제 한국경제의 운명은 한국기업들의 국제경쟁력에 따라 세계시장 점유율을 높일 수도 있고 반대로 국내시장을 외국기업들에게 내 줄 수도 있게 되었다. 한국정부가 할 수 있는 일은 과거와 같이 기업에 대해 직접적인 지원을 할 수 없게 되어 간접적으로 기업하기 좋은 환경을 조성하여 국내·외 기업들이 한국 내에 생산시설 혹은 연구·개발거점을 구축하여 좋은 일자리를 더욱 많이 창출할 수 있도록 하는 것이 주요 과제가 되었다. 한국기업들은 그 동안 외국시장에 대한 직접투자를 통해 많은 성과를 거두었는데 이제는 국내에 대한 투자를 늘려 국내시장에서 좋은 일자리를 많이 창출하고 한국 정부에 세금을 많이 납부하여 한국경제가 알차게 발전할 수 있도록 하는 것이 주요 과제가 되었다.

중국은 2010년에 일본을 제치고 미국 다음 가는 세계 2위의 경제대국으로 부상하였다. IMF는 중국이 2016년에 미국을 제치고 세계 제1의 경제대국으로 부상할 것으로 예측하였다. 경제력과 군사력에서 미국을 제치고 세계 1위의 국가로 부상한다는 것은 20세기에 서방 선진국들에게 처절하게 짓밟혔던 치욕의 역사를 벗어나 21세기에는 세계를 호령하게 된다는 것을 의미한다. 그러나 군사력에 있어 미국을 추월하는 것은 또 다른 문제이다. 향후 30년까지는 군사력에 있어서 미국을 추월하지는 못할 것이라는 것이 대다수 전문가들의 예측이다.

한국은 미국과 중국 사이에서 일방적으로 미국 편을 들 수는 없을 것으로 전문가들은 내다보고 있다. 왜냐하면 남북통일을 이루는데 있어 중국의 동의 내지는 암묵적 지지 없이는 불가능하기 때문이다. 남북통일은 21세기에 한국이 이루어야 할 지상과제인데 한국을 둘러싼 4대 강국이 과연 남북통일을 지지할 지는 의문이다. 그 중에서도 일본과 중국은 남북통일을 지지하지 않을 것으로 보인다. 이들의 반대를 극복하고 남북통일을 이루는 것은 남북통일이 그들에게 불리하게 작용하지는 않을 것이라는 점을 주지시키고 납득시켜야 할 과제이다.

본서는 한국을 둘러싼 이러한 환경변화를 염두에 두고 한국이 국제통상전략을 어떻게 펼쳐 나갈 지에 대한 시사점을 얻고자 한다. 본서는 제 1부 국제통상의 이론적 기초와 와 제 3부 국제통상정책은 성일석교수, 제 2부 국제수지와 국제금융시장은 김홍기 교수, 제 4부 국제상무는 이영혜선생이 제5부 국제경영은 이강용 교수가 집필하였음을 밝혀둔다.

오정골에서 공저자 일동

차례

제3부 국제수지와 환율

제4부 국제상무

제5부 국제경영

제16장 국제마케팅 전략 / 309

제 1 부

국제통상의 이론적 기초

제 1 장 | 국제통상의 의의와 대상

제1절 국제통상의 이해

1. 국제통상의 의의

인간은 욕구에 대한 만족을 추구하며 살아가는 존재이며, 인간의 욕구는 다양하고 무한하다. 경제학적 의미에서 한 경제주체인 인간은 무한한 욕구를 주어진 소득 또는 자원의 범위 내에서 최대한의 만족, 즉 효용의 극대화를 추구한다. 인간의 경제적 만족을 추구하는 수단은 재화와 서비스(goods and services)이고, 경제적으로 인간은 이것을 소비하면서 살아가는 존재이다. 한편, 인간의 이러한 소비활동을 할 수 있도록 하는 또 하나의 경제주체는 기업이며, 기업은 주어진 예산 범위 내에서 이윤의 극대화를 달성할 수 있도록 재화와 서비스를 생산하고 공급한다.

경제주체인 기업과 가계는 시장을 매개로 상호관계를 갖는다. 기업(생산자)은 생산요소(production factor)를 사용하여 재화와 서비스를 생산하여 공급하고, 가계(소비자)는 생산활동에 필요한 생산요소를 공급한 대가로 얻게 되는 소득으로 재화와 서비스를 구입하여 소비하는 현상을 일반적으로 경제활동(economic activity)이라 하며, 이러한 경제순환과정(economic circular)을 통해서 경제활동은 이루어진다. 오늘날 우리는 상거래, 즉 필요한 물건을 사고 파는 모든 행위는 기본적으로 시장을 매개로 개인의 자유로운 의사결정에 의하여 이루어지고 우리는 이러한 일반적인 흐름 속에서 살고 있다.

오늘날 자본주의의 시장경제질서는 기업 자신의 이윤추구 활동이 아무런 제약 없이 이루어지고, 또한 소비자도 자신의 만족을 극대화하기 위해서 선택의 자유는 보장되고 있다. 이에 따라 자연스럽게 이기주의적 가치를 기초로 하는 자유주의적 가치관과 사회질서를 중심을 이루어지고 있다. 이러한 질서는 한 나라 안과 밖에서의 기업활동에서도 동일하게 적용되고 있다.

이러한 기본적인 인식을 전제로 통상(通商)이라는 의미는 '상'(商)은 사고 파는 상거래, 즉 개인 또는 기업 상호간의 경제활동과 '통한다'는 의미의 '통'(通)의 활동을 합쳐보면 쉽게 이해할 수 있다. 즉 '통상'(通商)이란 '상거래'를 '통'하게 한다는 뜻으로 경제주체간의 자유로운 경제활동이 이루어진다는 것을 의미한다. 이에 국제통상(國際通商)은 국가간 통상이 이루어지는 현상을 의미하고 있다.

이같이 통상의 문자적 해석은 자본주의 사회에서 기업 또는 소비자가 이윤을 극대화하거나 효용을 극대화하기 위한 여러 가지 형태의 상거래는 생산자나 소비자의 개인적 의사결정에 의한 자유로운 현상이다. 그런데 이러한 자유로운 현상이 현실적으로 거래자체에 인위적으로 간섭함에 따라 순환이 이루어지지 않고 경제왜곡이 일어남으로 본래의 모습으로 돌아가자는 것이 통상문제의 해결이다.

그런데 통상이라는 개념을 이해하기 위해서는 국제적인 상거래 또는 국가간 경제활동이 경제주체의 의사결정에 의하여 완전히 자유롭게 이루어져야 하는데 현실적으로 그렇지 못하다. 한 국가 내의 경제활동에 정부의 일정한 간섭이 존재할 뿐만 아니라 국경을 넘어 이루어지고 있는 국제경제활동의 경우에도 국가의 주권이 큰 장벽으로 작용하고 있다. 즉, 세계경제의 자원배분이 분업과 교환이라는 자유주의적 경제원리에 따라 이루어지는 과정에서 국가권력이 장애가 되는 경우를 쉽게 발견할 수 있다. 또한 오늘날 세계경제의 의존성이 심화됨에 따라 과거에는 외국의 기업이나 소비자와는 아무런 관계가 없는 것으로 여겨졌던 국내 경제활동에 대한 정책도 상호의존관계가 강화됨에 따라 외국에 까지 영향을 미치고 있다.

현실적으로 모든 국제경제활동은 개별국가의 간섭으로부터 자유롭지 못하고 정치, 사회, 그리고 문화적 환경은 기업과 소비자의 의사결정에 많은 왜곡을 가져다준다. 또한 자연적으로는 발생하는 상거래활동이 경제 외적인 목적을 가지고 인위적으로 이루어지기도 한다. 이러한 인위적인 활동은 자연발생적인 경우와 비교하면 자원의 배분에 있어서 상당한 왜곡을 초래하게 되는 경우가 많다. 따라서 기본적으로 '국제통상'이란 개별국가의 경제주체의 자유롭고 합리적인 의사결정에 따른 상거래를 제약하는 요인을 완화하거나 없애는 과정으로 이해하는 것이 보다 적절한 개념이다.

이러한 의미를 갖고 있는 국제통상은 많이 변화되어 왔다. 산업혁명이후 자본주의가 발전하면서 경제활동에 대해 국가와 개인은 상당부분 갈등관계에 있었다. 국가는 구성원간의 합의에 의하여 맡은 권한을 가지고 국경을 통과하는 인적·물적 이동을 직·간접적으로 통제해 왔으며, 통제의 배경에는 다양한 목적이 있다. 예를 들면 국가안보, 국내산업의 보호와 육성, 사회의 공동가치 보전, 국민건강의 보호 등 매우 다양한 목표를 가지고 국간의 재화나 서비스, 요소이동을 통제해 왔다. 이러한 국가의 역할은 당연히 기업 또는 소비자의 경제활동에 상당한 제약요인으로 작용해 왔으며, 어떤 기업이 이윤추구의 목적으로 외국으로부터 상품을 수입할려고 할 때 국가의 목표에 비추어 어떠한 판단을 내리는가에 따라 많은 관세를 물게 되거나 극단적인 경우에는 수입 자체가 불가능하게 될 수도 있다. 따라서 산업혁명 이후 성장한 자본가는 정부의 통제가 이윤추구를 목적으로 하는 기업활동에 부정적인 효과를 미치게 됨으로 통제를 완화시켜 나가야 한다고 주장하게 되었다. 그 결과 나타난 경제적 이데올로기가 시장기능에 입각한 자유무역의 이념이다. 특히, 외국에 수출하는 기업에게는 수출국 정부의 정책이 어떠하냐에 따라 전혀 다른 효과를 미칠 수 있다.

이와 같은 이유로 자연스럽게 상품 및 서비스 그리고 생산요소의 국가간 이동에 대한 제약요인을 제거하거나 완화를 요구하게 된다. 이러한 의미에서 국제통상은 한 국가가 어떠한 목적을 위하여 국경을 통과하는 경제활동에 대하여 제약을 가할 때에 여타 국가 또는 기구가 이를 해소하기 위해거나 자국의 이익을 얻기 위하여 취하는 각종 조치가 국제통상정책이다. 또한 역사적으로는 국제통상활동에서 여러 국가가 공동의 이익을 위하여 규칙을 마련하기 위한 다양한 노력도 중요한 부분이 된다. 따라서 국제통상은 국가간에 이루어지고 있는 다양한 경제활동에 대한 국가의 규제를 완화시키거나 철폐하기 위하여 국가간 그리고 여러 국가가 공동으로 취하는 각종 활동과 과정을 말한다.

게다가 오늘날 국가간 경제활동의 범위가 넓고 매우 다양해지고 복잡해짐에 따라 국제통상의 개념과 대상이 변화되었다. 예컨대, 국가간의 경제활동이 단순한 재화거래(trade in goods)에 국한되었던 시대와는 달리 오늘날처럼 서비스교역(trade in services)의 비중이 급격히 증가하고 해외직접투자가 확대되며 그리고 생산과 판매의 글로벌화가 일반화되고 있는 시대에 있어서는 국제통상의 의미와 그 대상(범위)이 과거와는 상당한 차이를 가지고 있다.

이상과 같이 통상환경의 변화는 국제통상활동도 새로운 특징을 보이고 있다. 이를 요약하면 다음과 같다. 첫째, 오늘날 국제통상은 국제무역[1])뿐만 아니라 거의 모든 국제경제활동을 대상으로 한다는 점이다. 과거에는 국가간 경제활동의 주요 내용이 주로 무역 그것도 상품교역에 국한되었지만 최근에는 서비스교역의 비중이 확대되고 있을 뿐만 아니라 생산요소인 자본과 노동의 국가간 이동도 매우 활발하게 이루어지고 있다. 이와 같이 거래의 폭은 국가간의 물리적·제도적 장벽을 완화함에 따라 국제경제활동의 폭이 확대되고, 국제통상과 관련된 이슈도 많아지며 범위도 그 만큼 넓어질 것이다.

둘째, 과거와 동일한 국제통상의 분야에 있어서도 그 내용이 각 국가의 의무를 더욱 증대시키는 방향으로 변화하고 있다. 예를 들어, 과거에는 통상의 목표가 각국이 실시하고 있는 국경장벽의 완화 내기 철폐를 위한 것이었다면, 최근에는 전통적인 무역분야에 있어서도 국내정책의 변화를 요구하는 방향으로 바뀌고 있다. 즉 '자유무역(free trade)'에서 '공정무역'(fair trade)으로 통상활동의 시각이 바뀌어가고 있다.

셋째, 최근의 국제통상활동은 국가간 경제활동의 자유화와 공정한 규칙의 확립뿐만 아니라 무역 및 투자활동에 영향을 미치는 여타 비경제적 활동에 대해서도 그 범위를 확대하고 있다. 환경보호, 노동기준, 그리고 기업 활동과 관련한 부패문제 등 과거에는 국제경제활동과 거의 무관한 것으로 간주해 왔던 분야에 대해서도 국제규범을 마련하고 무역 및 투자활동과 연관시키려는 노력을 하고 있다.

마지막으로 국제통상활동에 있어서 협상(negotiation)의 중요성이 크게 부상되었다. 국제통상활동은 기본적으로 협상의 결과에 근거하고 있다고 하여도 과언이 아니다. 양자간 또는 복수간에 발생하는 통상은 말할 것도 없으며, 세계 대부분의 국가가 참여하는 WTO체제를 출범시킨 우루과이라운드는 대표적인 다자간 협상이다. 따라서 국제통상과 그 결과로 나타나는 통상규범에 대한 이해를 위해서는 협상의 방식, 협상 당사자의 협상력이 규범에 미치는 영향, 그리고 협상의 규범화과정에 대한 전반적인 이해는 필수적이다.

2. 국제통상의 성격

국가간 재화와 서비스의 거래라는 의미의 국제무역은 기후·토양 등이 다른 자연적 조건과 언어·제도·관습 등의 사회적 조건이 다른 국가 상호간 물품의 교류현상이기 때문에 그 성격도 여러 가지 관점에서 파악할 수 있다.

---

1) 국제수지표에서 무역수지에 속하는 재화와 용역의 거래를 말한다.

그래서 국제무역의 성격은 국민경제를 기반으로 하는 개별 경제적인 면과 국민경제를 근간으로 하는 세계경제적인 면에서 상호간의 불균형을 조절하고 보완하며 거래하는 상업활동으로 파악하는 것이 타당하다. 왜냐하면 무역은 국민경제에 기반을 두고 있고, 개별 국민경제는 복합적인 여러 가지 이해관계가 얽혀 있는 세계경제를 형성하고 있어 세계경제적인 측면에서 각자가 속하는 국민경제와 직접 관련성을 갖고 있기 때문이다.

따라서 국제통상활동은 개별경제적 성격, 국민경제적 성격, 세계경제적 성격 등을 갖는 복합적인 성격을 가지고 있다.[2)]

1) 개별경제적 성격

국제무역, 즉 수출입활동은 국제적으로 일어나는 상거래이기는 하지만 국내 상거래와 같이 개인간의 자유의사에 의하여 이루어지는 사적이고 개별적인 물품매매 활동(private merchandising activity)의 성질을 갖는다. 따라서 사적인 물품매매활동은 그 자체가 산업간의 수출입행위라는 개별적인 상거래를 말하며 이것이 국제무역이다. 이러한 의미에서 국제무역은 하나의 개별경제적 성격을 갖고 있다고 할 수 있다.

오늘날 개방경제체제하에서 개별기업들은 사적 개인간의 계약과 통상활동이 자유로운 가운데 무역의 효과를 극대화하고 있다. 따라서 각국은 이러한 점을 고려하여 개별적인 산업간의 통상문제를 정치문제화하지 않고 또한 타국에 대한 외부적인 자극을 주지 않으려고 하는 등 가능한 개별기업의 무역활동에 대한 국가간섭을 배제하고 산업의 개별경제적 활동을 자유롭게 하고 있다.

2) 국민경제적 성격

국제무역이 서로 다른 국가간의 경제거래로써 국민경제 상호간의 경제관계를 연구하는 국제통상분야이기 때문에 국민경제가 출발점이 된다. 따라서 통상적으로 국제무역은 국가간의 물품교류현상이므로 행위주체는 개별기업이지만 국제무역의 기본주체는 국민경제이다. 따라서 무역은 개별기업적 성격뿐만 아니라 국민경제적 성격도 함께 갖는 것이다.

물론 국제무역이 개별기업에 의하여 이루어진다고 하더라도 기본적으로는 국민경

2) 박종수, 국제무역의 이해, 두남, 1998, pp.19-20(上坂酉三, 貿易概論, 前野書店, pp.11-15) 재인용.

제를 단위로 국가간의 국경을 넘는 경제거래가 이루어지기 때문에 국제무역이란 개별기업의 이익 이전에 국가의 이익이 우선하는 국민경제적 성격을 지닌다.

따라서 개별기업의 사적 물품매매에 의한 이윤추구와 자유거래는 그 개별기업이 소속하는 국가의 산업정책이나 무역정책 등과 같이 국민경제적 차원에서 공공의 이익이라는 측면에서 제약을 받게 된다.

3) 세계경제적 성격

오늘날 지구촌에 존재하는 어떤 나라도 완전한 자급자족경제체제(autarky economic system)를 구축하고 있는 나라는 없다. 자원이 풍부하여 자급자족이 가능하리라고 생각되는 미국이나, 폐쇄적인 자급자족을 고수하던 사회주의제국들도 무역확대를 통한 경제발전을 꾀하고 있다. 이렇게 보면 어느 나라든지 정도의 차이는 있겠지만 타 국민경제와의 깊은 상호의존성을 갖고 상호협력하고 있으므로 일국의 무역활동은 세계경제활동의 일부를 형성하고 있다.

따라서 무역은 당연히 세계경제적 성격을 가지고 있으며 최근 세계무역의 확대를 위한 국제통상질서의 모색과 국제관습을 통일화하고 절차를 간소화 노력이나 관세장벽이나 비관세장벽 등을 통한 각국의 무역정책을 세계적 차원에서 조정하려는 국제기구들의 노력이 국제통상의 세계경제적 성격을 반영하고 있는 것이다.

3. 국제무역의 특징

일반적으로 무역은 국제통상의 중요한 부분으로 국제상거래라는 점에서는 국내거래와 동일한 상거래현상이지만 국제무역은 앞에서 본 바와 같이 일반적으로 성격면에서 국내상거래와는 차이가 있고 또한 복합적인 성격으로 인하여 다음과 같은 무역활동 특유의 성격을 지니고 있다.[3]

1) 국제무역은 해상 의존성이 크다

상품의 국가간 교류는 바다와 더불어 발달하였으며, 바다를 주된 통상루트(route)로 삼고 이루어졌기 때문에 해상운송과 무역은 불가분의 관계가 있다. 이러한 현상은 단순히 해양국에만 국한된 것은 아니고, 내륙국에서 있어서도 무역활동의 대부분이 해

3) 박종수, 상게서, pp.20-23(上坂酉三, 上揭書, pp.16-20) 재인용.

상을 통하여 이루어지고 있다. 따라서 세계무역의 역사를 보면 해상을 지배하는 국가가 세계무역의 주도적 지위에서 군림하여 왔다는 것을 알 수 있다.

이와 같이 무역이 해상의 의존성이 높은 것은 해상운송을 통하지 않고는 엄청난 물동량을 효과적이고 저렴한 비용으로 이동하는 것이 쉽지 않기 때문이다. 따라서 역사적으로도 세계무역은 주로 해상운송에 의하여 이루어졌고 육로운송은 이러한 해상운송의 보조수단으로 이용되어 왔다.

최근 항공산업의 발달로 항공운송이 크게 증가하였다고는 하지만 그것은 견본이나 급송을 요하는 물품이나 가볍고 고가인 경우 등 특수한 경우에 한정되고 있다. 항공운송은 운송비가 비싸기 때문에 세계무역은 역시 해상무역의 형태를 주로 이용할 수밖에 없다.

중세에 있어서 각 항구도시의 해상산업은 선주와 상인의 공동기업으로 시작되어 해운·무역·해상보험의 결합체로써 활동을 하였으며 그 후 경제가 발전됨에 따라 먼저 무역과 해상운송이 분리되고 다시 해운과 해상보험이 분리되어 각각 독립산업으로써 발달하게 되었다.

또한 무역항은 국제무역의 수송거점으로 발전되어 세관·창고업·해운업·금융업·보험업 등의 무역활동을 돕기 위한 제반 기능을 담당해 왔으며, 한 나라의 선박보유톤수가 바로 그 나라의 무역에 대한 지표가 되었다.

2) 국제기업의 위험성은 높다

국제상거래를 행하는 개별기업은 무역이 갖는 여러 가지 특성상 국내거래에서는 개입되지 않거나 국내거래에서 직면하게 되는 위험보다도 더 큰 위험을 안고 있다. 그 위험의 주요 내용은 다음과 같다.

① 상품의 수송과 보관상의 위험

이는 상품 그 자체에서 생긴 물리적 위험이며, 상품의 운송 및 보관 중에 외부로부터 발생한다. 물론 이러한 위험은 해상보험과 손해보험으로 보험업자에게 담보되어 있지만 위험 그 자체가 완전히 없어지는 것은 아니다.

② 상품대금에 관한 위험

상품대금의 결제에 있어 지급거절이 발생하는 경우가 있다. 이러한 위험에 대해서는 신용보험제도나 국가의 재보험제도 또는 손해보상제도에 의하여 어느 정도 그 위험을 담보해 주고 있는 것이 국제적 관습이다. 우리나라는 수출보험제도에 의하여 그 위험을 담보해 주고 있다.

③ **상품가격이나 환율로 부터의 위험**

국제무역에서는 물품의 계약·선적·인수·대금결제 등은 상당한 시차가 존재한다. 따라서 이러한 시차가 있는 동안에 물품가격이 변동함으로써 일어나는 「가격상의 위험」이나 환율의 변동 때문에 발생하는 「환위험」이 일어날 수 있다.

3) 산업관련성을 갖는다

무역은 일국의 생산성, 기술향상, 고용확대 그리고 국제수지의 개선 등 국민경제순환과 발전에 결정적인 요인으로 작용하게 된다. 즉 무역은 관련산업의 발전에 영향을 미침으로써 국민경제력을 향상·발전시킨다는 점에 그 특색이 있다.

특히 자국의 경제가 무역에 크게 의존하고 있을 경우, 그 국가에서는 수출산업의 성장여하에 따라 그 국가의 경제발전여부가 결정된다. 왜냐하면 수출산업은 무역의 발전과 밀접한 상관관계가 있기 때문에 원료의 수입이나 제품의 수출에 있어서 무역의 발전없이 경제발전을 기대할 수 없기 때문이다.

그러므로 무역이 발전하게 되면 외국의 자원에 대한 수요가 증가하게 되고, 다른 한편으로 그 제품의 해외시장을 개척해야 함으로 여기에 다양한 산업의 발전이 요구된다. 이와 같이 오늘날에 있어서는 산업과 무역은 밀접한 상호관련성을 갖게 된다. 즉 무역의 발전은 산업의 발전에 이바지하고, 나아가 산업의 발전은 무역의 증대에 크게 기여하게 된다.

4) 국제 상관습에 영향을 받는다

무역도 국내거래와 마찬가지로 물품매매업의 본질을 가지고 있다. 모든 무역업자들은 국제매매활동을 효율적으로 행함으로써 이윤을 얻어 그들의 경영목적을 달성하기 때문에 오늘날 대규모의 국제무역도 결국 개별 무역업자들의 매매활동의 결과이다. 그러므로 사적인 무역경영의 합리적 발전이 국제거래를 발전시킨다.

오늘날 순수하게 이루어지는 국제매매(international sale of goods)로서의 무역은 주로 소유권이전의 목적으로 체결된 매매계약의 형식이라고 할 수 있다.[4] 그런데 매매

4) 박종수, 상계서, p.23(上坂酉三, 前揭書, pp.47-49) 재인용.

계약은 당사자의 권리와 의무를 발생시키는 법률행위이며, 더욱이 무역계약은 약속이며 쌍무적인 유상거래의 요건을 갖춘 상사계약이다.

국가간 무역활동에서 언어·풍습·법률·제도 등이 다른 이질적인 국가간에 대외매매라는 법률행위의 실천과정에서 여러 가지 마찰을 통하여 정형화된 무역관습에 근거하여 계약을 체결하고 이행하여 왔다. 이러한 무역관습은 무역계약에 대한 해석기준으로서의 기능을 하기 때문에 오늘날의 무역거래는 원활하게 이루어지고 있는 것이다. 이렇게 정형화된 국제관습은 현행 무역방식의 기본적인 틀을 이루고 있으며, 또한 이 관습은 국제무역업계의 공적인 거래조건으로 활용되고 있다.

4. 국제통상의 범위

오늘날 대부분의 국제상거래는 상품무역(trade in goods)와 서비스무역(trade in services)를 중심으로 이루어지고 있다. 상품무역은 원료재(raw materials)로부터 최종재인 공업제품(manufactured goods) 그리고 식료품(food stuffs) 등에 까지 거래가 이루어진다. 이러한 거래를 '눈에 보이는 무역' 또는 유형무역(visible trade)이라고 한다. 한편 서비스거래는 유통서비스, 금융서비스, 운송서비스, 교육서비스, 보험서비스, 의료서비스, 관광서비스 등의 거래와 같은 "눈에 보이지 않는 거래" 또는 무형무역(invisible trade)이라고 한다.

오늘날 지구상에 있는 어떠한 국가도 완전한 자급자족을 이루고 있는 나라는 없다. 각국은 기후·토지 등의 자연적 조건이 다르기 때문에 농산물이나 광산물 등과 같은 천연자원이 다르게 분포되어 있다.

게다가 자본·노동력·생산기술 등의 사회적 조건이 다르기 때문에 공업원료, 공업제품의 생산·소비의 형태가 다르다. 그러므로 각 국가는 국민의 다양한 욕구를 충족시키기 위하여 국제분업의 원리에 따라 국가간의 상품이나 서비스거래가 필요하게 되었다.

각 국의 경제발전에 따라 국민들의 소비의 다양화, 고급화, 기능화에 부응하는 서비스에 대한 거래도 증가하고 있다. 그래서 무역은 상품거래 의해서만 성립되는 것은 아니라 무역의 거래대상으로서 서비스(service)가 무역에서 중요한 위치를 차지하게 되었다. 서비스는 독립적인 거래의 대상이 되기도 하지만 상품거래에 수반하여 발생하는 경우가 많다. 즉, 상품을 외국에서 수송하는 운송서비스, 운송중의 상품에 보험을 추가한 보험서비스 그리고 국제간의 상품매매계약의 성립을 위한 대리·중개업무 등의 서비스를 들 수 있다.

또한 국제무역의 복잡성과 다양화에 따라 무역거래의 대상도 유형재인 상품 외에 외국과 기술제휴계약을 체결하고, 그 제공한 기술의 대가를 받게 되는 등 기술이 상거래의 중요한 대상이 되고 있다. 즉, 공업소유권의 양도나 노하우(know-how)의 제공 등의 형태로 이루어지고 있다. 기술 이외에 저작권·광업권·어업권 등의 무형재산권도 무역거래의 대상이 된다.

나아가 전통적인 무역이론에서 고려되지 않았던 생산요소의 이동, 즉 자본거래나 노동거래도 중요한 거래의 대상이 되고 있다. 자본거래는 장기자본이나 단기자본과 같은 자금의 국제적 이동을 말한다. 즉, 서비스의 제공이나 상품의 판매와는 직접적인 관계없이 외국에 자본을 대여해 주거나 투자를 한 후에 이자나 배당금 등을 받는 행위 또는 상품대금을 대여해 주는 신용공여(credit giving) 등이 이에 속한다.

노동거래는 일반거래와는 달리 주로 이민과 정치적 이유로 이루어지는 경우가 많다. 오늘날 노동의 국제적 이동은 자발적인 경제활동의 소산이라기보다는 오히려 비자발적인 정치적 색채가 크게 작용하였기 때문에 정상적인 노동의 이동과는 구별되어야 할 부분이 많다.

그러나 최근에 와서 세계화가 급속하게 진행되면서 자발적인 동기, 즉 연구자나 기술자가 연구소나 기업의 초청으로 이루어지는 이동의 경우가 많아지고 있다. 다른 한편으로 불법적인 경우도 증가하고 있다. 예를 들면 중국이나 동남아 국가들에서 제한된 취업비자를 받거나 산업연수활동 또는 유학, 관광의 이름으로 정상적인 이동으로 왔다가 불법적인 체류가 급증하고 있다.

제2절 국제통상과 국민경제

1. 국민경제에서 무역의 중요성

1) 무역과 국민생활

오늘날 선·후진국을 막론하고 완전한 자급자족의 경제를 이루고 있는 국가는 없다. 다른 나라와 경제적 협력을 통하지 않고서는 그 나라의 경제를 유지·발전시킬 수 없고, 나아가 국민경제생활의 수준을 향상시킬 수 없다고 모든 국가는 생각하고 있다.

다시 말하면, 각 국민경제는 상호 관련 속에서 세계경제를 형성하고 있는 것이다. 그러므로 모든 나라에 있어서 경제적 협력, 특히 무역은 중요한 위치를 차지하고 있으며, 다만 그 중요도는 나라마다 조금씩 다르다.

이와 같이 국제무역의 중요성은 현대경제사회에서 얼마든지 찾아볼 수 있으며, 그것은 광범위한 분업으로부터 나오게 된다. 이러한 현상은 원시적인 사회에서 조차도 그들의 희소자원을 사용하는 데 있어서 상호 협력해 왔다. 그 이유는 혼자서 한꺼번에 많은 다른 일을 하는 것보다 상호협력을 통하여 더 많은 상품과 서비스를 생산할 수 있고 이를 교환함으로써 더 많이 소비할 수 있었기 때문이다[5].

오늘날 현대경제사회에서도 고도의 분업은 이용 가능한 많은 상품과 서비스를 생산할 수 있게 함으로써 모든 국민경제의 생활수준을 향상시켜 주고 있다. 이러한 분업은 기본적으로 무역을 통해서만 가능하며, 무역 없이는 가능하지 못한 것이다.

이러한 분업으로 생산된 상품이나 서비스의 생산자는 자기 개인의 소비를 위해서는 자신의 생산품 중 일부분만을 사용할 뿐이며, 그 남은 잉여부분은 다른 생산자의 상품이나 서비스와의 교환하여 사용하게 된다.

다시 말하면 각 국가는 자국의 잉여품을 상대적으로 더욱 더 저렴하게 생산하는 다른 나라의 재화나 서비스와 교환함과 동시에 다른 나라보다는 상대적으로 더욱 더 저렴하게 생산할 수 있는 상품 생산에 특화하고, 생산된 상품이나 서비스를 상호 교환함으로써 이익을 크게 얻으려고 한다.

이러한 과정은 모든 나라에서는 가능한 많이 저렴하게 생산하는 재화와 서비스에서 국제분업이 일어난다. 따라서 국제분업과 특화는 단순·폐쇄경제내의 국내분업과 특화로 국민경제 내에 있는 국민들의 생활수준을 향상시킬 뿐만 아니라 상호교역을 하는 모든 나라의 국민생활수준도 향상시키게 된다.

2) 무역과 국내산업

국제무역은 나라마다 생산되지 않거나 생산비의 차이를 갖고 있는 필요한 물건을 서로 생산하여 상호 교환함으로써 국민생활수준을 향상시킬 수 있다는 의미에서 뿐만이 아니라 그 이외에도 여러 가지 중요한 의미가 있다. 즉 기본적으로 어떤 나라가

5) 윤기관, 무역학원론 법문사, 1992, pp.59-60. 참조

필요로 하는 물품을 외국에서 수입하려면 그 대가의 지불을 위한 외화가 필요하며 그 외화는 자국 물품의 수출에 의해서 충당될 수밖에 없다.

따라서 수출을 증가시키므로써 필요한 외화보유를 증가시켜 외국물품에 대한 구매능력을 증가시킬 수 있지만, 그렇지 못하면 외화의 부족으로 필요한 물품도 수입할 수 없으며 국민경제 내에 있는 여러 가지 산업의 발전을 이룩해 가는 데는 한계가 있으며, 또한 경기를 위축시키거나 실업문제를 야기시키는 등의 많은 문제가 발생하게 된다.

예를 들어 섬유제품의 수출이 감소하면 생산을 줄여야 하기 때문에 섬유제품을 생산하는 기업은 생산감소에 의한 경영난으로 실업자가 생기게 되고, 또한 이와 관련되는 방직기계의 산업도 생산이 위축된다. 이러한 연쇄반응으로 인하여 그 나라의 국내경기가 나빠져서 기업이 도산하거나 실업자가 늘어나서 국민경제발전을 어렵게 만든다.

또한 국내에서 생산설비를 갖추고 있어면서도 원료의 수입에 의존하여 생산활동을 하고 있는 국가는 원료수입이 순조롭지 못하면 생산차질이 생겨 국내공급은 물론 그 제품의 수출도 어렵게 될 것이다. 그러나 수출과 수입이 모두 원활하게 이루어지면 그 나라의 경기도 호전될 뿐만 아니라 산업의 생산량도 늘어나게 되고 실업자도 감소하게 되어 그 나라의 국민경제는 그 만큼 활발하게 움직이고 발전하게 된다.

우리나라는 그 동안 경제개발계획의 착실한 이행으로 한국의 경제는 놀라운 성장을 이룩하여 왔는데, 여기서 공업생산의 증대와 더불어 그 활동에 필요한 원재료의 수입을 위하여 필요한 외화는 수출증가를 통하여 조달되었기 때문에 가능했다는 것이다. 그리고 국내시장이 상대적으로 협소한 국가에서의 수출은 유효수요(effective demand)를 창출하는 데 커다란 역할을 하므로 국내생산을 증가시킬 것이다.

2. 국제무역과 국민경제[6])와의 관계

1) 수출이 국민경제에 미치는 영향

(1) 긍정적인 효과

① 필요한 외화를 공급하는 역할을 담당

가계나 기업과 같은 개별 경제주체들이 화폐경제에서 그 경제활동을 하기 위해서

6) 박종수, 국제무역의 이해, 도서출판 두남, 1998, pp.39-43 참조.

는 화폐가 필요하며, 일국이 개방적인 국민경제를 운용하기 위해서는 필요한 막대한 외화에 대한 수요가 생긴다.

첫째, 국민경제가 대외거래를 하는 경우 요구되는 거래적 동기에 의한 외화의 수요가 그것이다. 외국으로부터 필요한 원자재나 중간재와 상품을 수입하거나 기타 결제를 위해서 외화가 필요하다.

둘째, 자국 통화의 교환성을 보장하고, 장래의 지급준비를 위해서는 외화수요가 필요하다. 장래의 외화수요에 대비하거나 외환시장이 불안정한 경우 이의 안정화를 도모하기 위해서 외화준비가 필요하다.

셋째, 기업이 경제적 이익을 창출하기 위해서 외국기업에 대한 국제투자를 할 수 있도록 외화가 필요하다.

이와 같은 필요에 의해서 이루어지는 외화의 획득은 수출뿐만 아니라 여러 가지의 무역외거래나 이전거래 또는 외국으로부터의 차관도입 등을 통하여 달성할 수 있다. 그러나 이 중 가장 중요하고도 바람직한 형태는 수출을 통한 외화를 조달하는 것이다.

따라서 국민경제의 발전과 향상을 위해서 필요한 외화의 공급에 크게 기여하는 방법은 수출을 통하여 외화를 획득하는 것이다. 이와 같이 수출은 필요한 외화를 공급해 주는 외화공급원으로서의 중요한 역할을 담당한다.

② 산업구조의 고도화에 기여

수출은 외화공급원으로서 역할뿐만 아니라 더 많은 생산활동을 할 수 있게 하고 소득을 증대시킬 수 있도록 판로인 해외시장을 제공함으로써 산업구조의 고도화에 기여하게 된다. 역사적으로 볼 때 저개발국의 경제발전에 있어 규모의 경제는 중요한데 시장의 규모는 규모의 경제에 매우 중요한 역할을 하며 수출은 이러한 시장규모의 문제를 해결하는 수단이 되었다.

해외시장으로의 수출이 이루어지게 되면 종래 시장규모의 협소 때문에 달성할 수 없었던 대량생산에 의한 규모의 경제(economies of scale)를 실현할 수 있게 된다. 이러한 규모의 경제는 대량생산에 따르는 생산비의 인하를 가져올 수 있고, 또한 이러한 대량생산에 따른 분업을 촉진하고, 생산방법과 경영능률 개선, 새로운 기술혁신의 촉진이 이루어짐으로써 제품의 품질개선과 다양화를 이룩할 수 있게 된다.

나아가 생산비의 인하와 품질의 개선과 다양화는 그 나라 제품의 가격·비가격경쟁력을 강화시켜 「수출증대에 따른 시장규모의 확대 → 규모의 경제 실현 → 생산비 인하와 품질개선에 따른 경쟁력의 강화→수출증대」라는 순환으로 강한 경쟁력을 확보할 수 있으며, 더 나아가서는 그 나라 산업구조의 고도화에도 기여하게 된다.

③ 생산의 증대와 생산 유발효과

수출은 해당 수출산업의 수출품생산을 증가시킬 뿐만 아니라 동 수출품생산과 관련되는 모든 산업의 생산을 연쇄적으로 유발시킴으로써 관련산업의 생산활동을 직접·간접으로 증대시켜 고용을 창출하게 된다.

이와 같이 어떤 산업에의 투자가 이와 관련되는 다른 산업의 투자와 생산을 유발시키는 효과, 즉 관련효과 또는 파급효과(linkage effect)를 발생시키므로써 수출은 이러한 일련의 효과를 통하여 일국 전체의 투자와 생산을 증대시키는데 중요한 역할을 하게 된다.

④ 고용·소득증대 효과

수출로 인하여 국내투자활동이 활발해지므로 고용이 늘어난다. 물론 수출산업이 자본집약재보다 노동집약재가 고용창출효과가 크기 때문에 고용을 더 증대시킬 수 있을 것이다. 또한 수출은 그 상품의 생산활동과 관련된 여러 부문의 생산을 유발시켜 여기에 투입된 노동·자본·토지(임금·이자·지대) 등의 생산요소에 대해 소득을 증대시켜 준다.

수출의 소득유발액은 수출산업뿐만 아니라 수출과 관련된 관련산업들의 생산과정에서 발생한 부가가치의 합계로 산출된다. 즉 일국의 수출이 유발하는 소득액은 각 수출산업별 생산유발액에 각 산업별 부가가치율을 곱해서 구한다. 다시 말하면 수출의 증가로 국내생산이 늘어남에 따라 생산활동에 참여한 생산요소들에 대한 대가가 더 많이 지급되므로 생산요소의 소득이 증가한다.

⑤ 경기조절의 기능

수출의 규모가 확대됨에 따라 국민경제에서 차지하는 수출비중이 점차 상승함으로써 유효수요의 중요한 구성요소가 된다. 이로 인해 수출은 내수 감퇴기에는 위축된 국내시장을 보완하여 생산수준의 저하와 실업의 증가를 방지하는 등의 국내경기의 조절을 위한 완충적인 조정역할을 할 수 있다.

특히 이와 같은 경기조절기능은 내수와 수출이 국내경기의 침체나 과열일 때 조정역할이 가능하다. 즉 내수가 급격히 증가할 경우에는 수출이 어느 정도 둔화되고, 내수가 매우 부진할 경우에는 수출이 상대적으로 활발해져 이를 상쇄하게 된다. 그러나 이와 반대로 오히려 수출시장의 경기침체가 국내 경기침체를 가속화시키는 역작용도 있을 수 있다.

(2) 부정적인 효과

① 산업구조의 왜곡효과

분업의 원리에 따라 특정 산업의 생산과 수출활동이 확대되면 다른 산업은 외국에 의존할 수밖에 없다. 따라서 예상치 못한 사태로 인하여 외국으로부터 수입이 어려워지면 국민경제는 어려워진다. 특히 사회간접자본과 같은 기간산업의 경우 국가의 기반에 큰 영향을 미친다. 그러므로 각국은 비교열위 산업일지라도 국민경제에 차지하는 비중이 클 경우 그 산업에 대한 정책적 지원을 하지 않을 수 없고, 그 때문에 국가 전체적으로 자원의 비효율적인 배분을 가져올 수 있다.

② 물가의 상승효과

수출활동에 의해 공급된 외화는 수출국내에서 사용되기 위해서는 국내화폐로 교환되어 사용됨으로써 통화량이 증가하게 된다. 따라서 해외부문에서의 통화량 증대는 결국 국내물가를 상승시키기 때문에 가격경쟁력의 악화요인으로 작용한다.

국내적으로도 국내물가의 상승으로 인하여 경기침체를 가져올 가능성도 상존하고 있다.

2) 수입이 국민경제에 미치는 영향

(1) 긍정적인 효과

① 경제발전에 필요한 물자의 공급

통상적으로 수입은 두 가지 이유로 일어나게 된다. 먼저 수입은 국민경제 내에서 공급되지 않을 경우와 공급되더라도 가격이 비싼 경우이다. 전자의 경우, 수입이 필요한 것은 국민경제생활에 필요한 물자를 공급하는 창구로서의 역할을 하기 때문이다. 수입은 공업화에 필수불가결하고 국내에서 생산이 불가능한 원자재나 중간재의 공급원으로서 중요한 역할을 할 뿐만 아니라 국내에서 생산이 되지않는 재화를 수입해서 국민들의 욕구에 부응할 수 있다.

또한, 후자의 경우 수입국의 소비자들은 국내에서의 공급이 가능하다고 하더라도 상대적으로 가격이 비싸거나 품질이 낮은 소비재들을 외국으로부터 수입함으로써 그들의 경제적 후생과 소비의 질을 높일 수 있게 된다.

특히 부존자원이 거의 없는 국가는 공업화에 필수적인 원유·원강·원면·원모·원목·기타 금속광물 등의 원재료를 수입하지 않을 수 없으며, 또한 경제의 성장과 개발을 위한 첨단산업부문의 기계류나 선진자본재의 수요도 수입에 의해서 충당한다.

② 기술개발을 위한 모방과 수요창출 효과

개발도상국이 경제를 발전시키려면 생산시설에 대한 집중적인 투자를 하여 현대적이고 자동화된 생산시설을 갖춘 선진국으로부터 도입하고 모방하는 것이 자본이나 연구인력이 부족한 개도국으로서는 필수적인데 수입은 이것을 가능케 하는 역할을 한다. 왜냐하면 수입을 통하여 다른 나라의 기술·기업능력·자본·새로운 상품지식들을 이전 받을 수 있기 때문이다.[7)]

또한 수입은 이러한 모방을 통하여 저개발국에 대한 새로운 투자를 유발시킨다. 개발도상국에 있어서 신제품에 대한 투자는 그 상품이 수요자들에게 아직 생소하고 기존의 생산기술도 없으므로 투자의 위험이 크기 때문에 투자가 일어나지 못한다.

이럴 때 그 상품의 수입이 먼저 이루어져 어느 정도 기간이 지나게 되면 그러한 위험은 감소하게 되고 새로운 투자가 안전하게 일어날 수 있다. 따라서 수입이 빨리 이루어지고 또한 많이 이루어질수록 국내의 생산은 촉진되며 그럴수록 강한 비교우위도 갖게 된다.

또한 수입은 신제품에 대한 수요를 창출함으로써 과거에는 다만 잠재적으로만 존재하던 욕망을 불러 일으켜 수입국에 존재한 유휴자원의 활용과 이에 따른 투자의 확대를 가져오는 계기가 된다.

③ 국내산업의 체질개선과 소비자의 후생증대 효과

국내산업의 보호의 목적으로 수입을 억제하는 정책을 쓸 경우, 국내시장은 보호장벽을 통해 보호받게 되므로 국내산업들은 상품의 가격경쟁력이나 비가격경쟁력을 강화시킬 필요를 느끼지 않는다. 그러나 국내시장이 개방되면 외국으로부터 더 저렴하고 품질이 우수하며 다양화된 같은 종류의 상품들이 국내시장에서 경쟁하게 되므로 국내산업의 체질이 개선된다.

따라서 이러한 상품들과 경쟁하게 된 국내산업들은 경쟁에서 살아남기 위하여 생산성향상을 통한 원가의 절감하거나 새로운 기술혁신을 통한 품질의 고급화와 다양

7) 신현종외, 무역학개론, 박영사, 1986, p.35. 참조

화, 개성화 그리고 경영의 합리화를 추진할 것이다. 이에 따라 일국의 국내산업의 경쟁력은 향상되고, 비교우위구조가 고도화됨으로써 경제적 효율성이 증대되며 동시에 국내소비자들의 후생이 증대된다.

④ **국가재정수입의 증대효과**

대부분의 나라는 자국산업의 보호라는 이름으로 소수의 면세품 수입을 제외하고 거의 대부분의 수입품에 대하여 관세를 부과하게 되므로 이러한 관세에 의한 수입은 곧 정부재정수입의 원천이 되다.

따라서 이러한 목적으로 부과되어 온 관세는 오늘에 이르기까지 정부 재정수입확보의 주요한 원천이 되고 있다.

(2) 부정적인 효과

① **소비패턴의 왜곡효과**

수입은 국내소비자들로 하여금 국산품보다 외국제품에 대한 선호를 자극할 수 있다. 특히 고급사치품의 경우 가격탄력성이 낮기 때문에 관세를 부과하더라도 소비가 크게 줄지않아 상류층의 소비패턴이 다른 소비층에도 파급되어 결국 국내소비구조를 불건전하게 만들 가능성이 있다.

② **국내산업의 위축**

수입으로 인해 성숙되지 못한 국내산업은 경쟁력이 약하기 때문에 국내 생산업자들이 국내시장기반을 잃게 되어 파산의 위기를 맞이할 수 있다. 또한 국내산업이 기반을 잃게 되면 발전할 수 있는 기회를 상실하게 된다. 이와 같이 위약한 국내산업은 더 이상 설 자리가 없게 된다.

③ **실업이나 소득의 감소효과**

수입이 이루어지면 상대적으로 국내생산업자들의 투자가 이루어지지 않기 때문에 생산이 줄면서 실업이 늘어나고 소득이 줄게 된다. 특히 수입품이 노동집약적일 경우 고용과 소득에 미치는 영향은 매우 크다.

④ **국제수지의 악화**

수입은 외환의 대외지불이 이루어지므로 국제수지를 악화시키고, 수출에 의한 외환이 공급되지 않으면 그 국가의 외환보유고를 감소시킴로써 대외지불능력이 떨어진다.

제3절 국제통상의 연구대상과 과제

1. 국제통상과 국제무역과의 관계

오늘날 우리는 세계화, 개방화 나아가 정보화시대로 불리워지는 시대에 우리는 살고 있다. 이러한 거대한 물결은 거슬을 수 없는 대세이며, 특히 세계화의 과정에서 국제통상의 문제는 중요한 세계의 중요한 문제로 부상하면서 지금까지의 국제경제문제에 새로운 방향을 제시하고 있다.

왜 이러한 문제가 지금에 와서 부상하게 되었는냐 하는 것은 지금까지와는 다른 국제통상환경이 펼쳐지고 있을 뿐만 아니라 국가간의 교역대상도 달라졌기 때문이다. 지금까지는 교역의 대상이 재화(goods)와 같은 보이는 재화를 거래하는 보이는 무역(visible trade)이 주축이 되어왔지만 최근에 와서는 서비스재(관광, 운수, 금융, 보험, 의료, 관광, 기술 등), 지적재산권, 투자 등 보이지 않는 무역(invisible trade)이 증가되는 등 모든 분야에서 국가간 교역이 이루어지고 있다.

이는 지금까지 국제무역에서 개별기업들이 생산한 재화에 대한 교역이 이루어지고 이와 관련된 문제를 중심으로 국제교역문제가 국제경제관계에서 중요한 문제로 다루져 왔다. 그러나 지금은 그 교역의 대상이 서비스 부문까지 확대되는 등 달라지고 있으며, 나아가 국가의 경제정책과 관련된 문제가 제기되므로 이는 국가상호간 협상을 통하여 국가간의 원활한 경제적 협력문제를 해결해 가야하므로 이 모두가 국제통상 영역이기 때문에 국제경제교류·협력이 확대되고 있다. 이렇게 볼 때 국제통상과 국제무역은 그 대상을 만드는 환경이 다르다.

[그림 1.1] 국제통상환경과 국제무역환경과의 관계

[그림 1.1]에서 보는 바와 같이 국제무역환경은 교역대상이 눈에 보이는 무역, 즉 재화무역(trade in goods)을 애워싸고 있는 환경을 말하며, 국제통상환경은 교역대상이 눈에 보이지 않는 무역, 즉 서비스무역(trade in services)까지도 포함하는 보다 광범위한 환경이다. 따라서 국제통상은 국제무역을 포함한 분야로 이해할 수 있다.

2. 국제통상의 연구영역과 과제

1) 국제통상의 학문적 영역

국제통상론은 국제통상환경에 대한 이해를 대상으로 하는 학문이라고 할 때, 그 대상은, 국가와 국가사이에서 발생하고 있는 다양한 경제활동의 특성을 이해하고, 이와 같은 활동을 뒷받침하기 위한 국가간의 협상, 국제규범제정과정, 그리고 국제경제규범이 갖는 경제적 의미의 파악을 목적으로 하는 학문이라고 할 수 있다.

국제통상론에 대한 이러한 정의는 국제통상활동에서 나타나는 통상문제에 대한 일관된 접근을 위해서는 기본전제이고 필요한 것이다. 보다 국제통상환경을 잘 이해하기 위해서는 여러 형태의 통상활동의 배경이 되는 경제적 현상에 대한 올바른 이해가 필요하며, 이러한 현상이 어떻게 통상이슈로 등장하게 되는지 논리적으로 설명할 수 있어야 한다. 그리고 경제현상에 의하여 제기된 통상이슈에 따라 각기 다른 해결방법(쌍방간·다자간 협상 그리고 지역간 협정의 체결 등)이 제기되는 데, 이에 대한 특정의 이슈에 대한 해결방법이 어떻게 현실적 적합성을 갖는지도 이해하여야 한다. 이와 더불어 국제통상에 대한 지식을 가지고, 향후 통상환경이 어떻게 변화될 것인지에 대한 전개방향에 대해서도 논리적으로 전망할 수 있어야 한다.

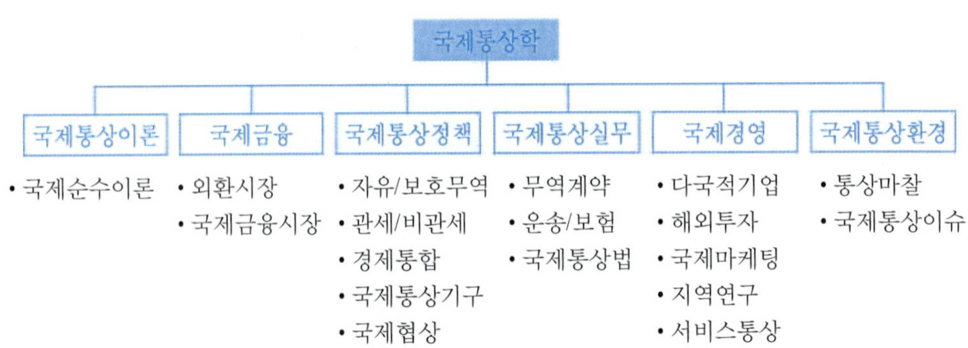

[그림 1.2] 국제통상학의 연구영역

이러한 내용과 관련된 국제통상학의 연구영역은 ① 국제통상이론, ② 국제통상정책, ③ 국제금융, ④ 국제통상실무, ⑤ 국제경영, ⑥ 국제통상환경이 연구대상으로 나눌 수 있다 ([그림 1.2] 참조).

국제통상이론 영역에서는 고전파 이론에서부터 현대이론에 이르기까지 전통적 순수무역이론, 국제무역과 경제성장과의 관계 등이 연구의 대상이 되며, 국제금융영역에서는 외환시장, 국제수지, 그리고 국제금융시장 등이 연구대상이 된다.

국제통상정책영역에서는 국제통상정책의 기조와 관세 및 비관세의 이론과 정책, 국제통상기구, 국제협상 등이 주요 연구대상이며, 국제통상환경은 국제경제질서에 관한 것과 통상마찰, 통상이슈 등에 관한 영역이 대상이 된다.

국제통상실무영역은 국제상거래를 원활하게 행하기 위한 제반절차, 방법, 국제규범 및 관련법규 등이 연구의 대상이다.

국제경영영역은 세계화 시대에 글로벌 경영을 위한 다국적 기업활동, 해외직접투자, 국제마케팅, 해외지역연구, 국제경영전략 등 변화하는 국제경영환경에 적응하기 위한 연구영역이 된다.

2) 국제통상론의 학문적 과제

80년대 후반 국제통상문제가 중요한 국제적 이슈로 급부상한 후 지금에 이르고 있지만 국제통상에 대한 개념이나 범위 그리고 체계적인 연구가 이루어지지 못하고 있다. 이는 지금까지 국제무역의 범위에서만 연구가 되어왔기 때문이다. 90년대 이후에 출판된 많은 서적들에서도 학문의 대상이나 국제통상에 대한 연구방법이 일치하지 않으며 체계적으로 갖추어져 있지도 않다. 왜냐하면 국제통상영역에 대한 연구가 시작단계에 있을 뿐만 아니라 그 영역이 광범위하고 성격상 어쩔 수 없는 부분이기 때문이다.

그럼에도 오늘날 국제통상문제는 국제경제사회에서 중요한 이슈가 되고 또한 국제통상의 범위도 확대되고 있기 때문에 포괄적 성격이 강조됨에 따라 이를 체계적으로 분석하는 방법론이 요구되고 있다.

이러한 가운데 기존의 국제무역현상을 연구의 대상으로 하고 있는 국제무역론에서 정립된 도구(tool)만을 가지고 그 틀에 국제통상과 관련된 제반 현상을 추가해서 설명하기에는 많은 문제를 갖고 있다. 따라서 국제통상현상에 대한 이해를 높이기 위한 연구방법으로 경제학적인 접근방법을 주로 사용하고 나아가 범세계적인 차원에서 규범적 접근방법(normative approach)과 정치·사회적 분석방법을 병행해서 설명이 되어져야 할 것이다.

왜냐하면 국제규범은 국제적인 문제들로 인하여 협상을 통하여 국제규범화되고 있다. 그런데 국제규범은 협상의 결과로 만들어졌기 때문에 그것이 최상인 것처럼 보이지만 개별국가의 이해관계와는 거리가 먼 것일 수 있다. 예를 들면 최근에 WTO체제가 출범하고 그 규범이 만들어 졌음에도 불구하고 지역협정들이 많이 규정되는 현실을 보면 협상의 결과로 나타난 국제규범 그 자체가 국제통상문제를 제대로 파악하고 해결할 수 있는 것은 아니다. 그래서 근본적인 국제통상문제에서부터 국제통상규범간의 상호연관성과 한계에 대해 충분한 논의된 후에 통상규범과 제도의 내용을 이해하여야 한다.

국제통상문제의 해결을 위한 차원에서 국제통상정책은 관련된 문제의 해결을 위한 체계적인 접근이 필요하다. 개별국가와 여타 국가 또는 이해관계를 같이하는 국가들 사이에 관련성을 무시할 수 없기 때문에 이를 반영할 수 있도록 체계적인 접근이 필요하다.

이러한 문제들의 해소를 위해서는 경제학적인 분석방법만으로 설명하기는 한계가 있으므로 학제간 포괄적 접근이 필요하다. 그럼에도 불구하고 아직까지는 이러한 학제간 접근방법이 체계화되지 못하고 있기 때문에 가능한 포괄적이면서도 일관된 접근방법을 사용해야 한다.

그래서 이 책에서는 국제통상의 내용을 국제통상이론, 규범 및 제도, 국제통상의 기초인 기업의 국제화, 기업실무, 국제금융 및 외환의 문제, 통상정책의 기초이론, 주요국의 통상정책, 그리고 우리나라의 통상활동 및 정책에 관하여 기술하였다.

이러한 각 부분이 서로 독립적인 성격을 지니고 있으면서 동시에 상호 유기적으로 연관되어 있기 때문에 모든 부분에 걸쳐 기본적인 문제로부터 출발하여 국제통상문제를 다루므로써 국제통상의 기초적인 이해를 높이는 데 이 책의 목적이 있다.

이를 위해서 국제규범의 내용에 대한 이해와 규범이 가지게 되는 경제적 효과 나아가 변화를 파악하는 등에 대한 면밀한 분석되어야 한다. 그러나 지역협정이나 WTO협정문만을 나열하고 그 내용에 대한 해석을 하는 방법은 많은 우를 범할 수 있다. 즉, 이 방법은 잘못하면 부분만 보고 전체를 보지 못하는 결과를 가져오기가 쉽고, 국제통상문제의 핵심을 파악하지 못할 가능성이 많다. 따라서 국제통상규범과 제도를 다루기 위해서 근본적인 문제와 규범이나 제도의 성립과정과의 관계를 살펴보고 그 다음에 국제규범 및 제도의 핵심적인 내용을 이해하여야 한다.

그래서 국제통상문제를 해결하는 방법은 먼저 국제통상의 기본적인 원리를 이해하고, 국제상거래는 어떻게 이루어지며, 그리고 주요 국제통상규범들의 형성과정과 내용을 이해함으로써 자연스럽게 이러한 규범들에 대한 평가와 전망이 가능하고 그에 따라 대응할 수 있는 방법을 찾을 수 있다.

■ 주요 용어

해상의존성	눈에 보이는 거래	눈에 보이지 않는 거래
왜곡효과	파급효과	학제간 접근

연습문제

1. 국제통상의 성격은 무엇인가?

2. 국제무역의 특징은 무엇인가?

3. 국제무역과 국제통상과의 차이는 무엇인가?

4. 수출이 국민경제에 미치는 효과는 무엇인가?

5. 수입이 국민경제에 미치는 효과는 무엇인가?

제2장 국제통상 환경

제1절 자본주의체제로 통합된 세계단일시장

세계 2차 대전 이후 성립된 자본주의 시장경제체제와 공산주의 계획경제체제간의 경쟁시기를 냉전의 시기라 한다. 자본주의 체제를 이끌어가는 나라는 미국이 중심이 되고 영국, 프랑스, 독일, 일본, 카나다, 이태리 등 서유럽 국가들이 중심이 되었다. 공산주의 계획경제체제는 소비에트연방(구 소련)을 중심으로 폴랜드, 체코, 헝가리, 루마니아 등의 동유럽국가와 중국, 북한 등으로 구성되어 있었다. 양 체제간의 경쟁은 결국 자본주의 체제의 승리로 끝나게 되었다. 계획경제체제는 생산수단의 사적소유를 인정하지 않기 때문에 국영농장이나 국영회사에 일하게 되는데 사적이윤을 인정하지 않기 때문에 조직 내에서 개인이 열심히 일해야 할 필요성을 느끼지 못하게 된다. 따라서 국영농장이나 국영기업은 엄청난 자원의 낭비와 생산의 비효율에 직면하게 되고 이는 결국 국가 경제를 파멸시키게 되었다.

중국은 1979년 이후 경제특구를 설치를 통해 외국자본을 유치하면서 시장경제를 부분적으로 도입 적용하기 시작하였으며 그리고 1980년대에는 국영농장을 해체하고 토지를 농민들에게 장기임대형식으로 나누어 주었고 도시부문에서도 시장경제를 본격적으로 도입하기 시작하였다. 공산주의 진영의 선두국가 소련은 1985년 이후 고르바초프 서기장의 주도에 의한 개혁(Glasnost)과 개방(Perestroika)을 시도하였다. 그리고 비효율적인 행정조직과 부패한 공산당 조직을 개혁하기 위해 자유민주주의를 도입하게 되면서 공산당 일당독재에 의한 지배체제는 종말을 고하게 되었다. 이로써 냉전체제는 무너지고 소련은 해체되고 러시아와 중국은 자본주의 시장 경제체제를 도입하게 되었다. 결과적으로 1990년대에 들어 냉전체제의 해체와 그리고 WTO체제의 성립에 따라 전 세계는 자본주의 단일시장체제가 성립되게 되었다.

1. 국제경제 질서의 변천

국제경제 질서는 역사적으로 자유무역과 보호 무역간 대립의 연속이라 할 수 있다. 이러한 대립은 이념이 아니라 각국 간 경제적인 이해관계를 기초로 한 것이며, 국가 또는 기업의 경쟁력이 강할 때는 자유무역이, 그리고 그 반대의 경우에는 보호무역이 선호되어 왔다. 그러나 지금까지 완전한 자유무역주의 또는 보호무역주의는 없었으며, 양자가 공존하는 가운데 어느 한 쪽이 우세한가에 따라 자유무역시기와 보호무역시기를 구분할 뿐이다.

1) 산업혁명과 자유무역주의(19세기)

18세기 후반 급속히 진행되었던 영국의 산업혁명은 19세기 중엽에 이르러 여러 산업분야에서 성과로 나타나 영국의 패권주의(Pax Britannica)시대를 열었다. 19세기 전반에는 영국 산업혁명의 경험을 토대로 프랑스(1830년대), 독일(1840년대) 등 서유럽과 미국(1860년대)도 급진적 산업혁명에 돌입하였으며, 19세기 후반 이들 국가의 산업은 영국을 능가하는 수준으로 발전하였으며, 이에 따라 유럽 패권주의(Pax Europina)시대가 열리게 되었다.

한편, 산업혁명의 확산으로 인해 공산품 생산이 확대되고 원료의 수요가 늘어나게 되었다. 이에 따라 영국을 비롯한 산업혁명에 성공한 국가들은 원료를 보다 안정적으로 확보하고 제품을 판매할 수 있는 해외시장을 필요로 하게 되었다. 이들의 시장 확보에 필요한 경제논리의 기초를 제공한 것이 아담 스미스, 리카도 등 고전경제학파들의 자유무역론이라고 할 수 있다.

2) 제 1차 세계대전과 보호무역주의(20세기)

19세기 후반부터는 산업보호를 위한 세계 열강들간 관세전쟁과 보호주의가 만연하였다. 1914년 제 1차 세계대전은 19세기 정치·경제대국이었던 영국을 대신하여 국제무대에서 미국의 영향력을 강화시켜 팍스 아메리카나 시대를 열어갈 수 있는 계기가 되었다. 제 1차 세계대전 이후 세계경제는 설상가상으로 1929년 세계 대공황(great depression)

을 계기로 깊은 침체의 수렁으로 빠져들어 보호무역주의 확산과 정치적인 불안정을 초래했다.

3) 제 2차 세계대전과 보호무역주의(20세기)

세계 대공항은 정치와 경제불안정을 초래하여 1939년 제 2차 세계대전이 발발되는 결과를 가져왔다. 이로 인해 세계는 미국을 중심으로 한 자유주의 진영과 소련을 중심으로 한 공산주의 진영으로 양분되어 냉전 체제를 탄생시켰다. 제 2차 세계대전은 자본주의 경제에서 미국의 비중을 절대적으로 높여주고 유럽의 경제적 지위를 크게 약화시켜 유럽 패권주의의 종말을 가져오고 새로운 미국 패권주의를 여는 계기가 되었다.

4) GATT 출범과 자유무역주의(1940년 후반~1960년대 말)

제 2차 세계대전 이후 자본주의 경제질서는 미국 중심인 GATT·IMF 체제로 바뀌게 되었다. 세계 각국은 전후 경제부흥을 위해 새로운 세계경제질서를 필요로 하였다. 이에 따라 미국은 제 2차 세계대전의 원인이 1929년의 세계 대공황으로 인한 각국의 지나친 보호주의 정책과 경제 블록화에서 비롯되었다고 판단하고 그 전철을 다시 밟지 않기 위해서는 각국이 자유무역확산에 노력해야 한다고 주장하였다. 이 결과 미국 주도의 브래튼 우즈(Bretton Woods)협정을 통해 국제통화기금(IMF)와 세계 은행(IBRD) 등 국제기구가 창설되고 하바나 헌장의 정신에 따라 관세와 무역에 관한 일반 협정인 GATT체제가 1949년에 출범하게 되었다.

국제거래의 원활화를, 그리고 IBRD는 전후 경제부흥과 경제개발을 목적으로 각각 설립되었다.

미국을 주축으로 하는 GATT·IMF체제의 출범으로 제 2차 세계대전 이후 세계경제는 착실한 경제성장을 실현하였고 자유무역주의를 확산시키는 토대가 되었다. 즉 1960년대 세계경제는 선진국을 중심으로 비교적 안정적이고 높은 경제성장을 달성했으며, 세계무역도 순조롭게 확대되었다. 이에 따라 세계 경제는 미국을 중심으로 한 경제체제로 급속히 이행되었으며, 국제경제질서에서도 미국의 무역기조를 반영하여 자유무역이 유지될 수 있었다. 이러한 범세계적인 무역자유화 분위기 속에서 미국은 GATT 출범 이후 6차 다자간 무역협상인 케네디 라운드를 성공시켜 선진국의 관세를 평균 35% 인하시켜 GATT가 추구하는 자유무역질서의 기틀을 마련하였다.

5) 신보호무역주의 등장(1970년대~1994년)

미·소간 냉전체제에서 1950년대에 걸쳐 발발한 한국전쟁과 베트남전쟁으로 인해 미국 달러화의 해외유출이 급증하여 국제금융시장에서 달러화 가치가 지속적으로 하락하였으며, 이 결과 GATT체제의 기본 틀이 붕괴되어 소위 "신보호무역주의(new protectionism)"가 대두되면서 국제경제질서가 혼란에 빠지게 되었다.

이와 함께 1973년 10월에 발발한 중동전쟁을 계기로 한 산유국들의 석유 무기화 정책으로 제 1차 오일쇼크가 발생하여 자원보유국을 제외한 전세계는 경기침체의 늪 속으로 깊이 빠져들었다. 1979년에는 제 2차 오일쇼크가 발생하여 주요 선진국의 경제는 큰 어려움을 겪게 되었다. 이 과정에서 전후 세계 최대의 채권국으로 세계경제를 이끌어 왔던 미국이 1970년대 중반부터 소위 '쌍둥이 적자'로 불리는 경상수지 및 재정수지 적자 누적으로 1985년부터 채무국으로 전락하게 되었다. 특히 미국은 1974년 월남전 패배로 패권주의(Pax Americana)가 붕괴되면서 통상정책의 방향도 보호무역주의로 변화되었다. 이후 미국은 자국의 사양산업을 보호하기 위해 수출자율규제를 강화하고 반덤핑조치를 남용하였으며, 의회를 축으로 하는 보호주의 성향의 통상정책을 펴기 시작하였다.

이 와중에서 유럽 경제는 경제 통합의 가속화를 계기로 크게 회복하였으며, 일본 경제도 급성장하였다. 여기에다 1970년대부터 우리나라, 홍콩, 싱가포르, 대만 등 아시아 신흥공업국의 경제성장으로 세계경제는 미국 중심의 1극 체제에서 미국, EU, 일본, 아시아 신흥공업국(Asian NICs) 등 3극 체제로 전환되었다.

또한 1985년에는 소련의 고르바쵸프가 등장하여 페레스트로이카(Perestroica: 정치, 경제, 사회개혁)를 단행하여 1991년 구 소련의 사회주의 붕괴를 초래했다. 1989년 11월에는 베를린 장벽이 무너짐으로써 동유럽의 공산정권(폴란드, 체코, 헝가리, 루마니아, 불가리아 등)도 붕괴되고 이들 국가에 시장경제원리가 도입되기 시작하였다. 이처럼 1980년대 이후 1995년 이전까지 급속히 진전된 국제경제 질서 변화는 세계정치와 경제 질서의 개편, 세계경제 주도력의 다원화, 냉전체제의 종식과 사회주의권의 개혁 및 새로운 다자간 무역질서의 출현 등으로 요약된다.

6) 사회주의 국가의 시장경제 체제로의 전환

(1) 러시아의 개혁·개방정책

1960년대 이후부터 중앙 집권적인 계획경제(Centrally Planned Economies: CPEs)를 고수해 온 중국, 동구제국, 러시아, 베트남 등 사회주의 국가들이 시장경제원리를 적극 도입하고 있다. 동구 제국과 러시아는 1990년 초 공산주의의 붕괴를 계기로 개혁·개방 정책을 추진하면서 상당한 정도의 시장 경제화를 이루어 가고 있다.

특히, 러시아는 1985년 고르바쵸프 공산당 서기장에 의해 페레스트로이카(Perestroika)라는 개혁정책에 따라 자국경제를 시장 경제화하고 있다. 이에 따라 러시아는 정치, 경제, 사회 등 모든 분야에서 상당한 불안정성과 불확실성에 직면했지만, 최근에는 정치적으로도 안정되고 있으며 자본주의체제로의 시장전환이 낙관적으로 진행되고 있다. 이에 따라 러시아는 유망한 무역 및 투자시장으로 부상하고 있다.

(2) 중국과 동구제국의 시장경제 도입

중국은 사회주의시장경제(socialist market economy)를 도입하고 있는데, 이는 정치적으로는 중국 공산당의 일당지배체제를 유치하면서 국가경제 운영에서는 자본주의의 기법을 도입하는 것이다. 따라서 중국은 1979년 등소평 정권 이후 추진해 온 경제적 실용주의 노선과 개방정책의 적극적인 실현으로 초고속 경제성장을 달성하고 있다. 이와 함께 동구제국도 1990년대 이후 민주화 및 시장 체제화를 강력하게 추진한 결과 세계의 유망시장으로 부상하고 있으며, 베트남과 중앙아시아 국가들도 새로운 시장으로서 세계의 주목을 받고 있다. 그러나 이들 국가들은 시장경제로의 개혁과정에서 여전히 상당한 진통을 겪고 있다.

7) WTO출범 이후–현재(자유무역주의)

1995년 1월 1일 WTO체제가 정식 출범된 이후 관세장벽은 더 이상 수입규제수단으로의 의미를 상실하였고 비관세장벽도 상당 부분 철폐되었다. WTO체제는 GATT의 기능을 더욱 강화하며 서비스, 지적재산권 등 새로운 분야의 교역질서를 출범시켜야 하는 과제를 안게 되었다. WTO체제의 출범은 산업 및 무역의 세계화와 함께 국경 없는 무한경쟁시대로 돌입하는 새로운 국제경제질서 변화를 가져오게 되었다.

제2절 세계화시대의 국제경제 질서

1. 세계화시대의 도래

1) 세계화의 개념

세계화는 국가간 국경이 사라지면서 세계가 하나의 지구촌으로 통합되어 가는 과정을 의미한다. 무역관점에서 볼 때 세계화는 국가간 상품, 자본, 노동 및 서비스의 이동이 전 세계적으로 확대되고 국가간 협상을 통해 국가간 거래의 자유화가 달성되고 세계적 차원에서 적용되는 무역규범이 형성되는 것을 말한다. 즉, 세계화는 경제적으로 통합된 세계시장의 등장, 국제적 단일 무역규범의 창출, 기업 경영활동의 범세계화를 포함하는 개념으로 정의될 수 있다.

2) 세계화와 국제와의 차이점

세계화와 국제화는 다른 의미를 가지고 있다. 국제화(internalization)란 한 나라가 다른 나라와 거래할 때 나타나는 여러 가지 장애요인을 제거하는 것을 말한다. 국제화가 성숙된다는 것은 정부나 민간이 다른 나라에 대해 문화를 개방하고 각종 정책이나 제도를 대외거래가 원활하게 이루어지도록 고치며, 아울러 국민들의 사고방식이나 태도가 대외 개방적으로 변화되는 것을 말한다. 따라서 국제화는 나라와 나라 사이에 많은 거래가 이루어지지만 한 나라의 국경이 명확하게 정해져 있으며, 다른 나라와의 거래를 정부가 통제하거나 조정할 수 있는 상태를 말한다. 이에 비해 세계화(globalization)란 다국적 기업의 활약으로 한 나라와 다른 나라간의 경계가 사실상 무의미해지며 전 세계가 하나의 경제권이 되어가는 과정이다. 세계화가 진행됨에 따라 정부는 실질적으로 국제간의 거래를 통제하거나 조정하기가 힘들어진다. 즉, 국제화가 국경을 초월한 경제활동의 지리적 확장을 의미한다면, 세계화는 세계시장이 단일화 되어가는 현상을 말한다.

한편, 세계화는 항상 새로운 도전만을 가져오는 것이 아니라 새로운 기회를 제공한다. 전 세계가 하나의 시장으로 통합됨에 따라 개인이나 기업은 전 세계를 활동무대로 삼을 수 있으며, 한 나라가 안고 있는 지리적, 기술적, 문화적인 제약에서 벗어날 수 있는 것이다.

〈표 2.1〉 세계화와 국제화의 차이점

구분	국제화	세계화
기본개념	국가간 거래를 통해 일국이 타국에 대해 문화개방, 국내정책, 제도 및 사고방식을 바꾸는 것	국경의미가 사라지면서 전세계가 하나의 경제권으로 부상하는 과정
거래	국경의 구분이 있음	국내외 거래간 구분이 없어짐
국경의 의미	국경의 개념이 명확함	국가간 거래에 대한 정부의 통제 및 조정이 어려움
정부통제	정부가 항상 통제 및 조정이 가능함	국가간 거래에 대한 정부의 조정이 어려움
역사	오랜 역사를 통해 진전됨	1990년대 이후
성립요인	18~19세기 서구의 대외진출	- WTO 등 다자간무역체제 확립 - 동서냉전의 종식 - 교통, 통신, 정보산업의 획기적 기술혁명과 생산체제의 범 세계화

3) 세계화와 우리의 대응

세계화는 선진화를 의미한다. 즉, 세계화의 과제는 우리나라의 선진화이고 이는 국가경쟁력 강화를 통해 달성될 수 있다. 각국의 기업들도 제품을 가장 저렴하게 생산할 수 있는 나라로 생산기지를 이전하면서 치열한 무역전쟁에 대처해 나가고 있으며, 각국정부는 외국의 자본과 기술을 유치하기 위해 적극 나서고 있다. 반면, 우리나라는 수출입규모 12위의 무역 대국임에도 불구하고 관련제도와 의식 수준은 여전히 과거의 수준을 벗어나지 못하고 있으며, 실제로 투자환경은 동남아 국가들에 비해 열악하다는 평가를 받고 있다.

세계화는 새로운 환경에 대처하기 위해서는 기업, 국민, 국가 모두 새로운 생존전략을 추구해야 한다. 기업은 이제 국내에서만 생산하여 해외로 수출하는 식의 구태의연한 방식으로는 성장은 물론 생존조차 어렵게 되었다. 국가는 세계화 시대를 맞이하여 지원과 보호를 통해 자국 기업에게 인위적인 경쟁력을 더 이상 제공할 수 없게 되었다. 우리 나라가 성장할 수 있는 활로를 모색하고 급변하는 세계경제질서에 적응해 나가기 위해서는 앞으로 우리의 관련제도와 관행을 국제수준이나 국제규범에 맞추어

나가야만 한다.

결국 세계 각국의 국민, 경쟁기업, 나아가 국가와의 경쟁에서 이길 수 있는 능력을 갖추지 않으면 다가오는 21세기 경제전쟁에서 살아남을 수 없게 되었으며, 따라서 세계화는 선택사항이 아니라 의무사항으로 엄청난 도전과 기회를 제공하고 있다.

2. 세계화의 결과

1) 기업경영의 세계화

미래 학자이자 경영학자인 피터 드러커(Peter Drucker) 교수는 "지금은 국가 간 경쟁시대가 아니라 기업 간 경쟁 시대"라는 의견을 피력하였다. 즉, 세계화 시대에서 기업이 생존하기 위해서는 경영활동의 세계화가 필요하다는 것이다. 기업경영의 세계화란 제품개발, 생산, 부품조달, 영업 및 금융활동 등 전반적인 기업 활동이 자국에서만 전개되지 않고 국경을 초월하여 이루어지는 것을 말한다.

기업경영의 세계화는 기업의 글로벌화 전략을 통해 파악할 수 있다. 글로벌 기업은 생산, 판매, 연구개발 등 모든 기업 활동을 세계적 차원에서 전개하고 이들을 네트워크로 통합하여 하나로 관리하면서 철저히 현지화(globalization + localization = glocalization) 되는 것을 의미한다.

2) 무역대상의 다양화

과거 GATT체제에서는 공산품이 주요 대상이었으나 WTO출범 이후 모든 분야가 국제경제질서의 적용 범위로 재편성됨에 따라 무역 대상도 다양화되고 있다. 즉 교역대상이 종전의 상품무역 중심에서 서비스와 기술을 포함하는 복합 무역의 형태로 확대되고 있다. 오늘날 경제가 선진화될수록 상품무역보다는 서비스 또는 기술 무역의 비중이 높아지고 있는 추세이다.

3) 무국적화 시대

지금 세계는 생산요소의 자유로운 이동, 관세 및 비관세장벽의 완화, 글로벌기업의 활약 등으로 인해 국경을 초월하는 하나의 경제권으로 변모하고 있다. 이에 따라 국가간 교역도 국내에서 상품을 생산하여 해외로 수출하는 단순형태에서 국내외 구분없이 가장 유리한 장소에서 상품을 생산하여 세계 각국 시장에 판매하는 글로벌 형태로 바뀌고 있다.

소비자들도 제품을 구매할 때 과거에는 어느 나라에서 만들어진 제품인가에 관심이 높았으나 이제는 제품의 원산지보다는 이 제품이 어느 회사에서 만들어졌는가에 더 많은 관심을 갖고 있다. 실제로 네슬레사는 스위스 국적의 글로벌 기업이지만 국적과는 무관하게 본사를 네덜란드에 두고도 대성공을 거둔 사례이다.

한편, 세계화는 국가간 기업간 무한경쟁뿐 아니라 상호의존성을 심화시키기도 한다. 따라서 세계화 시대에 기업이 생존하기 위해서는 기업의 국적이나 경쟁관계에 구애 받지않고 필요하다면 언제든지 누구와도 협력해야 하는 기업의 무국적화가 필요하다. 상품은 “Made in Korea”가 아니라 “Made in Earth” 브랜드 개념으로 거듭나야 한다.

4) 경쟁의 첨예화

이제는 정치적 이념 대립에 의한 군사패권주의가 사라지고 경제 우선의 새로운 국제경제질서가 형성되고 있다. 21세기에는 교통과 정보통신기술의 발달로 기업활동의 지리적, 물리적 제약이 극복됨에 따라 국적 기업의 의미가 사라지고 있다. 그 대신 글로벌 기업을 중심으로 전세계의 노동, 자본, 기술 등 생산요소가 최적 조건으로 결합됨으로써 기업간 무한 경쟁이 전개될 것이다.

5) 정보화 지식화 시대

최근 전자기술과 정보통신기술의 급속한 발달에 따라 사회전반에 걸쳐 정보가 우선시 되는 정보화 사회로 변모되고 있다. 이에 따라 국제간 산업경쟁력은 정보통신산업의 경쟁력 차이에 크게 좌우될 것이다. 정보혁명은 정부와 기업, 정부와 국민, 기업 경영인과 근로자의 관계를 새롭게 정립하게 되고, 국가간 관계에 있어서도 세력균형을 재편시킬 것으로 예상된다. 이러한 정보화사회에서는 정보가 곧 자본이며 국부의 원천이 되기 때문에 한 나라의 경쟁력은 그 나라가 정보를 얼마나 잘 활용하고 정보 시스템을 어떻게 운영하느냐에 달려 있다고 볼 수 있다.

6) 문화 및 가치관의 동질화

오늘날의 세계질서는 경제력을 중심으로 재편되면서 하나의 지구촌(global village)으로 형성·발전되고 있다. 경제적으로는 이미 각국의 물리적 국경의 의미가 사라지고 있으며 제품의 생산, 유통, 소비도 점차 동질화 되고 있다.

3. 세계화시대의 국제경제 질서

1) 국제경제 질서 분석

(1) 3극 경제권간 경쟁과 협력

21세기에는 Pax Americana시대를 지속시키기 위해 부단히 노력하고 있는 미국의 국제통상정책과 19세기의 Pax Europina시대를 회복하기 위한 EU의 국제통상정책, 그리고 이에 대비하기 위한 일본과 중국을 중심으로 하는 동북 아시아권의 국제통상정책이 어떻게 전개되느냐에 따라 21세기의 국제통상질서의 밑그림이 그려질 것으로 전망된다. 또한 WTO 체제를 근간으로 하는 다자주의와 EU, NAFTA 등의 지역주의가 공존하면서 세계경제는 경제적 이해관계를 바탕으로 기존의 각종 경제통합체가 지역적 확대과정을 거치면서 미주경제권, 유럽경제권, 동북아 경제권 등으로 3분할되어 가는 추세를 보일 것으로 예상된다. 이러한 과정에서 선진국들이 취하게 될 보호주의의 강화, 새로운 강대국으로 부상하고 있는 중국 등 아시아와 세계경제를 주도해 온 선진 공업국간의 충돌 가능성, 그리고 환경·노동·경쟁·기술 문제에 대한 선진국과 개도국간의 마찰 등은 WTO 체제의 미래를 더욱 불안하게 하는 요인이 될 것이다.

(2) 국가간 상호의존도 및 국제경쟁 심화

기술혁신, 자유로운 자본이동, 정보의 신속한 파급 등으로 경제적 국경이 붕괴되고 있으며, 국가 상호간 경제적 의존도가 높아지고 국제경쟁도 더욱 치열하게 전개될 전망이다.

향후 기업 간 경쟁은 치열한 무한경쟁의 형태를 보이게 될 것이다. 이는 경제적 국경이 없어짐에 따라 오직 기술과 생산성만이 기업생존의 결정요소가 되고 있기 때문이다. 따라서 독자적인 기술과 탄력적인 경영능력이 없는 기업은 도태될 수 밖에 없을 것이다.

(3) 공세적 통상정책 필요

WTO출범 이후 세계는 더욱 자유롭고 보다 공정한 무역질서의 형성이라는 방향으로 나아가고 있다. 따라서 범 세계화와 무역자유화의 가속화라는 국제경제질서의 변화에 대한 적응력을 배양해야 한다. 이를 위해서는 우리나라 경제가 대외환경 변화에 탄력적으로 대처할 수 있도록 유연성을 키워 나가야 할 것이다. 다자간 무역자유화 논의에 적극 참여하여 우리의 경제적 이해를 반영해야 할 것이다.

2) 신국제경제질서의 주요과제

(1) WTO 뉴 라운드 협상

① 현황 및 전망

WTO 뉴 라운드의 출범으로 국제통상질서가 새롭게 재편될 전망이다. 공산품은 물론 서비스와 농산물 시장개방이 확대되어 국경 없는 경쟁이 치열해지고 국제경제질서도 투명하게 재편될 것이다. 시장 개방의 확대와 국제경제질서의 재편은 해외무역의존도가 높은 우리 경제 전반에 큰 영향을 미치게 될 것이다.

2001년 11월 카타르 도하에서 개최된 제 4차 WTO 각료회의는 새로운 다자간 무역협상의 개시를 공식 선언하였다. 이 협상은 개도국들의 의견을 반영하여 '뉴 라운드' 라는 명칭 대신에 '도하개발 아젠다(DDA: Doha Development Agenda)'로 명명 되었다.

WTO회원국들은 UR협상이 최종 타결될 당시 농산물과 서비스 분야의 합의내용이 미흡하다고 판단하여 2000년부터 추가적인 자유화 협상을 추진하기로 약속한 바 있다. 그러나 공산품 분야에서도 아직 상당한 무역장벽이 남아있고, 또 UR합의사항의 이행과정에서 많은 문제점들이 나타나고 있다. 그러나 대다수 회원국들은 새로운 무역환경을 반영하기 위하여 다른 분야에서도 추가협상을 개시할 것을 희망하였다.

이에 따라 WTO회원국들은 1998년 5월 제네바에서 개최된 제 2차 각료회의에서 폭넓은 분야에서의 무역자유화를 위한 새로운 다자간 무역협상을 준비하기로 합의하였다. 그 후 1999년 12월 시애틀에서 개최된 WTO각료회의에서 다자간 무역협상 출범을 위한 본격적인 협의가 시작되었으나 개도국과 비 정부단체(NGO)의 반대로 뉴 라운드 출범이 무산되었다. 시애틀 협상실패 이후 세계각국은 도하각료회의에서 신축적인 협상자세를 보임에 따라 도하개발 아젠다가 출범하게 되었다.

② DDA의미 및 평가

DDA 출범은 1999년 시애틀 각료회의 이후 자유무역협정(FTA) 등 지역 주의가 더욱 만연되고 있는 상황에서 다자간 체제에 대한 신뢰성을 높이고 WTO가 세계무역질서의 유일한 대안이라는 점을 공식화한 것으로 평가된다. DDA협상에서는 농업, 서비스, 공산품 등 경제전반에 걸친 추가개방과 반덤핑 등 무역규범의 개선문제를 다루게 된다. 이에 따라 UR협상에서 다루어진 농업과 서비스 부문의 본격적인 개방문제가 다루어지고 1995년 WTO출범 이후 드러난 무역규범의 운영상 문제점들이 개선될 것으로 전망된다. 협상은 2005년 1월 1일까지 마무리될 예정이다. UR협상 타결에 많은 기간이 소요되었던 점을 감안하여, 주요 이슈에 대한 회원국들의 상호 이해관계가 첨예하게 대립될 것으로 예상되지만 WTO회원국들은 조속히 협상을 종결시키겠다는 의지를 갖고 있다.

이를 위해 미국은 2002년 7월 금융, 통신 등 서비스산업의 무역장벽을 없애고 전세계 서비스시장 개방을 가속화시키기 위해 WTO에 서비스시장 개방 요구서를 제출하였다. 미국의 이러한 요구는 공산품 분야의 무역장벽이 없어지면서 무역적자가 늘어날 것에 대비, 경쟁력이 높은 서비스산업을 통해 경쟁력을 유지한다는 의도를 내포하고 있다. 미국의 서비스산업은 국내총생산(GDP) 중에서 63%를 차지하고 있다. 미국은 세계 각국의 서비스시장 진입장벽만 낮추면 서비스 수출이 폭발적으로 증가할 것으로 판단하고 있다.

③ 영향 및 과제

대외의존도가 높은 우리나라 경제는 DDA협상의 출범으로 인해 세계무역환경이 개선됨에 따라 많은 혜택을 받게 될 것으로 보인다. 앞으로 3년 이후 DDA협상이 타결되어 농업, 제조업 및 서비스 분야의 교역장벽이 30% 감소되고 실질 국내총생산(GDP)이 3.4% 증가하는 긍정적인 효과를 가져 올 것으로 기대된다.

한편, 우리나라는 앞으로 DDA협상이 빠르면 3년 이내에 타결 될 수 있으므로 다음과 같이 국내산업의 구조조정방안과 협상전략을 서둘러 수립해야 한다. 첫째, 공산품과 서비스 협상에서 실리를 챙길 수 있도록 지역별 교역장벽 등 관련정보에 대한 업계차원의 사전 분석이 필요하다. 둘째, 농업부문의 추가개방에 따른 제도 개편과 지원책 마련을 서둘러야 한다. 셋째, 환경, 투자, 경쟁 등 새로운 통상이슈가 본격적인 협상의제로 부각되는 것은 시간문제이기 때문에 국내 제도를 투명하게 하고 선진국 수준으로 끌어올리는 노력을 게을리 하지 말아야 한다.

제3절 지역주의

1. 지역경제통합의 의의

1) 지역 경제통합의 개념

오늘날 국제경제질서는 다자주의와 지역주의가 동시에 진행되는 특징을 가지고 있다. 특히 국제적 지역주의가 확대되고 있다. 지역경제통합(regional economic integration)은 "일정지역의 국가들을 회원국으로 조직화하여 회원국 간의 상품거래와 서비스거래의 자유화를 주요 목적으로 경제협정을 체결하고 비회원국과는 다른 경제적 이익을 누리는 정책적 수혜"라고 개념 정의할 수 할 수 있으며, 나아가 국민의 복지를 증진시키기 위하여 다른 활동에도 관여를 하고 있다. 이러한 지역경제통합은 양면성을 가지고 있다. 역내회원국은 각종 무역장벽을 철폐하고 자유무역으로 나아가는 반면 역외국에 대해서는 차별적인 대우를 함으로써 보호무역주의적 요소를 갖고 있다.

2) 경제통합의 단계

경제통합은 비회원국에 대한 경제적 차별을 어느 정도 하느냐에 따라 여러 가지 형태로 분류된다. 경제통합의 단계는 경제통합이 심화되는 정도에 따라 다음과 같이 5단계로 진행되며, 이들은 서로 배타적인 형태가 아니라 처음부터 경제통합이 진행됨에 따라 다음 단계로 나아가게 된다.

(1) 자유무역지대(Free Trade Area)

역내 국가간의 거래에는 관세나 수량제한을 철폐하여 무역의 자유화를 하되 역외국가에 대해서는 회원국들이 독자적으로 관세(무역)정책을 펼치는 초기의 경제통합의 형태를 말한다. NAFTA, EFTA 등이 이 단계에 해당한다.

(2) 관세동맹(Customs Union)

관세동맹은 자유무역지대에서 한 단계 발전된 형태로 역내국가간 거래에 관세부과가 없는 것은 같으나 역외국가에 대해서는 회원국들이 동일한 관세(공동대외관세)를 부과하는 단계로 유럽공동체(EC)가 1968년 이후 실시하였다. 역사적으로 보면 관세동맹이 가장 전형적인 경제통합의 형태이다. 예로 2차 대전 이후 베네룩스 관세동맹,

남미의 안데안 조약, 아프리카 관세동맹 등도 이에 속한다.

(3) 공동시장(Common Market)

관세동맹에서 한 단계 더 발전된 형태로 상품 뿐 아니라 역내의 노동과 자본 같은 생산요소의 자유로운 이동까지 국내시장과 똑같이 자유화한다. 그러므로 이민과 국외 취업, 자본의 해외이전이 회원국간에 자유롭다. 경제통합의 기본적이 목표는 재화나 생산요소가 하나의 시장에 편입되어 자원의 효율적인 배분을 이루는 데 있다. 이 단계의 예는 1993년 이후의 EU가 이에 해당된다.

역내 관세철폐	역외 공동관세부과	역내 생산요소자유이동	역내 공동 경제정책	초국가적기구설치 운영
자유무역협정(Free Trade Area)				
관세동맹(Tariff Union)				
공동시장(Commin Market)				
경제동맹(Economic Union)				
완전경제통합(Complete Economic Integration)				

[그림 2.1] 경제통합의 단계별 형태

(4) 경제동맹(Economic Union)

공동시장이 더욱 발전하여 각 회원국들의 국내 경제정책 전반에 대한 조정이 이루어지는 형태이다. 즉 회원국들은 산업·재정·금융·통화·무역·외환 등 모든 경제정책에 대해 상호 조정하는 형태이다. 경제동맹은 단일 통화를 가지며, 회원국간의 세율도 동일하게 적용하며, 공동의 재정금융정책을 수행한다.

(5) 완전한 경제통합(Complete Economic Integration)

단일시장의 단계를 넘어서 재정·통화정책까지도 통합하며 나아가 정치적인 통합을 이루는 단계이다. 그러므로 이 단계는 단순한 경제면에서의 통합이 아니라 정치적, 군사적인 측면과 사회정책에서도 통합하는 것이다. EU의 유럽중앙은행(European Central Bank) 창설과 단일 통화인 유로화의 도입으로 EU는 완전한 경제통합을 목적으로 추진되어지고 있다.

〈표 2.2〉 주요 경제 블록들의 경제규모 비교

지역	인구 (백만명)	GDP (10달러)	1인단 GDP (1달러)	수출 (1백만달러)	수입 (1백만달러)
EU	347.0	6,841.0	19,709	1,457,000	1,518,000
NAFTA	369.6	6,941.8	18,782	447,452	552,616
ASEAN	357.2	3,704.0	1,037	182,400	196,200
EFTA	33.1	816.0	24,653	215,091	211,218
ANCOM	95.8	151.2	1,578	30,271	2,546

2) 경제통합의 효과

세계 각국은 왜 경제통합을 추진하며, 경제통합은 과연 세계경제에 도움이 되는가? 이는 경제적 효과에 대한 질문이다. 경제통합의 효과는 경제적 측면에만 국한되는 것이 아니라 사회 전반적인 분야에 영향을 미친다. 과거 캐나다가 자유로운 무역 및 투자가 자국 문화를 훼손시킨다는 이유에서 미국과의 자유무역지대 설치를 꺼려했던 것은 경제통합이 경제 뿐 아니라 사회, 정치, 문화 등에 전반적으로 영향을 미치기 때문이다. 그러나 경제통합의 중요한 이유는 경제적 효과가 크기 때문이다. 경제통합으로 자유로운 경제활동이 되면 경제통합이 되기 전에는 여러 가지 무역장벽으로 인해 불가능했던 제품들의 거래가 가능해지는 소위 무역창출(trade creation)효과가 발생하며, 또한 기존의 무역상대국을 역내국으로 전환시킴으로써 무역전환(trade conversion)효과가 발생한다. 이 외에도 통합은 소비자로 하여금상품에 대한 선택권을 확대함으로 소비자 이익이 증대되고, 동태적 측면에서는 기업 간 경쟁이 강화됨으로써 장기적으로 기업의 생산성과 효율성이 증대되는 효과도 가져온다.

2. 유럽의 경제통합

제 2차 대전 후 유럽의 지식인들이 범 유럽주의(Pax European)를 내세우면서 유럽의 자존심 회복을 위하여 1952년 파리조약을 통하여 경제적 목적으로 발족된 유럽철강공동체(ECSC) 6개국은 1957년 정치적 목적으로 발족된 유럽원자력 공동체(EURATOM)와 합의하여 로마조약에 함께 조인하였다. 유럽경제공동체(European Economic Community: EEC)는 로마조약(Treaty of Rome)의 부산물로서 '단일시장의 구축과 정책조화'라는 목적을 가지고 1957년에 설립되었다. 즉 EEC는 상품 및 자원의 자유로운 이동, 정책의 조화, 역외에 대한 공동관세의 부과 등을 목적으로 설립되었다. EEC는 이러한 목적을 위해 1958년 처음으로 관세의 인하를 시작하여 역내관세가 완전히 철폐된 1968년에는 역외에 대한 공동관세정책을 실시하였다. 벨기에·프랑스·이탈리아·룩셈부르크·서독·네덜란드 등 6개국으로 출발한 EEC는 1967년 통합조약으로 명칭을 유럽공동체(European Community: EC)로 바꾸었다. 이는 단지 경제뿐만 아니라 다른 분야에까지 협력을 확대시켜 가겠다는 것이었다. EC는 1981년에 그리스를, 1986년에는 포르투갈과 스페인을 새로운 회원국으로 영입함으로써 그 범위를 확장시켜 나갔다.

그러나 1980년대 초 EC는 어려움을 겪었다. 1975-80년의 EC평균성장률은 2.7%에 달했으나 1980-85년에는 1.4%로 급감함으로써 유럽인들에게 '고도성장을 위해서는 단순한 관세 철폐 이상의 무엇'이 필요하다는 인식을 갖게 되었다.

1985년 유럽집행위원회는 EC를 보다 통합화된 시장으로 발전시키기 위해 필요한 282개의 제안을 담을 백서를 발간하였다. 이것이 상품, 서비스, 자본 외에 노동이동의 자유화 등을 담은 1985년의 백서, 즉 'EUROPE 1992'이다. EUROPE 1992의 실현은 EC가 공동시장(common market)으로 출범되었음을 의미한다.

그러나 'EUROPE 1992'는 각국에 따라 진척의 차이를 보이는 등 어려움을 겪었다. 1991년 EC 지도자들은 네덜란드의 마스트리히트(Maastricht)에서 회담을 갖고 경제통화동맹(Economic and Monetary Union)과 정치동맹(Political Union)의 설립을 위한 마스트리히트조약(이른바 EU헌장)을 체결하였다.

마스트리히트 조약의 핵심적인 사항은 유럽단일통화(Euro)를 제정하고 공동 통화정책을 수행하는 유럽중앙은행 창설로 경제통화연합으로 발전시키고 기존의 EC를 단순한 경제통합체수준이 아닌 정치통합까지 달성시키겠다는 유럽인들의 오랜 숙원의 결과이며, 마지막 단계인 정치통합 단계만 남아 있다. 2004년 5월 1일부로 동유럽, 중부

유럽, 지중해의 10개국이 EU에 가입하였다. 2006년 6월 현재 EU회원국은 25개국이며, 루마니아, 불가리아 등의 동유럽 국가들과 터키 등을 대상으로 회원국 확대를 적극적으로 추진하고 있다.

3. 미주의 경제통합

미주는 북미, 중미, 남미로 구분되어 지역별 경제통합이 이루어져 왔으며 쿠바를 제외한 미주 34개국 정상들이 1998년 4월 미주자유무역지대(FTAA)를 창설하기로 합의함에 따라 하나의 시장으로 통합될 전망이다. 2005년 창설을 목표로 추진되어왔던 이 공동체는 총인구 8억 5천명에 총 경제규모가 13조 달러에 이르는 세계최대의 경제블록이 될 수 있을 것이다. 미국이 중심이 되어 미주자유무역지대 창설을 적극적으로 추진해왔으나 2006년 현재 남미 국가들의 반미감정 등이 증폭되어 지지부진한 상태를 보이고 있다. 이에 미국은 이를 장기적 과제로 추진하고 있다. 지금까지 진행된 주요 내용을 살펴보면 다음과 같다.

1) 미국- 캐나다간 자유무역협정(Free Trade Agreement)

미국과 캐나다는 지리적 인접성으로 인하여 높은 상호의존성을 가지고 역사적으로 다양한 형태의 경제협력을 추구해 왔다. 그 결과 1987년 전산업을 대상으로 하는 미국-캐나다간 자유무역협정(Free Trade Agreement: FTA)이 탄생하였다.

FTA의 결과로 여러 가지 측면에서 미국-캐나다간에 많은 이익을 나누었지만 FTA에 대한 반대의 목소리도 적지 않다. 특히 캐나다에서는 FTA로 인한 미국문화의 유입이 자국의 고유한 문화를 오염시킬 뿐 아니라 주권침해를 가져올 수 있다는 우려가 나오고 있다.

2) 북미자유무역협정(NorthAmerican Free Trade Agreement)

멕시코는 1991년 2월 미국과 FTA를 체결하기 위한 접촉을 시도하고 같은 해 6월 공식회담이 시작되었을 때는 캐나다도 함께 참가하였다. 그리고 1992년 3월 북미자유무역협정(NAFTA)이 발표되었다. <표 2.3>에서 보는 바 바와 같이 1991년 기준으로 NAFTA는 총인구 약 3억 7천만 명에 GNP는 약 7조 달러로 세계 최대 규모였다.

북미자유무역협정(NAFTA)은 국가 간 생산요소의 자유로운 이동을 보장한 EC의 단일시장 수준에는 미치지 못하지만 관세 및 비관세장벽의 철폐가 주목적인 일반적인 자유무역협정과는 달리 투자, 금융, 지적재산권 등도 포함된 포괄적인 형태라고 할 수 있다. 이러한 NAFTA형성의 빠른 진전은 EC통합, 동구권의 EC와의 협력강화, 동북아경제권형성의 움직임 등 경제질서 재편에 대한 공동대응이라는 당위성에서 비롯된 것으로 보인다. 즉 경제적으로 3국이 안고 있는 국제수지적자 및 대외부채문제 등을 고려할 때 3국간의 무역증대의 필요성은 물론이고 미국은 서비스 및 첨단산업, 캐나다는 자원관련 산업, 멕시코는 노동집약적 산업에 특화할 경우 역외국들에 대한 경쟁력 제고에도 기여할 수 있다는 판단이 NAFTA의 체결을 가능하게 만들었다.

미국은 캐나다와 멕시코를 묶어 자유무역협정을 맺은 후에 중미와 남미 국가들 중에 시장개방의 정도에 따라 단계적으로 자유무역협정을 확대해 나갈 계획을 진행 중에 있다. 이는 장기적으로는 남북 아메리카를 하나로 묶는 단일경제권, 즉 범 미자유무역권을 형성하려는 움직이라고 하겠다.

〈표 2.3〉 NAFTA의 주요내용

분 야	주요 내용
관 세	대다수 품목관세는 5-10년 내, 수입민감 품목관세는 15년내 철폐, 자동차 관세 5-10년 내 철폐
비관세 장벽	수입쿼터, 수입허가제 등의 비관세장벽 철폐, 멕시코 산 섬유의류품에 대한 미국의 수입쿼터 즉시 철폐, 자동차에 대한 멕시코의 수입제한 제도 즉시 철폐
원산지 규정	자동차산업 현지조달비율 62.5%로 강화, 섬유 및 의류제품에 대한 엄격한 원산지 규정
투자 및 서비스	통신, 은행 및 증권, 보험, 육상운송업 등 서비스 개방, 투자승인 시 부과하는 멕시코의 수출이행요건 폐지
지적 재산권	특허권, 저작권, 상표권 등 지적재산권 보호 강화

4. 아시아의 경제통합

1) 아세안 자유무역지대(ASEAN Free Trade Area: AFTA)

동남아 국가연합(ASEAN)은 1967년 동남아시아에 위치한 태국, 인도네시아, 말레이시아, 필리핀, 싱가포르 역내의 공동개발과 각종 산품의 수급체제를 구축하기 위한 목적으로 설립된 경제 협력체이다. 1984년에 브루나이가 합세하여 총 6개국으로, 1995년에는 베트남이 가입하였다.

1993년 1월 1일 ASEAN 6개국은 ASEAN내 경제협력의 확대 및 해외직접투자의 활성화를 위해 '2008년까지 역내국가간의 과세를 5%이하로 인하한다'는 목표로 아세안 자유무역지대(ASEAN Free Trade Area: AFTA)를 출범시켰다. 그러나 이들 지역의 경제규모는 매우 작은 수준에 있다. 이는 곧 규모의 경제를 달성할 수 없다는 것을 의미하는 것이다. 이에 ASEAN은 주변의 베트남을 1995년에 가입시켰고, 캄보디아, 라오스와 같은 자원이 풍부하고 인구가 많은 국가들을 포함시킬 것을 시도하고 있다.

한편 동아시아지역의 한국, 중국, 일본을 포함하는 동아시아 경제협력체(EAEC)의 결성을 모색하고 있다.

2) 아·태 경제협력체(Asia Pacific Economic Cooperation: APEC)

APEC은 1998년 미국, 일본, 호주 등 아·태 지역의 국가들이 경제협력과 무역증진을 목표로 결성한 범 정부간 경제협력체 또는 협의체로서 출범할 때는 12개국이었으나 그 후 계속 확장되어 1997년 현재 러시아, 페루, 베트남을 포함한 21개국으로 구성되어 있다. APEC은 1997년 현재 총 GNP가 세계의 60%에 달하고 있으며, 세계무역의 약40%를 차지하고 있다. EU가 단일시장의 성격을 보이는데 반해 APEC은 NAFTA, AFTA등 다양한 성격을 갖는 지역경제협력체의 특징을 가지고 있다.

APEC내부의 각 회원국들은 경제협력체로서의 필요 조건인 지리적인 인접성을 충족시키지 못할 뿐 아니라 경제발전단계, 소득수준, 문화적 이질성 등 다양한 특징을 갖고 있기 대문에 공동시장으로 발전시키는 데는 걸림돌이 되고 있다. 그럼에도 불구하고 APEC회원국내 무역의존도는 EU보다 높다. 정부간 느슨한 협의기구에 불과하지만 세계인이 주목하는 이유는 이 지역경제가 갖는 무한한 성장잠재력 때문이다.

3) 동북아경제권

동북아경제권이 부상하게 된 배경은 1985년 고르바쵸프의 등장으로 동북아시아 지역에서의 정치적 환경이 급격히 개선되어 갔기 때문이다. 즉 중국과 러시아간 국교가 정상화되고 한국과 중국 및 러시아간 국교가 수립되고 남북한 간의 정치적 관계가 진전되고, 북한과 일본, 미국과의 관계가 개선되는 등이 그것이다. 동북아의 여러 가지 소규모 경제권들 중에서 현재 가장 두드러진 발전을 나타내는 것은 동북아 경제권이다.

동북아경제권형성은 세계적인 지역경제 블록화 속에서 어느 하나에도 속하지 않은 한국, 일본, 북한, 중국, 러시아에 있어 상호경제협력을 통하여 이에 대처하고 상호 균형있는 발전을 도모하지 않으면 안된다는 필연성이 동북아경제권 대두의 배경이 된다. 그럼에도 아직까지 직면하게 되는 정치적, 경제적인 장애요인이 존재하고 있다. 다시 말하면, 동북아경제권의 역내 국가들은 상호경제발전단계, 정치이념, 경제체제가 다르고 국가간 경제협력이 아니라 3국가간, 2지역간의 경제협력이라는 비대칭성을 갖고 있다. 또한 동북아 이 지역간 사회간접시설이 부족하고 3개국 인접지역의 통신·수송시설도 매우 낙후되어 있다.

동북아 경제권형성에 있어서 직면하고 있는 문제점에도 불구하고 동북아 제국들은 환태평양시대에 대비하여야 한다는 공감대를 형성해가고 있으며, 또한 각국마다 자체적인 필요성이 절실해지고 있다. 한국은 자원확보, 시장확대, 북한과의 교류, 북한은 외자유치, 제한적 개방과 개혁의 필요성, 러시아는 극동지역의 개발·개방·개혁의 가속화, 일본은 자원확보, 중국은 동북 3성의 경제발전과 환태평양 진출교두보의 확보 등에서 필요성이 절실하다. 이러한 필요성으로 인해 변화가 기대되고 있다. 동북아경제권의 축인 한국-중국-일본은 공산품 중심의 분업패턴과 지역무역양상으로의 패턴변화가 예상되고 있다. 동북아경제권은 공업제품무역에서 3국이 보다 세분화되고 개방된 분업체제의 형태를 갖는 경제권으로서의 형성 가능성이 크고, 자본, 노동, 지하자원 등의 상호 보완성을 활용하는 생산요소의 국가간 협력에 의한 경제 협력권이 형성될 것으로 예상해 볼 수 있다.

5. 한국의 자유무역협정(FTA) 체결 본격화

1) FTA(Free Trade Agreement: 자유무역협정) 협정이란

최근 국제통상의 흐름은 WTO를 중심으로 한 다자간 협상과 자유무역협정으로 대표되는 양자간 협상으로 구분된다. WTO 체제의 출범에도 불구하고 세계의 많은 국가들은 국가간, 지역간 짝짓기를 통해 '자기들끼리의 교역'을 넓혀 가는 블록화의 바람이 거세게 불고 있다. 지금까지 전 세계에는 250여 개의 FTA가 체결되었으며, 그 중에서 168개의 협정이 발효 중에 있다.

FTA란 경제통합의 한 형태로서 둘 이상의 국가에서 상품이나 서비스를 사고 팔 때 관세 및 비관세 장벽을 철폐하는 협정을 체결하여 회원국들끼리 자유롭게 상품 등을 사고 팔 수 있는 시장을 형성하는 것을 말한다. FTA가 인기를 얻고 있는 것은 쌍무협정 방식이기 때문에 회원국간 합의를 통해 자신들이 원하는 것을 주고받을 수 있다는 장점 때문이다. 다자 협상은 입김이 센 국가가 밀어붙이는 사안에 대해서는 자국산업에 피해가 가더라도 억지로 받아들여야 하는 경우가 있으나, FTA는 산업구조가 보완적인 국가들이 필요에 따라 서로 시장을 개방한다는 점에서 손실보다는 이익이 크다. 다시 말해 FTA의 경제적 효과는 교역확대로 나타난다. 관세가 사라진 만큼 상품 수출이 늘어나게 되고 상대국의 값싼 원자재 등을 들여와 생산비를 낮출 수 있기 때문이다. 소비자들에게는 값싼 상품과 서비스를 접할 수 있는 기회가 확대된다.

한편, 우리의 주요 무역 상대국들은 FTA체결에 경쟁적으로 나서고 있다. 미국이 주도하는 북미자유무역협정(NAFTA)을 비롯하여 일본은 싱가포르, 멕시코 등과 FTA를 체결하였으며, 중국은 우리나라와 일본에 대해 3국간 FTA 체결을 제안했다. 중국이 한·중·일 자유무역지대 추진에 적극적인 것은 저렴한 인건비를 무기로 한 자국의 노동집약형 산업에 대한 자신감 때문이다. 이미 노동집약형 산업구조를 지탱하기 힘들어진 우리나라와 일본시장에서 자국 제품이 충분한 비교우위를 지니고 있다고 판단한 것이다. 또한 FTA추진을 통해 궁극적으로는 동아시아에서 경제적 주도권을 장악하기 위한 발판을 마련하겠다는 의지도 내포하고 있다. 중국은 동남아국가연합(ASEAN)과 FTA를 2010년까지 실현하기로 합의해 동남아지역에서 영향력을 이미 확보한 상태다. 2001년에 싱가포르와 FTA를 체결한 일본은 우리나라와 조속히 FTA를 체결할 것을 희망하고 있으나 몇 차례에 걸친 양국간 협상에도 불구하고 일본의 농산물 시장개방 등이 문제가 되어 2006년 현재 중단된 상태이다.

2) 2004년 4월 1일 한·칠레 자유무역협정(FTA) 발효

1999년 한·칠레간의 자유무역협정(FTA)을 위한 협상이 개시되어 2002년 10월 25일 타결되고 2004년 4월 1일 국회의 비준을 거쳐 발효됨으로써 한·칠레 FTA는 우리나라의 첫 FTA이며, 태평양을 사이에 둔 국가끼리의 첫 FTA라는데 의의가 있다. 또한 지구 반대편의 유망시장인 중남미로 우리 기업의 활동반경을 넓히고 수출시장을 다변화 하는데 필요한 인프라를 구축하였다는 점에서 한·칠레 FTA타결이 주는 의미는 크다고 할 수 있다. 이로써 우리나라도 드디어 FTA 체결국가 대열에 합류하게 된 것이다.

한·칠레간 FTA타결의 의의는 다음과 같다. 우리나라의 첫 FTA(우리나라 FTA추진의 시발점) 통상정책수단의 다원화(WTO체제의 무역 자유화와 별도로 우리 실정을 적절히 반영한 무역 자유화 방식(FTA)을 채택하였고, 태평양을 사이에 둔(Trans-Pacific) 국가간의 첫 FTA(남미권과의 FTA체결을 추진하고 있는 아시아 각국 중 첫 성공사례) 이고, 상호호혜적 이익을 최대한 반영한 FTA(남미권과의 FTA체결을 추진하고 있는 아시아 각국 중 첫 성공사례)로써 대외신뢰도 제고(우리나라의 대외개방 및 내부 개혁 의지를 대내외에 과시함으로써 대외 신뢰도를 크게 제고함)에 기여할 것이다.

3) 2006년 3월 1일 한·싱가포르 자유무역협정(FTA) 발효

한·칠레 FTA가 태평양을 사이에 둔 원거리교역 거점국가의 확보라는 의의가 있었다면, 한·싱가포르 FTA는 동아시아의 주요 인접 교역국과 본격적인 FTA 추진을 알리는 서막으로 볼 수 있을 것이다.

한·싱가포르 자유무역협정 타결의 의의는 다음과 같다. 국제적 비즈니스 거점과의 전략적 연계(경제시스템 선진화와 서비스 부분의 경쟁력 강화 및 투자 확대 기대)를 가지고 있으며, 동북아와 동남아 허브를 연결하는 FTA(동북아 경제허브를 지향하는 싱가포르와 우리나라의 FTA를 통하여 서로 결합, 동남아 진출을 촉진할 수 있는 기반이 강화)이다. 한·싱가포르 FTA는 포괄적인 FTA로 양국간 무역 투자 확대 및 원활화(WTO체제의 무역 자유화 별도로 우리 실정을 적절히 반영한 무역 자유화 방식(FTA)을 채택)에 기여할 것이며, 개성공단 생산제품의 해외판로 개척을 위한 선례를 구축(개성공단 제품이 우리나라를 거쳐 싱가포르로 수입될 경우 한국산원산지 물품으로 인정, 특혜관세 적용)하는 데 기여할 것이다.

4) 2006년 9월 1일 한·유럽 자유 무역 연합(EFTA)간 협정(FTA) 발효

EFTA와의 FTA는 우리가 지금까지 체결된 FTA 중 경제규모도 크고, 지역블록을 대상으로 한 최초의 FTA로서 의미를 가지고 있다. 또한 EFTA는 사실상 유럽시장과 동일 경제권으로서 EFTA와의 FTA체결이 거대한 EU시장에 우리기업 및 제품이 진출할 수 있는 기회가 될 것이라 기대된다.

한·유럽 자유 무역 연합(EFTA)간 협정(FTA) 타결의 의의는 다음과 같다. 우리나라와 선진경제권과의 첫 FTA (EFTA는 FTA를 맺은 최초의 선진 경제권이자 유럽경제권)로써 우리산업의 균형적 발달에 촉매역할 (우리 경제의 산업간 불균형 발전에 대한 명확한 인식을 바탕으로 비교열위 산업을 발전시키는데 한EFTA FTA가 촉매제 역할을 할 수 있을 것으로 기대)을 할 것으로 기대되며, 투자환경 개선으로 투자 활성화 (기존의 투자협정을 대폭 개선하여 투자자 보호수준 강화 등 투자환경을 개선)가 이루어지며, 우리제품의 EFTA 시장 진출이 확대 (우리나라에서 수입되는 모든 제품(공산품, 수산물)에 대해 발효 즉시 관세를 100% 철폐하여 우리제품의 시장진출 확대)되고, EU와의 FTA추진을 위한 환경을 조성 (한·EFTA FTA발효 이후의 제반효과를 예측함으로써 EU와의 협상을 추진하는데 보다 용이해질 것으로 예상)하게 될 것이다.

산업의 상호 보완성으로 상호 이익 증가 (산업내 무역비중이 낮고 산업간 무역이 대부분을 차지하는 상호보완적 산업 구조의 양국간 교역이 FTA를 통하여 크게 증가하는 등 상호이익이 증대)하고, 개성공단 생산제품에 대한 관세특혜확보(개성공단사업 추진 의의와 동북아 평화안정에 대한 중요성을 인정하여 WTO 규정상의 의무에 위배되지 않는 방안을 논의한 끝에 역외가공에 대한 특례 인정방식으로 이를 처리하기로 합의)하였으며, 유럽에서 우리나라 상품의 인지도 증가 (유럽에서 낮은 인지도를 보이는 우리나라 제품에 대한 이미지를 높여 우리 상품 및 기업의 유럽진출에 긍정적 효과)시키게 될 것이다.

5) 2007년 6월 1일 한·ASEAN 자유무역협정(FTA) 발효

한·ASEAN 자유무역협정은 거대경제권과 맺은 첫 FTA로써 우리나라 FTA정책이 본격적인 궤도에 올랐음을 알리는 신호탄으로서 그 상징적인 의미가 크다. 또한 아세안이 우리나라 5대 교역국임을 감안할 때, 한·ASEAN FTA는 그간 우리나라가 체결한 칠레, 싱가포르, EFTA(유럽자유무역연합)와의 FTA에 비해 경제적인 효과면에서 큰 실질적 혜택을 가져올 것이다. 아울러 우리나라가 동북아-동남아시장을 하나로 연결하는 중심축으로서 동아시아 지역경제 통합의 선도자로 도약할 수 있는 가능성을 열어줄 것이다. 2009년 5월 1일 서비스분야에 대한 아세안과의 FTA가 발효되었으며, 투자 분야는 2009년 6월 2일 서명을 하게 되었다.

한·ASEAN 자유무역협정 타결의 의의는 다음과 같다. 우리나라의 거대 경제권과 맺은 최초의 FTA(ASEAN은 총 10개 회원국에 6억의 인구를 지닌 거대시장으로 한국에게는 미국, 중국, 일본, EU와 더불어 5대 교역시장 중 하나)이며, 중·ASEAN FTA

보다 질적으로 향상된 FTA(한·ASEAN FTA는 중국보다 3년 늦게 협상을 시작하였으나, 2010년까지 일반 품목군에 포함된 제품에 대한 자유화를 실시한다고 합의한 중·ASEAN FTA와 비교했을 때, 2010년까지 일반 품목군에 포함된 제품에 대한 관세철폐에 합의함으로써 시기적으로 중국에 뒤지지 않는 결과를 이끌어 냄)로 평가된다.

개성공단제품에 대한 한국산 원산지로 인정(ASEAN국가의 주력 품목이 개성공단 생산제품과 경합관계에 있다는 점과 향후 추진할 FTA에서 개성공단에 대한 한국의 원칙을 설득력 있게 추진할 수 있는 기반을 마련하였다는 점이 중요)함으로서 전략적 의미를 가진다. ASEAN 시장에 대한 우리나라 기업들의 선점(점차 국내 구매력 증가로 인한 수출 시장으로서의 중요성이 강조되고 있는 ASEAN시장에 대한 우리나라 기업들의 선점을 가능하게 한다는 점에 의의)이 가능하며, 일본보다 ASEAN 시장접근에 우위를 확보할 수 있는 기회를 제공(일본은 한국이나 중국과는 달리 ASEAN 전체와 FTA협상을 진행하기 보다는 ASEAN 회원국과 개별적인 FTA를 추진하는 전략) 받을 수 있다.

6) 2010년 1월 1일 한·인도 포괄적 경제동반자 협정(CEPA) 발효

인도는 세계인구의 1/7을 차지하고 있고, GDP(명목)가 세계 10위('10년 IMF기준)인 거대시장이다. 인도와 CEPA[8])를 체결함으로써, 신흥거대경제권과의 교역, 투자 및 인적교류 등을 활성화하기 위한 장기적 기반이 마련될 것이다.

한·인도 포괄적 경제동반자 협정(CEPA)타결의 의의는 다음과 같다. 이 협정 발효로 신흥거대시장의 선점 가능성(일본, 중국, EU 등 주요 경쟁국에 앞서 FTA를 맺어 우리기업의 거대 경제권인 인도시장 선점가능)을 높였으며, 수출증대효과(인도의 보호무역주의가 강화되는 가운데, 우리의 가격경쟁력 제고, 인도정부의 반덤핑 조치 발동 완화를 통하여 수출 증대 가능)가 있으며, 다양한 투자기회를 제공한다.

소비자후생을 증가(수입제품 가격하락과 제품, 서비스 선택폭 확대로 후생 증가)시키고, 남아시아 국가 진출의 교두보(인도와의 경제통상협력관계를 구축, 추후 인도의 근접국가들과 경제협력관계 형성 가능)를 마련할 수 있다.

한·CEPA(Comprehensive Economic Partnership Agreement : 포괄적 경제동반자 협정)

8) CEPA(Comprehensive Economic Partnership Agreement : 포괄적 경제동반자 협정)는 상품 및 서비스의 교역, 투자, 경제협력 등 경제관계 전반을 포괄하는 내용을 강조하기 위해 사용하는 용어로서 실질적으로는 FTA와 동일한 성격을 가지고 있다.

는 상품 및 서비스의 교역, 투자, 경제협력 등 경제관계 전반을 포괄하는 내용을 강조하기 위해 사용하는 용어로서 실질적으로는 FTA와 동일한 성격을 가지고 있다.

7) 2011년 7월 1일 한·EU FTA 잠정발효

27개 회원국으로 구성된 EU는 세계 최대 규모의 단일경제권이자 우리나라의 주요 교역상대 및 투자파트너로서, 국익을 극대화할 수 있는 FTA 대상국이다. 한·미 FTA에 못지 않은 경제적 효과를 기대할 수 있고, 유럽·동아시아·미국을 연결하는 '글로벌 FTA 허브국가'로서 부상하는 중요한 계기를 마련하게 될 것이다.

한·EU 자유무역협정(FTA) 타결의 의의는 다음과 같다. 첫째, 아시아국가가 EU와 맺은 최초의 FTA로써 일본, 중국 등 주요 경쟁국보다 먼저 EU시장을 선점하게 됨으로써 경쟁우위를 확보할 수 있다. 둘째, 27개국으로 구성된 EU는 선진경제국에서 신흥경제국까지 다양한 시장이 함께 공존하여 다양한 투자 기회가 제공된다. 셋째, 한·EU FTA는 우리나라 제도와 관행의 선진화를 가속화시켜 경제의 투명성과 예측가능성을 제고하여 우리 경제 시스템을 전반적으로 업그레이드하면서 성장동력을 창출하는 효과를 가져올 것으로 예상되고, 경제·문화·교육 등 여러 분야에서 발전하는 계기가 될 것이므로 경제시스템이 선진화 될 것이다. 넷째, 우리나라가 유럽-동아시아-미국을 연결하는 '글로벌 FTA 허브국가'로써 부상하는 중요한 계기를 마련함으로써 국가의 위상이 제고될 것이다. 다섯째, 한·EU FTA 발효 이후의 제반효과를 근거로 FTA 효과를 예측함으로써 미국과의 협상을 추진하는데 보다 용이해질 것으로 예상된다. 여섯째, 생필품과 서비스의 가격이 하락하고 선택권이 넓어져서 국민생활의 질이 향상, 금융, 법률, 회계 시장 등의 개방을 통해 보다 낮은 가격으로 고품질의 전문직 서비스 이용이 가능하여 소비자 후생이 증가한다. 일곱째, 한·EU FTA는 양국간 교역의 활성화와 EU 및 제3국으로부터의 외국인 투자 증대 등을 통해 우리경제의 성장잠재력을 크게 제고시켜 고용 창출에 기여할 것으로 새로운 활력이 생길 것이다.

8) 2011년 8월 1일 한·페루 자유무역협정(FTA) 발효

2011년 3월 21일 한·페루 자유무역협정(FTA)이 타결되어 정식으로 서명되고, 6월 29일 국회에서 비준동의안이 의결된 한·페루 FTA가 발효되었다. 한·페루 FTA는 2004년 발효된 한·칠레 FTA와 함께 우리나라의 남미지역 진출 확대를 위한 교두보 확대, 양국간 자원협력 및 투자확대에 기여할 것으로 기대되며 협상중인 한·콜롬비아 FTA 타결에도 긍정적 효과가 기대된다.

한·페루 자유무역협정(FTA) 타결은 다음과 같은 의미를 갖는다. 첫째, 중남미 진출 교두보를 확보 – 한·칠레 FTA('04년 발효)에 이어 우리나라의 남미지역 진출확대를 위한 교두보 확대, 양국간 자원협력 및 투자확대에 기여할 것으로 기대된다. 둘째, 페루시장 선점효과 제고 – 자동차 수출 등에서 우리의 경쟁상대인 일본에 앞서 FTA를 타결하여 페루시장을 선점하게 됨으로써 경쟁 우위를 확보할 수 있다. 셋째, 자원의 안정적 확보 – 2010년 기준 GDP는 1,528억달러, 세계 50위, 은(매장량 1위), 아연(매장량 3위), 주석(매장량 3위), 금(매장량 5위), 동(매장량 3위) 등의 매장량이 세계적 수준 콜롬비아, MERCOSUR 등과의 FTA타결을 위한 환경조성 – 한·콜롬비아 FTA 타결에도 긍정적 효과가 기대되고 브라질이 반대하고 있는 MERCOSUR와의 FTA를 자극할 수 있다. 넷째, 소비자후생이 증가한다. 페루로부터 농수산물 섬유류 등이 보다 싼 가격으로 수입되는 등 장바구니 물가가 내려가고 소비자 선택권이 확대되어 국민생활의 질이 향상될 것이다.

9) 2012년 3월 15일 한·미 자유무역협정(FTA) 발효

2006년 6월 한·미 FTA협상이 개시되어 2007년 4월 20일 협상타결이 되었으나 국회의 비준을 받는 데는 많은 시간이 필요했지만 2012년 3월에 타결되었다. 미국은 GDP규모(2010년 기준)가 우리나라의 14배, 우리의 2대 수출상대국이며, 우리 총 수출의 10.7%를 차지하는 매우 중요한 시장이다. 무역의존도가 87.9%에 달하는 우리나라는 미국과의 FTA협상을 통하여 교역증대, 투자증대를 통한 일자리 창출과 경제규모 확대, 재정수입증대로 소외계층에 대한 사회 안전망을 확대하고 세계화의 효과를 극대화하기 위한 경제시스템을 발전시켜 나아갈 것이다. 미국과의 무역장벽을 대부분 제거하는 동북아 최초의 국가가 됨으로써 경쟁국인 일본, 중국보다 앞서 나갈 수 있는 기회를 가지게 되었다.

한·미 FTA협상 타결의 의미는 먼저 세계최대시장을 관세 등 거래 비용의 감소, 통상마찰 완화함으로써 안정적으로 확보할 수 있고, 미국시장을 선점하고, 기업환경의 개선과 산업효율성을 증대함으로써 생산·고용·교역 및 외국인 직접투자(FDI)를 증대할 수 있다.

Global standard 정착하고, 서비스부문의 획기적인 개선을 통하여 국민의 삶의 질적 향상을 도모하고, 저렴한 가격으로 선택의 폭이 확대되어 소비자후생이 증대됨으로서 경제사회시스템이 선진화의 계기가 마련될 것이다.

10) 2013년 5월 1일 한·터키 자유무역협정(FTA)발효

- 2008. 6한·터키 FTA 공동연구 개시
- 2009. 5한·터키 FTA 공동연구 종료
- 2013. 3양측간 서한교환 완료
- 2013. 5. 1 발효
- 2013. 8. 21-22제4차 한·터키 FTA 서비스·투자협정(앙카라)은 2011년 3월 제 3차 협상 후 중단되었으나 상품무역협정 발효 후 협상을 재개하여 1년내 타결목표를 합의하였다.

11) 우리나라와 서명/타결된 FTA

① 한·콜롬비아 FTA

- 2008.11: APEC 정상회담 계기 한·콜롬비아 정상회담에서 한·콜롬비아 FTA공동연구 추진 합의
- 2009.3: 한·콜롬비아 FTA 민간공동연구 개시
- 2009.8: 공동연구 종료
- 2012.6.25: 한·콜롬비아 FTA 협상타결(콜롬비아)
- 2013.2.21: 한·콜롬비아 FTA 정식 서명(서울)

② 한·호주 FTA

- 2006.12.6: 호주를 국빈 방문한 우리 측 정상은 회담 통해 양국간 FTA 타당성 조사를 위한 공동연구 개시에 합의, 2007년 초 공동연구 개시하여 2007년말까지 완료 목표
- 2008.4: 한·호주 FTA 민간공동연구보고서 완료
- 2013.12.3: 한·호주 FTA 실질적 타결 선언

12) 협상중인 FTA(9개국, 2013.12 현재)

- 한·GCC FTA
- 한·뉴질랜드 FTA
- 한·멕시코 FTA
- 한·배트남 FTA
- 한·인도네시아 CEPA
- 한·일본 FTA

- 한·중 FTA
- 한·중·일 FTA

13) 협상준비/검토중인 FTA(7개 지역, 2013. 12 현재))

- 한·중·일 FTA·MERCOSUR FTA
- 한·중·일 FTA·SACU FTA
- 한·러시아BEPA ▪ 한·말레시아 FTA
- 한·몽골 FTA
- 한·이스라엘 FTA
- 한·중미 FTA

14) FTA 추진 성과

우리나라의 FTA 추진은 현재 9건(칠레, 싱가포르, EFTA, ASEAN, 인도, EU, 페루, 미국, 터키 등)이 발효되고 국가 수는 46개국으로 지난 10년 동안 양적으로 크게 확대되었고, 콜롬비아와는 FTA는 발효를 앞두고 있고, 최근 캐나다, 호주와는 협상이 타결되어 주요 경제권을 모두 포괄하고 있어 질적으로도 상당한 성과를 이루었다.

FTA 확대로 교역비중과 경제영토가 확대되었다. '09년 우리나라의 FTA 교역비중은 13.8%이고 중국 20.7%과 일본 17.7%로 뒤졌으나 한·EU, 한·미 FTA 발효로 '13년 말 우리나라 35.3%, 중국 21.2%, 일본 18.9%로 경쟁국보다 유리한 교역환경을 조성하고 있다.

게다가 우리나라가 세계 GDP에서 차지하는 비중은 1.6%에 그치고 있지만 FTA로 확보한 경제영토는 세계 GDP의 56.2%로 세계 상위권을 차지하고 있어 세계시장의 50% 이상을 보다 자유롭게 공략할 수 있게 되었다.

▪ **주요 용어**

세계화	뉴 라운드(New Round)	관세동맹(Customs Union)
국제화	DDA	공동시장(Common Market)
3극 경제권	자유무역협정(Free Trade Agreement	경제동맹
WTO	혹은 Association, Area)	

연습문제

1. 자본주의단일시장체제의 성립에 대해 설명하시오.

2. 사회주의 체제의 시장경제체제로의 전환과정에 대해 설명하시오.

3. 세계화와 국제화의 차이점에 대해 설명하시오.

4. 세계화는 어떤 결과를 초래하였나?

5. 세계화 시대의 국제경제 질서에 대해 설명하시오.

6. 지역경제 통합의 5단계에 대해 설명하시오.

7. 유럽의 경제통합에 대해 설명하시오.

8. 미주의 경제통합에 대해 설명하시오.

9. 아시아의 경제통합에 대해 설명하시오.

10. 한국의 FTA체결 동향에 대해 설명하시오.

제2부

국제통상이론

제3장 | 국제통상이론의 전개

제1절 국제분업과 이론의 과제

1. 국제무역과 국제분업

1) 국제분업의 의의와 원리

사람의 욕구는 다양하고 크기 때문에 이를 충족시키기 위하여 여러 가지의 일을 해야 하고 많이 해야 한다. 여기서 이 모든 일을 혼자서 하느냐 아니면 나누어서 하느냐 하는 문제에 도달하게 된다. 이 때 보다 효과적으로 일을 하기 위해서는 보다 자신이 잘 할 수 있는 일은 자신이 하고 그렇지 못한 일은 잘 할 수 있는 타인에게 맡겨서 서로 나누어서 일을 하는 것이 서로의 시간과 자원 등의 낭비를 줄일 수 있는 보다 효율적인 방법이라 할 수 있다.

분업(division of labor)은 한 사람이 할 수 있는 일을 쉽고 효과적으로 하기 위하여 여러 사람이 나누어서 하는 것, 즉 개인이 자신의 특기가 있는 일에 전념하는 것을 말하며, 이를 전문화 또는 특화(specialization)라고 한다. 이것을 국제적 차원으로 확대하여 이루어지는 것을 국제분업(international division of labor)이라고 한다.

다시 말하면 국제분업은 자국에서 필요한 물건을 자신이 생산하여 자급자족할 수 있으나 상대적으로 자국에서 잘 생산할 수 있는 재화는 자국이 생산하고, 타국이 잘 생산할 수 있는 재화는 타국이 생산하는 것이 필요한 모든 재화를 자국이 혼자서 생산하는 것보다 이익을 가져오는 효율적인 생산활동을 말한다.

이와 같이 국제분업활동에 의해서 생산된 재화를 서로 교환하는 것을 국제무역

(international trade)이라고 하는 데 이에는 자국에서 생산되지 않는 재화의 국가간의 교환도 포함되며 이를 통하여 국제분업의 이익을 얻을 수 있다는 것이다.

국제분업의 원리를 처음 주장한 한 사람은 아담 스미스(Adam smith)이고, 18세기 말 그에 의해 제안되었으며, 그는 "외국이 어떤 재화 생산에서 자국이 만드는 것보다 싸게 생산하여 공급할 수 있으면 외국이 그 재화를 생산하여 공급하고, 자국은 외국보다 싸게 생산할 수 있는 재화를 생산하여 서로 교환하므로써 상호이익을 가져올 수 있다"는 국제분업론을 주장하였다.

그는 두 나라(자국과 외국), 한 생산요소(노동), 두 재화(옷과 포도주)를 예를 들어 자국에서 두 재화 모두를 생산할 수 있으나 자국보다 싸게 생산할 수 있는 재화(예: 옷)는 외국이 생산하고, 자국이 외국보다 싸게 생산할 수 있는 재화(예: 포도주)는 자국이 생산하여 서로 교환한다면 서로 이익을 얻을 수 있다고 주장하였다. 이와 같은 아담 스미스의 분업의 원리를 절대우위론(Absolute advantage)이라고 한다.

다시 말하면 자국이 타국에 비해 어떤 재화생산에 있어 절대적 우위(absolute advantage in cost)에 있을 경우, 즉 생산비가 타국에 비해 절대적으로 싸게 생산할 경우 자국이 그 재화생산에 특화 또는 전문화하여 수출하고, 반대의 경우에는 수입하게 된다는 논리이다. 이는 생산비에 있어 "절대적인 차이"(absolute difference in cost)를 무역발생의 원인으로 보고 무역을 설명하고 있다.

그러나 생산비가 절대적 우위에 있지 아니하고 상대적 우위, "상대적 차이"(comparative difference in cost), 즉 생산비의 비교우위에 의해서도 국제분업은 발생하게 되고, 교환이 이루어지면 양국이 무역이익(특화이익과 교환이익)을 얻을 수 있다는 비교우위의 논리, 즉 비교생산비설(Theory of comparative advantage)은 데이비드 리카도가 주장하였으며 그는 고전파 이론을 정립하여 국제무역의 이론적 토대를 마련하게 되었다.

2) 국제분업의 필요성

세계의 모든 나라는 자국이 스스로 필요로 하는 모든 재화와 자원을 생산하여 공급하는 데는 한계가 있다. 왜냐하면 각국에 부존되어 있는 자원의 종류와 양의 차이가 존재하고, 산업구조나 경제발전의 단계가 다르기 때문에 자국에서 소비되는 모든 재화를 독자적으로 생산하여 공급하는 것은 효율적이지 못하고 비경제적이다. 그래서 각국은 분업을 통해서 생산하고 소비하는 것이 효율적이고 경제적이다.

세계의 각국은 국제분업을 통하여 제한된 자원을 효율적으로 사용하고 생산된 재화를 소비하는 것이 효율적일 수 밖에 없다. 그 이유는 다음과 같다.

첫째, 각국이 생산하는 재화나 자원의 생산비는 차이가 존재한다. 생산비의 차이는 국가마다 자원의 부존상태 차이와 기술수준의 차이 때문에 불가피하게 발생한다. 이와 같이 생산비의 차이는 재화가격의 차이를 가져오게 함으로써 수요자는 보다 싸게 생산하는 국가로부터 재화나 자원을 수입하게 된다.

둘째, 각국의 기후조건은 차이가 있다. 기후조건에 따라 생산되는 재화나 자원의 종류가 다르다. 이는 주로 농산물의 경우 기후조건에 따라 생산되는 종류가 다르기 때문에 자국의 기후조건에 맞는 생산품을 생산하고 그렇지 못한 생산품은 다른 나라에서 생산하여 서로 교류하게 된다.

셋째, 각국에 있어 생산요소의 부존상태는 차이가 존재한다. 자본, 노동, 자원, 기술 등의 생산요소가 국가마다 다르다. 이들 요소 중에 풍부한 생산요소를 가지고 있는 국가는 이 요소를 집약적으로 사용하는 재화를 생산하고 상대적으로 부족한 요소를 집약적으로 사용하는 재화는 생산하지 않는 것이 보다 생산비가 유리하기 때문에 분업을 하게 된다.

넷째, 각국은 각 자원의 부존량에 있어 차이가 있다. 자원풍부국은 풍부한 자원을 생산하여 수출하고, 자원개발을 위하여 공산품을 수입하며, 반면 자원이 부족한 나라는 공산품을 생산하여 수출하고 필요한 자원을 자원이 풍부한 나라로부터 수입하는 분업을 통해 교류하게 된다.

다섯째, 각 국가는 경제발전에 있어 차이가 있다. 경제발전 수준이 낮은 나라는 자국의 경제발전을 이룩하기 위하여 발전된 나라로부터 재화를 수입하여 사용하게 되고, 경제발전 수준이 높은 나라는 자국이 생산하는 데는 비싸지만 경제발전 수준이 낮은 나라가 생산하면 가격이 낮아 그들이 생산한 재화를 수입하여 사용함으로써 국민의 후생을 향상시킬 수 있기 때문에 국제분업이 발생한다.

이와 같이 국가마다 다른 경제적 조건 때문에 서로가 필요한 재화를 모두 자기가 생산하는 것은 효율적이지 못하다. 그래서 각국은 생산에 유리한 것을 서로 나누어서 생산하는 것이 보다 효율적이므로 국제분업을 하게 된다.

3) 국제분업의 종류

국제분업은 어떠한 분류기준으로 나눌 것인가에 따라 분류할 수 있다. 먼저 경제발전 수준의 차이를 기준으로 하면 수직적 분업(vertical division of labor)과 수평적 분업

(horizontal division of labor)으로 나눌 수 있다. 한편 분업의 원리에 따르느냐 아니냐를 기준으로는 경제적 분업(economic division of labor)과 비경제적 분업(non-economic division of labor)으로 나눌 수 있다.

(1) 수직적 분업과 수평적 분업

수직적 분업(垂直的 分業)은 경제발전수준의 차이가 존재하는 국가간의 분업, 즉 개도국과 선진국간의 분업 또는 농업국과 공업국간의 분업을 의미한다.

예를 들면 개도국이 광산물이나 농림수산물 등 단순 노동집약적 제품, 즉 1차산품이나 경공업제품을 생산하여 선진국에 수출하고, 선진국은 자본·기술집약적인 제품, 즉 중화학공업제품을 생산하여 개도국에 수출하는 형태로 국제분업이 이루어진다. 이러한 예의 국제분업이 수직적인 분업의 형태이다.

수평적 분업(水平的 分業)은 소득수준이나 기술수준, 자본축적, 소비성향, 경제발전 정도가 비슷한 국가 상호간에 일어나는 국제분업을 의미한다.

예를 들면 공업국 상호간 교역으로 어떤 나라는 전자제품을 수출하고 상대국은 화학제품을 수입하는가 하면, 상대국은 화학제품을 수출하고 전자제품을 수입하는 경우도 선진국 상호간 교역형태로 이루어지는 경우이다. 이와 같은 분업은 앞으로 산업내 분업(産業內 分業), 즉 산업내 무역(inter-industry trade)의 형태로 교역이 발전하게 된다.

(2) 경제적 분업과 비경제적 분업

경제적 분업(經濟的 分業)은 국제분업의 원리에 따라 자국이 가지고 있는 자원이나 기술수준이 다른 나라가 가지고 있는 것보다 풍부하거나 우수하여 이를 활용하여 생산된 제품은 상대적으로 우위를 가지고 있으므로 이를 특화하여 수출하고 반대의 경우에는 수입함으로써 경제적 효율성을 통한 경제적 이익을 얻을 수 있다. 이와 같이 경제적 효율성에 입각하여 생산된 제품이 거래됨으로써 경제적 부를 얻게 되는 분업을 경제적 분업이라고 한다.

이에 반해 비경제적 분업(非經濟的 分業)은 분업의 원리와는 관계없이 정치적 군사적 차원에서 이루어지거나 자국의 정책을 효율적으로 수행하기 위하여 원조나 금융지원의 형태로 이루어졌지만 결과적으로 부를 얻을 수 있는 분업을 비경제적 분업이라고 한다.

2. 국제분업이론의 과제

국제무역은 경제적·사회적·문화적 환경이 다른 국가들과의 제품과 서비스의 교환이 이루어지는 것이기 때문에 국내거래와는 많은 차이를 가지고 있다. 즉 국제무역은 국내거래 메커니즘과는 다른 메커니즘을 통하여 국가간 거래가 일어나게 된다. 이러한 국제거래현상을 설명하는 무역이론은 먼저 무역은 왜 일어나며, 어떤 나라가 어떤 상품을 수출하고 어떤 상품을 수입하게 되며, 무역을 함으로서 자국경제나 세계경제에 어떤 영향을 미치는가 등에 대하여 논리적으로 설명하는 것이 국제무역이론이다.

무역에 대하여 가장 먼저 던지는 질문은 "국가간에 거래는 왜 하는가?"(why do nations trade together?)이다. 이에 대한 가장 간단한 답은 무역을 함으로써 무역 이익(gains from trade)을 얻을 수 있기 때문이다. 그래서 국가간 교역현상을 설명하고, 예측하는 무역이론은 다음과 같은 기본적인 질문에 대한 답을 제공한다.

① 무역의 발생원인은 무엇인가?

무역의 발생원인이 무엇인가?의 질문은 무역을 왜하는가의 질문의 답에 대한 질문으로서 무역발생의 원인을 규명(cause of trade)하는 문제이다. 즉 수출과 수입이 일어나도록 하는 요인이 무엇인가에 대해서는 국제분업의 원리(Principle of international division of labor)를 통하여 설명한다.

② 무역패턴(pattern of trade)은 어떻게 결정되는가?

국가간 교역에 있어서 어떠한 상품이 어떤 나라에서 수출되고 수입되는 가를 밝히고자 하는 것이다. 이는 자원을 효율적으로 활용하기 위한 무역의 방향에 관한 것으로 이를 통해 각국의 무역구조(structure of trade)와 무역형태를 알 수 있게 된다.

③ 교역조건(terms of trade)은 어떻게 결정되는가?

각국의 수출상품과 수입상품과의 교환비율(ratio of exchange)이 어떻게 결정되고, 무역에 의한 이익이 국가간에 어떻게 배분되는지에 대한 배분의 문제 등을 규명하고자 한다. 교역조건은 거래 당사국의 무역형태와 무역이익에 영향을 미친다.

④ 무역을 통해서 얻는 이익(gains from trade)은 무엇인가?

무역을 하는 근본적인 이유는 거래 당사국사이에 서로 이익을 얻을 수 있기 때문이다. 즉, 무역을 통하여 각 국가의 효용이 어떻게 변하는가에 대한 무역이익의 문제가 무역이론의 주요 과제이다. 무역이론은 이러한 과제를 규명하려고 한다.

⑤ 무역균형(trade equilibrium)은 어떻게 결정되는가?

무역은 수출이 수입보다 더 많은 경우도 있고 적은 경우도 있게 된다. 무역균형은 무역으로 인하여 발생한 거래성과를 보여주는 것으로 교역당사국간에 중요한 의미를 갖는다. 그러므로 수출입의 균형이 어떻게 결정되는가의 과정을 해명하고자 한다.

⑥ 무역에 의한 무역효과(trade effect)는 무엇인가?

무역이 발생하면 거래 당사국의 경제성장과 경제발전 등 다양한 영향을 미치게 된다. 즉, 무역으로 인한 한 국가안에서의 계층간 소득이 어떻게 재배분되는지에 대한 요소소득의 배분문제, 교역당사국의 산업구조에 관한 문제, 자원배분에 관한 문제 등에 미치는 영향을 분석하고자 한다.

제2절 국제무역이론의 발전

국제무역은 근대국가 성립기인 중세에 서유럽을 지배해왔던 중상주의(重商主義, mercantilism)시대의 국부(國富,The wealth of nations)의 축적을 위한 보호주의적 사고로부터 자유방임을 통하여 국가 이익의 증가를 표방하는 중농주의(重農主義)로 이어지면서 국가간 거래의 필요성과 이를 통한 이익을 얻으려고 하는 노력으로부터 시작되었다.

이러한 노력의 결과로 무역의 현상을 설명하기 위한 이론이 등장하여 발전하게 되었다. 근본적으로 무역이론은 수출은 왜 하는가? 또는 수입은 왜하는가? 의 질문에 답하고자 한다. 먼저 전자의 질문에 대한 대답은 국내에서 생산한 물건을 국내에서 파는 것보다 외국에 수출하는 것이 보다 이익이므로 수출하게 된다. 반면 후자에 대한 답은 국내에서 생산되지 않거나 국내에서보다 외국으로부터 구입함으로서 싸게 구입할 수 있으면 수입하게 된다. 이와 같이 수출입은 거래 당사자 간에 모두 이익이 되기 때문에 이루어진다.

이러한 현상은 얼핏 보면 간단하지만 실제로는 복잡하기 때문에 복잡한 현상을 설명하기란 쉬운 일이 아니므로 단순화를 통하여 설명하고자 하였다. 즉, 소비자의 기호나 품질은 동일하다는 전제하에 오직 생산비의 차이로만 무역발생원인을 규명하려는 노력이 시작되어 여러 측면에서 이루어져 왔다.

국제무역이론이 설명하고자한 내용은 앞 절에서 살펴본 무역이론이 해결하고자하는 주요 과제이고, 이 과제들에 대한 해답을 설명하고 있는 학자들의 견해를 중심으로 살펴보고자 한다.

1. 중상주의 무역사상

중상주의(mercantilism)는 근세 절대주의적 제국형성기로부터 영국 산업혁명이 시작되는 시기 즉 16세기에서 18세기 중엽까지의 근대적 민족국가의 형성기에 유럽제국을 지배했던 상업을 중요시하는 경제사상 또는 정책을 말한다. 오랜 기간 동안에 걸쳐 전개된 중상주의실체는 국가마다 상이하고 형태와 내용도 다르다. 이 시기의 정부나 학자들은 국가의 부(wealth of nations)는 금·은으로 대표되는 귀금속(treasures)의 축적이라고 생각하고 이를 축적하는 데 노력하여야 한다고 했다.

한 나라가 부강해지기 위해서는 수출을 증가시키고(귀금속유입의 증가), 수입은 줄여서 (귀금속유출의 감소) 무역수지 흑자로부터 부를 증가시킬 수 있다고 주장하였다. 게다가 봉건체제에서 중앙집권적 국가제도를 확립하기 위하여 많은 화폐가 필요하였기 때문에 부국강병책으로써 사용하게 되었다.

오늘날도 이러한 사상은 많은 사람들의 생각을 지배하고 있어 수출은 늘이고 수입은 감소시켜 무역수지를 개선하려는 노력을 국가들은 하고 있다. 중상주의의 경제적 사상의 특징은 200년이 넘게 지속된 정책이기 때문에 시기별로 다음과 같이 크게 세 가지로 구분할 수 있다.

① **중금주의**(bullionism)

중상주의의 초기에 화폐의 중요성을 인식하고, 한 국가의 부를 이 당시의 화폐인 귀금속의 보유량으로 측정하고, 금·은과 같은 귀금속(treasures)을 획득하기 위한 정책을 펼쳤다.

금·은의 축적을 위해서는 무역에 의해서 수입된 금·은의 반입은 허용되고 반면 반출은 엄격한 통제를 받게 되었다.

② **무역차액주의**(balance of bargain)

중상주의 중기에는 국부로서 귀금속을 확보하기 위하여 수출을 증가시켜 금·은의 유입은 장려하고 금·은의 유출을 방지하기 위하여 수입을 억제하는 정책을 추진하였다.

이를 통해서 일국에서 중요한 것은 총수출액이 총수입액을 초과해야 금·은의 유입이 유출을 초과하는 유리한 무역차액(favorable balance of trade)을 통하여 국부를 증대시킨다는 것이다.

③ **국내 산업보호**

중상주의 말기에는 수출을 늘이고 수입을 줄이기 위한 근본적인 대책으로서 국내산업의 경쟁력을 갖추기 위한 보호정책이 필요하였다. 즉 중상주의의 보호정책은 외국무역에 대한 보호와 통제를 하고 내외 시장을 확보하고 확대시키는 데 있다. 이를 위해 첫째 외국상품과의 경쟁에서 국내시장을 보호하며, 둘째에는 초기 산업자본의 형성을 위하여 보호나 외국상품과의 가격경쟁력을 강화하기 위한 것이다.

이와 같이 중상주의자들(mercantilists)은 자국의 이익을 위하여 자국의 위주의 정책을 펼치면서 다른 나라의 희생을 통하여 금·은을 획득할 수 있다고 믿었기 때문에 정부가 경제활동에 규제하고 철저한 보호주의를 수행하게 되었다. 이러한 보호주의 정책에 대한 급부로 자유무역을 주장하는 고전파 무역이론이 태동하게 되었다.

2. 고전학파(Classical school) 무역이론

18세기 후반 아담 스미스를 필두로 등장한 고전학파 경제학자들은 국민경제에 있어 정부의 역할을 중시하는 중상주의의 보호무역주의에 대하여 분업의 원리(principle of division of labor)에 의한 무역이 보다 큰 이익을 얻을 수 있다는 자유무역주의를 주장하고, 무역의 발생원인, 무역패턴, 무역의 이익과 배분문제 등을 설명하는데 노력하였다. 특히 국제무역은 비교우위에 있는 분야에 특화하기 때문에 제한된 자원을 가장 효율적으로 분배하는데 기여하므로 무역이 거래 당사국의 부를 증대시킬 수 있다는 것이다.

또한 고전파 무역이론은 제화생산에 있어 생산요소로써 노동을 유일한 요소로 가정하여 노동가치설(value theory of labor)[1]에 입각하여 비교우위의 발생원인, 무역패턴, 무역이익을 통하여 자유무역의 우위성을 설명하고 있다.

1) 아담 스미스의 절대우위론

산업혁명을 이룩하여 산업자본주의시대에 진입하고 있는 영국은 자국의 부를 축적

1) 재화는 노동이라는 유일한 생산요소에 의해 생산된다고 보고 제화의 가치는 투입된 노동량에 의해 결정된다고 하는 이론이다.

하기 위하여 수출을 촉진하고, 수입을 억제하는 중상주의적 보호주의를 수행하였다. 이러한 때에 아담 스미스(Adam Smith)는 프레드릭 케네(F. Quesnay)의 “자연법사상”에 근거한 “자유방임(laissez faire)” 사상, 즉 “하는 대로 가는 대로 내버려두면 스스로 운행한다.”는 사상에 영향을 받아 “보이지 않는 손(invisible hand)”이 시장을 움직이며, “이기심”이 발전의 원동력이 되며, 자유방임정책은 국부를 증대시킨다고 믿었다.

아담 스미스는 그의 저서 “국부론(The Wealth of Nations, 1776)”에서 정부의 역할에 대하여 중상주의자를 비판하고, 정부의 간섭을 배제하며, 분업의 원리(principle of division of labor)에 따라 자유무역을 행하므로써 무역이익을 얻을 수 있다고 주장하였다.

아담 스미스는 제한된 자원의 효율적인 자원배분을 위하여 “분업(division of labor)의 효율성”을 강조하여 국가간에 적용한 것이 “절대우위(absolute advantage)” 이론이다. 그 내용은 두 나라가 국내에서 생산하여 소비하는 것보다 상대국으로부터 훨씬 저렴한 가격으로 원자재나 완제품을 수입해서 사용한다면 두 나라 모두는 이익을 얻을 수 있기 때문에 두 나라의 국부가 증가하는 것이다.

이 때 무역은 “자국이 다른 나라에 비해 절대적으로 싸게 생산(절대적 우위)할 수 있는 제품을 생산하여 수출하고 절대적으로 비싸게 생산(절대적 열위)하는 재화는 수입하는 것”으로 보았다. 그래서 무역을 발생시키는 근거와 거래 당사국간 이익을 얻는 근거로서 재화생산에 있어 “절대생산비의 차이”(absolute difference in cost) 즉, “절대우위(absolute advantage)”의 개념을 도입하여 생산에 있어 절대우위가 있을 때 국제분업이 발생한다. 이와 같이 절대우위에 입각한 무역발생원리를 아담스미스의 절대우위론(theory of absolute advantage)이라고 한다.

<표 3.1>의 예에서 보면, 두 나라, A국과 B국이 존재하는 세계에서 A국과 B국은 1단위 생산에 필요한 노동으로 각각 옷과 컴퓨터를 생산하면, A국은 옷 생산에 절대적 우위에 있고, B국은 컴퓨터 생산에 절대적 우위를 갖는다. 특화이전에 옷의 세계 생산량, 즉 두 나라의 생산량은 2.0단위이고, 컴퓨터의 생산량도 2.0단위였지만 각국이 절대우위에 있는 A국은 옷 생산에 완전특화하면, 옷 2.5단위, B국은 컴퓨터 2.3단위를 생산할 수 있으므로 무역전보다 옷은 0.5단위, 컴퓨터는 0.3단위 만큼 더 생산할 수 있다. 이는 특화에 의한 생산이익을 얻을 수 있다는 것을 보여 준다.

그러나 여기서 각국의 교환이익은 양국간의 교환비율을 알 수 없으므로 교역으로 인한 양국간의 이익은 알 수 없다.

〈표 3.1〉 절대우위론에 의한 무역이익

(단위: 1단위 생산에 필요한 노동투입량)

상품 \ 국가		A국	B국	세계(A국+B국)생산량
무역 전	옷	10명	13명	2.0단위
	컴퓨터	15명	10명	2.0단위
무역 후	옷	2.5단위	0	2.5단위
	컴퓨터	0	2.3단위	2.3단위

2) 리카도의 비교우위론

아담 스미스의 무역이론은 한 나라가 외국에 비해 재화 생산에 있어 절대적 우위에 있는 제품에 특화(specialization)2)하여 교역하면, 교역당사국 모두가 이익을 얻을 수 있다는 이론이다. 이 때 무역의 원천은 재화 생산비에 있어 “절대적 우위(absolute advantage)”이다.

이러한 논리에 대하여 아담 스미스의 이론적 문제를 보완하고, “무역의 발생원인”을 설명하고자 한 사람이 데이비드 리카도(D. Ricardo)인데 그는 자신의 저서 “정치경제와 조세의 원리” 「Principles of Political Economy and Taxation, 1817」에서 아담스미스의 절대적 우위에 대하여 상대적 우위, 즉 생산비에 있어 상대적 우위(comparative advantage in cost)로 비교생산비설(Theory of comparative cost)을 설명하고 있다.

(1) 리카도의 비교우위이론

리카도는 비록 한 나라가 다른 나라에 비해 절대적 우위를 갖는 제품이 없더라도 상대적으로 우위를 있는 즉, “비교우위(comparative advantage)”를 갖는 제품만 있으면 그 제품 생산에 특화하여 교역을 함으로써 교역 당사국 모두에게 이익을 얻을 수 있다고 주장하였다. 이 원리가 “비교우위론(theory of comparative advantage)” 또는 “비교생산비설(theory of comparative cost)”이다.

비교우위론에서는 “비교생산비(comparative cost)”3)의 개념을 통하여 각국이 생산하는 생산비를 비교하여 상대적 우위를 가지고 있다. 아래의 <표 3.2>에서 보는 바와

2) 특화의 의미는 개인이나 기업이 자기가 특기가 있는 분야에 전념하는 것을 말한다. 다른 말로 전문화라고도 한다.

3) 비교생산비는 제화생산에 필요한 생산비를 비교한 것이며, 생산요소가 노동만을 가정하고 있기 때문에 비교생산비는 상대노동투입량과 동일하다

같이 재화의 일정한 양을 생산하는 데 투입되는 노동량으로 보면, B국의 경우에 A국보다 두 재화, 즉 옷과 컴퓨터 생산에 절대적 우위를 갖고 있다. 그러나 A국은 상대적으로 비교우위에 있는 옷 생산에, B국은 컴퓨터 생산에 특화(specialization)하여 교역함으로써 상호이익을 얻을 수 있다는 것이다.

리카도는 <표 3.2>와 같은 <산술 예>를 통하여 비교우위의 원리를 설명하고 있다. 무역전 생산능력에서 두 상품 모두 B국이 A국보다 절대우위에 있지만 두 상품 중 A국과 B국을 비교하면, A국은 옷에 B국은 컴퓨터에 상대적으로 유리하다. 무역을 하기 위하여 A국이 상대적으로 유리한 옷 생산에 특화하면 2. 5단위의 옷을 생산할 수 있고, B국은 컴퓨터 생산에 특화함으로써 2. 6단위의 컴퓨터를 생산할 수 있다. 이의 결과 두 국가가 존재하는 세계는 특화하기 전보다 A국은 옷에서 0. 5단위의 생산이익을 얻고, B국은 컴퓨터에서는 0. 6단위의 생산이익을 얻었다.

이는 아담 스미스와 달리 생산비가 절대적으로 싸지 않고 상대적으로 싼 상품도 비교우위를 가지며, 각국이 비교우위를 갖는 상품에 특화하여 교역하면 양국은 무역이익을 얻을 수 있다는 것이다.

다시 말하면 리카도의 비교우위론에 의한 결론은 첫째, 두 나라가 각각 자국이 비교우위(comparative advantage)에 있는 제품에 특화하여 수출하고, 비교열위(comparative disadvantage)에 있는 제품을 수입함으로 두 나라 모두 이익을 얻을 수 있다는 것이고, 두 번째는 모든 제품생산에 절대적으로 싸게 생산하는 제품이 없어도 상대적으로 싸게 생산하는 제품이 있으면 각국은 상대적으로 싼 비교우위를 갖는 제품을 특화하여 수출하면 무역으로부터 이익을 얻을 수 있다는 것이다.

〈표 3.2〉 비교우위론에 의한 무역이익

(단위: 1단위 생산에 투입된 노동량)

상품 \ 국가		A국	B국	세계(A국+B국)생산량
무역 전	옷	10명	8명	2.0단위
	컴퓨터	15명	5명	2.0단위
무역 후	옷	2.5단위	0	2.5단위
	컴퓨터	0	2.6단위	2.6단위

(2) 비교우위이론의 검증

리카도의 비교우위이론은 제한된 가정하에서 설명하고 있기 때문에 이론의 타당성에 대한 실증분석을 시도한 사람은 맥도걸(D. Macdougal)이다. 그는 1939년 미국과 영국의 노동생산성과 3국에 대한 수출실적을 비교하여 양자의 상관관계를 수출통계자료를 이용하여 리카도의 이론을 검증하였다.

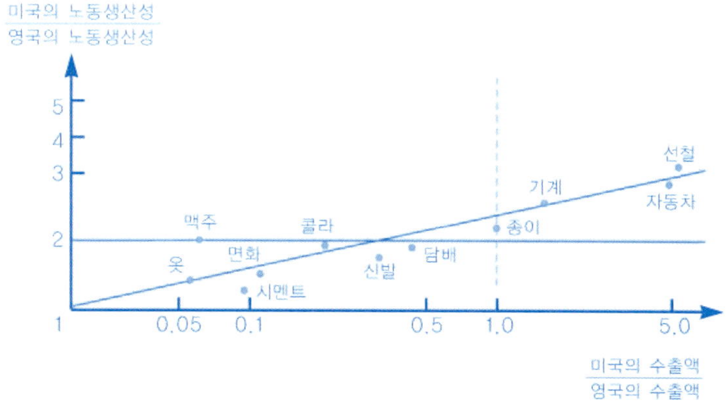

자료: G.D.A. MacDougal, British and American Export : A Study Suggested by the theory of Comparative Costs, Economic Journal, Dec. 1951, P.703

[그림 3.1] 리카도 무역이론의 검증결과

그 결과 미국의 노동생산성이 영국의 노동생산성 보다 높으면 제 3국에 대한 미국의 수출의 비율이 영국보다 높은 것으로 나타났다. 이는 노동생산성이 비교우위의 중요한 요인이라는 것을 실증분석을 통하여 리카도의 비교우위이론을 타당한 무역이론으로 검정한 것이다.

3) 밀의 상호수요이론

밀(J. S. Mill)은 무역의 발생원인에 대하여는 리카도의 비교우위론에 입각하고 있으며, 다만 아담 스미스나 리카도의 이론에서 설명하고 있지 못한 교역 당사국간 재화의 교환비율 즉, 교역조건을 설명하고 있다. 교역조건은 수출품을 제공할려는 양과 그것과 교환으로 얻는 수입품의 양의 비율이며, 이는 양국간의 "상호수요(reciprocal demand)"에 의해서 결정된다는 것이다. 또한 균형교역조건은 상대국 재화에 대한 각국의 수요가 균형이 되는 상태에서 결정된다고 설명하고 있다. 이 이론을 상호수요이론(theory of reciprocal demand), 상호수요의 균등의 법칙, 또는 국제가치설(theory of international value)이라고도 한다.

리카도의 비교생산비설을 통하여 무역발생원인과 무역패턴, 무역이익을 규명하였으나 무역이익이 교역당사국에 얼마만큼 배분되는가에 대하여는 언급하지 못하였다. 밀은 무역이익의 배분결정에 관하여 무역상대국의 수요요인을 도입하여 양국간의 배분비율과 상품의 교환비율을 규명하게 되었다.

밀은 국제교환비율은 자국 상품에 대한 외국의 수요와 외국상품에 대한 자국의 수요가 일치할 때 결정되며, 이 교역조건에 의하여 교역상대국에 대한 무역이익의 배분비율이 결정된다고 주장하였다.

이와 같은 구체적인 국가간 교역이익은 스미스나 리카도이론에서 설명하지 못하였다. 그러나 밀은 상호수요이론을 통하여 설명하여 고전파이론을 한 단계 더 발전시켰다고 할 수 있다.

그러면 교역조건은 어떻게 결정되어지는가? 밀은 교역조건이 생산비에 의존하는 것이 아니라 상호수요의 탄력성에 의하여 결정된다는 것이다. 아래 <표 3.3>과 같이 각국이 동일 노동량에 의해서 생산되는 각 재화의 생산량을 보여주고 있다. A국은 국내에서 X재 10야드와 Y재 15야드가 동일 노동량에 의해 생산되므로 X재와 Y재는 10X: 15Y(10X=15Y)의 비율로 교환하게 되고, B국은 X재와 Y재가 각각 10야드와 20야드가 동일 노동량에 의해 생산되므로 10X: 20Y(10X=20Y)의 비율로 교환하게 된다.

그래서 A국과 B국은 비교우위에 입각하여 A국은 X재를, B국은 Y재를 특화하여 교환할 때 교환비율은 X재 10야드에 대하여 Y재 15야드에서 20야드 사이에서 교환비율, 즉 10X: 15～17Y에서 결정될 것이다. 이때 상호이익이 되는 교환비율이 X재 10야드와 Y재 17야드, 즉 10X: 17Y에서 상호수요가 일치한다고 가정하면 이 비율로 A국은 10야드의 X재를 수출하고 급부로 B국으로 부터 17야드의 Y재를 수입하게 된다.

〈표 3.3〉 동일노동량에 의한 생산량

상품 \ 생산국명	A국	B 국
X	10 야 드	10 야 드
Y	15 야 드	20 야 드

이때 국가간 무역이익과 배분은 어떻게 이루어지는가? A국은 10야드의 X재를 수출하고 17야드의 Y재를 수입함으로써 국내거래보다 2야드의 Y재를 더 얻을 수 있어

이익을 더 얻을 수 있고, B국은 Y재 3야드를 덜 주고(절약하고) 10야드의 X재를 살 수 있기 때문에 Y재 3야드의 이익을 얻을 수 있다.

양국의 무역이익은 양국의 교역조건이 어떻게 결정되느냐에 따라 달라지며, 교역조건은 양국의 생산비 범위내에서 결정된다. 그리고 양국의 무역이익 배분은 양국의 양재화의 상호수요의 탄력성에 따라 이루어진다.

3. 신고전학파(Neoclassical school) 무역이론

지금까지 무역 당사국에 발생하는 무역발생원인, 무역패턴과 무역이익을 설명하는 고전파 이론은 노동가치설에 입각하여 설명하고 있기 때문에 한계를 가지고 있다. 왜냐하면 노동가치설에 의한 재화의 가치는 투입된 노동량에 의해서만 결정되므로써 재화의 가치는 노동만을 반영하고 있기 때문이다. 이러한 한계를 극복하기 위하여 노동가치설에 입각하지 않고 비교우위를 설명하기 위하여 1930년대 하벌러(G. Harberler)는 기회비용(opportunity cost)[4)]의 개념을 이용하여 고전학파의 노동가치설에 의한 재화가치의 제한적 가정을 극복하기 위하여 노력하였다.

1) 하벌러의 기회비용이론

스미스나 리카도의 이론은 노동가치설을 근간으로 여러 가지의 가정하에 논증하고 있는 바 이는 상품의 가치나 가격이 그 상품에 투입된 노동량에 따라 좌우되는 것이다.

그러나 비교우위는 노동가치만이 아니라 한 제품을 생산함으로써 생산하지 못하는 다른 제품의 가치를 비교하여 결정된다고 하벌러는 주장하고, 기회비용을 기준으로 생산비가 상대적으로 저렴한 국가가 비교우위를 갖는다는 비교우위이론을 재정립하였다.[5)]

어느 재품생산에 따른 기회비용(opportunity cost)은 그 제품생산을 위해서 투입된 노동량이 아니라 그 제품을 생산하기 때문에 생산을 못하는 다른 제품의 수량이다. 다시 말하면 상품의 상대가격은 상품생산에 투입노동량이 아니라 그 상품을 생산하는 데 따라 포기되어야 하는 다른 상품의 생산량으로 표시된다는 것이다. 물론 이는 완전고용의 가정하에 한 재화를 추가적으로 생산하기 위해서는 다른 재화의 생산에

4) 기회비용(opportunity cost)은 한 제품을 생산하기 위해서 투입한 노동량이 아니라 그 제품을생산하기 때문에 생산하지 못하는 다른 제품의 가치이다
5) 여기서 비용은 노동비용(임금)이 아니라 기회비용을 의미한다.

투입되었던 생산요소를 가져다 쓸 수밖에 없어 다른 재화를 생산할 기회를 잃게 된다. <표 3.4>는 한국과 미국의 노동생산성을 나타내고 있다. 한국이 컴퓨터 칩 1개를 생산하기 위하여 옷 생산량은 0.5벌을 포기해야 한다면 컴퓨터 칩 1개의 기회비용은 옷 0.5(6/12)벌이다. 반면에 미국의 컴퓨터 칩 1개의 기회비용은 옷 0.67(2/3)벌이 된다.

〈표 3.4〉 노동자 일인당 생산량과 기회비용

	컴퓨터 칩(기회비용)	옷(기회비용)
한국	12개(6/12 = 0.5벌)	6벌(12/6 = 2개)
미국	3개(2/3 = 0.67벌)	2벌(3/2 = 1.5개)

그러므로 한국의 컴퓨터 칩의 기회비용은 미국에 비해서 상대적으로 낮기 때문에 칩의 생산에 비교우위가 있고, 미국은 옷의 기회비용이 낮기 때문에 옷 생산에 비교우위가 있다. 왜냐하면 허벌러는 기회비용을 기준으로 생산비가 한국은 컴퓨터 칩이, 미국은 옷이 상대적으로 저렴하므로 기회비용이 낮은 국가의 제품이 비교우위를 갖는다는 비교우위를 기회비용설로 재정립하였다.

2) 마샬의 무역이론

마샬(A. Marshall)은 국제가격(국제교역조건)에서 수출하고자 하는 양과 수입하고자 하는 양이 결정되며, 어떤 국제가격 수준에서 수출하고자 하는 양과 수입하고자 하는 양을 나타내는 것이 오퍼곡선(offer curve)이며, 수출입 오퍼량을 나타내는 교역당사국의 오퍼곡선이 만나는 점, 즉 상호수요가 일치하는 점에서 균형교역조건이 결정된다는 것이다. 마샬은 리카도의 비교생산비설을 인정하면서 밀의 상호수요이론을 확장시키므로 고전파이론을 발전시켰다. 리카도의 비교우위이론에서는 교역되는 상품의 교환비율이 분명하지 않아서 무역이익을 산출할 수 없었다.

그러나 교환비율이 어떻게 결정되는지는 논리적으로 밀의 상호수요이론에서 설명하고 있다. [그림 3.2]에서 1국의 경우 교환비율이 P일 때 Y재를 0Y1만큼을 수출하고 X재는 0X1만큼 수입하는 점이 점 a이고, 교환비율이 P'일 때는 b점에서 Y재는 0Y2를 수출하고 X재는 0X2 만큼 수입, P"일 때는 Y재는 0Y3만큼 수출하고 0X3 만큼 수입한다. 이것을 밀은 수요곡선과 공급곡선을 함께 만나는 a 점, b점, c점을 이어 놓은 것이 오파곡선(offer curve)인데 C1이 1국의 오퍼곡선이다. 반대로 2국도 교역조건이

P1, P1', P1"에서 균형점이 a', b', c'로써 2국의 오퍼곡선은 C2 이다. [그림 3.3]은 오퍼곡선을 이용하여 양국이 상호수요와 공급하려는 상품수량이 같게 되는 점에서 교환비율이 결정(P*)되는 데 이것이 국제시장에서 균형가격결정을 의미하는 수출가격과 수입가격의 비율로 나타낸다.

$$(균형)\ 국제교역조건 = \frac{수출가격}{수입가격}$$

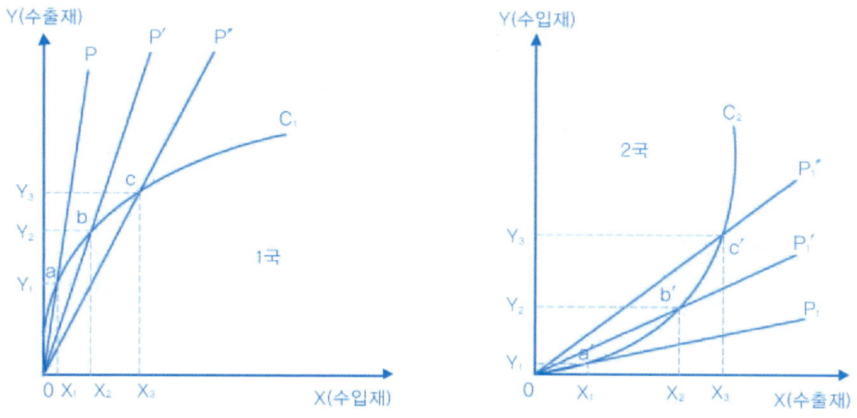

[그림 3.2] 양국의 오퍼곡선 도출

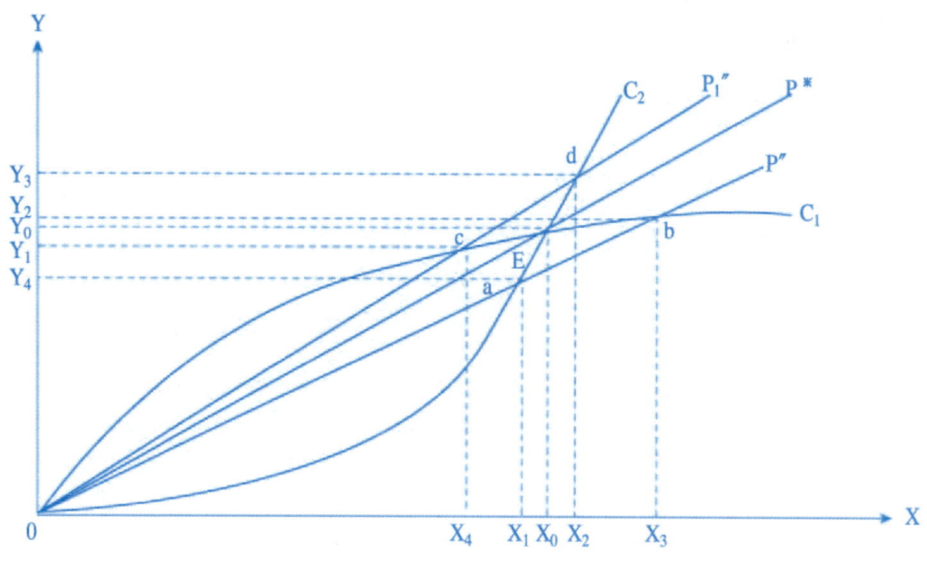

[그림 3.3] 균형교역조건의 결정과 균형교역량

마샬의 무역이론은 가격이론에 의한 수요측면을 고려하고 생산측면에서 생산비설을 받아드리고 수요측면에서는 밀의 상호수요이론을 계승하여 오퍼곡선[6] 또는 마샬곡선을 이용하여 균형교역조건을 설명하고 있다.

4. 근대무역이론(Modern theory)

고전파 무역이론에서는 비교우위가 단순히 노동투입량의 차이, 즉 노동생산성에 따른 상대가격의 차이에서 생긴다고 설명하지만 나라마다 노동생산성이 왜 다른가에 대해서는 설명하지 못하고 있다. 예를 들면 중국이 한국에 곡물을 수출한다고 할 때 그 이유를 중국의 농민의 생산성이 한국 농민의 생산성보다 높아 곡물가격이 싸기 때문이라는 리카도의 이론의 설명이 타당한가? 이보다는 중국의 농토가 한국보다 넓기 때문이라고 하는 것이 더 설득력이 있어 보인다. 이는 노동생산성만이 제품의 생산비를 결정한다는 리카도의 이론을 보완하는 설명이 될 수 있다.

1) 헥셔-오린 정리

스웨덴의 경제학자 헥셔(E. Hecksher: 1872-1952)는 1919년 발표한 "무역이 소득분배에 미치는 영향"(effect of foreign trade on the distribution of income)에서 비교생산비의 발생원인을 밝히기 위하여 시도하였고, 그 후 그의 제자 오린(B. Ohlin: 1899-1979)에 의해 더욱 정밀화되어 1933년에 발표된 "지역간 교역 및 국제무역"(interregional and international trade)에서 비교우위 결정요인으로 고전파에서 고려하고 있는 단일 요소, 즉 노동을 유일한 생산요소로 본 것에서 노동과 자본이라는 두 생산요소를 비교우위 결정요인으로 보고, 비교 생산비 차(difference in cost)를 가져오는 근원적인 원인에 대하여 분석하여 무역현상을 설명하고 있다.

헥셔-오린 정리는 두 가지 명제로 논증하고 있다. 이 명제들은 비교생산비의 결정요인과 국제무역이 요소가격에 미치는 영향을 이론적으로 설명하는 이론이다. 전자는 비교생산비의 결정요인을 밝히는 요소부존이론(Factor proportion theory)이고, 후자는 무역이 교역 당사국의 요소가격을 균등화시킨다는 요소가격균등화정리(Factor price equalization theorem)이다.

6) 가격조건의 변화에 의해서 팔고자하는 양과 사고자하는 양을 이어놓은 선을 오퍼곡선이라고 한다.

(1) 요소비율이론(Factor Proportion Theory)

첫 번째 명제인 요소비율이론을 일반적으로 헥셔-오린 정리라고 한다. 헥셔-오린 정리는 "한 나라는 다른 나라보다도 상대적으로 보다 풍부하게 부존되어 있는 생산요소를 보다 집약적으로 사용하여 생산된 상품에 비교우위를 갖는다." 즉 "노동이 상대적으로 풍부하게 부존된 나라는 노동을 집약적으로 사용하는 제품생산에 비교우위가 있고 자본이 상대적으로 풍부하게 부존된 나라는 자본을 집약적으로 사용하는 제품생산에 비교우위가 있다"는 것이다. 이는 무역의 발생원인이 되는 국가간 비교생산비의 차이를 각국에 부존된 생산요소의 차이, 즉 "요소부존도의 차이"(difference in factor endowment)에서 찾고 있다. 그리고 각 재화의 생산함수는 Q = f(L, K)로 재화에 따라 한 단위 재화생산에 투입되는 요소비율이 다르므로 요소 투입비율의 차이 즉, 요소집약성의 차이(difference of factor intensity)와 요소부존도의 차이가 비교우위를 결정하게 된다.

헥셔-오린정리는 노동이 풍부한 국가는 노동가격이 상대적으로 싸기 때문에 노동집약재(labor intensive goods)가 비교우위를 가지며, 자본이 풍부한 나라는 자본가격이 상대적으로 싸기 때문에 자본 집약재(capital intensive goods)가 비교우위를 갖게 된다. 그러므로 각국은 자국이 비교우위를 갖는 각 재화를 특화하여 교역함으로써 무역이익을 얻을 수 있다는 것이다.

예를 들면, 우리나라는 경제개발계획이 시작된 1960년대 무역은 상대적으로 풍부한 노동력으로 인하여 노동집약적인 섬유제품이 비교우위를 갖기 때문에 이를 특화하여 수출하고, 반면 미국은 자본이 상대적으로 풍부하기 때문에 자본집약적인 기계를 생산하여 수출하므로 우리는 이를 수입하여 경제성장의 기초를 마련하였다.

(2) 요소가격균등화이론(Factor Price Equalization Theory)

두 번째 명제인 요소가격균등화정리는 "요소부존도의 차이" 때문에 국가간에 요소가격의 차이로 비교생산비의 차이가 생기고 이에 따라 자유무역이 이루어지면 생산요소가 국가간에 직접적으로 이동이 되지 않더라도 이동한 것과 같은 국가간에 요소의 가격이 상대적으로나 절대적으로 양국에서 같게 된다는 이론이다. 즉 노동이 풍부한 나라(노동가격이 싸서)가 노동집약재를 생산하여 노동이 희소한 국가(노동가격이 비쌈)로 수출하면 종국적으로 양국간에 노동가격이 같아진다는 것이다. 한편 자본이 풍부한 나라와 희소한 나라와 교역을 할 때도 같은 논리로 양국간 자본가격이 같아지게 된다는 것이다.

앞의 예에서 한국과 미국이 무역을 시작하면, 한국이 보다 많은 섬유제품을 생산하면 다른 제품 생산에 사용되던 노동과 자본이 섬유제품 생산으로 이동하게 된다. 이때, 섬유는 상대적으로 노동이 많이 필요하므로 노동에 대한 수요가 늘어나 노동가격은 올라가고 자본은 상대적으로 덜 사용하게 되므로 이자율이 하락하게 된다. 반면 미국은 기계 생산을 특화하면 자본의 수요가 증가하여 자본가격이 비싸지고, 반대로 노동은 덜 사용함으로 임금은 싸져서 결국 양국의 요소가격이 같아진다.

요소가격균등화의 과정은 노동풍부국 → 낮은 임금수준 → 노동집약재 특화·수출 → 노동수요 증가 → 임금수준 상승 → 자본풍부국 수준의 임금으로 상승하고, 반면 자본풍부국 → 낮은 이자율 → 자본집약재 특화·수출 → 자본수요 증가 → 이자율 상승 → 노동풍부국 수준의 이자율로 상승함으로써 두 나라의 요소가격수준이 같게 되어진다.

2) 레온티에프의 역설

헥셔-오린 정리의 제 1 명제인 요소부존이론이 현실적인 무역발생원인을 잘 규명하고 있는지를 레온티에프(Wassily Leontief)는 1953년에 검증하였다. 이 검증을 위하여 1947년도 미국의 투입산출표(input-output table), 즉 산업연관표를 이용하여 분석하였다.

일반적으로 미국은 다른 나라에 비하여 자본이 풍부하고 노동이 부족하여 이자율은 높고 임금은 비싸기 때문에 요소비율이론의 결론을 그대로 적용한다면 자본집약재에 비교우위를 가지고 있어 이를 수출하고, 반대로 노동집약재는 비교열위를 갖으므로 수입해야할 것이다.

그런데 레온티에프가 1947년의 미국의 투입산출표를 이용하여 실시한 미국의 수출상품들이 수입경쟁상품에 비해 노동집약적이라는 실증적 연구의 결과는 미국은 노동집약재를 수출하고 자본집약재를 수입하는 것으로 나타났다. 예상과는 다른 이 결과를 레온티에프의 역설(Leontief Paradox)이라고 부른다.

이러한 역설의 논의는 미국 노동자의 생산성이 타국에 비해 3배정도 높은 것을 고려하지 않은 데 있다. 이 결과는 노동자들의 질적 향상을 위해 교육에 대한 투자가 많이 이루어져기 때문에 가능하다. 그러므로 미국의 노동집약재의 수출은 실질적으로 자본집약재의 수출이라는 것을 간과하는 데서 생긴 것이다.

5. 신 무역이론(New theory)

앞에서 살펴본 리카도 이론이나 H-O 정리는 비현실적인 가정하에서 국제무역의 발생원인을 규명하였으므로 그 적용 범위가 제한되므로써 추상적인 논리전개에 그쳤다. 그러나 리카도가 국제무역의 발생원인을 비교생산비 차에서 규명하고, H-O정리에서는 요소부존비율의 차에서 규명한 것은 현실적으로 국제무역 발생원인을 규명하는데 공헌하였다. 그럼에도 불구하고 현대에 와서는 현실 세계경제와 무역현상을 국제무역이론의 지주였던 리카도 이론이나 헥셔-오린 정리로 설명하기 어려운 현상들이 두드러지게 나타났다. 현실세계의 상황이 변하면 그 현상을 설명하는 이론도 바뀔 수밖에 없다. 그래서 현실 경제의 특이한 현상을 설명할 수 있는 이론이 필요하게 되었다.

이론적 체계에서 헥셔-오린이론은 기술이라는 변수를 외생적으로 주어진 것으로 보고 있어서 비교우위가 어떻게 생성되는가 또는 어떻게 변화하는가를 설명하지 못하고 있다. 그래서 현대이론 또는 신무역이론은 헥셔-오린정리의 제한적 가정을 수정 또는 완화하여 현실경제의 특이한 현상들을 설명하는 이론이며, 지금까지의 이론은 특정 시점에서의 비교우위를 설명하는 정태적 이론이라면, 신 무역이론은 시간의 흐름에 따라 변화하는 비교우위요인을 분석하는 동태적 이론이다. 대표적인 동태적 이론은 기술격차이론, 제품수명주기이론, 대표수요이론 그리고 산업 내 무역이론 등이 있다.

1) 기술격차이론(Technological Gap Theory)

포스너(M. V. Posner)가 주장하고, 후프바우어(G. C. Hufbauer)에 의해 정립된 기술격차이론은 기술의 변화가 무역의 방향을 결정하는 대단히 중요한 동태적 변수라는 것이다. 즉 기술변화라는 동태적 요인이 국제무역에 미치는 효과를 규명한 이론이다. 포스너에 의하면 새로운 생산기술이 개발되면 이 기술에 의해 생산된 재화의 수출이 가능하게 되며, 기술혁신에 의해 파생된 기술격차는 생산비 차이를 유발시켜 기술선진국의 수출이 증대된다. 그리고 기술진보가 뒤떨어진 국가는 무역에 의한 전시효과, 기술도입, 직접투자 등으로 새 기술이 타국에 확산되어 모방할 수 있다. 그러나 그 기술에 의하여 제품을 생산하는 데는 시간이 걸리므로 그때까지 기술보유국의 수출이 가능하다는 것이다. 즉 기술혁신국은 무역상대국이 신기술을 완전히 모방할 때가지 즉 기술모방시차(imitation gap: T0 - T2)가 존속하는 기간 동안 비교우위를 갖는다(그림 3.4).

그리고 기술 혁신국이 기술혁신을 통해서 신제품을 생산하여 신제품에 대한 수요가 있는 기술 모방국에 수출한다. 즉 신제품의 출현시기로부터 그 신제품에 대한 수요가 있는 외국과의 갭을 수요시차(demand gap: T0 - T1)이라 한다. 그래서 기술혁신국은 기술모방시차가 수요시차를 초과하는 기간 동안에 계속해서 수출할 수 있다. 즉, 그림에서 T1에서 T3까지 기술적 우위에 있는 기간 동안 기술적 우위국은 수출을 계속하게 된다.

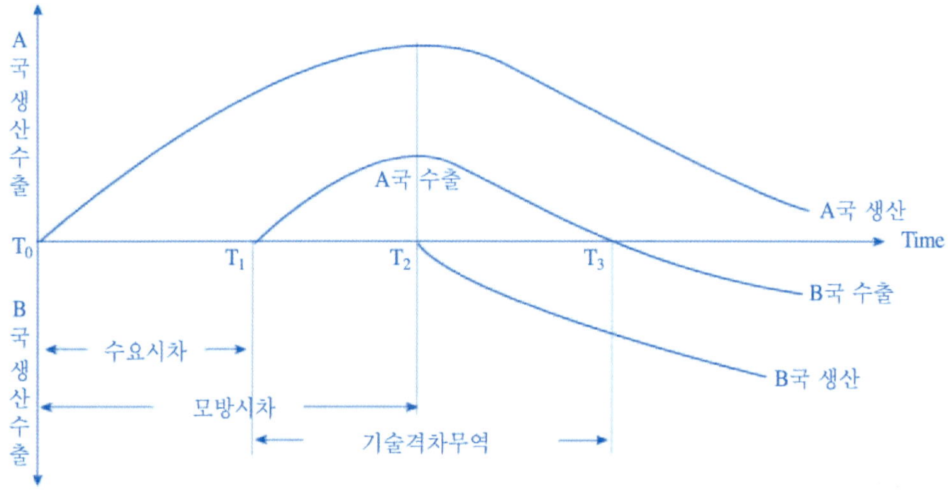

[그림 3.4] 기술격차에 의한 무역패턴

그런데 기술적 격차가 없어진 후 무역은 어떻게 일어나는가에 대하여 후퍼바우어는 일정 시간이 지난 후 기술후진국이 진보된 기술을 모방하여 기술격차가 해소되면 다른 요인이 생산입지와 무역패턴을 변화시킨다는 것이다. 즉 기술이 확산되는 과정에서의 기술모방국은 신제품을 수입하여 생산기술을 습득하므로써 기술수준이 동등하게 되면 다른 요인이 무역패턴을 결정한다. 기술모방국은 값싼 노동력을 이용하여 생산된 제품이 비교우위를 가지므로 기술선진국으로 수출하게 된다는 것이다. 이를 저임금무역(low wage trade)이라고 하며, T3 점 이후에 기술모방국에서 기술선진국으로 일어나는 무역을 말한다.

기술진보가 뒤떨어진 국가는 무역에 의한 전시효과, 기술도입, 직접투자 등을 통하여 진보된 기술을 모방할 수 있다. 기술격차이론은 기술격차가 비교우위를 결정하지만 기술격차가 모방에 의해서 해소되면 저임금에 의해서 무역패턴이 역전될 수 있다는 것이 H-O정리에서 설명할 수 없는 무역패턴의 변화를 규명하는 특징을 갖고 있다.

2) 제품수명주기이론(Product Life-Cycle Theory)

기술격차이론은 왜 두 국가간 기술갭이 발생하는지, 그리고 기술갭이 커지고 작아지는 이유에 대해 설명하지 못하고 있다. 이에 대한 해답을 제시한 이론이 제품주기이론(Theory of product life-cycle)이다.

제품수명주기이론은 버논(R. Vernon)과 웰즈(L.T. Wells)가 일반화시킨 이론으로 한 상품이 판매량에 있어 생명체와 같이 일정한 발전 형태를 갖는다는 것에 초점을 맞춘 것으로 신제품이 등장하여 일정한 기간 동안 매출액을 증가시키나 일정한 시간이 지나면 점차 감소하고 경쟁력이 있는 대체상품의 등장으로 쇠퇴해 가는 과정을 설명하고, 제품의 수명주기에 따라 무역패턴이 결정된다는 것이다.

이 이론은 근대국제무역이나 투자이론의 기초가 되어 왔던 비교생산비이론에 대하여 생산비의 상대적 차에 의한 국제무역발생의 원인을 규명하는 데 부족한 점을 제품수명주기에 기초하여 능동적으로 분석한 생산입지론으로, 제품의 수명의 주기는 하나의 제품이 신제품으로 개발되어 시장에 알려지고 판매되기 시작하는 신제품기를 거쳐 판매량이 급속히 증대되어 대량생산, 판매되는 성숙기를 거치고, 수요량이 확대되고 생산기술이 표준화되는 표준화기에 이르기까지 제품이 겪는 일련의 과정에 따른 제품생산의 최적입지를 구하고자 전개한 이론이다.

제품수명주기에 따른 무역패턴은 다음과 같다(그림 3.5). 제 1단계는 신제품단계(New Product Stage)이다. 이 단계에서는 신생기에 속하며 신상품이 개발되어 선진국의 국내시장에서 생산되며 독점력을 가지고 있으나 수요의 불확실성이 존재한다. 그래서 수요를 신장시키기 위하여 마케팅전략으로 판매촉진에 두어야 한다. 국제무역이나 해외투자는 거의 일어나지 않는다.

제 2단계는 성숙단계(Maturing Product Stage)이다. 이 단계는 첨단선진국이 대량생산과 대량판매방식이 도입되는 단계로써 규모의 경제가 중요하며, 첨단 선진국에 의해서 수출된다. 그러나 성장기 후반에 들어서는 새로운 후발 기업의 등장으로 생산기업간 경쟁이 심화되고 가격이 하락한다.

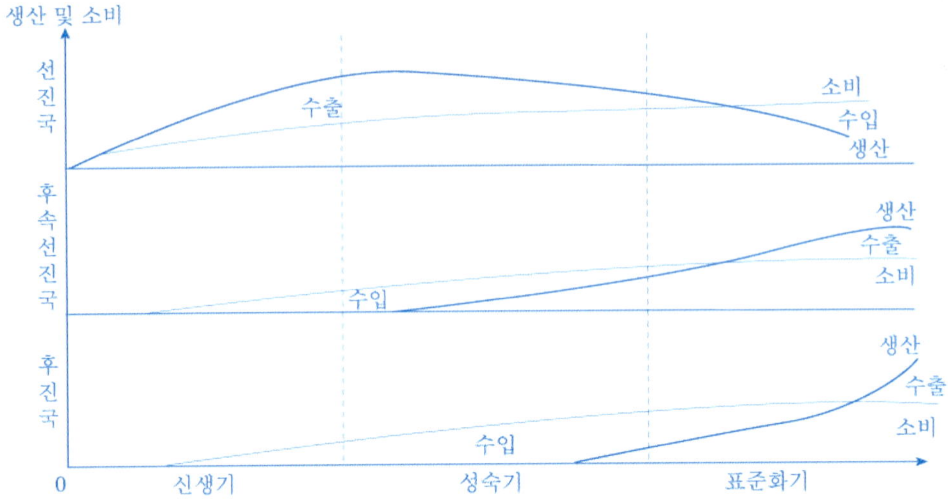

[그림 3.5] 제품수명주기와 무역패턴

제 3단계는 표준화단계(Standardizing Product Stage)이다. 이 단계는 제품의 수요가 확대되고 생산기술이 표준화되면서 선진국의 생산기술의 독점적 우위가 상실되어 생산요소가격의 차이가 비교우위결정에 중요한 요인이 된다. 그래서 임금이 낮은 후진국이 수출하게 된다.

제품수명주기이론의 특징은 기업의 다국화과정을 설명하며 마켓팅전략을 수립하는데 유효한 이론이다. 또한 다른 무역이론에서는 생산에 있어서 규모에 대한 수확불변이 존재하나 이 이론은 개발단계에서 표준화단계로 이행하는 과정에서 규모에 대한 수확체증이 발생한다

또한 이 이론은 기술 혁신국에 의해 개발된 기술이 전파됨에 따라 기술혁신국에서 기술모방국으로 전파되는 과정에서 다른 국가로 수출되는 패턴을 설명하며, 완전히 표준화가 되면 가격경쟁이 치열하게 되고, 생산입지는 생산비용, 즉 노동비용이 싼 개도국으로 이동하게 된다. 결국 수출경쟁력은 누가 싸고 효율적인 생산능력을 갖추고 있느냐에 달려있다.

■ 주요 용어

국제분업	기회비용	모방시차
비교우위	노동집약재	수명주기
특화	자본집약재	
상호수요	수요시차	

연습문제

1. 국제통상이론의 과제는 무엇인가?

2. 국제통상이론의 정태적이론과 동태적이론과의 차이는 무엇인가?

3. 국제통상이론에서 국제무역의 이익은 무엇인가?

4. 국제통상이론의 타당성은 어떻게 증명되는가?

5. 국제통상이론의 한계는 무엇인가?

제4장 | 국제통상과 경제발전

제1절 경제성장의 의미와 요인

1. 경제성장의 의미

경제성장(economic growth)은 경제발전(economic development)이라는 말과 혼돈하여 자주 사용되어 왔다. 그런데 경제성장은 경제의 양적 성장을 의미하고, 경제발전은 경제의 양적 성장과 함께 질적 성장을 포함하는 개념이다.

이런 의미에서 경제성장은 "한 경제 내에서 생산하는 재화 및 서비스의 생산량이 증가하는 것"이며, 또는 자본과 노동의 향상에 의하여 실질국민 소득이 지속적으로 증대해가는 현상을 말한다. 달리 표현하면 경제 성장은 한 시점에서 자국의 생산능력을 나타내는 생산가능곡선(production possibility curve)이 바깥으로 확장되는 것을 의미한다.

한 나라의 경제성장은 산업구조, 생산 및 소비, 산업간 자원의 배분, 수출과 수입규모 등에 영향을 미친다. 그래서 경제성장과 국제무역과의 관계를 이론적으로 규명하는 것은 국제경제학 연구에서 중요한 과제가 되어 왔다. 그런데 국제무역론에서 생산요소의 부존량이나 기술수준이 고정되어 있다는 가정하에 무역으로 인하여 자원의 효율적 배분이익을 설명하고 있는데 경제성장은 시간의 변화를 고려해야 하기 때문에 이런 요인들의 변화에 의해서 일어난다.

경제성장을 가져오는 요인은 인간자원과 천연자원의 양과 질, 자본축적, 규모의 경제와 특화정도, 기술혁신, 정치·경제·사회·문화적 환경 등 다양하다. 이 모든 요인들이 생산가능곡선에 영향을 미치는 요소들이다.

이러한 경제성장에 영향을 미치는 요인들 가운데 기본적인 경제성장의 요인을 다음과 같이 요약할 수 있다. 먼저 "생산요소의 양이 증가"하여 이루어지는 경우는 국내 생산활동의 활성화로 잠재실업으로부터 고용을 증대시키며, 또한 외국인 노동자의 국내로의 유입은 생산요소의 부존량을 증가시킴으로써 국내경제활동의 증가시킨다. 두 번째, 외국인 직접투자를 통한 외국자본의 국내유입은 자본 부존량의 증대로 실물투자를 증가시키는 자본축적이 이루어진다. 세 번째, 기술개발이나 기술혁신을 통해 기술수준이 상승하거나 효율성이 높아져서 생산성이 증가하여 이루어지는 경우로 나눌 수 있다. 여기서 첫째, 둘째 요인은 생산요소의 양이 증가하는 경우이고, 셋째는 기술수준의 변화에 의한 것이므로 경제성장요인은 이 두 가지로 나눌 수 있다.

생산가능곡선의 확대로 대변되는 경제성장은 생산가능곡선이 같은 비율로 확대되는 형태를 균형성장(balanced growth)이라 하고, 어느 한 재화의 생산에 편향된 형태로 확대 되는 것을 불균형성장(unbalanced growth)이라고 한다. 그래서 정책적으로 자국의 경제성장정책을 추진할 때 균형성장 또는 불균형성장 전략 중 어느 방향을 선택할 것인가는 매우 중요한 과제이다.

지난 1960년대 이후, 아시아의 신흥공업국 경제성장을 폴 크루그만(P. Krugman) 교수의 분석에 의하면, "1960년대 이후 아시아 경제의 급속한 성장은 투입요소 투입량의 증가에 의해서 경제가 성장했으며, 총 요소생산성은 증가하지 않았다는 것"이다. 이는 곧 아시아 경제성장이 외국자본의 도입과 그 투자로부터 노동고용의 증가가 경제성장의 견인차 역할을 해 온 것으로 보고 생산요소의 투입량 증가에 의해 이룩한 것이라고 설명하고 있다. 이러한 경제성장은 단기적으로는 효과적일 수 있으나 장기적으로는 한계가 있다.

그래서 역사적으로 보면 경제성장의 중요한 두 요인 중 생산요소의 투입증가에 의한 경제성장보다 기술수준의 변화에 의한 것이 경제성장에 큰 영향을 미치고 있다는 사실이 중요하다.

2. 경제성장의 요인

경제의 활동규모가 고정되어 있는 나라는 없고, 국민경제는 시간이 지남에 따라 경제활동규모가 확대되는 것은 일반적인 현상이며, 국내 총부가가치의 변화를 가져온다. 개별기업은 기업의 발전과 이익을 높이기 위해서 실물투자가 이루어지면 자본스

톡을 증가시키고 노동의 생산성을 증가시켜 경제활동규모를 증대시킨다. 이와 더불어 생산기술의 진보에 의한 생산능력이 확대되면 경제활동규모가 확대된다. 이것이 경제성장이고 이를 위해서 한 나라의 경제의 생산능력을 확대하는 것이다

1) 생산요소공급량의 증대

경제활동규모의 변화에 따라 생산물을 생산하기 위해서는 생산요소가 필요한데 여기서 이야기하는 생산요소(production factor)란 일반적으로 노동, 자본, 천연자원, 기술, 경영을 말한다. 이 요소 중에 노동, 자본이 주요 경제성장의 요인이라 할 수 있으나 최근에 기술이나 천연자원, 경영도 경제성장의 주요 요인이 되고 있다.

노동은 인구가 증가되거나 외부로부터 유입되면 늘어나고 결과적으로 노동력공급의 증가로 이어지면서 경제성장을 촉진시킨다. 자본은 자본축적 과정을 통해서 증가됨으로써 투자증가를 가져오며 투자증가는 공장이나 기계설비와 같은 물적 생산능력을 향상시켜 자본소득을 증가시킨다. 또한 주요한 생산요소로써 천연자원은 발견이나 개발로 공급량을 증가시킨다. 천연자원의 공급증대는 천연자원의 의존도가 높은 일차산품의 생산력 증가에 필수적인 요인이 된다. 나아가 가장 중요한 생산요소인 기술은 생산요소들의 효율성을 증가시켜 생산성을 높인다. 또한 경영은 전반적인 생산요소의 관리를 효율화함으로서 손실을 줄이고 생산활동을 효율화할 수 있다.

그러나 공급과잉은 경제성장을 저해시킨다. 즉 노동력의 과잉공급은 실업과 식량부족을 초래하여 경제성장을 저해시킨다. 과잉투자도 인플레이션을 가져와 경제성장을 방해한다. 천연자원의 무분별한 공급증대는 자원의 유한성을 고려하면 장기적으로 경제성장을 저해한다. 자원의 효율적인 관리를 통하여 효율적인 생산요소의 배분이 경제성장의 중요한 힘이 된다.

경제성장은 생산가능곡선의 확대로 나타나는데 생산가능곡선이 같은 비율로 확대되는 경우를 균형성장(balanced growth)이라고 하고, 어느 한 재화의 생산에 편향될 때 불균형성장(unbalanced growth)이라고 한다.

2) 기술진보와 기술개발

기술진보(technical progress)와 기술개발(technology development)는 신제품을 개발하거나 새로운 생산방식을 도입하여 생산성을 향상시키고 나아가 다양한 재화나 서비스를 생산할 수 있다.

이와 같이 기술진보는 생산요소를 증가시키지 않고 국민총생산의 증가를 가져온다. 이것은 노동생산성을 향상시킬 뿐만 아니라 자본생산성을 향상시켜 수익률을 상승시키므로 투자를 촉진시켜 경제성장을 촉진시킨다.

또한 기술진보는 물품을 생산하는데 필요한 생산요소의 투입량을 이전보다 덜 사용함으로서 비용의 절감을 가져오고, 덜 사용된 요소를 다른 재화나 서비스를 생산하는데 활용할 수 있다.

이러한 결과를 만들어 내기 위하여 기업이나 국가는 연구개발(R&D) 투자를 위한 재원을 마련하여 투자함으로써 지속적인 기술진보를 달성할 수 있다. 기술진보는 기술경쟁력을 향상시킬 뿐만 아니라 제품경쟁력을 향상시킬 수 있으므로 무역을 증가시킴으로써 경제성장을 달성할 수 있다.

3) 생산요소의 국가적 이동

생산요소의 투입은 요소의 수익을 전제로 이루어지고 있다. 그런데 무역이론에서 생산요소는 국가 간에 이동을 할 수 없는 경제를 상정하여 비교우위를 설명하고 있다. 그러나 현실 경제를 보면 생산요소(노동, 자본, 천연자원뿐만 아니라 기술, 경영지식 등)는 국경간 이동이 이루어지고 있다. 국가간에 이민이 발생하고 있으며, 임금이 낮은 나라의 노동자들이 소득이 높은 나라로 이동하고 있을 뿐만 아니라 국가간의 자본 이동도 현대경제에서 보편화되고 있다. 이는 근본적으로 수익의 차이로 인해 발생한다.

노동과 자본의 이동은 임금율과 이자율의 차이로 인하여 이동한다. 즉 저임금이나 저이자율을 갖는 나라에서 고임금율이나 고이자율을 갖는 나라로 노동과 자본의 이동은 요소의 수익에 관계가 있다. 이들 외에도 주요 생산요소인 기술이나 경영지식 등이 기술수준이 높은 나라에서 낮은 나라로 이동하여 낮은 국가의 경제성장을 촉진시킨다.

과도한 생산요소의 이동은 요소수출국의 그 국가의 경제성장을 저해한다. 즉 경제성장에 소요되는 노동력이 부족하게 되고, 지나친 자본의 수입은 이자율의 증가로 국제수지의 적자를 가져와 경제성장을 저해다. 기술의 과도한 도입은 자체개발을 방해함으로써 독자적인 기술을 보유하지 못하고 기술종속국이 될 수 있다.

3. 경제성장과 무역패턴

경제성장은 두 성장요인 즉, 생산요소의 공급증대와 기술진보에 의해서 이루어진다. 개방경제하에서의 경제성장은 공급측면에서는 자원을 어떻게 배분하느냐에 따라 무역패턴의 변화에 영향을 미친다. 즉 생산요소의 공급증대에 의한 경제성장은 무역패턴의 변화에 영향을 미친다. 또한 수요측면에서는 경제성장에 따른 소득의 증가로 소비패턴을 변화시킨다. 이러한 소비패턴의 변화는 무역패턴의 변화에 영향을 미친다.

경제성장이 무역패턴에 미치는 효과는 생산효과와 소비효과로 나타나 다음과 같은 5가지 형태로 나타난다.

첫째, 중립적 무역편향적(neutrial-trade biased, N) 성장은 P에서 N으로 이동하는 경제성장에도 불구하고 수출상품과 수입대체품의 국내생산비율은 변화하지 않는 성장이다.

둘째, 경제성장으로 인하여 수입대체품의 국내생산 비율이 증가하므로써 수입은 그만큼 줄고, 수출은 감축시키므로 역무역편향적(anti-trade biased, AT-N) 성장이라고 한다.

셋째, 초역무역편향적(ultra-anti-trade biased, T'-AT)성장은 수입대체품의 국내생산이 크게 증가하고 경제성장 후 수출품의 국내생산량은 절대규모로 감소하는 경우이다.

넷째, 순무역편향적(pro-trade biased, N-PT)성장은 수입대체제품의 국내생산 비율이 하락하고 수출규모를 확대되는 성장을 말한다.

다섯째, 초순무역편향적(utra-pro-trade biased, PT-T')성장은 수입제품의 국내생산의 절대규모가 성장이전보다 줄어들고 수출량을 크게 확대되는 성장을 말한다.

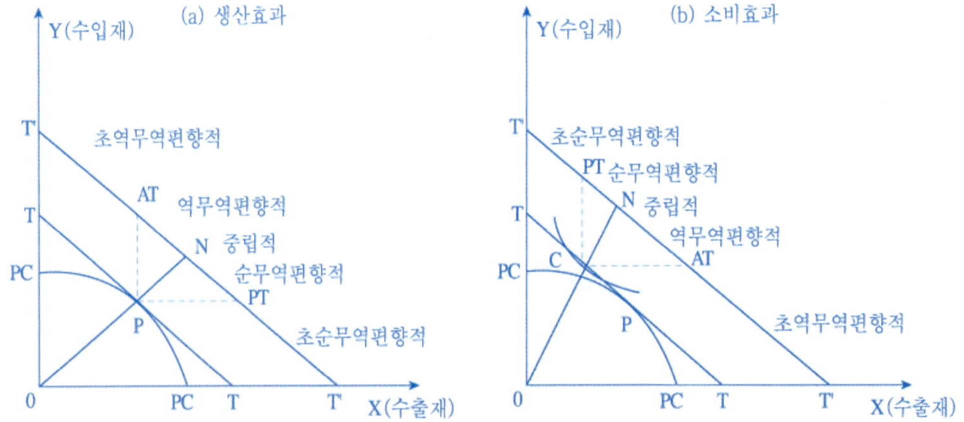

[그림 4.1] 경제성장과 무역패턴

반면에 소득이 증가할 때 수입제품에 대한 소비가 경제성장이전의 소비비율보다도 크면 상대적으로 보다 많은 소득을 수입품 소비에 지출할 것이므로 무역량의 증가로 N-PT구간으로 이동하면 순무역편향적 성장이다.

소비점이 PT-T'로 이동하면 초순무역편향적 성장이 된다. 이는 소득이 증가할 때 수출제품 국내소비의 절대규모가 경제성장 이전보다도 작아져서 나머지 소득으로 수입할 여력이 크게 증가하기 때문이다.

또한 소비점이 N-AT로의 이동은 수입의 감소로 수출의 국내 소비가 증가하는 역무역편향적성장이고, AT-T로의 이동은 소득의 증가로 수출제품에 대한 국내소비의 절대규모가 큰 초역무역편향적성장이다.

4. 경제성장과 부존자원의 증가

앞에서 지적한 바와 같이 경제성장의 요인을 크게 생산요소투입량의 증가와 기술진보로 나눌 때, 전자의 경우, 노동이나 자본과 같은 부존자원의 증대에 의한 생산가능곡선의 확대로 나타난다. 그런데 인구증가에 의한 노동의 증가는 일인당 소득을 감소시켜 고전파 경제학자들은 바람직하지 못한 것으로 보았다. 반면 자본축적에 의한 자본의 증대는 생산가능곡선을 확대시키고 일인당 소득을 증가시켜 생활수준이 향상된다. 전자에 의한 생산패턴과 무역에 미치는 영향을 립진스키 정리(Rybsczynski theorem)로 설명하고 있다. 한편, 어떤 재화의 생산에서 기술진보가 발생하고 생산이나 무역패턴이 변화하게 되는데 이 경우도 생산요소가 증가되는 것과 같다.

헥셔-오린정리에서 한 생산요소량이 증가하면 "상품가격이 고정되어 있을 때 어느 한 생산요소가 증가하면 그 증가된 생산요소를 집약적으로 사용하는 재화의 생산량은 증가하고 그 증가된 요소를 덜 집약적으로 사용하는 재화의 생산량은 감소한다"는 립진스키 정리가 성립된다.

이는 단일 생산요소 부존량의 증가로 경제가 성장하는 경우를 설명하고 있다. 생산되는 재화는노동집약재인 X재와 자본집약재인 Y재를 생산할 때 노동이 증가할 경우(△L), X재의 생산량이 XX에서 X'X'로 증가하고, Y재의 생산량은 YY에서 Y'Y'로 감소한다. 즉 노동이 증가했으므로 완전고용상태가 되기 위해서는 X재의 생산량은 증가해야 하며 자본도 공급이 늘어나야 한다. 자본을 공급하기 위하여 자본집약재인 Y재 생산은 감소해야 한다.

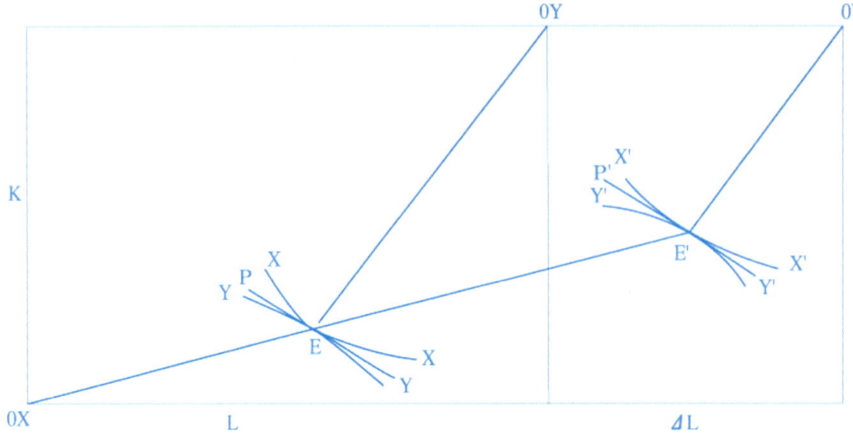

[그림 4.2] 노동부존량 증가와 생산효과

우리나라의 예를 보면, 우리나라는 경제성장 과정에서 노동에 비해 자본이 크게 증가했다. 립진스키 정리에 의하면 우리나라의 경우 자본집약재의 생산이 증가하고 노동집약재는 감소한다는 것이다. 이로 인해 우리나라는 공업화가 되면서 자본집약재를 수출하게 되었다.

5. 경제성장과 기술진보

1) 기술진보의 개념과 유형

기술진보는 경제성장의 중요한 요소이고 경제성장을 좌우한다. 왜냐하면 동일한 부존자원을 가지고 있더라도 기술혁신을 이룩하면 더 많은 재화를 생산할 수 있기 때문이다. 기술진보(technological progress)는 1단위 생산물을 산출하는데 필요한 생산비를 처음보다 낮게 만드는 것을 말한다. 즉, 일정한 생산물을 생산하는데 보다 적은 양의 생산요소를 투입하여 산출물을 생산할 수 있게 함으로써 경제성장에 필수적인 요소이다.

기술진보는 생산요소의 투입량과 그 비율을 변동시켜 생산물의 요소집약비율이 달라져서 요소가격비율이 변화된다. 기술진보에 의한 요소투입량의 감소로 요소비용이 감소된다. 그러므로 국제경쟁에서 살아남기 위해서 지속적인 기술혁신으로 비교우위를 지켜야 한다.

힉스에 의하면 기술진보(technical progress)는 중립적(neutral), 노동절약적(labor-saving), 자본절약적(capital saving) 기술진보로 구분된다.

중립적 기술진보는 모든 생산요소의 생산성을 동시에 같은 비율로 증가시키는 기술진보를 말한다. 기술진보로 노동과 자본의 생산성이 같은 비율로 향상된다면 노동과 자본은 기술진보이전과 동일한 비율로 사용되므로 요소투입비율은 변하지 않는다.

노동절약적 기술진보는 자본의 생산성을 상대적으로 증가시켜 노동을 덜 사용하는 기술진보이다. 자본생산성의 증가가 노동생산성의 증가보다 큰 기술진보이기 때문에 기업가들은 생산성이 높은 자본을 보다 많이 사용하는 노동절약적 생산방법을 사용한다.

자본절약적 기술진보는 노동의 생산성을 상대적으로 증가시켜 자본을 상대적으로 덜 사용하게 하는 기술진보를 말한다. 주어진 요소가격비율하에서 노동의 생산성증가가 자본의 생산성증가보다 큰 기술진보이기 때문에 기업가들은 생산성이 높은 노동을 많이 사용하는 자본절약적 생산방법을 사용한다.

2) 기술진보의 효과

기술진보에 의한 경제성장은 두 가지 측면에서 국민경제에 영향을 미친다. 첫째는 경제성장은 생산을 증가시키는 생산효과(production effect)이다. 기술혁신에 의한 경제성장은 생산가능곡선을 바깥으로 확대시켜 생산이 증가되므로 고용이 증가하여 국민의 소득을 증가시킨다. 둘째는 경제성장은 교역조건효과(terms of trade effect)를 가져온다. 교역조건이 변동할 때 상대적으로 수출가격이 상승하면 교역조건이 개선이 되고, 수입가격이 상승하면 교역조건이 악화된다고 말한다. 경제성장은 공급을 증대시키므로 가격이 하락하여 성장부문이 수출산업이면 규모가 큰 국가의 경우에는 교역조건을 악화시킨다.

X재산업의 중립적 기술진보는 [그림 4.3]과 같이 X재의 생산성이 향상되어 생산가능곡선이 PP에서 PP'로 이동하였다. Y재축의 P점이 변화가 없는 것은 Y재산업은 기술진보가 일어나지 않았기 때문이다. 주어진 교역조건 TT하에서 생산점이 E에서 E'로 X재 생산은 증가하고 Y재 생산은 감소하고 있다.

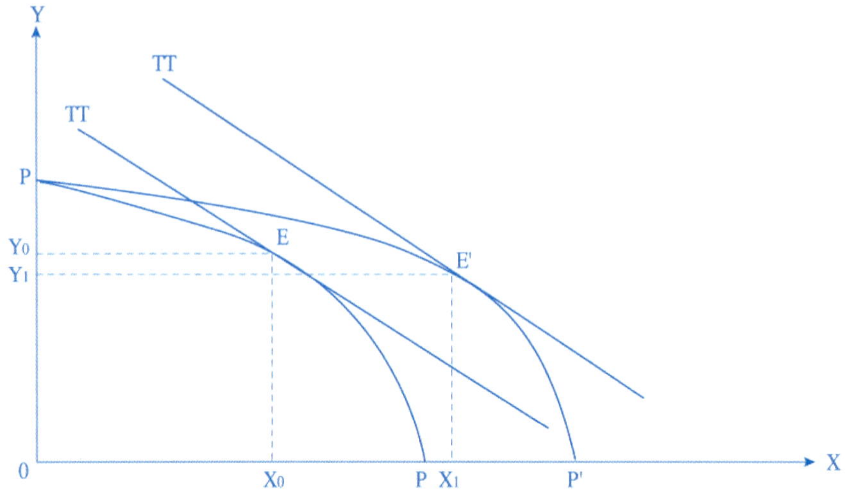

[그림 4.3] X재 산업의 중립적 기술진보 효과

X재 산업에 기술진보가 일어나면 X재산업에 초과이윤이 발생하여 X재 생산은 증가하고 Y재 생산은 감소한다. 이에 따라 노동집약재인 X재의 생산 증가는 노동에 대한 초과수요로 임금은 상승하고 자본집약재인 Y재생산의 감소로 임대료는 하락한다.

3) 기술진보와 국제무역

수출산업 부문에 기술진보가 일어나면 생산성의 향상으로 생산량이 증가하고, 단위당 가격이 하락하여 가격경쟁력을 갖기 때문에 무역규모가 증가하는 무역편향적 성장을 가져온다. 반면에 기술진보가 국내 수입대체산업의 생산규모를 확대하는 경우에는 수입대체가 확대됨으로써 무역규모는 축소된다. 이런 경우는 반무역편향적 성장을 가져온다.

기술진보는 생산과 무역패턴의 변화에 영향을 미치므로 기술진보가 수출산업에서 일어나느냐 아니면 수입대체 산업에서 일어나느냐에 따라 성장과 무역패턴을 변화시킨다.

제2절 자유무역과 경제발전

1. 국제무역과 경제발전과의 관계

국제무역이 경제성장이나 경제발전에 어떤 영향을 미칠 것인가, 어떤 무역정책으로 통해서 경제발전을 이룩해 갈 것인가는 모든 국가가 대외정책을 수행하는 데 있어 중요한 관심사가 되고 있으며, 그것을 분석하기 위한 이론적인 방법을 모색하는 데 노력하고 있다.

오늘날 많은 국가들이 지구상에 존재하고 있지만 나라마다 삶의 수준이나 질적인 면에 있어 차이가 많다. 일반적으로 경제발전이 앞서있는 나라를 선진국(developed countries)이라 말하고, 뒤떨어진 나라를 개발도상국(developing countries), 즉 개도국이라고 한다.

19세기 저개발국들이 경제발전과정에서 국제무역이 경제발전에 중요한 역할을 하였다고 하여 국제무역을 "성장의 엔진(engine of growth)"이라고 하였다. 즉 정통적 무역이론인 비교우위론은 각국의 비교우위를 가진 산업에 특화하여 생산을 증대시키고 잉여생산물을 수출하면 무역이익을 얻어 경제가 발전할 수 있다는 것이다. 그래서 많은 경제학자들은 20세기 개도국들도 19세기 저개발국들처럼 비교우위에 근거한 국제무역을 경제발전을 위한 견인차로 활용하도록 권하였다.

세계의 1980년대와 1990년대의 무역자유화와 세계화과정에서 나타난 결과는 세계화에 참여한 국가와 미참가국의 경제성장율은 아래 <표 1>과 같다. 이는 무역이 경제성장에 미치는 영향을 보여주는 것으로 1960년대는 1.4%에서 1980년대 세계화에 적극 참여하여 3.5% 수준의 급속하게 성장하는 데 기여하기 시작하여 1990년대에는 5.0%로 선진국의 성장률 2.0%보다 크게 기여하였다는 것을 알 수 있다.반면, 세계화에 참여하지 않은 나라는 마이너스 성장(-1.0%)을 한 것으로 나타났다.

〈표 4.1〉 세계화에 참여한 국가의 경제성장율

(단위: %)

	1960	1970	1980	1990	미참가국	선진국
경제성장율	1.4	2.9	3.5	5.0	-1.0	2.0

자료: 오근엽, 국제무역론, 학현사, 2004, p.13 참조

그런데 크라비스(Kravis. I. B) 같은 경제학자는 19세기 후진국들의 경제발전과정에서 무역이 실제로 큰 역할을 담당하지 못했다고 주장하였다. 왜냐하면 경제성장이란 주로 내부요인에 의해 결정되므로 국제수요를 충족시키는 수출은 경제발전에 도움이 될 정도이기 때문이라는 것이다. 그래서 후진국이 직면하는 경제발전문제는 부족한 수요 때문이 아니라 부족한 공급능력 때문에 발생한다고 그는 강력히 주장하였다.

이를 해결하기 위한 방법은 "공업화(industrialization)"뿐이라고 생각하였다. 이에 동조하는 라틴아메리카와 아시아의 많은 국가들은 수출을 무시하고, 보호장벽을 마련하여 체계적으로 "수입대체(import substitution)"정책을 추진했다. 그 결과 20세기까지 빈곤상태를 벗어나지 못하고 있다.

이러한 많은 논의와 실제를 통해서도 나타난 결론은 개도국의 경제발전을 위해서는 대외경제활동, 즉 수출입이 자국 국민경제에 미치는 역할이 크기 때문에 무역이 경제발전의 견인차(engine of growth) 역할에 대해서 부인할 수 없다.

2. 개도국의 경제발전전략

오늘날 선진국인 미국, 오스트레일리아, 캐나다 등은 19세기에는 저개발국으로써 농산물 수출을 통하여 경제발전을 이룩한 나라들이다. 고전파 경제학자들은 개발도상국은 먼저 농업화를 통하여 농업기반을 구축하고 농업기반을 갖춘 나라들은 비교우위가 있는 농산물 생산에 특화하여 선진국에 수출하므로써 경제발전의 기초를 마련할 필요가 있음을 권하고 있다.

하벌러(Harberler. G)는 경제발전에 대한 국제무역의 역할을 강조하면서, 무역의 경제발전 효과를 다음과 같이 설명하고 있다. 첫째, 무역은 시장협소로 인하여 비효율적 생산이 되고 있는 나라가 교역을 하게 되면 시장확대로 인하여 효율적 생산이 되며, 둘째, 무역은 기술, 경영기술 등이 국내로 이전됨으로써 학습효과를 기대할 수 있다. 셋째, 자본의 국제적 이동으로 경제발전에 필요한 자본의 부족을 해소할 수 있다. 또한 국제무역은 국내독과점을 방지하여 경제적 효율성을 높인다. 그러므로 무역은 경제발전에 필수적인 요소라고 강조하고 있다.

그러나 싱거(H. Singer)나 프레비쉬(R. Prebish) 등은 농산물과 같은 1차산품이 공산품에 비해 장기적으로 교역조건이 악화되는 추세에 있으며, 농산물가격이 불안정하기 때문에 농업화보다는 공업화를 통한 경제발전을 추진해야 한다고 주장하였다.

일반적으로 균형적인 국민경제를 발전시키기 위해서 선·후진국을 막론하고 장·단기 경제발전전략을 수립하고 이에 따라 추진하게 된다. 특히 개발도상국의 경우, 경제가 전반적으로 낙후된 상태에 있기 때문에 개별국가별로 국가의 전략적 가치를 중심으로 자국에 적합한 정책을 선택하여 추진하게 된다.

자립경제를 구축하기 위하여 자국의 여건에 맞추어 추진하기도 하지만 자국의 여건은 경제성장을 추진하는 데 부족한 상태에 있기 때문에 외국의 도움을 얻어 추진하기도 한다. 세계 각국은 자국의 경제적 여건을 반영하여 경제성장전략을 추진하고 있는데 외국과의 경제적 협력을 통하여 추진하는 대외 지향적인 성장 전략(export promotion strategy)과 자국내 취약한 부문을 집중적으로 육성함으로써 경제발전을 모색하는 수입대체적 성장전략(import substitution poicy) 중 선택하여 추진하여 왔다.

다시 말하면, 전자는 외향적인 성장전략(outward looking policy)으로 수출부문을 중심으로 성장을 추구하는 전략으로 수출지향적 성장전략이라고도 한다. 이 전략을 통하여 성공한 경우는 한국, 대만, 홍콩, 싱가포르 등 신흥공업국(newly industrialized countries: NICs)이 지난 30년 동안 이룩한 성장이 그 대표적인 예이다. 이들은 전략자체의 우수성도 있겠지만 선진국의 장기호황국면에 접어들어 무역자유화의 바람을 탈 수 있었기 때문에 그들의 전략이 성공할 수 있었다.

후자의 전략은 내향적인 성장전략(inward looking policy)으로 수입에 의존하던 부분을 국내에서 대체 생산하는 방식을 도입하여 성장을 추구하는 수입대체형 육성정책이라고도 한다. 실례로는 아르헨티나, 브라질, 인도 등으로 초기에는 성장하는 듯 했지만, 결국 성공을 거두지 못하였다. 그 이유는 수입대체전략을 체계적으로 수립하고 수행하지 못했기 때문이다. 다시 말하면 이 국가들은 수입장벽이 지나치게 많고 높으며, 정부의 개입에 따른 비효율성이 컸으며, 외환보유고 부족으로 원자재와 자본재를 도입하지 못했기 때문이다.

경제발전의 초기단계에는 수입대체정책이 효과적일 수 있지만, 후기단계에서는 수출지향적인 정책이 유리한 것으로 보인다. 게다가 경제발전전략의 성패에 영향을 주는 주요한 요인 중에 하나가 대외경제이다. 대체로 1950년대와 1960년대는 전세계적으로 수입대체전략이 선호되었으나 1970년대 이후는 수출지향적 전략이 전반적으로 우세하다가 1980년대와 1990년대에는 선진국을 포함해서 대외지향적이기 보다는 대내지향적으로 변하였다. 그 예가 1990년대 중후반에 아시아 신흥공업국의 수출증가율과 경제성장률의 둔화는 국제경제여건이 전략의 성패에 중요함을 보여주는 것이라 하겠다.

〈사례〉 한국의 경제발전

국제무역을 통한 경제발전사례는 아시아 신흥공업국인 한국, 대만, 홍콩, 싱가포르 등을 사례로 들 수 있다. [그림 4.4]에서 보는 바와 같이 한국의 경우, 지난 30여 년 동안 수출 지향적 성장전략을 통하여 수출증가율은 연평균 20%를 넘고, 경제성장은 연평균 8%의 성장률 이상으로 고도성장을 이룩했다. 이는 수출증가율이 경제성장률을 초과해서 발전하여 1960년대 초 82달러에 불과하든 일인당 소득이 1990년 중반에 1만 달러에 이르게 되었다. 경제규모로 세계 11위로 부상하였고, 1996년에는 선진국 클럽이라 불리는 경제협력개발기구(OECD)에 가입하였다.

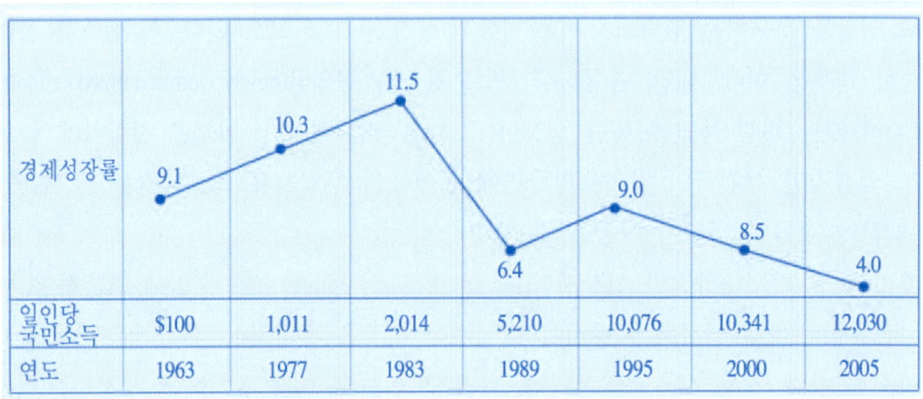

자료: 한국은행, 「경제통계연보」

[그림 4.4] 한국의 경제성장율과 국민소득 추이

1997년 외환위기 이후 성장이 둔화되기 시작하여 1998년 일인당 국민소득이 6,700달러 수준에서 2000년에 와서 성장률은 둔화되었지만 일인당 국민소득은 10,341불이 되고 2005년에는 성장은 크게 둔화되었으나 소득수준은 12,030달러로 증가하였다.

아시아 신흥공업국들도 1960년대 초반까지는 아시아의 다른 나라와 마찬가지로 수입억제를 통한 내향적(inward looking) 무역정책을 추진하던 저개발국이였다. 그런데 한국의 예와 같이 1960년대 초부터 수출촉진정책의 적극적인 추진으로 놀라운 성장을 이룩하였다.

3. 자유무역이 경제성장에 미치는 영향

국제무역은 거래당사자국들의 국민경제에 다양한 영향을 미친다. 이 내용에 대해서는 이미 앞 장에서 언급하였다. 여기서는 특히 국제무역이 경제성장에는 어떠한 영향을 미치는 지를 살펴보고자 한다.

① 자유롭게 무역을 하면 무역을 통한 이익을 얻을 수 있다. 무역은 자원의 효율적인 배분을 통해 실질소득 증가시키고, 국민저축을 증가시키므로써 자본을 축적하고 축적된 자본을 통하여 경제를 성장시킨다.

② 경제성장에 필요한 자본축적은 국내저축과 해외저축으로부터 형성되며 무역은 국내저축을 해외저축으로 전환시키는 효율적인 수단이다. 국내자본재를 형성하기 위하여 자본재 생산을 증가시고, 이를 위해 소비재 생산을 감소해야 한다. 그러나 소비재 생산을 증가시켜 수출하고, 상대적으로 저렴한 외국 자본재를 수입한다면 자본축적을 쉽게 할 수 있다. 이와 같이 축적된 자본은 경제성장에 필요한 원동력이 된다.

③ 무역은 교역국 간의 교류를 통하여 새로운 수요를 창출한다. 이러한 수요를 충족시키기 위하여 생산을 증대시켜 공급을 확대시켜 나아가야 한다. 생산량의 증대는 국내 부가가치를 증가시키므로 경제성장을 가져오고 국민경제를 발전시킨다.

④ 무역을 함으로써 시장이 확대되어, 규모의 경제를 실현하면 생산성이 증가한다. 무역을 함으로써 학습효과(learning by doing effect)를 얻게 되고 생산요소의 생산성이 향상되므로 경제성장을 이룩할 수 있다.

⑤ 무역을 하게 되면 선진국으로부터 발전된 생산방식이나 선진 경영방식을 도입할 수 있게 되며, 기술이전, 정보의 교류 등을 촉진시킨다. 이를 통해서 경제의 효율성을 높이므로 경제의 성장력을 갖게 된다.

⑥ 무역을 통하여 시장이 개방되면 외국기업과 경쟁은 필연적이기 때문에 국내기업들은 경쟁력 향상을 위하여 노력할 수밖에 없다. 경쟁은 생산성향상이나 효율성을 높이므로써 경제발전을 가져 온다.

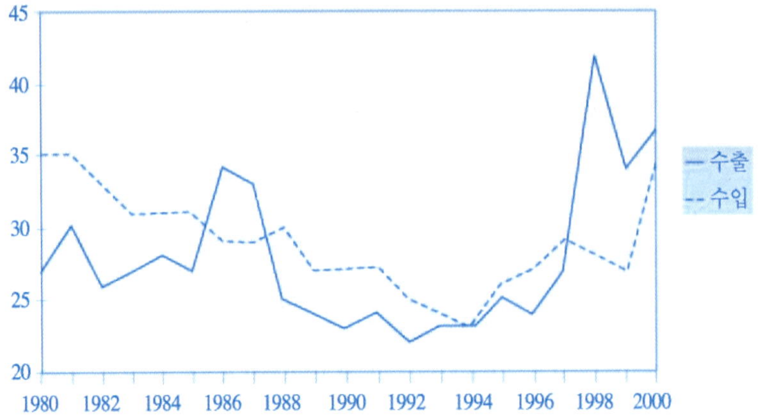

주: 국민계정통계상 상품 수출입의 명목 GDP 대비 비율임.
자료: 국민은행, 통계년보 각호 참조

[그림 4.5] 한국 GDP대비 상품 수출입의 비율 추이

무역은 경제성장으로 후생수준을 향상시키지만 경제주체들이 모두 이익을 얻는 것은 아니다. 왜냐하면 경쟁력을 가지고 있지 못하는 산업은 투자가 이루어지지 않고 생산이 되지 못함으로서 이 산업의 성장이 되지 못하여 불균형적 성장이 되므로써 자립경제구축의 목표에 반할 수도 있다는 점을 간과해서는 안된다.

4. 경제성장과 교역조건

1) 교역조건의 효과

국제교역에 의한 이익을 얻기 위하여 교역국 상호간에 교역이 일어나면 양국간에 사고 팔고자하는 제품의 교환비율인 교역조건(terms of trade)에 따라 상호간에 영향을 미친다. 한 예로 어떤 재화의 상대가격(relative price) 상승은 그 재화를 얻기 위하여 다른 재화를 더 많이 제공해야 한다는 의미이다.

재화의 상대가격이 일정할 때 경제성장으로 인하여 무역량이 증가하면 교역조건이 악화되는 반면 반대로 무역량을 감소시키면 교역조건은 개선된다. 이를 경제성장의 교역조건효과라고 한다.

국가의 경제규모에 따라 경제성장으로 인해 교역조건에 미치는 영향은 다르다. 경제규모가 적은 나라의 경제성장으로 무역량이 증가하여도 교역조건에 크게 영향을 미치지 못하지만 경제규모가 큰 나라의 경제성장은 무역량과 교역조건에 큰 영향을 미친다.

역사적으로 보아도 경제발전정도에 따라서 교역조건에 미치는 영향이 다르다. 개도국이 생산하는 1차 산품과 선진국이 생산하는 공산품과의 교역조건은 1차 산품의 교역조건이 지속적으로 악화되어 왔다. 1차 산품의 교역조건이 악화된 이유는 무엇인가?

첫째, 시장구조가 양 산업간에 다르기 때문이다. 농산품이나 원자재는 완전경쟁으로 시장에서 수급이 이루어지나 공산품은 독점적 경쟁시장을 가지고 있다.

둘째, 생산하는 국가간의 노동조합의 차이가 이유가 된다. 선진국은 노동조합이 발달되어 있기 때문에 공산품가격에 영향을 미치나 성숙된 노동조합이 없는 후진국의 1차 산품에는 그렇지 않다.

셋째, 후진국은 수출산업인 1차 산품 중심으로 성장하고 있기 때문에 교역조건은 개선되지 못하는 경향이 있다.

넷째, 1차 산품은 부가가치가 낮지만 공산품은 부가가치가 높기 때문에 교역조건은 공산품이 유리하다.

2) 궁핍화 성장(immiserizing growth)

일반적으로 경제성장은 생산과 소비활동을 증대시키고, 실질소득과 경제적 후생을 향상시키므로 항상 바람직한 것으로 보는 것이 보편적이다. 그러나 경제규모가 큰 국가의 경제성장으로 무역량의 증가는 자국의 교역조건을 악화시킴으로써 오히려 경제적 후생수준 또는 실질소득을 떨어뜨리는 형태의 경제성장을 가져온다.

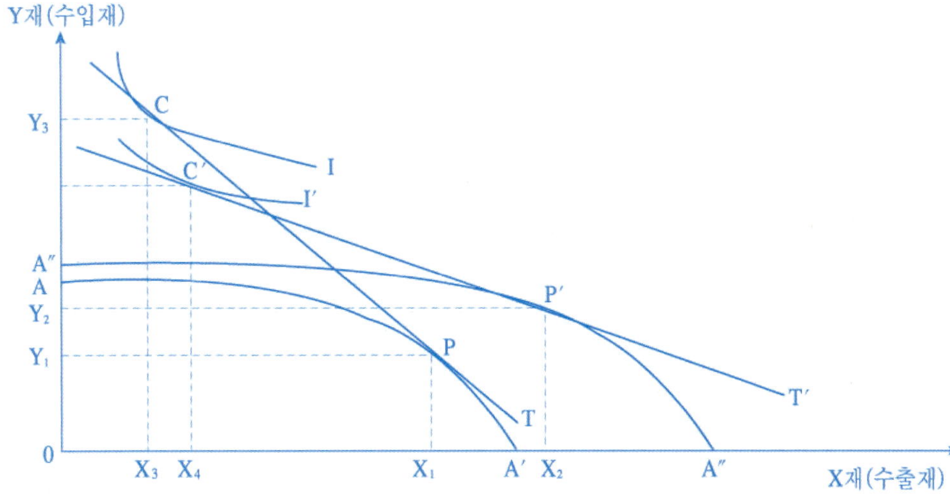

[그림 4.6] 빈곤화 성장

무역을 함으로써 수출재 생산이 증가하여 경제가 성장할 때, 교역조건이 극심하게 악화되면 경제의 실질소득은 오히려 경제가 성장하기 전보다 더 작아질 수 있다. 바그와티(J. Bhagwati)는 이를 궁핍화성장(immiserizing growth)(혹은 빈곤화성장)이라 하였다(그림 4.6 참조).

그림에서 보면 수출재를 중심으로 경제성장을 이룩하여 생산가능곡선이 AA'에서 A"A"로 이동하였다. 경제성장 이전 자유무역을 통한 후생수준은 C점에서 소비함으로서 I 수준이었다. 그런데 경제성장이 된 후 교역조건이 T에서 T'로 악화되면 소비는 C'에서 이루어지게 되어 후생수준이 I'로 떨어졌다. 이는 경제성장은 되었지만 교역조건이 악화되어 후생수준은 오히려 떨어졌다.

이와 같이 부존자원의 증가뿐만 아니라 기술혁신에 의한 경제성장이 이루어져도 교역조건이 악화되면 국민후생에 부정적인 영향을 미칠 수 있다는 것을 지적한 것이 빈곤화성장 이론이다.

예를 들면 개도국의 경우 경공업 중심의 경제성장을 이룩하였지만 선진국의 중화학공업제품과 교역에서 교역조건이 불리하여 개도국 노동자의 피와 땀을 헐 값에 팔아서 선진국 소비자를 배 불리게 만드는 경우가 많다.

■ 주요 용어

기술진보	수입대체적 성장전략	불균형성장
무역편향적 성장	립진스키 정리	
대외 지향적인 성장전략	궁핍화성장	

연습문제

1. 경제성장이란 무엇이며 성장요인은 무엇인가?
2. 경제성장과 경제발전의 차이는 무엇인가?
3. 기술진보의 효과는 무엇인가?
4. 경제발전전략의 차이는 무엇인가?
5. 경제성장과 교역조건과의 관계는?

제 3 부

국제수지와 환율

제5장 국제수지

제1절 국제수지의 개념

한 가정에서 수입은 어떻게 이루어지고 지출은 어디에 사용되는가를 나타내는 표가 가계부라 할 수 있다. 이를 통해 가정의 경제상황을 알 수 있다. 마찬가지로 국가 차원에서 수입과 지출이 어떻게 이루어지는가를 나타내주는 것이 바로 국제수지표이다. 국제수지표란 일정한 기간 동안 특정 국가의 거주자와 외국에 거주하는 거주자 사이에 발생한 모든 경제적 거래를 체계적으로 분류·정리하여 기록한 표이다. 국제수지표는 어떤 나라가 외국과 거래한 모든 거래가 기록된 표로서 외국과 거래한 상황을 알려준다.

국제수지표의 개념을 보다 분명히 이해하기 위해 국제수지표를 정의하는데 사용된 용어를 정확히 살펴보면 다음과 같다. 첫째, '일정한 기간 동안'이라 함은 국제수지통계가 어느 한 시점에서의 수지상황을 기록한 스톡(stock)변수가 아니라 일정기간, 예를 들어 1년, 3개월, 혹은 1개월 동안에 발생한 거래를 집계한 플로우(flow) 변수임을 의미한다. 일반적으로 스톡변수란 어떤 특정 시점에서의 양을 나타내는 것으로 통화량, 자본량 등을 그 예로 들 수 있다. 반면 플로우 변수란 일정기간 동안에 발생한 양의 합계를 의미하는 것으로 국민소득, 수요량, 공급량 등이 플로우 변수에 속한다.

다음으로 거주자란 법률상의 국적이나 지리적 영역을 의미하기 보다는 경제활동에 있어 이익의 중심(center of interest)이 어디에 있느냐 하는 기준에 따른 개념이다. 이익의 중심이 우리나라에 있는 개인이나 기업, 사업체라면 우리나라의 거주자에 속하고, 이익의 중심이 외국에 있는 경제주체라면 비거주자에 속한다. 예를 들어 외국인이 직접투자를 통해 한국에 회사를 설립하여 생산 활동을 하고 있다면 비록 외국인이라 할지라도 우리나라의 거주자에 속한다. 반면 우리나라 국민이지만 외국에 있는 주된 사무소에서 근무하는 사람은 비거주자로 구분된다. 개인의 경우 외국인일지라도 1년 이상 우리나라에 살면서 생산활동 등에 참여할 때는 거주자로 인정하지만 우리나라 국민이라도 1년 이상 외국에서 거주하는 사람은 비거주자로 본다. 기업의 경우에는 어느 나라 영토에서 영업을 하고 있는가에 따라 거주성을 구분하므로 외국인이 투자한 기업이라도 우리나라에서 영업을 하고 있는 경우에는 우리나라의 거주자가 된다. 다만 대사관 같은 정부기관은 해외에 있더라도 본국의 거주자로 보기 때문에 외국에 있는 우리나라의 대사관은 우리나라의 거주자이며 우리나라에 주재하는 외국대사관은 우리나라의 비거주자가 된다.

우리나라의 국제수지표는 국경을 통과한 거래만을 기록한다. 예를 들어 우리나라에 거주하는 우리 국민과 우리나라에 있는 외국인간의 거래는 국내에서 거래가 이루어지고 국경을 통과하지 않으므로 그 거래는 국제수지표에 기록되지 않는다. 반면 외국에서 주된 경제활동을 하는 외국에 있는 자국민과 국내 자국민간의 거래는 그 거래가 국경을 통과하기 때문에 국제수지표상에 기록된다.

또한 '모든 경제적 거래'라 함은 한 나라의 국민경제가 외국과의 거래에서 발생한 상품, 서비스, 소득 거래는 물론, 자본거래, 금전적 대차거래 그리고 아무런 대가없이 주고받는 이전거래까지도 모두 포함함을 의미한다. 마지막으로 '체계적으로 분류·정리'한 기록이란 모든 거래를 그 성격에 따라 분류하고 복식부기(double entry system)의 원리에 의해 작성된다는 것을 의미한다. 복식부기라 함은 한 거래가 수입(대변)과 지출(차변)에 동시에 기록되는 것을 말한다.

제2절 국제수지의 종류 및 내용

국제수지표는 국제적으로 통일되어 작성되는데 주로 IMF의 기준에 따른다. IMF는 국가 간 금융거래 및 자본거래가 확대됨에 따라 이를 반영하여 여러 차례에 걸쳐 국제수지 편제 기준을 변경하였다. 2010년부터 새로운 국제수지편제기준(BP6)에 따라 국제수지표를 작성하고 있다. 이 기준에 따르면 국제수지는 경상수지, 자본·금융계정으로 구분되어 있다. 이를 보다 자세히 설명하도록 하겠다.

1. 경상수지

우리는 신문이나 방송을 통해 올해의 경상수지는 흑자를 기록했다든지 혹은 적자를 기록했다든지라는 보도를 자주 접하게 된다. 그렇다면 경상수지란 말은 무엇을 의미하는가? 경상수지란 상품과 서비스를 외국에 팔고 사는 거래, 외국에 투자하여 벌어들인 배당과 이자, 근로자가 외국에서 얻는 소득, 그리고 외국에 아무런 대가 없이 제공하는 송금이나 구호품 등의 수입과 지출의 차이를 의미한다. 경상수지는 거래되는 성격에 따라 상품수지, 서비스 수지, 본원소득수지 그리고 이전소득수지로 구분된다. 경상수지의 세부 항목별 내용은 다음과 같다([그림 5-1] 참조).

먼저 상품수지는 상품의 수출과 수입의 차이를 의미하는데 수출입 상품은 일반 상품, 가공용 재화, 운수조달 재화 등을 포함한다. 상품수지는 과거에는 무역수지라고 하였는데 현재에도 상품수지라는 용어보다는 무역수지라는 용어가 일반적으로 사용된다. 상품의 수출이 수입보다 많으면 상품(무역)수지 흑자, 수입이 수출보다 많으면 상품(무역)수지 적자라고 말한다.

다음으로 서비스수지란 서비스 거래에 의한 수입과 지출의 차이를 의미한다. 서비스에는 운수, 여행, 통신서비스, 보험서비스, 특허 사용료, 사업서비스 등을 포함한다. 예를 들어 해외여행 경비지출이나 외국의 항공기 이용료, 외국보험회사에 대한 보험료 지급 등은 서비스수지의 지급에 속하고 반대로 외국인이 우리나라가 제공하는 각종 서비스를 사용한 대가는 서비스수지의 수입에 속한다. 상품수지와 마찬가지로 서비스의 수출이 수입보다 많으면 서비스수지 흑자라 하고 반대로 서비스의 수입이 수출보다 많으면 서비스수지 적자라 한다.

본원소득수지는 우리나라가 외국에서 벌어들인 소득과 외국인이 우리나라에서 벌어간 소득의 차이를 의미한다. 과거 국제수지통계편제기준에 따르면 소득수지에 해당한다. 여기에서의 본원소득이란 투자에 대한 배당이나 이자, 임금 등을 포함한다. 이전소득수지란 수혜자에게 아무런 대가 없이 제공하는 송금, 구호품, 무상원조, 국제기구에 대한 출연금 등의 수입과 지급의 차이를 의미한다.

이렇게 경상수지는 상품수지, 서비스수지, 본원소득수지, 이전소득수지를 포함하는데 경상수지상의 수입이 지출보다 많으면 경상수지흑자라 하고, 반대로 경상수지상의 지출이 수입보다 많으면 경상수지적자라 한다.

BPM6 이행에 따른 국제수지표 체계 변경

변 경 전	변경후	비고
경 상 수 지	**경 상 수 지**	
상 품 수 지 • 일반상품 • 가공용재화 • 비화폐용금	상 품 수 지 • 일반상품 • 중계무역순수출 • 비화폐용금	• 가공용재화 거래를 소유권변동 시점에 일반상품으로 계상 • 중계무역 순수출을 사업서비스에서 상품수지로 이전
서비스수지 • 유지보수서비스 • 운송 • 여행 • 건설서비스 • 보험서비스 • 금융서비스 • 지적재산권등사용료 • 통신서비스 • 컴퓨터 및 정보서비스 • 사업서비스 • 개인, 문화, 오락서비스 • 정부서비스	서비스수지 • 가공서비스 • 유지보수서비스 • 운송 • 여행 • 건설서비스 • 보험서비스 • 금융서비스 • 지식재산권사용료 • 통신·컴퓨터·정보서비스 • 기타사업서비스 • 개인, 문화, 여가서비스 • 정부서비스	• 신설(가공수수료를 사업서비스에서 가공서비스로 이전) • 금융중개수수료를 투자소득에서 금융서비스로 이전 • 명칭변경 • 통신, 컴퓨터 및 정보서비스를 통합(우편및상업송달서비스는 운송으로 이전) • 명칭 및 포괄범위 변경 • 명칭변경
본원소득수지 • 급료및임금 • 투자소득	본원소득수지 • 급료및임금 • 투자소득	• 투자소득에 재투자수익 계상
이전소득수지	이전소득수지	
자본·금융계정		• 삭제(분류체계 단순화)
금융계정	**금융계정**	
• 직접투자 • 증권투자 • 파생금융상품 • 기타투자 • 준비자산	• 직접투자 • 증권투자 • 파생금융상품 • 기타투자 • 준비자산	• 직접투자 포괄범위 확대, 수익재투자 계상 • 증권투자, 파생금융상품, 기타투자의 부문분류 세분화(기타부문을 기타금융기관과 비금융기업 등으로 구분)
자본수지 • 자본이전 • 비생산비금융자산	**자본수지** • 자본이전 • 비생산비금융자산	• 이민자 재산반출입거래 제외 • 특허권등 매매를 기타사업서비스(연구및개발서비스)로 이전
오차및누락	**오차및누락**	

자료: 한국은행

[그림 5.1] 국제수지의 종류

2. 자본 · 금융계정

과거의 국제수지편제기준에서의 자본계정이 새로운 국제수지편제기준(6판)에서는 자본·금융계정으로 명칭이 변경되었다. 그리고 과거의 기타자본수지가 자본수지로, 투자수지가 금융계정으로 변경되었다. 그리고 과거 편제기준에서 독립된 계정이었던 준비자산증감이 준비자산으로 명칭이 변경되고 이것이 금융계정의 세부항목으로 편입되었다. 1980년대 이후 정보통신기술의 발달과 자본이동에 따른 자유화로 인해, 국가간에 자본이동이 활발하게 이루어지고 이에 따른 외환의 수입과 지출이 많다. 자본이동에 따른 외환의 수입과 지출을 기록한 표가 자본수지이다. 자본·금융계정에는 민간기업, 금융기관, 그리고 정부 등이 외국으로부터 자금을 빌리거나 반대로 외국에 자금을 빌려줌으로써 발생하는 외환의 유출과 유입이 기록된다. 자본·금융계정은 자본수지와 금융계정으로 구분된다.

자본수지에는 해외이주비, 투자보조금 지급 등 고정자산 취득과 관련된 자본이전거래를 기록하고 또한 특허권, 저작권, 상표권 등 무형자산거래와 토지 및 지하자원 등 비생산유형자산거래가 기록된다. 자본수지는 과거의 기타자본수지에 해당하는 항목이다.

금융계정에는 민간기업, 금융기관, 정부의 대외금융자산거래를 포함하며, 직접투자, 증권투자, 파생금융상품, 기타투자 그리고 준비자산으로 구분된다. 먼저 직접투자를 살펴보면, 직접투자란 외국기업에 대한 경영참가 등과 같이 장기적인 이익을 취득하기 위하여 대외투자를 하는 것을 의미한다. 즉 직접투자는 경영권 행사, 혹은 경영권에 영향을 미쳐 장기적인 이익을 목표로 하는 자본이동을 의미한다[1]. 외국인이 국내에 직접투자하는 것을 외국인직접투자라 하고 자국민이 외국에 직접투자하는 것을 해외직접투자라 한다. 다음에 증권투자란 경영참여를 목적으로 한 것이 아니라 배당금이나 수익을 얻기 위해 외국 시장에서 주식, 지분이나 채권을 거래하는 것을 의미한다. 증권투자는 직접투자와는 달리 경영권에 영향을 미치는 것을 목표로 하는 것이 아니고 기업이 경영활동을 통해서 발생하는 이익이나 이에 따른 기업가치상승에 따른 이득을 얻기 위함이 목적이다. 기타투자는 직접투자나 증권투자에 포함되지 않는 외국과의 모든 금융거래를 의미하는 것으로 대출과 차입, 상품의 외상수출이나 수입

1) 경영에 참가하기 위한 자본이동인가 아닌가의 구분은 애매모호할 수가 있는데 취득한 주식 또는 지분이 발행주식총수의 10%를 초과하면 직접투자라고 간주한다.

에서 발생하는 무역 관련신용, 현금과 예금 등의 금융거래가 포함된다. 매일 매일 발생하는 경상거래와 자본·금융거래는 중앙은행이 보유하는 외환보유액의 변동을 가져오는데 이는 준비자산항목에 표시된다. 준비자산은 통화당국이 국제수지 불균형을 직접 보전하거나 또는 외환시장개입을 통해 국제수지 불균형을 조정하기 위해 사용된다. 준비자산에는 화폐용 금, SDR, IMF 리저브포지션, 외화자산 등이 포함된다. 준비자산 항목의 변화는 한국은행의 외환보유액 변화로 나타난다. 시중은행이 보유하는 외환은 준비자산에 기록되지 않고 금융계정에 기록된다.

마지막으로 오차와 누락항목이 있다. 이는 국제수지표를 작성하는 과정에서 발생한 통계적 불일치를 조정하는 항목이다. 국제수지표는 복식부기의 원리에 따라 작성되기 때문에 경상수지와 자본·금융계정을 합하면 0이 되어야 한다. 그러나 실제로 작성된 국제수지표상에서는 경상수지와 자본·금융계정의 합이 영이 되지 않는다. 이러한 차이를 오차 및 누락항목으로 조정한다. 이러한 차이가 발생하는 이유는 하나의 관련된 거래가 여러 기관에서 수합되기 때문이다. 예를 들어 수출거래 자료는 관세청에서 수합되고 대금지급내용은 금융기관에서 수합된다. 그 과정에서 계상싯점 및 평가방법에 차이가 있고 통계작성과정에서 보고 잘못이나 누락 등이 발생할 수 있다.

3. 준비자산 증감

매일 매일 발생하는 경상거래와 자본거래는 중앙은행이 보유하는 외환보유액의 변동을 가져온다. 외환보유액의 변동은 준비자산증감이라는 항목에 표시된다. 준비자산의 증감의 증가는 음(−), 감소는 양(+)으로 표시되는데 이는 국제수지표는 사후적으로 항상 균형을 유지하여야 하기 때문에 경상수지흑자나 자본유입에 의한 준비자산의 증가는 음(−)으로 기록하게 된다. 따라서 준비자산의 증감이 음으로 나타나 있다면 이는 준비자산이 증가한 것을 의미하고 반대로 양으로 나타나 있다면 준비자산이 감소한 것을 의미한다.

4. 국제수지의 균형

국제수지는 복식부기의 원리에 의하여 작성되기 때문에 모든 국제수지의 차변 합계와 대변 합계는 사후적으로 항상 균형을 이룬다. 따라서 전체거래를 합한 국제수지의 불균형을 판단하는 것은 의미가 없다. 국제수지가 균형인가 불균형인가를 판단하기 위해서는 어떤 특정 항목의 거래를 기준으로 하게 되는데 그 기준을 정하는데 있어서 그 거래의 특성을 고려한 구분이 필요하다. 이를 위해 자율적 거래와 보정적 거래에 대한 개념을 소개할 필요가 있다.

먼저 자율적 거래라 함은 어떤 거래가 다른 거래와 관계없이 그 자체적인 독자적 목적을 갖고 이루어지는 거래를 의미하고, 보정적 거래라 함은 그 자체의 목적이 아니라 다른 부문의 불균형을 메우기 위하여 발생하는 거래를 의미한다. 일반적으로 그 자체적인 목적이라 함은 국가 간의 가격, 소득, 이자율의 차이를 이용하여 상업적 이득이나 기부, 구호 등 비경제적인 목적을 의미한다. 따라서 상업적 목적이나 증여나 기부행위 등 그 자체의 목적을 갖고 이루어지는 거래를 독자적 거래라 하고, 자율적 거래의 불균형을 메워주기 위해 보조적으로 발생하는 거래를 보정적 거래라 한다.

어떤 국가가 상품을 100억불 수출하고 120억불을 수입하였다면 수출로 얻은 외화는 100억불이고 수입에 필요한 외화는 120억불이다. 따라서 20억불이 부족하다. 부족한 외화 20억불을 단기적으로 외국에서 빌려왔다고 하자. 이 경우 수출 100억불과 수입 120억불은 상업적 목적을 위해 이루어졌으므로 자율적 가래에 속한다. 반면, 단기적으로 빌려온 20억불은 상품수지에서 발생한 20억불을 메워주기 위해서 이루어진 거래이기 때문에 보정적 거래에 속한다.

일반적으로 국제수지의 불균형 여부는 독자적 거래에 의한 외환수입과 외환지출의 차이에 한정한다. 즉 독자적 거래에 의한 외환의 수입이 외환의 지출보다 많으면 국제수지가 흑자라고 말하고 반대로 독자적 거래에 의한 외환의 지출이 외환의 수입보다 많으면 국제수지가 적자라고 말한다. 앞에서 든 예를 이용하여 국제수지 불균형을 판별하면 다음과 같다. 수출은 100억불이고 수입은 120억불이므로 이는 모두 자율적 거래에 속한다. 따라서 국제수지는 20억불 적자이다.

일반적으로 국제수지 항목에서 어떤 선을 기준으로 선 위에 속하는 거래는 자율적 거래의 속성이 강하고 선 아래에 기록되는 거래는 보정적 거래의 속성이 강하다. 따라서 적당한 경계선을 그어 그 선 위에 있는 거래를 자율적 거래라 하고 그 선 아래에 있는 거래를 보정적 거래라고 구분한다. 따라서 자율적 거래를 선위의 거래(above the line)라고도 하고 보정적 거래를 선아래의 거래(below the line)라고도 한다.

그렇다면 국제수지균형을 판단하기 위해서는 구체적으로 어떤 거래가 자율적 거래에 속하는가를 판단하여야 한다. 일반적으로 경상수지에 속하는 거래는 주로 상업적 목적을 위해 이루어지는 거래가 주된 거래이므로 자율적 거래라고 보는데 이견이 없다. 즉, 상품수지, 서비스수지, 소득수지, 경상이전수지에 속하는 거래는 자율적 거래에 속한다. 다음으로 자본수지는 어떤 거래에 속하는가? 자본거래에서 직접투자는 상업적 목적으로 이루어진다. 또한 증권투자는 금리 차이나 주가차이에 의해 이루어진다. 따라서 직접투자나 증권투자는 독자적 거래라 할 수 있다. 그러나 중앙은행이나 정부의 출자은행이 단기적으로 외환을 차입하거나 대출하는 것은 그 자체가 목적이라기보다는 대부분 다른 부문의 거래, 즉 독자적 거래의 불균형을 메우기 위한 거래가 주를 이루기 때문에 보정적 거래로 간주한다.

■ **한국은행 발표 국제수지의 예**

한국은행이 발표한 "2014년 6월중 국제수지 동향(잠정)"에 따르면, 6월중 경상수지는 79.2억달러 흑자를 기록하였다. 그중 상품수지의 흑자규모는 전월의 91.3억달러에서 66.5억달러로 축소되었고 서비스수지의 적자규모는 기타사업서비스수지 등의 악화로 전월의 3.4억달러에서 5.8억달러로 확대되었다. 한편 본원소득수지의 흑자규모는 배당수입이 큰 폭으로 확대되어 전월의 7.3억달러에서 22.3억달러로 확대되었고 이전소득수지는 3.8억달러 적자를 시현하였다.

금융계정의 유출초(적자) 규모는 전월의 81.3억달러에서 98.4억달러로 확대되었다. 직접투자의 유출초(작자) 규모는 외국인직접투자의 순유입 전환 등으로 전월의 33.4억달러에서 20.6억달러로 축소되었고 증권투자의 유출초(적자) 규모는 외국인의 주식투자 감소 등으로 전월의 33.1억달러에서 42.2억달러로 확대되었다. 그리고 파생금융상품은 6.9억달러 유입초(흑자)를 시현하였고 기타투자의 유입초(흑자) 규모는 금융기관의 대출 확대 등으로 전월의 39.5억달러에서 2.8억달러로 크게 축소되었다. 준비자산은 45.4억달러 증가하였다.

자료: 한국은행

제3절 경상수지와 자본수지간의 관계

앞에서 설명한 바와 같이 국제수지표는 복식부기의 원리에 의해 작성된다. 따라서 경상수지, 금융계정, 오차 및 누락의 합은 항상 영이 된다. 여기에서 준비자산 증감, 오차 및 누락 항을 무시하면 경상수지와 자본수지의 합계는 항상 균형을 이루어야 하므로 경상수지 적자는 자본수지 흑자로 나타나고 경상수지흑자는 자본수지적자로 나타난다. 이는 상품이나 서비스의 수출이 수입보다 적어 경상수지가 적자를 기록하게 되면 부족한 외화를 외국에서 차입하여 조달하기 때문에 자본수지가 흑자를 기록하게 되고 반대로 상품이나 서비스의 수출이 수입보다 많아 경상수지가 흑자를 기록하게 되면 남는 외화를 외국에 투자하거나 빌려주어 자본수지가 적자를 기록하게 된다. 자본이동에 대한 자유화가 이루어지지 않은 상태에서는 경상수지와 자본수지의 합이 대체적으로 영을 유지하는 것이 일반적이다. 즉 자본이동에 대한 자유화가 이루어지지 않은 상황에서는 자본수지는 경상수지의 불균형을 메우기 위한 보정적 거래에 한정된다.

자본자유화가 이루어지면 자본이동은 수익률 차이나, 위험을 감소시키기 위한 분산투자를 위한 독자적인 목적을 위해 이루어진다. 따라서 자본이동이 자유화된 상황에서는 경상수지와 자본수지의 합은 대체적으로 영이 되지는 않는다.

[그림 5.2]는 우리나라의 경상수지, 자본수지 그리고 지불준비금의 추이를 나타내고 있다. 1997년 외환위기 이전까지는 대체적으로 경상수지와 자본수지가 대칭적으로 움직이고 있다. 즉 경상수지가 흑자인 경우에는 이에 대응하여 자본수지는 적자이고 반대로 경상수지가 적자이면 자본수지는 흑자를 기록하였다. 이는 자본자유화가 이루어지지 않아 정부가 정책적으로 경상수지가 적자인 경우에는 경상수지의 적자만큼 이를 보전하기 위해 자본유입이 이루어지도록 하였고 반대로 경상수지가 흑자인 경우에는 남는 외환을 유출하도록 자본유출을 허용하였기 때문이다.

그러나 1998년부터는 본격적인 자본자유화가 이루어짐에 따라 경상수지와 자본수지의 대칭적인 움직임이 사라지고 경상수지와 자본수지가 동시에 흑자를 기록하면서 그 흑자분이 준비자산의 증가로 나타나고 있다. 이는 자본자유화로 인해 자본이동이 경상수지의 불균형을 보전하기 위해서 이루어지는 것이 아니라 금리나 주가, 투자수익율 차이 등 자본이동 자체적인 목적에 의해 이루어지기 때문이다. 따라서 자본자유화가 진척되면 경상수지와 자본수지간의 비대칭적인 움직임이 사라지게 되는데 우리나라의 경우에도 외환위기 이후 자본자유화가 이루어진 후에는 이러한 현상이 나타나고 있다.

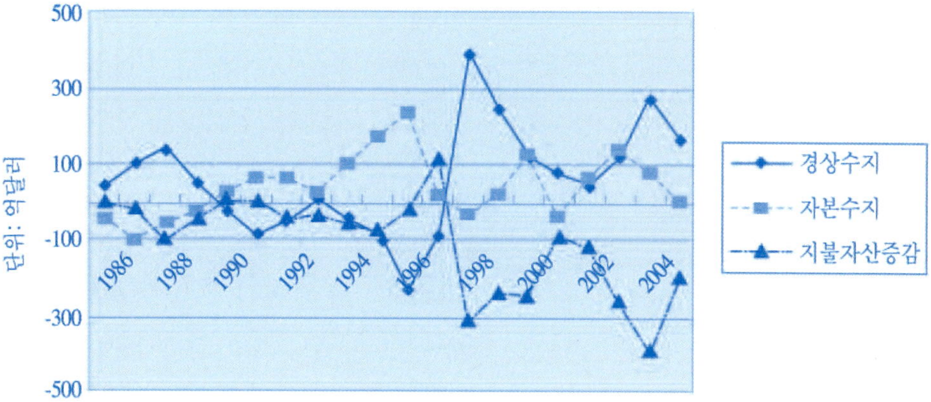

준비자산의 증가는 음(-)으로 타나나고 감소는 양(+)으로 나타남.
자료: 한국은행, 경제통계자료
준비자산 증가

[그림 5.2] 우리나라 국제수지 추이

제4절 우리나라의 국제수지

앞에서 우리는 국제수지의 개념과 종류에 대하여 살펴보았다. 이러한 지식을 기반으로 우리나라의 국제수지를 살펴보기로 한다. <표 5.1>는 2008년과 2012년의 우리나라 국제수지표를 간략히 제시한 것이다. 앞에서 설명한 바와 같이 국제수지표는 복식부기의 원리에 의해 작성되기 때문에 외환의 유입을 나타내는 대변과 지급을 나타내는 차변의 합계는 동일해야 한다. 따라서 준비자산의 증감을 나타내는 항목은 증가를 (−)로 표기하고 감소는 (+)로 표기한다.

항목별로 우리나라의 국제수지를 살펴보기로 한다.

〈표 5.1〉 우리나라의 국제수지

(단위 : 백만 미국 달러)

	2008	2012
경상수지	31.9	508.4
상품수지	122.0	494.1
서비스수지	-65.4	-52.1
본원소득수지	-12.0	121.2
이전소득수지	-12.7	-54.7
자본수지	1.1	5.4
금융계정	65.9	-515.8
직접투자수지	-84.5	-211.4
포트폴리오(증권)투자	-24.2	67.5
파생금융상품수지	-143.7	26.3
기타투자	-246.2	-266.4
준비자산증(-) 감(+)	564.5	-131.8

자료: 한국은행 경제통계시스템

먼저 경상수지 항목을 살펴보기로 한다. 2008년과 2012년에 경상수지는 각각 31.9억 달러와 508.4억 달러의 흑자를 기록하였다. 경상수지 항목인 상품수지, 서비스수지, 본원소득수지 및 이전소득수지를 살펴보면 다음과 같다. 상품의 수출입을 나타내는 상품수지의 경우 2012년에 494.1억 달러의 흑자를 기록하였다. 반면에 서비스의 수출입을 나타내는 서비스수지는 52.1억 달러의 적자를 기록하였다. 그동안 우리나라의 서비스 수지는 지속적으로 적자를 보아 왔는데 이는 우리나라의 서비스분야의 경쟁력이 외국보다 떨어져 서비스의 수입이 서비스의 수출보다 많다는 것을 반영한 것이다. 본원소득수지는 우리나라가 외국에서 벌어들인 근로소득 및 투자소득과 외국인이 우리나라에서 벌어간 근로소득 및 투자소득의 차이인데 2008년에는 12.0억달러의 적자를 보였고 2012년에는 121.2억달러의 흑자를 보였다. 이전소득수지는 교민들의 송금이나 비정부기관의 국제적인 기부, 구호활동 그리고 정부의 무상원조 등 거주자와 비거주자 간 대가없는 거래를 의미하는데 2008년과 2012년 모두 적자를 기록하고 있다.

다음에는 금융계정수지를 살펴보기로 한다. 2008년에는 498.6억불의 순자본유출이 있다가 2012년에는 384억불의 순자본 유출이 발생하였다. 금융계정은 직접투자, 증권투자, 파생금융상품, 그리고 기타투자수지로 구분된다. 먼저 직접투자수지를 살펴보면 다음과 같다. 직접투자수지는 2008년에는 84.5억불의 적자를 기록하였고 2012년에는 211.4억 달러의 적자를 기록하였다. 증권투자는 포트폴리오투자라고도 말하는데 2008년에는 24.2억 달러의 적자를 보이다가 2012년의 경우 65.7억 달러의 흑자를 보였다. 파생금융상품수지는 2008년 143.7억불의 적자를 보이다가 2012년에는 26.3억불의 흑자를 기록하였다. 기타투자수지는 상품을 외상으로 수출입할 때 발생하는 무역관련 신용과, 현금거래에 의한 수출입대금을 포함하는데 이는 2005년의 경우 246.2억 달러의 적자를 보였고 2012년에는 266.4억 달러의 적자를 기록하였다.

다음으로 준비자산의 증감에는 2008년과 2012년에 각각 564.5억불, -131.8억불이 기록되고 있는데 이는 각각 지불준비금이 564.5억불 감소, 131.8억불 증가하였음을 의미한다. 2008년에 지불준비금이 급속히 감소하였는데 이는 글로벌 금융위기에 따른 급속한 자본유출이 이루어졌기 때문이다. 그러나 그 이후 급속한 자본유출이 중단되고 지속적인 경상수지 흑자와 자본유입으로 국제지불준비금이 크게 증가하였다. 2012년 말 현재 외환보유고가 3260억불을 초과하여 일본, 중국, 그리고 대만 다음으로 세계 4위의 외환보유고를 보유하고 있다.

제5절 국민소득과 경상수지

한나라의 경제상황을 알려주는 주요한 지표로서 국민총생산(Gross National Product: GNP)이 많이 사용된다. 국민총생산이란 일정기간 동안 국민들이 보유하고 있는 노동, 자본 그리고 기타 생산요소에 의해서 생산된 재화나 서비스를 시장가격으로 평가한 가치를 의미한다. 즉 국민총생산은 국민들에 의해서 생산된 최종생산물을 의미한다. 따라서 GNP란 시장에서 팔리는 각종 재화 및 서비스의 가치를 합친 값이다. 국민총생산은 일정기간, 예를 들어 1년, 3개월 등 일정기간 동안에 측정된 값이라는 의미에서 유량변수이다. 여기에서 최종생산물이라 함은 중간재를 포함하지 않는다는 것을 의미한다. 예를 들어 최종재인 빵 100원을 생산하는데 설탕이나 밀가루가 60원어치가 들어갔고 노동비용이 40원 들어갔다면 국민총생산에는 100원만이 포함된다는 것을 의미한다. 중간재를 포함하지 않는 이유는 이중계산을 방지하기 위함이다. GNP와 유사한 개념으로서 국내총생산(Gross Domestic Product: GDP)이 있다. GDP란 일정기간 동안 국내에 존재하는 생산요소에 의해 생산되어진 최종생산물의 가치를 의미한다. 즉 GDP란 해당 국가 내에서 일정기간 동안에 생산된 최종 재화와 서비스의 시장가치를 의미한다. GNP는 그 나라의 국민에 의해서 생산된 생산물에 초점이 주어지는 반면 GDP란 국민 여부를 가리지 않고 그 나라 안에서 생산된 생산물에 초점이 주어진다는 점에서 차이가 있다. 따라서 외국인들이 우리나라에 와서 기업 활동을 하여 얻는 수익은 국내총생산에는 포함되지만 국민총생산에는 포함되지 않는다. 반면 우리나라 근로자들이 외국에 가서 생산 활동을 통해 얻는 임금소득은 GNP에는 포함되지만 GDP에는 포함되지 않는다. GDP에다가 해외순수취 요소소득을 합치면 GNP가 된다. 생산요소에 대한 국가간의 이동이 활발해짐에 따라 생산요소가 어떤 나라에 속하는가를 판별하기가 어려워 GNP보다는 GDP가 많이 사용된다.

만일 해외순 수취 요소소득이 크지 않다면 국내총생산과 국민총생산의 차이는 크지 않을 것이다. 본장에서는 특별한 경우를 제외하고는 국내총소득과 국민총소득을 구분하지 않고 국민소득이라고 부르도록 하겠다.

한나라의 국민소득에 대한 지출은 어떻게 이루어지는가? 국민소득의 지출은 주로 가계에 의해 이루어지는 소비(C), 기업들에 의해 이루어지는 시설투자, 건설투자 및 재고투자의 합인 투자(I), 정부의 지출인 정부지출(G), 외국으로의 수출(X)로 구성된다. 여기에서 중요한 사실은 국내에서 소비나 투자, 정부지출로 사용된 재화나 서비스는 우리나라에서 생산된 생산물만이 아니라 외국으로부터의 수입도 포함되어 있다는 사실이다. 따라서 국민소득에 대한 지출은 소비, 투자, 정부지출 그리고 수출을 합한 값에다가 외국으로부터의 수입을 뺀 값으로 구성된다. 즉 국민소득(Y)은 다음과 같이 구성된다.

$$Y = C + I + G + X - M \qquad (1)$$

여기에서 소비(C)와 투자(I) 그리고 정부지출(G)의 합은 우리나라 생산물이든 외국생산재든 우리나라 사람이 지출한 총액으로서 국내총지출을 의미하고 이를 흡수 혹은 압솝션(absorption)이라 한다. 즉 흡수(A)=C+I+G라 하면 다음의 관계식이 성립한다.

$$Y = A + X - M \qquad (2)$$

이를 다시 정리하면 다음 식이 성립한다.

$$Y - A = X - M \tag{3}$$

(X-M) 우리나라의 수출에서 외국으로부터의 수입을 뺀 값이므로 이는 무역수지에 해당된다. 만일 무역수지에다가 외국으로부터의 순수취요소소득을 합치고 경상이전수지를 합치면 경상수지가 된다. 설명의 편의를 위해 순수취요소소득과 경상이전수지를 영이라고 가정하면 수출과 수입의 차이, 즉 X-M은 경상수지(CA)에 해당된다. 따라서 다음과 같은 식이 성립한다.

$$CA \equiv X - M = Y - A = Y - C - I - G \tag{4}$$

상기 식은 국민소득이 국내총지출보다 많으면 경상수지는 흑자이고 반대로 국민소득이 국내총지출보다 작으면 경상수지는 적자가 된다. 이는 한 가정에서 벌어들인 소득이 총지출보다 크면 그 가계가 흑자를 보게 되고 반대로 가계의 소득이 총지출보다 작으면 그 가계가 적자를 보는 것과 같다고 할 수 있다.

여기에서 국민저축에 대하여 살펴보기로 한다. 국민저축(national saving)이란 벌어들인 총소득에서 소비하고 남은 부분을 의미하므로 국민저축은 국민소득에서 소비와 정부지출을 제한 값이다. 국민저축을 S라 표기하면

$$S \equiv Y - C - G \tag{5}$$

식(4)를 식(5)와 함께 정리하면 다음의 관계식이 성립한다.

$$CA = Y - A = S - I$$

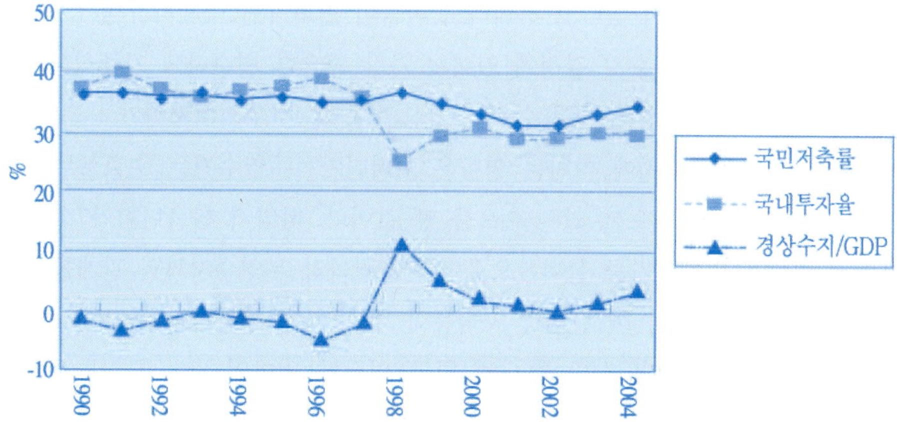

[그림 5.3] 우리나라의 저축율, 투자율과 경상수지 추이

즉 경상수지가 흑자인 경우에는 국민저축이 국내투자보다 많고 반대로 경상수지가 적자인 경우에는 국민저축이 국내투자보다 작다. 실제로 우리나라의 경우 1997년 외환위기 전에는 대부분 국내투자가 국민저축을 초과하여 경상수지 적자를 보이다가 외환위기 이후 급속히 국내투자가 감소하여 국민저축이 국내투자를 초과하게 되어 경상수지 흑자를 보게 되었다([그림 5.3] 참조).

제6절 국제수지의 결정요인

국제수지를 결정하는 요인으로는 여러 가지가 있다. 환율, 소득, 통화량, 이자율 등 주요 거시경제변수들이 대부분 국제수지에 영향을 준다고 말할 수 있다. 국제수지를 결정하는 여러 변수들 중 어떤 요인이 가장 중요한가는 관점에 따라 다를 수 있는데, 관점에 따라 국제수지 조정접근법이 구분된다. 국제수지 조정접근법으로는 탄력성접근법, 흡수접근법, 통화량접근법 그리고 자산접근법이 있다.

1. 탄력성접근법

탄력성접근방법은, 국제수지를 결정하는 요인 중 가장 중요한 것은 재화나 서비스의 상대가격이라고 보는 입장이며 가격접근방법이라고도 불리운다. 이 접근법은 재화가격이 수출량과 수입량에 결정적 영향을 미친다는 측면에서 출발한다. 그런데 재화가격이 국내에서 고정되어 있다고 하더라도 환율이 변화하면 국제시장에서 재화가격도 변하므로 환율이 국제수지 결정에 있어서 가장 중요한 변수라고 간주한다. 이 접근에서 주된 관심대상이 되는 국제수지는 경상수지, 혹은 무역수지이다.

환율의 변화가 무역수지에 미치는 영향은 어떠한가? 무역수지는 수출로부터 얻은 외환 공급에서 수입에 필요한 외환 수요를 뺀 값이다. 따라서 환율변화가 수출과 수입에 어떤 영향을 미치는가를 살펴봄으로써 환율변화와 무역수지와의 관계를 살펴볼 수 있다. 환율을 외국통화 한 단위당 자국통화 몇 단위에 해당하는 가로 표시하기로 한다. 즉 미국 달러 1단위(달러)에 대해 한국 원화가 얼마인가로 나타내기로 한다. 2006년 6월 30일 현재 미국의 1달러는 한국의 950원과 교환된다. 이를 1 USD = 950원이라고 표기한다. 환율의 변화(상승 혹은 하락)는 수출과 수입에 중대한 영향을 미친다.

① 환율이 상승하면 국내 수입품 가격은 상승하게 된다. 왜냐하면 환율이 1000인 경우 1달러는 국내통화로 표시하면 1000원이지만 환율이 1100으로 상승하면 국내통화로 1100원이 되어 환율이 상승하면 수입품의 국내가격은 상승한다. 이에 따라 국내에서는 수입재에 대한 수요가 감소하여 수입량이 감소하고 수입가격에 수입량을 곱한 수입액은 감소한다. 즉 환율이 상승하면 수입액은 감소한다.

② 다음에는 환율의 상승이 수출에 미치는 효과가 어떠한지를 살펴보기로 한다. 수출재의 공급자의 입장에서 보면, 환율이 상승하면 전과 동일한 달러표시가격으로 팔아도 실제로 자기가 받는 원화는 많아지므로 달러표시가격을 떨어뜨릴 수 있다. 따라서 외국통화(달러)로 표시한 수출가격이 하락하여 수출량이 증가한다. 이 때 달러로 표시한 수출액을 보면, 수출재의 가격하락으로 수출량이 증가하지만 달러표시가격이 하락하므로, 수출가격에 수출량을 곱한 달러표시 수출액은 증가할지 감소할지 불명확하다.

즉 환율이 상승할 때 외국통화(달러)로 표시한 수출가격은 하락하고 수출물량이 증가하여 수출금액은 증가할지 감소할지는 불분명하다. 예를 들어 환율이 1000일 때 1달러로 1000개를 수출하였다고 하자. 이때 달러로 표시한 수출액은 1000달러가 된다. 환율이 1100으로 상승하면 1달러짜리 제품이 0.95달러로 하락한다고 하자. 이때 수출물량이 1200개로 증가하면 수출금액은 1140달러로 증가할 것이다. 반면 수출가격이 0.95달러인 경우 수출이 1050개로 증가하는 경우에는 달러로 표시한 수출금액은 997.5로 하락한다(<표 5.2> 참조). 즉 환율 상승에 따라 외국통화로 표시한 수출금액이 증가할지 감소할지는 알 수 없다.

〈표 5.2〉 환율변동시 수출물량에 변화에 따른 수출액 변화

환율	수출단가(달러표시)	수출물량	수출액(달러표시)
1000	1	1000	1000
1100	0.95	1200	1140
1100	0.95	1050	997.5

③ 환율이 상승함에 따라 외화로 표시한 수출금액이 증가할지 감소할지는 수출의 가격탄력성에 의존한다. 수출의 가격탄력성이란 가격이 1% 변동할 때 수출물량이 몇% 변동하는가를 나타낸다. 수출의 가격탄력성이 1보다 크면 환율상승에 의한 가격하락폭보다 수출물량 증가율이 더 커서 수출금액은 증가할 것이며, 수

출의 가격탄력성이 1보다 작으면 환율상승에 의한 가격하락폭이 수출 물량 증가보다 커 수출금액은 감소할 것이다. 즉, 수출의 가격탄력성이 1보다 크면 환율상승에 따라 수출금액은 증가하고, 1보다 작으면 수출금액은 오히려 감소한다.

위에서 살펴본 바와 같이 외환에 대한 공급측면(수출액)과 수요측면(수입액)을 보면, 수입액은 감소하지만 수출액은 탄력성의 크기에 따라 달라지는 것을 알 수 있다. 양자를 함께 고려하면 수출과 수입의 차이인 경상수지는 어떻게 되는가? 환율상승이 경상수지를 개선하는 조건은 수출과 수입의 가격탄력성 합이 1보다는 크다는 것이다. 이를 마샬-러너 조건(Marshall Lerner Condition)이라 한다. 즉 환율을 상승시키는 경우 수출의 가격탄력성과 수입의 가격탄력성의 합이 1보다 크면 경상수지는 개선되고, 탄력성의 합이 1보다 작으면 경상수지는 악화된다. 이와 같이 탄력성의 크기가 경상수지의 변화에 결정적 역할을 하므로 이 접근방법을 탄력성 접근법이라고 한다.

마샬-러너조건은 현실적으로 성립하는가? 만일 수출과 수입의 가격탄력성이 매우 낮다면, 환율이 상승하더라도 경상수지는 개선되지 않고 오히려 경상수지가 악화될 것이다. 일반적으로 가격탄력성은 단기에는 탄력성은 낮고 시간이 지남에 따라 가격탄력성이 높아진다. 따라서 단기에는 마샬-러너조건이 성립되지 않고 장기에는 성립되는 것이 일반적이다. 여기에서 단기란 1년 이내를 의미하고 장기란 1년 이상을 의미한다. 단기에는 마샬-러너조건이 성립하지 않고 장기에는 마샬-러너조건이 성립한다는 것은 환율이 상승하면 단기에는 경상수지가 오히려 악화되다가 시간이 어느 정도 지나야 경상수지가 개선된다는 것을 의미한다. 환율이 상승할 때 경상수지의 움직임이 J자 형태를 갖기 때문에 이를 J 곡선효과라 한다([그림 5.4] 참조).

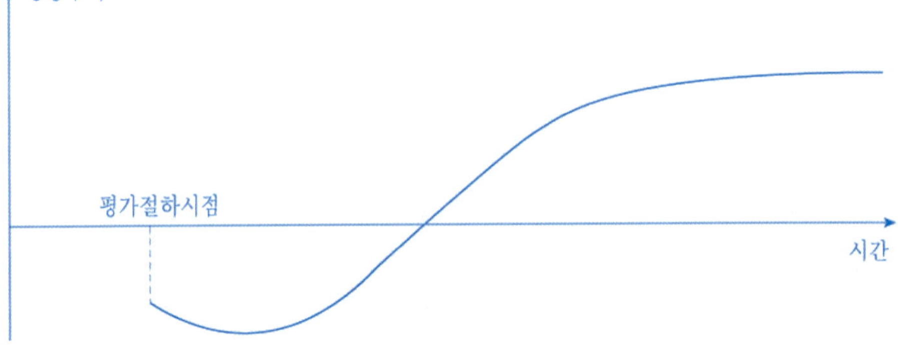

[그림 5.4] 평가절하에 따른 경상수지효과

2. 흡수접근방법

다음에는 국내총지출이 국제수지에 미치는 효과를 살펴보기로 한다. 즉, 소비, 투자 그리고 정부지출의 합으로 구성된 국내총지출, 즉 흡수(absorption)가 국제수지에 미치는 효과를 살펴보고자 한다. 국제수지의 결정에 있어 흡수가 매우 중요한 역할을 한다는 점에서 이를 흡수접근방법(Absorption Approach)이라고 한다. 앞에서 경상수지는 국민소득과 국내총지출(흡수)의 차이로 나타난다는 사실을 보였다. 즉 CA=X-M=Y-A의 관계가 성립한다. 다시 말하면, 경상수지는 한 경제에서 생산한 것(즉 국민소득)에서 국민경제의 총지출을 뺀 값이다. 국민소득이 국내총지출보다 크면 경상수지는 흑자가 되고 반대로 국민소득이 국내총지출보다 작으면 그 차액을 외국에서 어떤 형태로든 차입해야 하므로 경상수지는 적자가 된다. 일반적으로 국민소득은 쉽게 변동하는 것이 아니지만, 국내총지출은 정부정책이나 여러 가지 사정에 의해 변할 수 있다. 예를 들어 정부가 통화량이나 정부지출을 증대시켜 국내총지출을 증가시키면 경상수지는 악화되고 반대로 정부가 통화량이나 정부지출을 감소시켜 긴축정책을 실시하면 경상수지는 개선된다. 따라서 바로 국내총지출이 국제수지결정에 핵심적 역할을 한다고 본다. 우리나라가 외환위기를 겪은 1998년에는 국내소비나 투자가 급속히 감소하여 경상수지가 크게 개선되었는데 이는 바로 국내총지출이 경상수지에 미치는 효과를 극명하게 보여 준 예라고 할 수 있다.

3. 화폐론적 접근방법

화폐공급과 화폐수요 사이의 관계가 국제수지에 주요한 영향을 끼친다고 보는 관점이 화폐론적 접근방법(Monetary Approach)이다. 예를 들어서 정부가 통화량을 증가시켜, 통화공급이 통화수요보다 많아지게 되면 사람들은 자신이 적절하다고 생각하는 통화량 수준을 초과하는 부분의 화폐를 어떤 방법이든 처분하려 할 것이다. 예를 들어 처음에는 화폐공급이 100이고 적절한 화폐보유량, 즉 화폐수요도 100이라고 하자. 이 경우 화폐수요와 화폐공급이 같아 화폐시장이 균형을 이루게 된다. 그러나 정부가 통화량을 증가시켜 120이 되었다고 하자. 이 때 사람들은 자기가 적절하다고 생각하는 화폐수요 100보다 더 많은 120의 화폐를 보유하게 될 것이다. 이런 상황에서 국민들은 적절한 수준을 넘는 20만큼의 화폐를 처분하기 위해 재화나 서비스, 금융자산을 구입하려 할 것이다. 재화나 서비스에 대한 지출이 증가하면 외국재화나 서비스에 대한 지출도 증가하므로, 수입이 증가하게 되어 국제수지가 적자로 될 것이다. 만일 20만큼의 화폐를 갖고 금융자산을 구입하려 한다면 금융자산에 대한 수요가 증가하고 이 중 외국의 금융자산도 구매하게 되므로 자본의 유출이 발생할 것이다. 즉 화폐공급이 화폐수요보다 많으면 경상수지나 자본수지가 악화되어 국제수지는 악화된다. 한편 화폐공급량이 화폐수요보다 적으면 지출을 감소시키게 되며, 이는 결국 국제수지를 개선시키는 역할을 하게 된다.

반대로 화폐공급이 화폐수요보다 적으면 어떻게 되겠는가? 결론부터 말하면 부족한 화폐수요를 메우기 위하여 경제주체들은 지출을 감소하게 되고 이 과정에서 국제수지는 개선될 것이다. 앞의 예를 다시 들기로 한다. 처음에는 화폐공급이 100이고 적절한 화폐보유량, 즉 화폐수요가 100이라고 하자. 그런데 정부가 통화량을 감소시켜 80이 되었다고 하자. 이때 사람들은 자기가 적절하다고 생각하는 화폐수요 100보다 더 적은 80의 화폐만을 보유하게 될 것이다. 이런 상황에서는 부족한 20만큼의 화폐를 확보하기 위해 재화나 서비스, 혹은 금융자산에 대한 지출을 줄이려 한다. 재화나 서비스에 대한 지출을 감소시키면 외국재화나 서비스에 대한 지출도 감소하여, 수입이 감소하게 되고 국제수지가 흑자로 될 것이다. 만일 부족한 화폐수요를 금융자산을 처분하여 충당하려면 외국의 금융자산도 매각하게 되어 자본의 유입이 발생할 것이다. 즉 화폐공급이 화폐수요보다 적으면 국제수지는 개선된다. 한편 화폐공급량이 화폐수요보다 적으면 지출을 감소시키게 되며, 이는 결국 국제수지를 개선시키는 역할을 하게 된다.

이러한 사례로부터 알 수 있는 사실은 국제수지 적자에 대한 처방은 화폐량을 줄이는 것이 될 것이며, 실제로 화폐량을 줄이면 국민들의 입장에서는 자신들이 보유해야 한다고 생각하는 화폐량보다 적어지게 되므로 화폐를 더 보유하기 위해 자신들의 소비를 줄이게 되어 국제수지는 개선될 것이다. 이처럼 화폐공급량이 국제수지에 결정적으로 중요한 역할을 한다는 입장이 국제수지의 화폐론적, 혹은 통화론적 접근법이라 한다.

4. 자산선택 접근 방법

개인이나 조직은 주어진 소득이나 부(wealth)가 있을 대 어떤 형태로 보유할 것인가를 결정해야 한다. 자산을 어떻게 보유할 것인가를 결정할 때 여러 자산 사이에서 선택을 해야 한다. 예컨대 어떤 사람이 가지고 있는 재산(자산)이 있을 때, 이것을 현금으로 보유할 수도 있고 은행에 예금할 수도 있다. 또한 주식 등의 증권을 살 수도 있고 외국의 자산에 투자할 수도 있다. 이러한 결정과정에서 국제간에 금융자산에 대한 거래가 이루어진다. 자산보유 형태를 결정하는데 있어 가장 중요한 것은 자산보유에 따른 수익률(이자율)과 위험의 크기이다. 누구든지 수익률(이자율)이 높고 위험이 낮은 자산을 선택할 것이다.

만일 국내이자율이 상승하여 국내금융자산에 대한 수요가 많아지면, 내국인이건 외국인이건 국내금융자산에 대한 수요가 많아진다. 그에 따라 외국인이 국내금융자산을 구매하려고 하는 경우 외국 자본이 유입될 것이고 이에 따라 국제수지는 개선될 것이다. 반면, 외국의 이자율이 높아지면 내국인, 외국인 모두 외국 금융자산을 보유하려 할 것이기 때문에 외국금융자산을 구입하기 위해 자본의 유출이 발생하고 이에 따라 국제수지가 적자가 될 것이다.

자산 선택에는 수익률(이자율)만이 아니라 위험도 매우 중요한 역할을 한다. 어떤 국가에 대한 위험이 많아지면, 그 나라의 금융자산에 대한 수요가 감소하여 자본유입이 줄어들든지 혹은 자본유출이 감소하여 국제수지가 악화될 것이다. 예를 들어 북핵문제로 한국의 금융자산에 대한 위험이 높아져 수요가 감소하면 자본유입이 줄거나 자본의 유출이 발생하여 국제수지가 악화될 것이다.

위에서 살펴 본 바와 같이 개인이나 금융기관이 자산선택의 결과 국제수지가 결정된다는 주장이 자산선택(Portfolio Approach)접근이다. 자산선택접근은 자산선택과정에서의 자본이동에 주안점이 주어져 있기 때문에 자본이동이 자유로운 경제에서 타당한 주장이라 할 수 있다.

■ 주요 용어

국제수지	투자수지	J-곡선 효과
경상수지	국제수지의 균형	탄력성접근법
상품수지	자율적거래	흡수접근법
소득수지	보정적거래	화폐론적접근법
자본수지	마샬-러너조건	자산접근법

연습문제

1. 1990년대 중반 이후 최근 들어 중국 조선족 동포나 동남아 외국인들이 국내에 들어와 노동을 하고 이에 따른 임금이나 소득을 해외에 송금하는 양이 증가하고 있다. 이는 국제수지상의 어느 부문에 속하는가?
2. 삼성전자가 미국에서 채권을 발행하여 현지에서 반도체공장을 짓는데 사용하였다. 이러한 채권발행은 국제수지표상에 나타나는가?
3. 현대차가 미국에 수출한 자동차는 국제수지상 어느 부문에 속하는가?
4. 최근 한·미 FTA협상과 관련하여 많은 논쟁이 일고 있다. 특히 한·미 FTA가 체결되면 국제경쟁력을 갖춘 미국의 금융서비스가 국내에 많이 공급되어 국내금융업계에 많은 영향을 줄 것이라고 예상된다. 이러한 상황이 발생한다면 국제수지표상에 어느 부문에 영향을 줄 것이라고 예상되는가?
5. 2004년 말 우리나라 외환보유고가 1800억불이었다. 그런데 2005년에 국제수지표상의 지불준비금증감 항목에 -180억불으로 기록되어 있다고 한다면 2005년말 우리나라 외환보유고는 얼마가 되겠는가?
6. 2005년부터 2006년 중반까지 미국 달러에 대한 원화가치가 급속히 상승하고 있다(원화의 평가상승). 이에 따라 상품수지에는 어떤 효과가 있는지를 J-곡선효과를 이용하여 설명하시오.
7. 우리나라 국민저축율이 20%이고 국내투자율이 15%라 하면 경상수지는 어떤 상태에 있겠는가?
8. 외환위기 직후 국내 경기가 급속히 위축되고 투자가 감소하여 경상수지 흑자가 큰 폭으로 증가하였다. 이러한 현상은 어떤 국제수지 조정접근법에 의해 설명할 수 있겠는가? 또한 그 과정을 설명하시오.
9. 한국은행이 국내경기를 활성화하기 위하여 통화량을 증가시킨다면 이는 경상수지와 자본수지에 각각 어떤 효과가 있을 것이라고 예상하는가?
10. 최근 북한은 대포동 미사일을 발사하여 한반도를 둘러싼 국제적인 긴장이 고조되고 있다. 이러한 북한의 미사일 발사가 우리나라 국제수지에는 어떤 효과를 가져다줄 지를 설명하시오.

제6장 국제통상의 이해

제1절 환율의 개념과 상대가격

1. 환율의 개념

국가마다 서로 다른 통화를 사용한다. 예를 들어 우리나라에서는 원화(₩)를 사용하고 미국은 달러($), 일본은 엔화, 중국에서는 위안화, 영국에서는 파운드, 유럽통화동맹국에서는 유로화를 사용한다. 이렇게 각 국이 서로 다른 통화를 사용할 때, 양국 통화의 교환비율이 있는데 이를 환율(Exchange rate)이라 한다. 일반적으로 외국통화 한 단위가 자국통화 몇 단위와 교환되는가의 형태로 환율이 표기된다. 예를 들어 미국 달러의 환율이 1000(₩/$)이라면 미국 1달러가 우리나라 원화 1000원에 해당한다는 것을 의미한다. 또한 일본 엔화의 환율이 10(₩/￥)이라면 일본 1엔은 우리나라 원화 10원에 해당된다는 것을 의미한다[2].

환율을 다른 말로 말하면 외국 화폐의 가격이라고 말할 수 있다. 환율이 상승하면 외국 통화의 가격이 상승하는 것이고, 반대로 환율이 하락하면 외국통화의 가격이 하락하는 것을 의미한다. 환율이 상승하면 자국통화의 가치가 하락하는 것이기 때문에 이를 자국통화 가치하락(depreciation) 혹은 평가절하(devaluation)라고 말한다. 반면 환율이 하락하면 자국통화의 가치가 상승하는 것이기 때문에 이를 자국통화 가치상승(appreciation), 혹은 평가절상(revaluation)이라고 말한다. 일반적으로 고정환율제도하에서는 정부가 환율을 인위적으로 정하기 때문에 환율변화를 평가절하와 평가절상으로

2) 일반적으로 우리나라에서 일본엔화의 환율은 100엔당 우리나라 원화 몇 단위와 교환되는가로 표기한다.

표현하고 변동환율제도하에서는 환율이 시장의 힘에 의해 결정되기 때문에 환율변동을 가치상승(depreciation)과 가치하락(appreciation)으로 표현한다.

앞에서 설명한 바와 같이 환율은 서로 다른 통화간의 교환비율이다. 우리나라의 원화는 수많은 다른 나라 통화와의 환율(교환비율)이 존재한다. 세상에는 200여개의 국가가 존재하는데 원화는 해당국가와의 환율을 갖게 된다. 그러나 실제로 이들 모든 국가의 통화에 대한 외환시장이 존재하지는 않는다. 우리나라의 주된 외환시장은 소위 원-달러시장이다. 여기에서 원-달러 환율이 결정되고 다른 국가도 그 국가의 통화와 달러가 교환되는 외환시장에서 해당국 통화의 달러에 대한 환율이 결정된다. 즉 각국의 통화가 미달러화에 대한 환율이 결정되고 미달러 이외의 양국통화간의 환율은 달러화를 중심으로 간접적으로 결정된다. 예를 들어 우리나라의 외환시장에서 원화에 대한 달러화의 환율이 1000이고 중국의 외환시장에서 위안화에 대한 달러의 환율이 8로 결정된다면 원화에 대한 위안화의 환율은 1000/8, 즉 125으로 결정된다. 즉, 모든 통화에 대한 외환시장이 존재하는 것이 아니고 주요국 통화(예를 들어 미달러)와 자국 통화간의 외환거래가 이루어지는 외환시장에서 달러에 대한 해당국 통화의 환율이 결정된다. 이를 통해 미달러 이외의 양국 통화의 환율은 달러화를 중심으로 간접적으로 결정된다.

2. 국내가격과 해외가격

환율은 사로 다른 나라에서 생산되는 상품의 가격을 비교하는데 매우 중요한 역할을 한다. 예를 들어 어떤 사람이 미국산 포드차($20,000)를 살 것인가, 아니면 현대차(1800만원)를 살 것인가를 결정하기 위해서는 먼저 동일한 통화로 표시한 포드차와 현대차의 가격을 비교해야 한다. 우리가 한국 원화에 대한 달러의 환율을 알고 있다면 포드차와 현대차를 쉽게 비교할 수 있다. 예를 들어 달러의 환율이 1000(₩/$)이라고 한다면, 포드차의 원화가격은 다름과 같다.

$20,000*1000=2000만원

따라서 원화로 표시하여 현대차의 가격이 포드차의 가격보다 싸다는 것을 알 수 있다.

한편 현대차의 가격을 미국 달러로 표시한 금액은 다음과 같다.

1800만원/1000=$18000

즉 달러로 표시한 현대차의 가격($18000)이 포드차의 가격($20,000)보다 싸다는 것을 알 수 있다.

만일 미국 달러의 환율이 900(₩/$)으로 하락하면 포드차의 원화가격은 다음과 같이 1800만원으로 변동한다($20,000*900=1800만원). 한편 현대차의 가격을 미국 달러로 표시하면 $20,000이 된다(1800만원/900=$20,000). 즉 환율이 하락하면 원화로 표시한 포드차의 가격은 하락하고 반대로 달러로 표시한 현대차의 가격이 상승함을 알 수 있다.

위의 예에서 알 수 있듯이 환율이 상승하면, 즉 평가하락하면 자국통화로 표시한 외국 제품의 가격은 상승하고, 외국통화로 표시한 자국제품의 가격은 하락하게 된다. 반대로 환율이 하락하면, 즉 평가상승하면 자국통화로 표시한 외국 제품의 가격은 하락하고 외국통화로 표시한 자국제품의 가격은 상승한다. 즉 환율은 국가간의 재화나 서비스의 가격을 비교할 수 있게 하고 나아가 표시통화에 따른 가격을 변동시킨다.

3. 환율과 상대가격

우리는 여러 가지 제품을 소비하면서 생활하는데 어떤 제품을 얼마만큼 수요할 것인가를 결정해야 한다. 이를 결정하는데 있어서는 제품 간의 상대가격이 매우 중요한 역할을 한다. 예를 들어 점식식사를 하는데 칼국수를 먹을 것인가, 아니면 비빔밥을 먹을 것인가를 결정하는데 있어 칼국수의 가격은 2500원이고 비빔밥의 가격이 3000원이라면 칼국수로 표시한 비빔밥의 상대가격은 3000/2500=6/5이다. 즉 비빔밥 1그릇은 칼국수 1.2그릇에 해당한다. 이러한 음식간의 상대가격을 고려하여 칼국수를 먹을 것인가 아니면 비빔밥을 먹을 것인가를 결정해야 한다.

마찬가지로 수출품과 수입품 중 어떤 제품을 수요할 것인가를 결정하는데 있어서는 수출품과 수입품의 상대가격을 알아야 한다. 우리나라의 현대차와 미국의 포드차 중 어떤 것을 구매할 것인가를 결정하는 상황이라 하자. 앞에서 제시된 예를 이용하여 환율변화에 따라 양국간 자동차의 상대가격이 어떻게 변동하는지를 설명하고자 한다. 한국의 현대차는 한국에서 1800만원으로 판매되고 미국 포드차는 미국에서 $20,000로 판매된다고 하자. 그리고 설명의 편의를 위하여 각국의 자동차는 자국에서 자국통화표시가격은 변동이 없다고 가정한다. 먼저 미국 달러 환율이 1000이라면 우리나라 현대차로 표시한 미국 포드차의 상대가격은 10/9($20,000/$18,000)이 된다. 이러한 상대가격은 원화로 표시하여도 동일하게 10/9(2000만원/1800만원)이 된다. 즉 포드차 1대는 현대차에 1.125대에 해당한다.

미국달러 환율이 900원으로 하락하였다고 하자. 이 경우에는 원화로 표시한 미국 포드차의 가격이 1800만원($20,000*900)으로 하락한다. 따라서 현대차로 표시한 포드차의 상대가격은 1(포드차 1800만원/현대차 1800만원)이 된다. 달러로 계산하면 현대차의 가격은 $20,000가 되기 때문에 현대차로 표시한 포드차의 상대가격은 1로 동일하다. 이는 포드차 1대는 현대차 1대에 해당함을 의미한다(<표 6.1> 참조).

한편 미국 달러환율이 1100으로 상승하였다고 하자. 이때는 원화로 표시한 포드차의 가격은 2200만원으로 상승하여 현대차로 표시한 포드차의 상대가격은 11/9(2200만원/1800만원)로 상승한다. 이는 포드차 1대는 현대차 1.22대에 해당됨을 의미한다.

위의 예에서 우리는 다음과 같은 결론을 유도할 수 있다. 즉 환율이 하락하면 포드차(수입품)의 가격은 상대적으로 싸지고 현대차(수출품)의 가격은 상대적으로 비싸지게 된다. 또한 환율이 상승하면, 수입품의 가격은 상대적으로 비싸지고 수출품의 가격은 상대적으로 싸진다. 이러한 예를 통해 환율의 평가하락(환율상승)은 수입품의 상대가격을 상승시키고 수출품의 상대가격을 하락시키는데 반해, 환율의 평가상승(환율하락)은 수입품의 상대가격을 하락시키고 수출품의 상대가격을 상승시킨다.

따라서 환율이 하락하는 경우 수출품의 국제가격이 상승하게 되므로 수출경쟁력이 약화된다. 2006년 6월 현시점에서 원화의 환율하락이 지속됨에 따라 기업들, 특히 중소기업들의 수출경쟁력이 약화되어 수출 감소가 예상된다는 주장이 강하게 제기되는 것도 바로 이러한 사실에 근거를 둔 것이다.

〈표 6.1〉 환율변동과 상대가격

환율		900	1000	1100
포드차 가격	달러표시	$20,000	$20,000	$20,000
	원화표시	1800만원	2000만원	2200만원
현대차 가격	달러표시	$20,000	$18,000	$16,364
	원화표시	1800만원	1800만원	1800만원
현대차로 표시한 포드차의 상대가격		1	10/9(1.125)	11/9(1.22)

주: 설명의 편의를 위하여 포드차와 현대차의 가격은 자국시장에서 자국통화로 표시한 가격은 일정하다고 가정한다.

■ 수출 중소기업들이 견뎌낼 수 있는 원·달러 환율 수준?(일간신문 기사)

기업은행 기은경제연구소는 2006년 1월 22일 '수출중소기업의 경영애로 실태와 시사점'이라는 제목의 보고서에서 "지난 5일부터 11일까지 234개 수출중소기업을 대상으로 설문조사한 결과 '수출을 중단할 정도의 환율'을 묻는 질문에 평균 929.9원이라고 대답했다"고 밝혔다. 즉 930원선까지는 공장을 돌리며 근근이 버텨낼 수 있지만, 그 이하로 환율이 떨어질 경우 생산을 중단하지 않으면 연명하기 어렵다는 얘기다.

4. 현물환율과 선물환율

이제까지 논의한 환율은 주로 현물환시장에서 결정되는 현물환율을 의미한다. 현물환시장이란 거래계약 후 바로 거래의 대상물인 외환의 수수가 이루어지는 현물환이 거래되는 시장을 현물환시장이라 한다. 외환거래에 있어서는 외환거래계약이 이루어진 후 바로 외환의 인도가 이루어지는 거래만이 아니라 거래계약 후 2일 이내에 인도가 이루어지는 거래까지도 현물환거래라 한다. 외환거래의 경우 거래계약 직후만이 아니라 2일 이내까지 외환의 인도가 이루어지는 외환거래를 현물환거래에 포함하는 것은 일반적으로 외환의 지불요청대금이 은행을 통해 결제되는데 일반적으로 2일이 소요되기 때문이다. 예를 들어 우리나라의 외환은행이 6월7일 미화 100만달러를 미달러 환율 1000에 미국의 시티은행으로부터 매입하는 경우 현물환결제일인 6월9일에 외환은행은 10억원을 시티은행에 이체시키고 시티은행은 외환은행에 미화 100만달러를 이체시킴으로써 현물환거래가 종료된다. 현물환율이란 현물환거래에 적용되는 환율을 현물환율이라 한다.

다음으로 선물환거래란 외환거래의 계약일로부터 2영업일 경과 한 후 미래 특정일에 약정한 환율로 외환의 수도와 결제가 이루어지는 거래를 의미한다. 선물환거래는 거래에 적용할 환율이 현재 정해진다는 점에서는 현물환거래와 차이가 없지만, 계약이 이루어진 후 상당한 시간이 지난 후에 외환의 인도가 이루어진다는 점에서 현물환거래와 차이가 있다. 이러한 선물환거래에 적용되는 환율을 선물환율이라 한다. 현물환율이 현물환의 수요와 공급에 의해서 정해지는 것과 마찬가지로 선물환율도 선물환의 수요와 공급에 의해서 결정된다. 선물환거래는 장래에 인도될 외환의 가격을 미리 정해 놓는 것이기 때문에 현물환율의 변동에 의해서 발생하는 환위험을 회피할 수 있는 좋은 수단이 된다. 또한 선물환 매입자는 현재 매입대금을 지불하는 것이 아니고 외환의 인도가 이루어지는 시점에 매입대금을 지불하는 것이기 때문에 현재 선물환 매입에 따르는 자금 부담을 지지 않아도 된다.

선물환거래는 환위험을 회피하는 매우 중요한 수단이 되는데 이를 간략히 설명하면 다음과 같다. 우리나라 현대 자동차를 미국에 1대당 2만 달러에 수출하기로 하고 수출대금은 3개월 후에 받기로 하는 수출계약을 하였다고 하자. 이때 현재의 환율이 1000이라고 한다면 현재 환율로 평가한 수출가격은 2000만원이 된다. 그러나 3개월 후에 환율이 어떻게 될지 아무도 모른다. 만일 3개월 후에 환율이 900으로 하락한다면 수출가격은 1800만원이 되어 현재의 환율로 평가한 것에 비해 200만원이 감소하고, 반면 환율이 1100으로 상승한 경우에는 수출가격은 2200만원이 되어 현재의 환율로 평가한 것에 비해 200만원이 증가할 것이다. 환율이 변동함에 따라 발생하는 손해나 이익을 환위험이라 하는데 이러한 환위험을 방지하기 위해 수출업자가 수출계약과 동시에 선물환시장에서 1달러를 3개월 후에 1000원에 판매하기로 계약(선물환거래)을 한다면, 3개월 후에 받을 수출가격 2만 달러는 2000만원으로 고정된다. 따라서 선물환 거래를 통해 3개월 후에 환율이 어떻게 변동하든 수출가격을 원화로 고정시킬 수 있다. 즉 환위험을 회피할 수 있다. 선물환거래를 통해 환율변동에 따른 환차손을 피하는 것이 주목적이지만 동시에 환차익이 발생할 수 있는 기회를 상실하게 된다. 그러나 중요한 것은 기업경영에 있어 미래의 발생 가능한 위험을 제거하여 경영상의 안정성을 확보한다는 점이다. 기업들은 은행을 통해 선물환계약을 쉽게 할 수 있고 또한 그 기법이 상대적으로 어렵지 않다는 점에서 선물환거래는 환위험을 회피하는 매우 유력한 수단이 된다.

제2절 외환시장

1. 외환시장의 의미

외환시장이란 외환에 대한 수요와 공급이 만나 외환이 거래되는 시장을 의미한다. 일반적으로 시장이란 상품이나 서비스 등 대상물의 거래가 이루어지는 특정한 장소나 공간을 의미하기 보다는 대상물의 매매가 지속적으로 이루어지는 제도나 거래기구를 의미한다. 따라서 외환시장도 외환의 거래가 이루어지는 특정한 장소나 공간을 의미하기 보다는 외환의 수요자와 공급자가 만나는 모든 영역을 총괄하는 의미를 갖는다. 외환시장에서 외환의 수요와 공급에 의해 외환의 가격이 결정된다.

외환시장은 정보통신기술의 발달과 국가 간 자본이동이 활발하게 이루어져 금융시장이 통합됨에 따라 크게 발전하고 있는데 그 특징을 살펴보면 다음과 같다.

첫째, 오늘날 외환시장은 외환규제의 완화, 정보의 확산, 정보통신기술의 발달에 따라 하나의 시장으로 통합되는 범세계적인 시장의 형태를 띠고 있다. 범세계적인 시장이란 전 세계적으로 외환시장이 하나의 시장으로 통합되어 어떤 특정 외환의 가격이 동일해진다는 것을 의미한다. 즉 런던 외환시장에서의 달러의 가격이나 뉴욕, 도쿄, 홍콩 등 세계 각국 외환시장에서의 달러의 가격이 같아짐을 의미한다.

둘째, 외환시장은 24시간 시장이다. 즉 하루 24시간 내내 거래가 이루어지는 시장이다. 이는 주요 외환시장이 전 세계적으로 분포되어 있어 특정시장이 종료되었다 할지라도 다른 지역의 시장이 열려 있어 어떤 시점이건 외환시장에서 거래가 가능함을 의미한다. 런던, 뉴욕, 샌프란시스코, 동경, 싱가포르, 바레인, 파리 등의 국제 주요 외환시장의 거래시간이 부분적으로 중복, 연결되어 있어 어떤 시장에서 거래시간이 종료되면, 다른 시장이 열려 언제든지 외환거래가 가능하다. 예를 들어 뉴욕외환시장이 종료되면 동경외환시장이 개장되어 있어 언제든지 외환거래가 가능하게 된다.

셋째, 외환시장은 장내거래보다 장외거래가 대부분을 처지하고 있다. 외환거래는 주식시장처럼 특정한 장소에 모여서 이루어지는 거래가 아니라 외환거래자들이 전화, 컴퓨터 통신망을 이용하여 외환을 사고파는 장외거래가 대부분을 차지하고 있다.

넷째, 외환시장에서 이루어지는 외환거래는 대부분 실물거래와 관계없는 금융거래(금융상품의 매매)를 수반하여 이루어진다. 무역이나 직접투자 등과 같이 실물거래와 관련되어 이루어지는 거래는 5% 이내이고 주로 금융거래와 관련된 외환거래가 95% 이상을 차지하고 있다.

2. 외환시장의 참여자

어떤 제품의 가격이 시장에서의 수요와 공급에 의해 결정되듯이 환율도 가계, 기업 그리고 금융기관들에 의한 외환의 수요와 공급에 의해 결정된다. 외환시장의 참가자는 일반고객, 상업은행, 비은행금융기관, 중앙은행 등이 참여한다.

1) 일반고객

일반고객은 외국에 여행하는 사람이나 외국과의 무역거래자 등으로서 외환을 사고 파는 과정에서 외환시장에 참여한다. 외국에 여행을 하는 사람들은 외국에서의 여행 경비를 마련하기 위하여 외환을 수요하게 된다. 또한 수출입을 하는 무역업자는 수출 대금인 외화를 받는 경우 우리나라 통화로 바꾸게 되고 반대로 수입업자는 수입대금을 지불하기 위하여 외화를 수요하게 된다. 이러한 과정에서 외환시장에 참여한다. 이렇게 수출입이나 금융자산의 매매에 따라 외환을 사거나 대금 결제를 위하여 외환시장에 참여하는 사람을 실수요자라 한다. 그러나 외환시장에 참여하는 사람은 반드시 실수요를 위해 참여하는 것은 아니다. 예를 들어 환율이 변동할 것을 예측하여 환율변동에 따라 이익을 보기 위해 참여하는 사람들이 있다. 만일 현재 원화의 대미 달러 환율이 900이고 미래에 환율이 1000이 될 것이라고 예상한다면, 미리 달러를 구입하여 실제로 환율이 상승하면 환율 상승만큼 이익을 볼 수 있다. 이렇게 환율변동에 따라 이익을 보기 위해 외환시장에 참여하는 사람을 환투기자라 한다. 환투기자는 자신의 예상과 달리 환율이 변동하게 되면 손실을 볼 수도 있다.

2) 일반은행

은행은 외환시장에서 가장 중요한 역할을 한다. 첫째, 은행은 일반 고객의 요구에 따라 외환을 구입하거나 판다. 즉 은행은 일반고객들이 요구에 응하기 위하여 일정한 외환을 보유하면서 외환시장에 참여하게 된다. 둘째로 은행은 일반 고객과의 거래를 통해 보유하거나 부족한 외환을 다른 은행과의 거래를 통해 조절하게 된다. 즉 고객과의 거래를 통해 외환이 부족하거나 남게 되면 다른 은행과 거래를 통해 외환을 사거나 팔기도 한다. 이러한 과정을 통해 외환시장에 참여하게 된다. 셋째, 은행은 환율전망에 따라 외환을 사기도 하고 팔기도 하는데 이러한 과정에서 외환시장에 참여한다.

3) 중앙은행

중앙은행은 환율의 안정이나 적정수준 유지라는 정책 목표를 달성하기 위하여 외환시장에 참여한다. 즉 환율이 급격하게 변동하거나 경상수지에 좋지 못한영향을 미치는 경우라면, 중앙은행은 외환을 사거나 파는 형식으로 외환시장에 개입한다. 예를 들어 환율이 급속히 하락하여 기업들의 수출경쟁력이 약화되는 경우 이러한 현상이 국민경제에 바람직하지 못하다고 판단되거나 투기세력에 의해 환율이 하락하는 것이라고 판단되면, 중앙은행은 환율의 안정을 위해 외환을 매입하게 된다. 즉 외환시장의 개입 과정에서 중앙은행은 외환시장에 참여하게 된다.

제3절 환율변동의 요인

환율은 기본적으로 외환시장에서 외환에 대한 수요와 공급에 의해 결정된다. 외환에 대한 수요와 공급은 현재의 상황에 의해서도 결정되지만 양국통화의 가치에 영향을 주는 미래 요인에 의해서도 영향을 받는다. 따라서 환율이 어떻게 변동할 것인가를 예측하기는 매우 어려운 과제이다. 환율결정에 대한 이론적 설명은 본서의 범위를 벗어나기 때문에 여기에서는 환율변동에 영향을 주는 요인을 설명하고 이에 따라 환율이 어떻게 변동하는가를 간략히 설명하고자 한다. 일반적으로 환율에 영향을 주는 요인으로는 물가, 이자율, 통화량, 국제수지, 거시경제정책 그리고 주변국들의 환율변동 등을 들 수 있다. 이에 대하여 하나씩 설명하도록 한다.

1. 물가 변동

앞에서 설명한 바와 같이 환율은 양국 통화의 교환비율이다. 이를 달리 말하면 환율은 양국통화 가치의 비율이라고 말할 수 있다. 따라서 한 나라의 화폐가치가 변동하면 환율은 변동한다. 예를 들어 우리나라의 물가가 미국의 물가보다 빠르게 상승하면, 우리나라 통화의 가치는 미국 통화의 가치에 비해 상대적으로 떨어지기 때문에 환율이 상승할 것이다. 이렇게 양국 물가의 상대적 변동이 환율에 영향을 준다는 사실을 가장 정확하게 제시하고 있는 것이 구매력평가설이다. 즉 국가 간에 일물일가의 법칙이 성립하면 환율은 양국 물가의 상대적 비율로 나타날 수 있다. 즉 상대적으로 우리나라의 물가가 외국의 물가보다 빠르게 상승하면 환율은 상승하고 반대로 외국의 물가가 우리나라의 물가보다 빠르게 상승하면, 환율은 하락하게 된다.

그러나 실제로 환율의 움직임을 물가로 설명하기는 매우 힘들다. 즉 환율은 매일 매일 크게 변동하는데 반해 한나라의 물가는 매일 매일 변동하는 것은 아니기 때문이다. 즉 환율이 양국의 물가변동을 정확하게 반영하지는 못한다. 그러나 환율이 양국 통화의 교환비율이라는 점에서 양국 물가의 변화는 장기적으로 환율에 반영된다.

실제로 장기적으로 볼 때 물가상승율이 높은 국가의 통화는 상대적으로 물가상승율이 낮은 국가의 통화에 대해 환율이 상승하는 것으로 나타나고 있다.

2. 통화량 변동

환율은 양국통화가치의 비율이다. 따라서 통화의 수요나 공급에 영향을 주는 요인은 환율에 영향을 주게 된다. 즉, 어떤 통화의 수요를 증가시키는 요인은 해당 통화의 가치를 상승시킬 것이기 때문에 환율을 하락시키고, 반면 어떤 통화의 공급을 증가시키는 요인은 해당 통화의 가치를 하락시키기 때문에 환율을 상승시킨다. 만일 통화의 공급인 통화량이 증가하였다고 하자. 통화에 대한 수요가 일정한 상황에서 통화량이 증가하였다면, 그 통화의 가치는 떨어질 것이고 이에 따라 환율은 상승할 것이다. 반대로 통화량이 일정한 상황에서 어떤 요인에 의해 해당 통화수요가 증가하였다고 하자. 이 경우 그 나라의 통화가치는 상승하여 환율이 하락할 것이다.

3. 이자율 변동

이자율은 다양한 방법으로 환율에 영향을 준다. 이자율이 상승하면 우리나라에 대한 자본의 투자수익율, 예를 들어 채권수익율이 상승하여 자본의 유입이 많아져 환율이 하락할 것이다. 반면 국내 이자율의 상승으로 경기가 위축될 것이라고 예상한다면 외국자본이 유출될 것이고 이에 따라 환율은 상승할 것이다. 한편 국내 이자율이 상승하면 해당 통화에 대한 수요가 감소하여 자국통화의 가치가 하락할 것이고 이에 따라 환율은 상승할 것이다. 따라서 이자율의 상승이 환율에 미치는 효과는 위의 두 가지 효과 중 어떤 효과가 상대적으로 클 것인가에 따라 결정될 것이다. 일반적으로 자본이동은 양국 이자율차이에 매우 민감하게 반응하는 것이 일반적이기 때문에 자본이동성이 높은 상황에서는 국내 이자율의 상승은 자본유입을 일으켜 환율을 하락시킨다.

4. 국민소득 변화

국민소득은 한나라의 경제 상황을 알려주는 매우 중요한 지표이다. 국민소득의 변화는 여러 가지 경로를 통해 환율에 영향을 준다. 일반적으로 국민소득이 증가하면 국내소비가 증가하여 수입이 증가할 것이기 때문에 경상수지가 악화되어 외환에 대한 수요가 많아진다. 이에 따라 환율은 상승할 것이다. 예를 들어 정부가 국내 경기를 활성화시키기 위해 정부지출이나 투자활성화 조치를 취한 경우를 생각하여 보자. 이 때 국내 총수요의 증가로 국민소득이 증가하고 소비재나 투자재의 수입이 증가할 것이다. 이 경우 국민소득의 증가는 환율상승으로 이어질 것이다.

한편 국민소득이 증가한다는 것은 그 나라의 경제에 대한 미래 전망이 좋아진다는 것을 의미하고 이에 따라 그 경제에서의 자본에 대한 수익률이 상승할 것이라고 예상되어 자본유입이 많아질 수 있다. 또한 국민소득이 증가한다는 것은 그 경제의 생산능력이 증가하여 수출능력을 높여 장기적으로 수출이 많아 질 수 있다. 이에 따라 외환의 공급이 많아져 환율이 하락한다. 1980년대 이후 최근까지 높은 성장률을 보이고 있는 중국을 예를 들어 보기로 하자. 중국의 성장률이 높아짐에 따라 중국경제에 대한 신뢰도가 높아지고 이에 따라 많은 자본이 중국으로 유입되고 있다. 이에 따라 중국의 위안화 환율이 하락하는 추세를 보이고 있다.

위에서 설명한 바와 같이 국민소득이 증가하면 한편으론 수입 증가에 따른 외환의 수요가 많아져 환율이 상승할 수도 있고, 다른 한편으론 자본유입의 증가로 외환의 공급이 많아져 환율이 하락할 수도 있다. 국민소득이 증가하여 수입증대에 의한 환율 상승의 측면은 주로 국민경제에 대한 총수요에 초점이 주어진 단기적인 현상이고 성장능력의 증가에 따른 환율의 하락현상은 장기적인 현상이라고 할 수 있다.

5. 국제수지

국제수지는 특정기간 동안의 외환에 대한 수요와 공급을 나타낸 것이라 할 수 있다. 즉 국제수지표의 대변은 외환의 수입을 나타내고 차변은 외환의 지급을 나타낸다. 따라서 국제수지는 직접적으로 환율에 영향을 주게 된다. 국제수지가 흑자가 되면 외환의 공급이 증가하여환율은 하락할 것이고 반대로 국제수지가 적자이면, 외환의 수요가 증가하여 환율은 상승하게 된다. 구체적으로 외국으로부터 국내로의 자본유입이 많아 자본수지가 흑자가 되면 환율은 하락하고 반대로 외국으로의 자본유출이 많아 자본수지가 적자가 되면 외환의 수요가 많아져 환율이 상승하게 된다.

6. 시장참가자들의 기대

외환시장에서의 수요와 공급은 시장참여자들에 의해 이루어진다. 외환시장참여자들은 다양한 정보를 수집하여 외환을 살 것인가 팔 것인가를 결정하게 된다. 따라서 환율은 외환시장의 참여자들의 미래에 대한 기대가 매우 중요한 영향을 미친다. 그러면 무엇이 외환시장 참여자들에 대한 기대에 영향을 주는가? 당연히앞에서 설명한 물가, 소득, 이자율, 통화량 등의 경제지표들은 외환시장 참여자들에 대한 기대에 영향을 준다. 뿐만 아니라 현재 실제로 발생하지 않은 경제적 사건이나 정치적 뉴스도 외환시장에 매우 큰 영향을 미친다. 예를 들어 앞으로 경제가 좋지 못할 것이라는 경제전망이나 북한의 핵문제 해결이 어려울 것이라는 뉴스는 시장참여자들의 기대에 직접 영향을 주어 외환에 대한 수요를 증가시키고 외환의 공급을 줄여, 환율을 상승시키게 된다.

7. 주변국들의 환율 변동

직접적으로 무역거래나 자본거래를 하거나 혹은 국제시장에서 경쟁관계에 있는 국가들의 환율 변동은 직접적으로 환율변동에 영향을 줄 수 있다. 예를 들어 중국의 환율이 달러에 대해 평가절하되면, 우리나라 상품의 중국에 대한 수출경쟁력이 약화될 뿐 아니라 미국 등 국제시장에서 중국 상품에 비해 우리나라의 경쟁력이 떨어져 외환의 공급이 줄어들 것이라는 예상이 시장에 형성될 것이다. 이에 따라 우리나라의 통화가치도 떨어질 것이다. 즉 주변국들의 환율변동은 해당국의 환율에 매우 큰 영향을 주게 된다.

실제로 이러한 현상은 1997년 동아시아 외환위기 때 매우 광범위하게 발생하였다. 태국에서 바트화가 크게 평가절하됨에 따라 이웃국가들, 예를 들어 말레이시아나 인도네시아의 수출경쟁력이 약화될 것이고 이에 따라 수출이 감소하여 외환의 공급이 줄어들 것이라는 예상이 시장에 형성되어 말레이시아와 인도네시아에서 대규모 평가절하 현상이 발생하였다. 즉 국가 간의 무역 및 자본거래가 활발하게 진행됨에 따라 주변국들의 환율 변동이 해당국의 환율에 매우 중요한 영향을 미친다.

8. 우리나라 원화의 환율변동

앞에서 설명한 환율변동 요인을 고려하면서 우리나라 원화의 환율변동 추이를 살펴보기로 한다. [그림 6.1]은 미국 달러화 및 일본엔화에 대한 환율 추이를 나타낸 것이다. 먼저 달러환율을 보기로 한다. 2005년부터 2007년까지 달러환율은 완만한 하락기조를 유지하다가 2008년 글로벌 금융위기에 따라 급속히 상승하여 1달러가 1400원에 이르게 되었다. 미국에서 발생한 금융위기가 2011년에는 유럽의 재정위기로 확산되자 원달러 환율은 더욱 상승하였다. 그러나 2011년 이후에는 다시 환율이 하락하기 시작하여 2013년에는 1달러가 1000대에서 등락을 거듭하고 있다.

다음에는 일본엔화에 대한 환율을 살펴보기로 한다. 글로벌 금융위기 이전까지는 달러환율과 엔화환율은 매우 유사하게 움직였다. 그러다가 2008년 글로벌 금융위기 이후에는 원엔환율은 지속적으로 하락하는 경향을 보이고 있다. 이는 일본의 양적완화정책과 엔화가치 하락을 유지를 통한 일본정부의 경제확장정책에 기인한다.

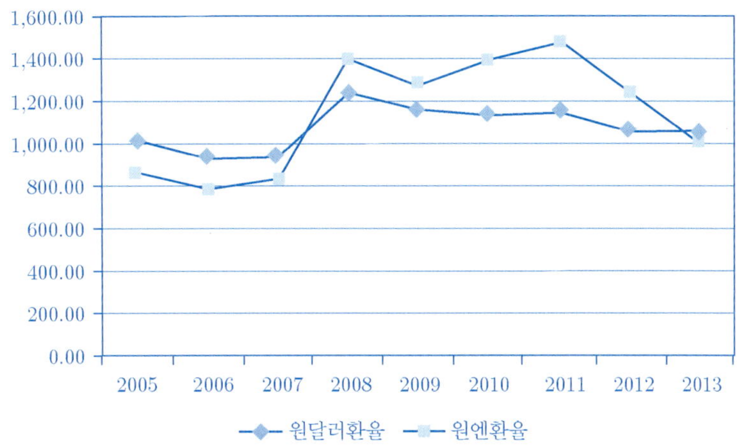

주: 연말 기준환율임
엔화에 대해서는 100엔에 대한 교환환율임

[그림 6.1] 원화의 환율추이

제4절 환율, 물가 및 이자율간의 관계

1. 구매력평가설

만일 두 시장이 통합되어 있다면 동일한 제품의 가격은 두 시장에서 동일해 진다. 예를 들어 동대문시장과 남대문시장에서 정보가 완전하고 두 시장 간에 운송비가 없다면 동대문시장과 남대문시장에서의 청바지가격은 같게 될 것이다. 만일 동대문시장이 남대문시장보다 청바지가격이 싸다면, 청바지를 동대문시장에서 사다가 남대문시장에 판매함으로써 이익을 얻게 될 것이다. 이에 따라 동대문시장에서의 청바지 수요는 증가하여 가격이 상승하고 남대문시장에서의 청바지 공급은 증가하여 가격이 하락할 것이다. 결국 두 시장에서 청바지의 가격은 동일해 질 것이다. 이렇게 두 시장이 완전히 통합되어 있고 운송비용이 존재하지 않는다면 일물일가의 법칙이 성립할 것이다. 즉 동일한 제품의 가격은 동일한 가격을 갖게 될 것이다.

구매력 평가설은 일물일가의 법칙을 국제적으로 확장한 결과이다. 무역에 따른 운송비용이 없고 관세나 비관세 등 무역장벽이 전혀 없는 상태에서 두 국가에서 팔리는 상품의 가격은 동일할 것이다. 예를 들어 우리나라에서 청바지의 가격이 2만원이고 미국에서의 청바지가격은 20달러라 하자. 이때 미국 달러의 환율이 900이라고 하면 미국의 청바지는 원화로 표시하면 1만8천원이 되어 우리나라의 청바지가격보다 싸다. 이러한 상황이라면 무역업자는 청바지를 수입하여 우리나라 시장에 판매함으로써 이익을 얻을 수 있다. 이러한 과정에서 우리나라에서의 청바지 가격은 하락하고 미국에서의 청바지 가격은 상승할 것이다. 따라서 결과적으로 동일한 상품의 가격은 동일한 통화로 표시하였을 때 어디에서나 같아진다. p_i를 i상품의 국내통화표시가격, p_i^*를 i상품의 외국에서의 외국통화표시가격이라 하고 s환율이라 한다면 다음과 같은 식이 성립한다.

$$p_i = sp_i^* \qquad \text{(식1)}$$

즉 어느 지역에서건 동일한 제품의 가격은 동일한 통화로 표시하면 같게 된다. 이러한 관계식이 일물일가의 법칙이다. 일물일가의 법칙을 소비자가 사용하는 모든 상품에 적용하면 구매력 평가를 얻을 수 있다. 두 국가에서 소비자가 사용하는 제품은 동일하고 또한 가중치가 동일하다고 한다면 양국의 물가를 동일한 통화로 표시한 수준도 동일해 질 것이다. 즉 다음과 같은 관계가 성립한다.

$$P = SP^* \qquad \text{(식2)}$$

P를 국내물가수준, P^*는 외국의 물가수준, S는 환율이다. 이는 양국의 물가는 동일한 통화로 표시하면 같아짐을 의미한다. 이를 구매력평가설이라 한다.

이를 다시 쓰면

$$S = P/P^* \qquad \text{(식3)}$$

즉 환율은 양국물가의 비율이다.이는 미국에서 2달러에 팔리는 제품이 우리나라에서 2000원에 팔리면 양국 통화의 구매력을 일치시키는 환율은 1000이 될 것이다. 만일 미국에서 2달러에 팔리는 제품이 우리나라에서 2200으로 상승한다면 환율은 1100으로 상승할 것이다. 이렇게 환율이 양국 물가수준의 비율과 같아진다는 것을 특히 절대적 구매력평가설이라 한다.

그런데 이러한 절대적 구매력평가설은 성립하기가 매우 힘들다. 그 이유는 다음과 같다. 첫째, 양국이 모두 동일한 상품을 소비하는 것이 아니고 동일한 상품을 소비한다할지라도 물가수준을 계산하는데 있어 가중치가 동일하지는 않다. 둘째로 구매력평가설이 가정하는 것과는 달리 현실에서는 관세나 비관세 장벽, 운송비용이 존재한다. 또한 현실에서는 모든 상품이 거래되는 것이 아니고 국가 간에 거래가 되지 않는 이미용서비스와 같은 비교역재가 존재한다. 따라서 현실세계에서는 절대적 구매력평가설이 성립하지 않는 것이 일반적이다.

실제로 후진국에서는 물가수준이 낮고, 선진국에서는 물가수준이 높은 것이 일반적이다. 예를 들어 중국에서의 물가는 우리나라의 물가수준보다 월등히 싸다. 우리나라에서 1만원으로 구입할 수 있는 양보다 1만원을 중국 위안화로 바꾸어 중국에서 구입할 수 있는 양이 월등히 많다. 따라서 환율이 양국의 구매력을 절대적으로 평가하는 기준이 되지 못하는 것이 일반적이다.

절대적 구매력평가설을 변화율로 바꾸어 표기하면 다음과 같다.

$$\hat{S} = \hat{P} - \hat{P}^{*} \qquad \text{(식4)}$$

위첨자 ^는 변화율을 나타낸다. $\hat{S}$는 환율의 변동률을 나타내고, $\hat{P}$와 $\hat{P}^{*}$는 각각 자국과 외국의 물가상승률을 의미한다. 이는 환율변동률은 양국물가변화율의 차이와 같아진다. 이를 상대적 구매력평가설이라 한다. 이는 우리나라의 물가변화율이 5%이고 미국의 물가상승률이 3%라 한다면 환율은 2% 상승한다는 것을 의미한다. 즉 우리나라의 물가상승률이 외국의 물가상승률보다 높다면 환율이 상승하게 된다는 것을 의미한다. 반대로 우리나라의 물가상승률이 외국의 물가상승률보다 낮다면 환율이 하락하게 됨을 의미한다. 실제 세계에서도 정기적으로 볼 때 물가가 상대적으로 안정적인 국가는 물가상승률이 높은 국가의 통화에 대해 환율이 하락하고 반대로 물가상승률이 높은 국가는 물가상승률이 낮은 국가의 통화에 대해 환율이 상승함을 볼 수 있는데 이는 장기적으로 상대적 구매력 평가설이 성립함을 보여주는 예라 할 수 있다.

2. 이자율평가설

상품시장에서 일물일가의 법칙이 성립하듯이 국제금융시장에서 금융자산의 수익률에 대한 일물일가의 법칙이 이자율평가설이라 할 수 있다. 즉 동일한 통화로 표시한 양국 간의 금융자산의 수익률이 동일해진다는 것이 이자율평가설이다.

여기에서는 투자 결정은 위험은 고려하지 않고 오직 수익률에 의해 결정된다고 가정하자. 예를 들어, 두 나라(한국과 미국) 사이에 자본통제가 없고 거래비용도 없다고 가정하자. 어떤 투자가가 100만원을 한국 채권에 투자할 것인가 아니면 미국 채권에 투자할 것인가를 결정하여야 한다고 하자. 우리나라의 채권금리는 연간 10%이고 미국의 채권금리는 연간 10%라 하자. 미 달러에 대한 원화의 현물환율이 1000이라고 하자. 우리나라에 투자한 경우 1년 후에는 이자 10만원과 원금 100만원을 합친 110만원을 받을 것이다. 한편 미국에 투자하는 경우 100만원을 미 달러 환율 1000으로 바꾸어 1000달러를 투자할 것이고 이에 따라 1년 후에는 이자 100달러와 원금 1000달러를 합친 1100달러로 수령할 것이다. 만일 1년 후에 환율이 현재와 같이 1000으로 유지된다면 미국에 투자한 원리금 1100달러는 원화로 110만원이 될 것이고 이에 따라 어느 나라에 투자하건 수익률이 동일할 것이다. 그러나 1년 후에 미 달러 환율이 1100이 될 것으로 예상한다면 미국에 투자한 1년 후의 원리금 1100달러는 원화로 표시하면 121만원이 될 것이다. 따라서 이 경우에는 우리나라에 투자하는 것보다는 미국에 투자하는 것이 유리할 것이다. 반대로 1년 후에 미달러 환율이 900으로 떨어질 것이라고 예상한다면, 미국에 투자한 원리금 1100달러는 99만원으로 떨어질 것이다. 따라서 이 경우에는 미국에 투자하는 것보다는 한국에 투자하는 것이 유리하게 될 것이다. 동일한 통화로 표시한 경우 국내투자의 수익률보다 외국투자의 수익률이 높으면 외국으로의 자본이동이 이루어지고 이에 따라 외국의 투자수익률은 떨어질 것이고 반대로 국내투자수익률이 외국의 투자수익률보다 높으면 자본이 국내로 유입되어 국내에서의 투자수익률이 낮아질 것이다. 결국 동일한 통화로 표시한 양국의 투자수익률이 같아지도록 자본이동이 이루어져 동일한 양국의 투자수익률이 같아질 것이다. 이렇게 동일한 통화로 표시한 양국의 예상투자수익률이 동일하게 되는 조건을 이자율평가설이라 한다.

이를 표시하면 다음과 같다.

$$r = r^{*} + (e^{e} - e)/e \qquad \text{(식5)}$$

r은 국내채권이자율이고 r^*는 외국채권이자율이다. e와 e^e와 는 각각 현재 환율과 미래예상환율이다. (식5)의 왼쪽 항은 국내 채권에 대한 투자수익률이고 오른쪽 항은 외국 채권에 대한 예상투자수익률이다. 오른쪽, 즉 외국에 투자한 예상투자수익률은 외국의 채권금리와 예상환율변동률을 합한 값이다. 이자율평가설에 따르면 국내금융자산에 대한 금리가 외국 금융자산에 대한 투자수익율, 즉 외국 금융자산금리에 예상환율변동율을 합한 값과 같아진다.

앞의 예를 들어 이 식을 이용하여 설명하면 미국의 채권이자율이 10%이고 미래예상환율이 1100인 경우에는 미국 채권에 대한 예상투자수익률은 이자율 10%와 환율변동률 10%를 합친 20%가 될 것이다. 반면 예상환율이 900으로 떨어지는 경우에는 미국채권에 대한 예상투자수익률은 이자율 10%에다가 환율변동률 -10%를 합쳐 0%가 될 것이다. 따라서 양국의 이자율이 동일하다할지라도 예상환율변동률에 따라 양국자산에 대한 예상투자수익률은 차이가 날 것이다.

(식5)의 오른쪽 항에는 예상환율이 포함되어 있다. 미래에 대한 예상환율이 미래의 현물환율과 동일할 수 없다. 따라서 외국에 대한 예상수익률에는 위험이 포함되어 있다. 즉 예상환율이 실제의 미래 환율과 같지 않을 수 있기 때문에 환위험이 존재하게 된다. 따라서 (식5)의 관계를 유위험이자율평가라 한다.

우리는 앞에서 환위험을 회피하기 위한 수단으로 선물환거래를 이용할 수 있음을 설명하였다. 선물환거래를 이용하여 환위험 회피한 경우를 살펴보기로 하자.

앞에서와 마찬가지로 미국의 채권금리가 10%이고 현재 환율이 1000이라고 하자. 이 경우 100만원을 미국 채권에 투자하기 위해서는 현재 환율 1000으로 미국달러를 사면 1000달러가 되고 1년 후에는 이자와 원금을 합한 1100달러를 받을 수 있다. 이를 선물환시장에 주어진 선물환율, 예를 들어 1050으로 매각하면 1년 후에는 원화로 표시하여 1100*1050=115.5만원을 수령하게 된다. 이때는 이미 선물환시장에 달러를 매각하였기 때문에 그때의 환율이 어떻게 되든 1050으로 미채권투자원리금을 원화로 고정하였기 때문에 환위험은 존재하지 않게 된다. 이 경우에는 국내 채권에 투자한 경우 1년 후에는 110만원을 받고 미국채권에 투자한 경우에는 115.5만원을 받기 때문에 미국에 투자하는 것이 유리할 것이다. 따라서 자본이 미국으로 이동하게 될 것이다. 미국으로 자본이 이동하게 됨에 따라 미국의 투자수익률이 하락하고 반대로 한국에서는 자본이 줄어들어 한국의 투자수익률이 하락하는 현상이 발생할 것이다.

한편 선물환율이 950이라고 하자 미국 채권에 투자한 경우 1년 후 미국 채권투자원리금(1100달러)을 선물환시장에 매각하면 투자원리금은 원화로 1100*950=104.5원이 될 것이다. 이 경우에는 미국 채권에 대한 투자원리금이 우리나라 채권에 대한 투자원리금보다 낮아 미국 채권에 투자하기보다는 우리나라 채권에 투자하는 것이 유리할 것이다. 이에 따라 자본이 우리나라로 유입되어 우리나라에서의 채권투자수익률이 하락하게 되고 미국에서의 채권수익률이 상승하는 현상이 될 것이다.

동일한 통화로 표시한 양국의 수익률이 다른 경우에는 자본이동이 위에서 지적한 바와 같이 지속되어 결국에는 동일한 통화로 표시한 양국의 투자수익률은 동일하게 될 것이다. 이렇게 환위험이 존재하지 않는 상태에서 동일한 통화로 표시한 양국의 수익률이 같아지는 상태를 무위험 이자율평가라 한다. 이를 식으로 표기하면 다음과 같다.

$$r = r^* + (f - e)/e \qquad \text{(식6)}$$

r은 국내채권 이자율이고 r^*는 외국채권 이자율이다. e와 f와는 각각 현재환율과 선물환율이다. (식6)의 왼쪽항은 국내 채권에 대한 투자수익률이고 오른쪽 항은 외국 채권에 대한 투자수익률이다. 오른쪽, 즉 외국에 투자한 투자수익률은 외국의 채권금리와 선물환할증율($(f-e)/e$)을 합한 값이다. 여기에서 중요한 것은 (식6)의 오른쪽 항은 선물환율로 환율을 확정하여 환위험이 존재하지 않고 (식5)의 오른쪽 항은 미래예상환율이라서 환위험이 존재한다는 것이다.

■ 주요 용어

환율	선물환율	구매력평가설
평가상승	환위험	절대적 구매력평가설
평가절상	외환시장	상대적 구매력평가설
평가하락	24시간 시장	이자율평가설
평가절하	장외시장	무위험 이자율평가
상대가격	장내시장	
현물환율	환투기	

연습문제

1. 미달러화에 대한 원화의 환율이 1000에서 950으로 하락한 경우 우리나라 통화의 가치는 어떻게 되는가?
2. 미국 자동차 가격이 20000만불이고 우리나라의 자동차 가격이 2000만원이다. 또한 미달러에 대한 원화의 환율이 900인 경우 미국 자동차의 우리나라 자동차에 대한 상대가격은 얼마인가? 그리고 환율이 1000으로 상승한 경우 그 상대가격은 어떻게 변동하는가?
3. 우리나라 중소기업이 100만불을 미국으로 수출하고 수출대금을 3개월 후에 받기로 하였다. 이 경우 환위험을 회피하기 위해서 선물환시장을 이용하려 한다면 구체적으로 어떤 조치를 취해야 하는가?
4. 미달러에 대한 원화의 환율이 1000이고 미달러에 대한 중국 위안화의 환율이 120이라면 중국 위안화에 대한 원화의 환율은 얼마인가?만일 중국 위안화가 미달러에 대해 평가절상되어 110으로 하락하면 위안화에 대한 원화의 환율은 어떻게 변동하는가?
5. 미국 연방은행은 2006년 들어 지속적으로 금리를 인상하고 있다. 자본이동이 활발하게 이루어지고 있는 상황 하에서 미국 금리가 상승한다면 미달러에 대한 원화의 환율은 어떻게 변동하리라고 예상되는가?
6. 한국은행이 내년도 우리나라의 경제가 호전될 것이라고 전망하고 이를 언론에 공표하였다면 환율에는 어떤 영향을 주리라고 예상할 수 있는가?
7. 우리나라가 경기침체를 극복하기 위하여 정부가 적극적인 경기부양책을 사용하기로 하고 통화량을 증가시킨다면 이러한 정책은 환율에 어떤 영향을 주겠는가?
8. 미국의 물가가 올해에 3% 상승할 것으로 예상되고 우리나라의 물가는 5% 상승하리라고 예상된다면 미달러화에 대한 우리나라 원화의 환율은 어떻게 되겠는가?(구매력평가설에 따르면)
9. 우리나라 금리가 6%이고 미국의 금리는 5%이다. 그리고 미달러에 대한 원화의 현재 환율은 1000이다. 그리고 1년 후 환율이 1020으로 예상된다. 이 경우 투자가는 어느 나라에 투자하는 것이 바람직한가? 만일 이자율 평가설에 따르면 1년 후의 환율은 얼마가 될 것으로 예상되는가?
10. 우리나라 금리가 5%이고 미국의 금리는 6%인 경우를 생각해 보자. 그리고 현재 미 달러환율은 900이고 1년만기 선물환율이 880이다. 이 경우 선물환할인율은 얼마인가? 그리고 투자가는 어느 나라에 투자를 하겠는가?

제7장 | 국제자본이동과 국제금융시장

제1절 국제자본이동

1. 국제자본이동의 형태

국제자본이동이란 국가 간에 자본이동이 이루어지는 것을 의미한다. 국제자본이동은 매우 다양한 형태로 이루어진다. 또한 국제자본이동의 주체는 민간이 될 수도 있고 정부가 될 수도 있다. 외국인이 국내 기업의 주식이나 부동산을 취득하는 경우, 국내기업이 필요한 자금을 조달하기 위해 외국에서 채권을 발행하는 경우, 또는 국내기업들이 수입대금 지불을 위해 외국은행으로부터 자금을 조달하는 경우에는 민간이 주체가 되어 자본이동이 이루어진다. 또한 부족한 외환보유고를 확충하기 위해 정부가 외국은행이나 국제기구로부터 차관을 도입하는 경우에는 정부가 주체가 되어 자본이동이 이루어진다.

자본이동은 국제수지표상의 자본·금융계정으로 표시되는데 일반적으로 자본이전과 비생산비금융자산의 합인 자본수지는 매우 미미하다. 자본이동은 수정된 국제수지표상의 금융계정에 주로 나타난다. 금융계정의 자본 이동은 직접투자[3], 포트폴리오(증권)투자, 파생금융상품투자 그리고 기타투자의 네 가지로 분류된다. 직접투자(direct investment)란 주로 직접 경영에 참여하여 배당금을 얻기 위한 목적으로 해외기업의 지분을 취득하거나 새로운 기업을 설립하는 것을 의미한다. 직접투자는 외국인이 국내기업의 경영에 참가하기 위하여 국내기업의 주식이나 지분을 취득하는 외국인 직접투자라 하고, 반대로 내국인이 외국기업의 경영에 참가할 목적으로 외국기업의 주

3) 일반적으로 의결권의 10% 이상을 차지하는 투자를 직접투자로 간주한다.

식이나 지분을 취득하는 해외직접투자로 구분된다. 포트폴리오투자(증권투자)란 경영에 참가하는 것이 목적이 아니라 자산을 보유함으로써 수익을 얻기 위한 목적으로 금융자산을 취득하거나 자금을 조달하는 것을 말한다. 기타투자(other investment)는 통화당국인 중앙은행, 정부, 그리고 금융기관이 장단기 차입이나 무역관련 신용을 포함한다.

자본이동은 그 대상이 되는 금융상품의 만기에 따라 장기자본이동과 단기자본이동으로 분류되기도 한다. 장기자본이동이란 주식, 채권, 공공차관, 상업차관 등과 같이 만기가 1년 이상인 금융상품을 통한 자본의 이동을 말한다. 반면에 단기자본이동은 만기가 1년 미만인 양도성정기예금, 상업어음, 단기무역금융 등을 통한 자본의 이동을 말한다. 그러나 이러한 만기에 따른 장단기자본이동의 구분은 매우 모호해지고 사전적으로 구분이 불가능하다. 예를 들어 채권이나 주식은 금융상품의 특성을 보면 장기적인 속성을 띠지만, 외국인이 자본을 유입하여 주식을 매입한 후 얼마 안지나 바로 매도를 하여 자본이 유출될 수 있기 때문에 단기자본의 성격을 갖는다. 따라서 2000년대 들어 금융상품의 만기별 장단기자본이동을 구분하지 않는 것이 추세이다.

2. 국제자본이동의 동기

국가 간에 자본이 이동하는 동기는 무엇인가? 기본적으로 자본은 국내에서 뿐만 아니라 국가 간에도 낮은 위험과 높은 수익률을 따라 이동한다. 이런 점에서는 자본이동은 국내이건 국가 간이건 차이가 없다. 그러나 국가 간의 자본이동은 기대되는 수익률이 환율의 변동이나 투자대상국의 제도와 규제 등에 의해서도 영향을 받는다는 점에서 국내자본이동과 차이가 있다. 그런데 국가 간 자본이동은 반드시 수익률에 의해서만 결정된다고는 볼 수 없다. 왜냐하면 양국 간의 자본이동을 보면 일반적으로 한나라에서 다른 나라로의 자본이동만이 이루어지는 것이 아니기 때문이다. 예를 들어 우리나라와 미국의 자본이동을 보면 어떤 자본은 우리나라로부터 미국으로 이동이 이루어지기도 하고 어떤 자본은 미국으로부터 우리나라로의 이동이 이루어지기도 한다.

그러면 왜 자본이 국가 간에 이동하는가? 국가 간 자본이동이 이루어지는 동기로는 다음과 같은 사항을 들 수 있다.

첫째, 국가 간 자본이동은 투자 수익률을 높일 수 있다. 국제자본이동은 국내에 있는 자산보다 높은 수익률을 제공하는 외국에 투자함으로써 투자수익률을 높일 수 있는 기회를 제공한다. 예를 들어 국내에서의 투자수익률이 5%인데 반해 외국에서의 투자수익률이 10%이라면 국내에 투자하는 것보다는 외국에 투자함으로써 투자수익률을 높일 수 있다.

둘째, 위험의 분산(risk diversification)이다. 일반적으로 여러 자산을 보유하게 되면 위험을 분산함으로써 동일한 수익률을 얻으면서도 위험을 줄일 수 있다. 국가간 자본이동은 자국의 금융자산만이 아니라 외국의 금융자산을 보유함으로써 투자에 따른 위험을 추가적으로 분산시킬 수 있는 기회를 제공한다. 즉, 국가 간 자본이동이 가능하면 투자자들은 자국의 금융자산뿐만 아니라 외국의 금융자산에도 투자함으로써 분산투자를 가능하게 되어 위험을 줄일 수 있다.

셋째, 국가 간 자본이동은 높은 수익률이나 위험분산의 목적 이외에도 무역장벽의 극복, 현지기업들의 생산기술이나 노하우(know-how)의 습득, 정보의 수집, 시장개척 등의 기회를 제공한다. 외국에 투자함으로써 외국의 경영기법이나 생산기법에 대한 지식과 정보를 수집함으로써 보다 효율적인 생산을 가능하게 하고 또한 외국의 시장개척도 보다 원활하게 할 수 있다.

3. 국제자본이동의 혜택과 문제점

국제자본이동은 국가 간에 차입과 대여를 원활히 함으로써 많은 이득을 가져다 준다. 하지만 국제자본이동은 급속한 자본이동으로 국민경제에 많은 부담을 가져다 줄 수 있다. 국제자본이동의 이득과 문제점을 살펴보기로 한다. 먼저 국제자본이동의 이득을 살펴보기로 한다. 개별투자자의 입장에서 보면 국제자본이동은 보다 높은 수익률을 얻거나 위험을 분산시킬 수 있는 기회를 제공한다. 개별차입자의 입장에서 보면 국제자본이동은 보다 적은 비용으로 자본을 조달할 수 있는 기회를 제공한다. 그렇다면 국가 전체로는 어떤 경제적 이득이 있는 것일까?

첫째, 소비를 일정하게 유지하는 것은 개인이건 집단이건 매우 중요한데, 국가 간의 자본이동은 소득변동에도 불구하고 소비를 일정하게 유지하는 것을 가능하게 한다. 이는 개별 소비자가 소득이 높은 시기에는 저축을 하고 소득이 낮은 시기에는 차입을 함으로써 소비를 일정하게 유지할 수 있는데 국제자본이동은 국가 차원에서 소득이 높은 시기에는 외국에 대여를 해 주고, 소득이 낮을 때는 외국으로부터 차입을 하여 소비를 안정적으로 유지할 수 있게 해 준다. 예를 들어, 경기침체나 자연재해로 인해 국가 전체의 소득이 평상시보다 크게 감소할 경우 외국으로부터 차입을 통해 소비를 평상시 수준에 가깝게 유지할 수 있게 함으로써 국민후생을 증가시킬 수 있다.

둘째, 국제자본이동은 서로 다른 국가 간에 위험을 분산시킴으로써 소득변동 자체를 감소시키는 것을 가능하게 한다. 국제유가가 상승하는 경우를 예를 들어 보기로 하자. 국제유가가 상승할 때 우리나라와 같은 원유수입국은 경기침체가 발생하고 원유수출국은 경기호황이 발생할 것이다. 이 경우 원유수입국의 거주자는 산유국에 투자함으로써 유가상승에 따른 소득감소를 완화시킬 수 있을 것이다.

셋째, 국제자본이동은 개발도상국이나 저개발국의 경제성장을 촉진할 수 있다. 자본이 부족한 개발도상국들은 경제성장을 하기 위해서는 자본축적이 필요하다. 국제자본이동이 없다면 자본축적을 위한 투자재원은 그 나라의 저축에 의해 조달되어야 하므로 경제성장속도는 저축에 의해 제약될 수밖에 없다. 반면에 국제자본이동이 자유롭다면 투자를 위한 재원을 다른 국가로부터의 차입함으로써 자본축적을 보다 빠르게 할 수 있고 나아가 경제성장속도를 높일 수 있다.

국제자본이동은 상기와 같이 국민경제에 많은 이득을 가져다 줄 수 있지만, 여러 가지 문제점을 가져오기도 한다. 특히 단기 투기성자본의 유출입은 국민경제에 많은 부작용을 가져다준다. 단기간 내에 급속한 자본유입은 국내 경기를 과열시켜 주식이나 부동산 가격 등 자산가격의 버블(bubble: 거품)을 가져오고, 실질환율의 절상과 이에 따른 경상수지적자를 가져오기도 한다. 특히 자본유입에 따라 국내경기가 과열되어 대규모 경상수지적자가 발생하면, 외국인 투자가들 사이에 경상수지적자가 지속가능하지 못할 것이라는 예상이 형성되어 급속한 자본유출을 야기시켜 외환위기나 국내경기의 심각한 침체를 가져올 수 있다. 1997년 동아시아 외환위기도 이러한 대규모 자본유입 이후에 급속한 자본유출로의 반전이 발생하는 과정에서 발생하였다. 특히 이러한 급속한 자본이동의 역전은 헤지펀드 등 투기성 단기자본이 중요한 역할을 하는 것으로 인식되고 있다.

또한 국제자본이동은 외국인에 의한 적대적 인수 · 합병을 가능하게 하여 우량한 국내기업이 해외에 인수 · 합병되어 국내 부가 해외로 유출되는 결과를 초래하기도 한다. 특히 외환위기 과정에서 유입되는 많은 자본은 경영능력이나 생산능력의 우위에 의해 자본이 유입되기 보다는 현금유동성의 우위를 이용하여 헐값으로(fire sale) 국내기업을 인수한 후 일정 기간이 지나 다시 팔아 엄청난 자본이득을 얻어 결과적으로는 국부를 유출할 수 있다. 따라서 국제적으로 투기성 단기자본이동을 억제해야 한다거나 해외자본이 국내에 유입될 때는 신중한 접근이 필요하다는 주장이 일고 있다.

■ 헤지펀드는 과연 무엇인가?

국제적인 금융혼란이 생길 때마다 국제적인 투기성 단기 부동자금, 즉, hot money가 그 배후로 지목되고 있다. 핫머니의 대표적인 예는 헤지펀드이다. 헤지펀드(hedge fund)는 고위험을 무릅쓰고 고수익을 추구하는 투기성 자금이고 미국계 자금이 주류를 이룬다. 헤지펀드는 거액의 출자자로 구성된 소수 투자가들이 모여 자금을 조성하여 미국의 증권관리위원회의 규제를 거의 받지 않고 투자활동을 하고 있다. 규제를 거의 받지 않기 때문에 고수익·고위험 자산을 대상으로 투자하고 또한 큰 돈을 금융기관으로부터 최대한 빌려서 투자하는 등 매우 공격적으로 투자하는 투자패턴을 보인다. 현재 전세계적으로 약 4000개가 넘는 헤지펀드가 활동하고 있는 것으로 알려져 있는데 특히 90년대 이후 개발도상국들의 금융시장이 개방되고 일본의 거품붕괴 이후 대량의 자금이 헤지펀드로 발길을 돌리게 되면서 국제금융시장은 이러한 헤지펀드에 의해 더욱 큰 영향을 받고 있다. 조지 소로스의 퀀텀펀드는 가장 널리 알려진 대표적인 헤지펀드의 일종이다.

■ 해외국자본 경계론… "투기성 자본은 막아야" (모일간지 컬럼 수정게재)

1997년 외환위기 직전 해외자본은 썰물처럼 우리나라를 빠져나갔다. 바로 이들 자본이 위기가 올 것 같다는 예상을 하고 먼저 움직였기 때문에 위기가 실제로 왔다는 이론이 소위 '날벼락론'이다. 외국자본은 혹시나 빠져나가지 않을까 노심초사하면서 지켜봐야 하는 자본이다. 해외자본의 광기어린 투기성과 발빠른 움직임이 국제금융시장에 위기를 가져온다는 것은 이미 널리 인정되고 있다.

물론 외국자본에도 종류가 있다. 외국인직접투자(FDI)를 통해 국내에 들어와 공장을 짓고 국내인력을 고용하고 제품을 만드는 자본은 정말 고마운 자본이다. 이들 외국자본기업들은 여러 가지 면에서 건실한 모습을 보이면서 국내경제에 이바지하고 있다. 그러나 외국인 자본 중에는 단기투기성 자본도 많다. 이러한 자본은 오히려 주식시장의 변동성을 키우고 불안을 증대시킨다.

또 하나 문제가 되는 부분은 외국인에 의한 적대적 인수·합병(M&A)이다. 미국의 경우에도 종합무역법에 의해서 국가 안보에 영향을 미치는 외국인 투자에 대해 투자심사위원회의 심사를 받도록 하고 있다. 미국 기업이 피땀 흘려 개발한 기술을 해외에 빼앗기지 않게 국가 안보 차원에서 방지하겠다는 것이다. 일본·영국·프랑스 등의 선진국에도 국가기간산업의 M&A에 대한 규제제도가 존재한다. 그뿐인가. 유럽 국가들은 이사진의 국적 제한, 차등의결권, 황금주, 은행의 주식 보유, 복수이사회, 자유로운 증권 발행 등의 제도를 통해 외국 자본에 대한 각종 방어 장치를 마련해 두고 있다. 이런 관점에서 보면 우리의 상태는 한심하다. 만일에 있을지도 모르는 상황에 대비해 경영권 방어장치를 곳곳에 심어두어도 시원찮을 판에 그나마 존재하는 지분도 각종 의결권 제한 조치들을 통해 묶어두고 있는 것이다.

이제 외환위기 이후 공적자금을 투입해 정상화시킨 많은 기업들이 매물로 나온다. 이참에 투자 여력이 있는 대기업의 타 회사 지분 투자를 제한하는 출자총액제한 제도는 빨리 폐지하는 대신, 가공자본 형성 방지를 위한 최소한의 조치나 제도로 대체하는 것이 바람직하다. 나아가 국가기간산업에 대한 외국인 M&A 방지책을 도입하는 방안과 아울러 일본에서 도입되고 있는 적대적 M&A 방지 제도를 국내에 도입하는 방안도 시급히 추진해야 한다.

외환위기 이후 국내자본을 홀대하며 외국인만을 우대하는 정책이 시행되는 바람에 상당 부분 외국 자본에 넘어가버린 은행 산업을 보면 한숨이 나온다. 이제 다시 이런 실수를 되풀이하지 않도록 여러 가지 대비책을 마련할 때다.

4. 한국의 국제자본거래

우리나라의 자본이동에 대한 자유화는 1980년부터 추진되기 시작하여 1992년 주식시장의 부분적인 개방으로 본격화되었고, 1995년 OECD 가입을 앞두고 자본자유화를 확대하였다. 또한 1997년 외환위기를 계기로 개방이 크게 확대되었다. 특히 외환위기 이후 외국자본 유치의 필요성이 높아지면서 주식시장, 채권시장, 단기금융시장의 개방이 확대되었고, 1999년에는 국내기업 및 금융기관뿐만 아니라 개인의 외환 및 자본거래도 대폭 확대되었다.

2000년 이후 우리나라의 순자본유입 추이를 살펴보기로 한다. 1997년 외환위기 이후 자본이동의 자유화 확대로 자본유입이 크게 증가하여 2003년에는 자본의 순유입이 계속되다가 2008년 글로벌 금융위기 이후 대규모 자본순유출이 발생하여 그 규모가 500억달러에 이르렀다. 2009년에는 다시 400억달러에 이르는 순자본유입을 보였고 2013년에는 600억달러에 이르는 순자본유출을 보였다.

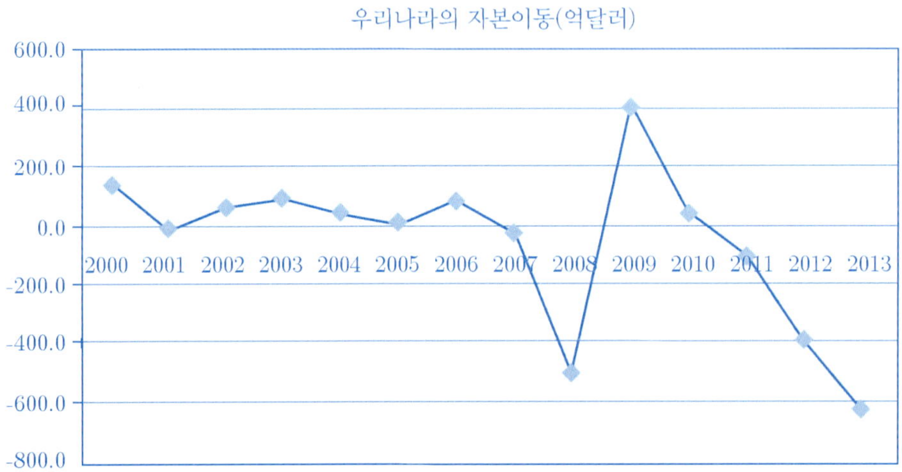

[그림 7.1] 우리나라의 순자본유입

1) 직접투자

우리나라의 외국인투자제도는 1960년에 공식적으로 도입되었다. 그러나 외국인직접투자는 외국기업이 국내산업을 지배하고 국내경제의 외국자본에 대한 의존도를 심화시킨다는 부정적인 인식 때문에 활발하지 못하였다. 그러다가 1997년 외환위기 이후 외국인직접투자가 기술이전을 촉진하고 외채부담을 줄이는 긍정적인 역할을 한다는 인식이 증대됨에 따라 외국인직접투자 촉진정책을 적극적으로 추진하였다. 한편 우리나라의 해외직접투자는 1968년 공식적으로 법적 장치가 마련되었으나 국내자본의 해외유출 우려 등으로 선별적으로 허용되었다. 그러다가 1990년대 들어 자유화 조치가 확대되었고, 1999년에는 해외직접투자 요건이 대폭 완화되었다. 특히 2003년 이후 경상수지 흑자가 커지고 이에 따른 원화의 평가절상 압력이 커짐에 따라 해외직접투자를 적극 장려하는 정책을 펴고 있다.

우리나라는 2000년대 중반 이후 해외직접투자가 외국인직접투자보다 많아 해외직접투자 순유출을 보이고 있으며 최근 순유출이 증가하는 추세를 보이고 있다. 외국인

직접투자는 2000년대 중반 이후 매우 안정적으로 유지되고 있으나 해외직접투자는 글로벌 금융위기가 진행되던 시기를 제외하곤 증가하는 추세를 보이고 있어 직접투자의 순유출은 증가하는 추세를 보이고 있다([그림 7.2] 참조)

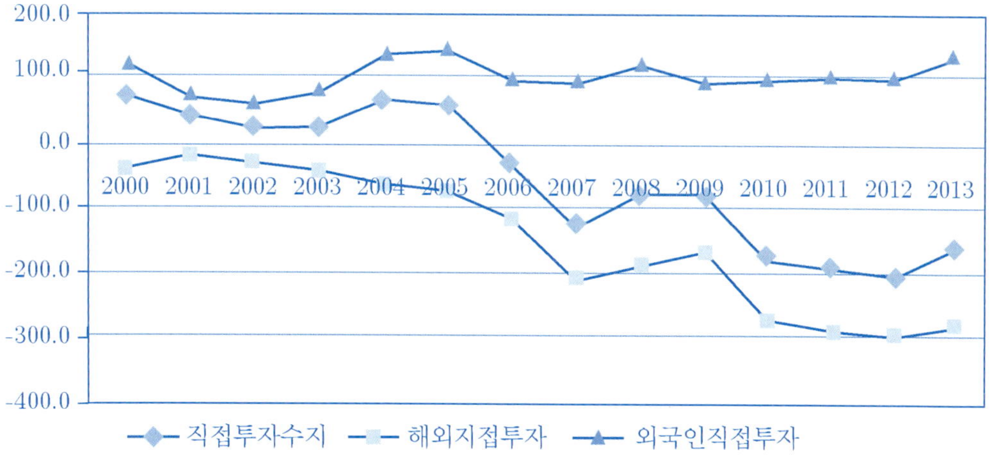

[그림 7.2] 우리나라 직접투자의 추이

2) 증권투자

증권투자(portfolio investment)는 경영참여 없이 이자, 배당, 시세차익 등을 목적으로 외국의 주식이나 채권 등 금융상품에 투자하는 것을 말한다. 증권투자는 직접투자와 구분하기 위해 간접투자라고도 한다. 우리나라에 대한 외국인 증권투자는 1981년에 처음 시작되었다가 1992년 국내주식시장 개방으로 확대되었다. 내국인의 해외증권투자는 1985년에 처음으로 시작되었다. 이후 규제가 점차 완화되어 1994년 해외증권투자 활성화 조치를 추진하였으며, 1996년에는 일반투자가의 해외증권투자가 대폭 자유화되었고, 외환위기 이후에는 더욱 확대되었다.

[그림 7.3]는 우리나라의 외국인 증권투자와 내국인 증권투자를 나타내고 있다. 먼저 외국인 증권투자를 살펴보면 1990년 이후 지속적으로 증가하다가 외환위기 직전인 외환위기 직전인 1996년에는 200억불을 초과하였다. 그러다가 외환위기시에는 오히려 음의 값을 보여 급속한 자본유출을 보였다. 외환위기가 극복된 이후에는 다시 외국인 증권투자가 급속히 증가하여 2003년에는 200억불 이상의 외국인 증권투자가 이루어졌다. 그러나 글로벌금융위기가 진행되던 2008년에는 외국인 증권투자가 259억

달러가 유출되는 상황에 이르렀다. 그 이후 2009년에는 외국인증권투자가 급속히 증가하여 480달러에 이르렀다. 이렇게 외국인 증권투자는 매우 큰 변동을 보이고 있다.

다음에는 내국인의 해외증권투자를 살펴보면 다음과 같다. 해외증권투자는 1990년대 들어 지속적으로 증가하는 추세를 보이다가 외환위기로 인해 급속히 감소하였다. 그러다가 외환위기가 극복되고 해외증권투자에 대한 자유화 조치의 확대 및 국내금리의 하락으로 2005년에는 176억불 이상의 해외증권투자가 이루어졌고 2007년에는 사상 최대로 564억달러의 해외증권투자가 이루어졌다. 글로벌 금유위기가 발생한 2008년에는 해외증권투자를 급속히 회수하였고 2012년 이후에는 다시 260억달러에 해당하는 해외직접투자가 이루어지고 있다. 증권투자수지는 적자와 흑자를 반복하고 있는데 글로벌 금융위기 이전에는 적자를 보이다가 2009년 이후에는 다시 큰 폭의 흑자를 보였다. 그러나 2013년에는 다시 적자를 보이고 있다.

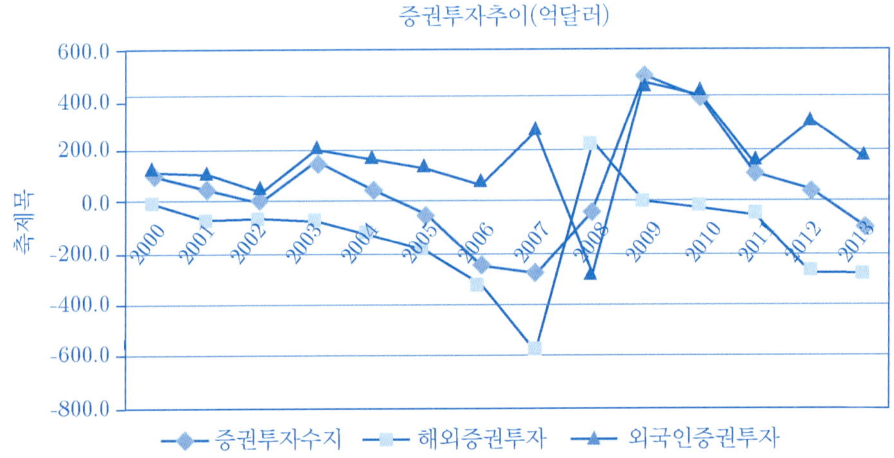

[그림 7.3] 우리나라의 증권투자 추이

제2절 국제금융시장

1. 국제금융시장의 의미와 역할

국제금융은 국제무역이 급속히 증가함에 따라 기업들의 외국진출을 원활하게 하기 위한 지원수단으로 탄생하였다. 그러나 1950년대 유로달러 시장의 형성과 70년대 오일머니의 증대, 그리고 자본이동이 활발해짐에 따라 1970년대 급속히 증가하였다. 국제금융이란 국제무역에 수반되는 자금거래와 자금조달, 대출, 또는 직접투자나 간접투자의 증대에 따라 국가 간의 자금거래가 이루어지는 현상을 의미한다. 국제금융시장이란 두 가지 의미로 사용된다. 하나는 구체적 장소의 개념으로 영국의 런던이나 미국의 뉴욕, 프랑스 파리, 홍콩이나 싱가포르 등 국제금융을 주도하는 국제상업은행이나 국제투자은행이 밀집되어 있는 국제금융 중심지를 의미한다. 다른 하나는 총체적 개념의 시장으로서 국제자금의 수요와 공급을 연결하여 주는 기능이나 거래 등을 총칭하는 개념이다. 오늘날은 정보통신기술의 발달에 따라 국제금융이 복잡해지고 또한 거래가 장소를 초월하여 이루어지는 것이 일반적이기 때문에 국제금융시장을 총체적 개념으로 국제간에 자금의 수요와 공급이 이루어지는 일체의 기능이나 수단, 제도라 정의하는 것이 보다 타당하다. 특히 국제금융시장은 실제로 하나만 존재하는 시장이 아니며, 국제적 차원에서 자산이나 금융거래가 이루어지는 서로 밀접하게 연결된 시장들의 집단이라 할 수 있다.

국제금융시장은 전통적으로 국가 간에 자금거래를 원활히 함으로써 기업의 생산활동을 효율화하고 나아가 실물경제의 성장을 촉진한다는데 주안점이 주어졌다. 즉 기업들이 자금을 조달하는데 있어 국제시장에서 보다 싼 자금비용으로 자금을 조달함으로써 투자를 활성화하여 실물경제를 보다 원활하게 한다. 또한 외국으로부터 수입을 하기 위하여 자금이 필요할 때 국제금융시장에서 이를 조달하여 무역을 원활하게 할 수 있다. 즉 전통적으로 국제금융시장은 주로 실물경제의 원활화를 위한 보조기능에 초점이 맞추어져 왔다.

그러나 최근에는 국제금융시장은 단지 실물경제 활성화를 위한 기능만이 아니라 국제금융자산의 효율적 운영을 통한 이윤 극대화에 대한 기능이 중시되고 있다. 국제금융시장의 기능이 국제금융자산을 운용하는데 있어 투자수익률의 극대화와 위험의 분산을 통한 금융자산의 최적배분기능이 강조되고 있다. 이를 통해 자본의 생산성 증대, 무역 및 투자확대, 국제유동성 조절, 세계 경제성장을 촉진하는 기능을 갖는다.

2. 국제금융시장의 구분

국제금융시장은 만기에 따라 국제자본시장과 국제단기금융시장으로 구분할 수 있다. 좁은 의미의 국제금융시장인 국제자본시장은 만기가 1년 이상인 은행대출이나 채권, 주식 등의 장기금융자산이 거래되는 시장을 의미한다. 국제자본시장은 국제상업은행의 금융중개기능을 통한 예금과 대출이 이루어지는 국제대출시장과 국제투자은행이 주도하여 채권의 발행과 매매가 이루어지는 국제채권시장, 그리고 주식의 발행과 매매가 이루어지는 국제주식시장으로 구성된다. 다음으로 국제단기금융시장은 만기가 1년 이하인 금융상품을 통해 자금거래가 이루어지는 시장을 의미하는 것으로 기업어음(CP)이나 양도성 예금증서, 단기재정증권 등이 주된 금융상품이 된다.

국제금융시장에서 중요한 역할을 하고 있는 시장이 유로시장이다. 일반적으로 유로시장이란 금융자산이 특정국 통화로 표시되어 있는 경우 그 통화의 발행국 이외의 지역에서 예금 및 대출거래 그리고 증권의 발행 및 유통이 이루어지는 시장을 의미하고 이를 역외금융시장이라고도 한다. 예를 들어 런던에서 미국 달러표시 증권이 거래되는 경우 런던에서는 파운드화가 사용되기 때문에 이를 유로시장이라 할 수 있다. 유로시장은 유통지역의 해당국 통화가 아니기 때문에 정부의 규제가 작아 새로운 금융상품이나 새로운 금융기법이 탄생하는 동력으로 작용하였다.

■ 주요 용어

국제자본이동	자본이동의 동기	국제금융시장
직접투자	위험분산	국제자본시장
외국인직접투자	자산가격의 버블	국제단기금융시장
해외직접투자	급속한 자본이동 역전	유로시장
증권투자(포트폴리오투자)	헤지펀드	
기타투자	핫머니	

연습문제

1. 지본이동의 혜택으로 가장 중요한 세 가지를 제시하시오.

2. 자본이동이 이루어지는 구체적인 형태를 설명하시오.

3. 직접투자와 증권투자는 대부분 주식이나 지분매입을 통해 이루어지는데 이들의 근본적인 차이는 무엇인가?
4. 우리나라는 외환위기 이전에는 외국인 직접투자가 매우 미미하다고 1997년 외환위기 이후 외국인 직접투자가 급속히 증가하고 있다. 이의 이유를 설명하시오.
5. 헤지펀드를 설명하고 이들의 기본적인 특징은 무엇인가?
6. 자본이동의 자유화는 국민경제적으로 많은 이득이 발생하지만 다른 한편으론 많은 문제점을 야기할 수도 있다. 자본이동의 가장 큰 문제점은 무엇인지를 97년 외환위기를 상기하면서 설명하시오.
7. 외국자본에 대하여 경계가 필요하다는 주장도 강하게 제기되고 있다. 이러한 근거로 가장 중요한 논리는 무엇이고 만일 외국자본에 대한 규제를 강화하게 된다면 예상되는 문제점은 무엇이라고 생각하는가?
8. 우리나라의 경우 주식시장의 개방으로 외국인의 주식보유비율이 급격히 증가하고 있다. 이러한 현상에 대하여 발생할 수 있는 장점과 단점을 제시하시오.
9. 국제금융시장의 종류에는 어떤 것들이 있고 이들의 특징은 무엇인가?
10. 유로시장의 의미를 설명하고 이런 시장이 국제시장에서 어떤 기능을 하였는지를 설명하시오.

제8장 국제통상정책의 이론

제1절 국제통상정책의 의의와 목적

1 국제통상정책의 의의

국제통상환경은 2차대전 후 20세기말까지 GATT를 중심으로 한 국제통상질서에서 20세기말 WTO 체제의 탄생으로 국제통상질서는 시장개방이라는 점에서 과거와 같지만 관할 대상과 내용, 방법이 달라졌다. 이에 각 국가의 대외경제활동에 대한 정책적 변화도 함께 생각해야 하는 시점에 있다.

그래서 국제통상정책은 그 대상이 국제통상으로 과거 무역정책과는 그 대상과 범위가 다르다. 무역정책은 무역활동의 대상인 유형재인 상품의 국제적 이동, 즉 유형재의 수출입이 그 대상으로 하고 있다. 반면 국제통상정책은 상품의 수출입은 물론 서비스, 지적재산권, 자본, 노동이동 등 유형재와 무형재 모두를 포함하는 국가간에 일어나는 교역활동이 그 대상이다.

이러한 국제통상정책은 국가의 대외경제활동, 즉 무역과 국제자본, 노동의 국제적 이동에 관해 직접적으로 또는 간접적으로 영향을 주는 정부 차원에서 실시하는 정책이다. 따라서 관세정책과 같이 국제거래에 직접적으로 영향을 미치는 정책 이외에도 재정 및 금융정책과 같이 국제무역 및 투자에 영향을 미치는 간접적인 정책까지도 포함하고 있다.

그런데 경제활동은 일방적일 수 없고 상호의존적이기 때문에 그 효과와 영향이 자국뿐만 아니라 타국에도 많은 영향을 미친다. 이에 선·후진국을 막론하고 모든 국가가 대외통상정책을 수립하려고 할 때 국내의 물가와 고용 등 전반적인 국내경제사정과 타국의 입장을 고려한다. 왜냐하면 무엇보다 먼저 국제통상정책은 국민경제의 발전을 위한 것이고, 다른 한편으로는 통상정책의 결과 타국에 불이익이 돌아갈 경우에 통상마찰이나 보복적인 통상정책을 유발할 수 있기 때문에 가능하면 통상마찰을 일으키지 않도록 해야 하기 때문이다.

기업은 국내거래와 함께 보다 폭 넓은 대상인 국제거래를 통하여 이윤과 성장을 추구하려고 한다. 이는 결과적으로 국민경제를 발전시키는 기초가 되므로 이를 뒷받침하기 위하여 선·후진국에 있어 다소의 차이는 있으나 국가가 기업의 대외경제활동에 대한 규제나 지원활동을 하게 된다. 또한 자국산업의 보호, 외교정책, 국가안보, 환경보호 등을 이유로 보호정책을 수행한다.

국민경제의 발전을 위하여 정부가 시행하는 경제정책의 일부, 즉 국내경제정책(산업정책·고용정책·재정정책 등)이 국내경제활동의 모순을 해결하는 정책이라고 한다면, 대외통상정책은 대외통상활동에서 나타난 문제를 해결하기 위한 정책이다. 따라서 국가가 국제통상과 관련된 특정 목적을 추구하기 위하여 양국간 혹은 다국간 통상관계의 이해 조정을 통해 자국의 무역이익을 극대화하기 위한 정책이다. 즉, 자국의 산업정책과 교역상대국의 특수성 및 여건변화와 세계경제여건과 환경변화에 대응하기 위하여 대외통상활동에서 나타나는 모순을 극복하기 위하여 정부는 직·간접적으로 무역업자가 행하는 수출입행위를 규제하고 조정하며 촉진한다. 이를 위해 국내의 경제적 이해·조정과 외국과의 이해·조정을 통하여 행하는 정부의 역할은 국가간 정책조정 또는 정책협력의 경우가 많다.

2. 국제통상정책의 목적

한 나라 국민경제의 대외활동에 대한 정책인 국제통상정책의 목적은 기본적으로 정부가 기업의 대외거래활동의 모순을 해결하기 위해 대외거래활동에 개입함으로써 균형된 국가경제발전을 달성하는 데 그 목적을 두고 있다. 그런데 국제통상정책은 일국이 취하는 경제정책의 일환이기는 하지만 수출입거래에 대하여 직·간접적으로 영향을 미치므로 한 나라의 입장에서뿐만 아니라 국제적인 입장에서도 고려되고 수행되어야 한다는 점에서 다음과 같은 목적을 가지고 있다.

1) 국내산업의 보호

각 국은 국제적 통상활동을 하는 데 있어서 우선적으로 고려되는 것이 국내산업의 보호이다. 이를 위하여 여러 가지 조치를 취하게 된다. 왜냐하면 외국의 값싸고 좋은 상품과 국내에 들어오게 되면 국내 상품과 경쟁하게 되어 경쟁력이 없는 국내 상품은 심각한 타격을 입게 된다. 즉, 지속적으로 생산활동을 할 수 없을 뿐만 아니라 생산을 줄려야하고, 생산을 줄이면 실업이 생기고, 실업이 증가하면 소득이 줄게 될 것이다.

이러한 상황에서 이를 방어하기 위하여 외국상품이 국내에 쉽게 들어오지 못하도록 장벽을 만들어야 하는데, 그것이 관세나 비관세장벽과 같은 수단을 사용하여 외국상품의 국내수입을 규제함으로써 국내산업이 경쟁에 노출이 되지 않아 국내산업을 보호할 수 있게 된다.

2) 효율적인 자원배분

세계 어느 나라에서든지 필요한 자원을 충분하게 가지고 있지 못하며 제한된 자원을 가지고 있기 때문에 제한된 자원을 잘 이용하기 위한 방법이 자원의 효율적 배분이다. 그래서 모든 국가는 자원의 효율적인 배분을 경제정책의 목표로 설정하고 있으며 그 목표를 달성하기 위해서는 효율적인 경제활동이 매우 중요하다.

이러한 목표를 달성하기 위한 하나의 방법이 무역이다. 국가간 분업은 각국이 자원을 효율적으로 사용할 수 있는 분야를 특화함으로써 자원의 효율적 사용이 가능하다. 효율적인 자원배분이 일어나지 아니하면 무역을 통해서 경제적 이익을 얻지 못하기기 때문에 경제성장을 달성하지 못한다. 그래서 자원의 효율적인 배분이 안되는 경우 무역을 제한하는 조치를 취해야 한다.

3) 국제수지의 개선

국가간 상거래를 보여주는 국제수지는 각국의 대외경제활동을 반영하고 있기 때문에 국제통상정책의 목표로 설정하고 있다. 대외경제활동에서 상품의 비교우위에 의하여 수출이 증가되고 수입이 감소되면 국제수지는 개선되고, 대외지급준비자산은 증가하게 된다. 이와 반대로 수입이 증가하고 수출이 감소하면 국제수지가 악화되어 대외준비자산이 감소하게 된다.

그러므로 국제수지의 개선은 수출 등 대외 준비자산의 증가로 외환시세를 안정시키게 됨으로 각국은 외환시세의 안정화를 위해서 국제수지를 개선시키려 한다. 이결과 국제수지가 개선되면 거래 당사국 모두에게 대외지불능력을 증가시켜 국민경제의 균형적 성장을 도모하게 된다.

4) 물가안정

물가가 오르면 수요가 늘어나지 않기 때문에 생산이 위축되고, 생산이 위축되면 고용이 줄고, 고용이 줄면 소득이 감소하게 된다. 또한 물가안정을 기하기 위하여 통화량을 줄이려는 긴축금융정책을 실시하면 기업의 자금난으로 생산이 되지 않으므로 경제성장을 이룩하지 못한다. 따라서 국내물가가 오르는 것은 국민경제의 내적인 요인에 의해서만 일어나는 것이 아니라 외적인 요인에 의해서 발생하는 경우가 많으므로 국제통상정책을 통하여 국내물가를 안정시키기 위한 통상정책이 필요하다.

오늘날 개방경제체제하에 있는 모든 국민경제는 국제경제의 변화 때문에 수입인플레가 일어나고 있다. 이러한 인플레를 극복하기 위하여 국내경제정책만으로는 부족하기 때문에 국제통상정책을 병행하여 실시할 필요가 있다.

5) 경제성장의 달성

세계 각국은 자국의 경제성장을 통하여 국민소득을 증가시키고 후생을 향상시키는 것을 목표로 하고 있다. 이러한 목표를 성공적으로 실현하기 위하여 정책적 수단을 동원하고 국내경제여건을 정비하는 등 대내적인 정책을 수행하게 된다. 그런데 대내경제정책만으로는 한계가 있으므로 대외경제 정책, 즉 수출입정책, 국제수지정책 등을 통하여 국민후생을 증대시켜야 한다.

이러한 목표들을 달성하기 위해서는 여러 가지 정책적 대안을 마련해 나아가야 하는데 어느 방법이 국민경제발전을 위해 바람직한가에 대한 정책선택의 기준이 필요하다. 그 기준은 다음과 같다.

첫째, 통상정책이 대외통상정책이긴 하지만 자국산업에 미치는 영향을 고려하여 통상정책의 방향을 결정해야 한다. 유치산업이나 사양산업은 보호하고, 대외경쟁력이 있는 산업은 해외시장개척, 생산요소(원료, 기술, 자본, 인력 등)를 조달하여 국민경제성장을 추진해야 한다.

둘째, 주어진 자원의 효율적인 배분을 달성할 수 있는 정책방법을 선택해야 한다. 제한된 자원의 가치가 낮은 곳에서 높게 평가되는 곳으로, 즉 생산성이 낮은 곳에서 높은 곳으로 자원배분이 이루어질 수 있도록 하여야 한다.

셋째, 대외거래를 통하여 국제수지를 개선할 수 있도록 정책방향을 결정해야 한다. 국제수지가 지속적으로 적자가 되면 교역조건이 악화되고 대외지불능력이 부족하여 외국물자를 구입하기가 어려워진다. 이와 반대로 국제수지의 흑자는 국내물가의 상승요인으로 작용할 뿐만 아니라 대외적인 통상압력을 받을 수 있다.

넷째, 국내물가안정을 유지할 수 있도록 정책방향이 수립되어져야 한다. 국내물가가 비싸지면 값싼 제품을 수입하여 국내물가를 안정시키고, 수출증가나 외국인의 국내투자는 소득과 통화량을 증가시키므로 국내물가를 상승시키는 요인이 된다는 점을 고려해야 한다.

다섯째, 고용을 증대시킬 수 있도록 정책이 수립되어져야 한다. 국내 사양산업과 유치산업을 보호하거나 외국인투자를 유치하는 것은 국내고용을 확대시킨다. 반면 국내산업이 파산되거나 국내자본이 국외로 유출되면 국내실업은 늘어나게 된다.

여섯째, 국민경제성장을 이룩하기 위하여 정책이 수립되어야 한다. 국제통상은 국민총생산의 증가에 영향을 미친다. 특히, 수출은 국민총생산의 증가요인이지만, 수입은 그 반대의 역할을 담당하게 된다.

대외통상정책은 국민경제에 미치는 영향이 크므로 특히 국내경제활동의 부족한 점을 보완하거나 국내경제활동의 기능을 효과적으로 달성할 수 있도록 조정하고 촉진함으로써 국민경제의 발전을 통하여 국민후생을 증대라는 경제적 목표를 달성하는 데 기여해야 한다.

6) 경제적 후생증대

국제통상정책은 경제정책의 일환으로 국민의 경제적 후생을 증진시키는 데 목표로 삼고 있다. 대내외경제활동의 목표는 자국의 경제성장을 통하여 국민소득수준을 향상시키는 데 있다. 그러므로 자유무역정책이나 보호무역정책 모두 국민경제발전을 통하여 국민후생수준을 증대시키는 데 있다.

제2절 국제통상정책의 특성과 기조

1. 국제통상정책의 특성

국제통상활동은 국제기업간에 이루어지는 상대가 있는 게임으로 국내경제활동을 대상으로 하는 국내경제정책과는 달리 대외통상활동이 그 대상이기 때문에 이를 반영하여 추진하는 것이 필요하다. 이와 같이 국제통상정책은 그 대상이나 범위 등에서 국내정책과는 다른 특성을 갖는다.

① 국제상거래는 교역 상대국이 있어야 가능하므로 자국의 무역정책을 수행할 때, 그 영향과 효과는 국내외로 확산된다. 예를 들어 자국의 생산을 확대하고 고용을 증대시키기 위한 보호무역정책은 상대국가의 생산을 감소시키고, 실업을 증가시키는 등 부정적인 효과를 안겨 준다.
따라서, 자국의 산업정책, 금융정책, 재정정책 등과 같은 국내경제정책과 상호보완적이면서 상호갈등관계를 가지고 있다.

② 국제통상정책은 한 나라의 대내외 균형이 궁극적인 목표이므로 개별경제정책과 상호 밀접한 관계를 가질 뿐만 아니라 산업정책, 금융정책 등과 같은 국내경제정책과 상호 보완적인 관계를 반영하는 종합적인 성격을 갖는다.

③ 국제통상정책은 국내외경제에 영향을 미치므로 대외적으로는 타국과의 이해·조정이 필요하며, 대내적으로는 국내 관련자와 이해·조정을 필요로 하게 된다. 그래서 기본적으로 통상정책은 독립적으로 결정되지만 통상이 상대국과의 관계에서 경제적, 정치적 상태를 고려하기 때문에 국내외의 많은 이해·조정과정이 요구되는 것이다.

④ 지금까지의 무역정책이 단순한 재화의 수출입과 관련된 정책을 의미했던 것과는 달리 국제통상정책은 경제적인 이해관계뿐만 아니라 외교적인 이해관계도 가지고 있다. 국제통상관계는 특히 탈냉전 이후 국제관계가 정치관계에서 경제관계로 진전되면서 경제외교의 중요한 부분으로 등장하게 되었다. 그래서 국제통상정책은 경제정책인 동시에 외교정책의 성격을 갖는다.

⑤ 국제통상정책은 규범적인 성격을 갖는다. 국제통상정책은 통상이 어떤 상태가 바람직한 것인지, 바람직한 상태를 달성하기 위하여 어떤 수단을 사용해야 하는

지를 고려하게 된다. 이 때 바람직한 상태에 대한 객관적 기준이 없기 때문에 국가간의 거래질서를 위한 명확한 원칙과 규범이 필요로 하게 된다.

2. 국제통상정책의 기조

경제정책이란 경제활동을 통한 바람직한 경제적 목표를 달성하기 위한 인위적인 간섭이다. 그러나 정부가 경제적 목표를 위해 적극적으로 시장경제에 개입하는 정책이지만 반대로 경제활동에 대하여 간섭을 최소화하거나 시장경제원리에 의존하여 모든 경제활동을 시장에 맡겨서 하는 정책도 있다.

개방경제하에서 경제정책은 대내경제정책과 대외경제정책으로 나눌 수 있으며, 후자는 대외경제활동 즉, 국제통상활동에 대하여 취하는 정책이다. 그러므로 국제통상정책은 근본적으로 국가가 대외경제활동에 대해서 인위적으로 간섭하느냐 안하느냐에 따라 보호무역정책과 자유무역정책으로 구분할 수 있으며, 이를 무역정책의 기조라고 한다.

경제정책은 시대적 환경이나 개별국가의 경제발전단계에 따라 달라지기 때문에 지금까지는 주어진 상황에 따라 독립적으로 또는 두 정책을 교차적으로, 또는 동시에 실시되어 왔다. 국가별, 시대별로 무역정책의 기조는 다르게 적용되어 왔으며, 다음과 같은 특징을 갖고 있다.

첫째, 모든 국가가 시간적으로 차이는 있었지만 자국산업을 보호하기 위하여 보호무역주의를 시행했다. 선진국의 경우는 과거에는 자국경제에 중요한 산업으로 자국의 발전에 공헌해 왔으나 이제 더 이상 영향을 미치지 못하는 산업 즉, 사양산업이나 정체산업을 보호를 목적할 목적을 가지고 있으며, 개도국의 경우에는 산업이 발전가능성이 있으나 발전할 수 있는 기회를 갖지 못한 유치산업을 보호할 목적으로 보호무역을 수행하는 것이 일반적이다.

둘째, 국제적인 불경기 등 국제통상환경이 악화되어 모든 국가가 경제침체에 놓여 있을 때 생산과 소비가 줄기 때문에 이를 벗어나기 위하여 보다 활발한 생산활동을 통하여 생산을 늘이고 소득을 증대시키기 위하여 보호주의가 수행되었다.

셋째, 일반적으로 세계경제를 이끌어 가고 있는 선진국들은 자국의 이익을 위해서 뿐만 아니라 세계경제의 질서를 바로 세우고, 선·후진국 상호간 발전을 이끌기 위하여 보호무역보다는 자유무역을 추구하는 경향이 강하였다. 자유무역은 분업과 자유경쟁을 통하여 경제적 효율성을 달성하여 제한된 자원의 효율적인 배분을 가져옴으로써 경제적인 이익을 향유할 수 있기 때문에 인위적인 간섭을 배제하고 있다.

오늘날 우리가 직면하고 있는 급변하는 세계경제 환경속에서는 기업에 대한 정부규제의 유효성이 감소하고 대외적으로 시장개방과 공정한 질서수립이라는 세계적인 추세에 따라 무역과 투자에 대한 규제와 지원이 감소하고 있다. 그럼에도 불구하고 대외 통상활동을 자유롭게 할 수 있도록 할 것인가 아니면 국민경제의 특수한 목적을 달성하기 위하여 인위적인 간섭을 할 것인가를 결정하는 일은 대외경제활동에 대한 기본적인 정책방향이 된다.

제3절 국제통상정책이론

1 자유무역정책의 이론적 근거

1) 자유무역정책의 배경

자유무역정책의 기초가 되는 자유무역사상은 18세기 후반 케네(F. Quesnay)에 의해서 체계화되었으며, 그의 농업중심사상과 그 정책인 중농주의(physiocracy)에서 나왔다. 이 중농주의 사상은 자유무역론에 상당한 영향을 미쳤다.

케네는 자연법사상에 근거하여 사회질서를 자연적 질서와 인위적 질서로 나누고 이 두 질서가 합치되지 않으면 사회적 혼란과 불행이 초래된다고 생각하였다. 또한, 개인의 이익이 사회를 통합하는 중요한 요인으로 보고 개인의 이익이 보장되면 그 사회의 유대관계도 강화되므로 개인의 이익향상과 사회의 진보를 위하여 개인의 이익을 가져올 수 있는 자유경쟁이 확립되어야한다는 것이다.

그런데 이 당시 프랑스는 강력한 국가 권력에 의해 공업중심의 보호주의적 중상주의를 실시하고 있었기 때문에 산업자본가들은 큰 이익을 얻을 수 있기 때문에 자유주의에 대한 지지를 보냈으나 농민들은 가난한 상태가 지속되었다.

이런 상황속에서 케네는 중상주의자들의 국부인 금·은의 축적은 잘못이며, 국부의 증진은 재화의 총량을 증가시키는 데 있으며, 농업만이 국가의 부를 창출할 수 있다는 것이다. 그래서 국가는 농업을 중시하고, 개인의 생명과 재산을 보호하는 데 그쳐야 한다. 또한 곡물은 자유거래를 하되 곡물의 자유수출에 의해 가격을 인상해야하며, 농업을 보호하기 위하여 곡물 수입업자에게 세금을 부과해야 한다고 주장하였다. 그리고 그는 중상주의적 통제나 조세제도를 폐지하고 자유방임(laissez-faire)정책, 즉 자기가 원하는 상대방과 원하는 장소에서 자유롭게 거래할 수 있도록 하는 정책을 주장하였다.

이렇게 하여 이제까지 공업중심적인 콜베르(J.B. Cobert)의 중상주의정책은 무너지고 자유무역사상이 확산되어 무역자유화의 기초가 마련되었으며, 이 사상은 아담스미스(A. Smith)에게 계승되어 자유무역주의를 발생시켰다.

아담 스미스의 자유무역사상은 영국이 산업혁명의 성공으로 인하여 자유주의를 표방할 수 밖에 없는 상황에서 크게 부상되었다. 아담 스미스는 그의 저서 「국부론」(The wealth of nations, 1776)에서 중상주의 정책을 강력히 비난하고 자유무역을 주장하였다. 즉, 스미스는 외국이 자국에서 생산하는 것보다 낮은 가격으로 어떤 상품을 생산하여 공급할 수 있다면 자국이 상대적으로 싸게 생산할 수 있는 어떤 상품과 교환으로 그것을 외국으로부터 사는 것이 이익이 된다고 주장하였다.

이러한 자유무역사상은 윌리암 피트(William Pitt)에 의해 더욱 확대되고 영국은 1983년 원자재에 대한 관세인하를 단행하므로써 자유무역정책의 기반이 확립되었다. 이와 같은 자유무역정책은 유럽제국의 전역으로 전파되었으며, 공업화를 통한 자국경제발전을 이룩하기 위하여 공업부문에 대한 보호주의가 강했던 미국도 영향을 받게 되었다.

이와 같이 영국의 자유무역정책의 성공은 영국이 세계 최대부국으로써, 타국보다 우세한 경제력과 상권을 장악하고 있었기 때문에 가능하였으며 1930년대 초 보호무역을 하기 전까지 영국은 자유무역국을 통하여 자국경제를 이끌었다.

2) 자유무역정책의 특징

자유무역의 이익을 획득하기 위한 자유무역정책의 중요한 특징은 자유경쟁과 자유무역이 전제된 정책이며 근본적으로 자유주의(liberalism)사상을 근간으로 하고 있다. 먼저 자유경쟁은 자유주의사상에 기초가 된다. 프랑스의 중농주의 사상이나 영국의 자유무역사상도 자유경쟁을 근간으로 하고 있다.

자유주의자들은 자유경쟁이야말로 경제체제의 변화와 진보를 가져오는 원동력이 되므로 자유경쟁을 저해하고 자유교환을 방해하는 모든 경제정책은 나쁜 것으로 보았다. 또한 자유경쟁적 경제체제야 말로 경제주체의 능력을 최대한 발휘시킬 수 있고 하였다.

또한 자유무역정책은 자유무역에 근간을 두고 있다. 자유경쟁을 전제로 이루어지는 자유무역은 국가간의 경쟁조건이 다름에도 불구하고 상품이나 서비스의 국가간의 이동에 대하여 정부의 인위적인 간섭·제한·보호·통제·금지 등과 같은 정책적 조치 없이 자유롭게 이루어지는 대외무역을 의미한다.

자유무역은 시대별로 차이는 있지만 20세기까지는 GATT체제를 중심으로 수입관세의 인하와 폐지, 무역제한조치의 철폐를 통해서 무역을 확대해 왔으며, 21세기에 들어서는 WTO체제를 중심으로 상품시장과 서비스시장이 전면적으로 개방되는 무한경쟁시대의 자유무역이 이루어지고 있다.

이와 같이 자유통상정책은 자국의 대외경제활동을 개선하거나 촉진시키기 위하여 수행하는 방법으로 진입장벽을 낮추거나 없애는 방법을 통하여 경제적 효율성을 제고시키기 위하여 대외경제활동을 자유롭게 하는 데 있다.

3) 자유무역정책의 이론

(1) 아담 스미스의 자유무역론

아담 스미스는 중농주의의 자유방임사상에 영향을 받아 분업의 원리(principle of division of labor)[4]에 따라 자국이 타국에 비해 재화생산에서 생산비의 절대적 우위를 갖고 있는 분야에 특화하여 교환함으로써 무역이익을 얻을 수 있다는 기초 원리를 주장하였다. 자국이익을 위한 보호주의적 중상주의의 비판에서 출발한 스미스의 자유무역론은 분업의 이익을 설명하는 국제분업론, 자유경쟁의 이익을 설명하는 자유경쟁론, 소비자에게 이익을 가져다주는 소비자 보호론에 근거하고 있다.

① 국제분업론

아담 스미스는 인간의 경제활동의 기본적인 동기는 이기심에 있으며 이를 위해서 자신의 이익에 합당한 노동과 자본을 선택하여 사용함으로써 경제활동이 상충할 것으로 보이지만 “보이지 않는 손”(invisible hand)에 의해 조화를 이루어 결과적으로 사회전체에 이익이 된다는 것이다.

4) 분업(分業)은 자신이 특기(特技)가 있는 분야의 생산에 전염(專念)하는 것으로 다른 분야에 비해 효율적인 생산이 가능하다.

스미스는 이러한 원리를 외국무역에 적용시켜 자유무역론의 이론적 근거로 국제분업의 원리를 주장하고 있다. 국제분업의 원리에 따라 무역이익의 발생근거로 외국이 어떤 재화를 자국보다 싸고 효율적으로 생산할 수 있다면 이를 수입하고, 자국이 외국보다 싸고 효율적으로 생산하는 상품을 수출한다면, 무역이익을 얻을 수 있다는 것이다.

그러므로 정부가 기업의 생산활동에 대하여 자유롭게 방임하면 자국이 유리한 상품생산에 노동과 자본이 합리적으로 배분되므로 개인의 이익이 증대되나, 반대로 정부가 자국이 불리한 상품을 외국으로부터 수입하는 것을 제한한다면 생산요소가 효율적으로 배분되지 못하게 된다.

② 자유경쟁론

외국과의 무역을 제한하지 않고 자유롭게 거래하게 되면 자유경쟁의 원리에 따라 경쟁력을 갖기 위해서 기술혁신, 경영혁신을 통하여 경쟁력이 있는 상품을 생산하여 서로 간에 수출입이 이루어지므로 상호간에 이익이 된다는 것이다. 자유경쟁은 서로 간에 경제를 발전시키는 원동력이 되며 이익이 된다.

③ 소비자 보호론

생산활동의 최종적인 목적은 소비에 있기 때문에 소비자 이익이 우선되어야 하며 생산자 이익은 소비자의 이익을 침해하지 않는 범위내에서 추진되어야 한다는 것이다. 따라서 보호제도를 통하여 외국상품의 수입을 억제하면 품질이나 가격에서 뒤진 국내상품을 소비자가 사용하게 되므로 소비자 이익이 감소한다는 것이다.

그러므로 값싸고 품질이 좋고, 국내에서 공급되지 않는 제품을 자유롭게 수입함으로 소비자의 후생이 증대된다.

(2) 고전파의 자유무역론

아담 스미스는 국제분업의 원리를 체계화하고 절대생산비차가 존재하는 경우에 국가간에 무역을 통해서 무역이익을 얻을 수 있다고 설명하였으나 스미스로부터 자유무역사상을 이어 받은 데이비드 리카도(David Ricardo)는 재화생산에 있어 생산비의 절대적 우위가 아니라 상대적 우위가 있는 분야라도 특화하고 교환함으로써 무역이익을 얻을 수 있다는 것이다. 이것이 비교우위론으로 고전파 무역이론을 체계화하였다.

이와같이 데이비드 리카도의 비교우위론은 국제분업의 이익(무역이익)을 설명하면서 국제분업이 어떻게 이루어지는가와 국제무역의 기본원리를 설명함으로서 자유무역론의 이론적 근거가 되고 있다.

(3) 근대무역이론

고전학파 아담 스미스나 데이비드 리카도가 비교우위를 결정하는 요인으로써 노동을 유일한 생산요소로 보고 노동생산성차이에 의한 비교우위를 설명함에 있어 노동가치설에 근거하고 있다. 이에 대하여 헥셔-오린은 비교우위 결정요인으로 생산요소 부존의 차이에서 찾고 있으며 상대적으로 풍부한 생산요소를 집약적으로 사용하는 재화 생산에 특화하여 교역함으로써 상호간 이익을 얻을 수 있다는 원리를 제공해 주고 있다.

헥셔-오린 정리는 생산요소로써 자본과 노동이라는 두 요소를 고려하여 노동이 상대적으로 풍부한 나라는 노동집약재를 자본이 상대적으로 풍부한 나라는 자본집약재의 생산에 비교우위를 가지므로 각국은 이들 재화를 특화하여 상호 교역함으로써 이익을 얻을 수 있다는 것이다.

이와 같이 전통적 자유무역이론은 국가가 기업의 대외거래에 대하여 간섭을 하지 않고 자국이 타국에 비해 비교우위가 있는 분야를 특화하고 교환함으로써 일국 또는 전세계의 자원이 최적 배분되고 경제적 후생이 극대화되는 이익, 즉 무역이익을 얻을 수 있다는 논리를 제공해 주고 있다.

그러나 이러한 논리에 근거한 자유무역정책은 다른 측면에서 비판을 받고 있다. 즉 자유무역은 자유경쟁을 전제로 하는 데 이는 실력이 대등할 경우에는 경쟁에 의해 생산능력이 개선되지만 그렇지 못한 경우에는 경제수준이 낮은 국가에 심각한 타격을 줄 수 있다. 또한 자유무역은 저렴한 상품을 수입하여 소비자에 제공함으로서 소비자이익에 근거하고 있지만 보호정책에 의해 기업이 성장하면 고용이 증대되고 생산이 증대되어 소비자에게 이익이 되는 것을 간과하고 있다.

이와 같이 국가의 부(The Wealth of Nations)란 국제분업에 의한 자유무역에만 있는 것이 아니라 일국의 기술수준이 향상되거나 국가가 보호함으로써 단기적으로는 손실이 있을 수 있지만 장기적으로는 이익을 얻을 수 있다는 것을 고려하지 않고 있는 단점을 가지고 있다.

결론적으로 자유무역론에 의하면 자유무역을 실시할 경우에는 일국 또는 전 세계의 자원이 최적 배분될 뿐만 아니라 일국 또는 전 세계의 경제적 후생수준이 향상되는 등 무역이익을 얻을 수 있다는 것이다. 따라서 자유무역정책을 주장하는 논리적 근거는 여기에 있다.

2. 보호무역정책의 이론적 근거

1) 보호무역정책의 태동

영국은 중상주의적 보호아래 근대적 산업자본주의를 발전시켰으며, 18세기 산업혁명을 계기로 발전한 공업을 중심으로 자유무역을 통하여 세계시장을 지배하고 있었다. 그러나 중상주의적 보호아래 근대공업을 발전시키지 못한 영국보다 공업화가 늦은 독일, 프랑스, 미국 등은 자유무역을 수행하는 데는 한계가 있었다.

그래서 이들은 영국 공업분야의 지배로부터 벗어나고 자국의 공업을 발전시키기 위해서 국내산업을 보호할 필요가 있었다. 또한 필요한 국내산업으로써 보호없이는 성장할 수 없거나 생존할 수 없는 산업을 보호하는 것은 일국의 경제적 이익에 기여한다는 보호적 논리이다. 그 결과 상대적으로 발전되지 못한 자국의 공업을 보호하기 위하여 영국의 자유무역 선언에도 불구하고 관세정책을 도입하여 자국산업을 보호하였다. 이 결과 자유무역정책은 퇴조하고 보호무역정책이 대두되었다.

이러한 보호무역정책을 뒷받침한 이론으로는 미국의 초대 재무부장관이었던 알랙산드 해밀톤(Alexander Hamilton)의 산업분화론과 독일의 학자 프리드히 리스트(Friedrich List)의 유치산업 보호론이 있다.

이는 오늘날에도 개도국의 공업보호를 위한 통상정책의 이론적 근거가 되고 있으며 개도국은 유치산업을 보호하기 위하여 보호정책을 수행하고 있다. 선진국의 경우도 사양산업이나 정체산업, 농업 등을 보호하기 위하여 보호주의적 통상정책을 실시하고 있다.

2) 보호무역정책의 특징

보호주의(protectionism)는 기업의 상품이나 서비스의 국가간 교역이나 국내산업, 국제수지, 국내고용 등에 대한 인위적인 간섭조치를 말하며 보호무역의 타당성은 자유무역보다 경제적으로 유리하기 때문이라기보다 보호의 필요성 때문이다.

보호무역정책은 자유무역의 경제적 이익과 효과의 우월성이 입증되는 자유무역정책의 논리성에도 불구하고 현실적으로 완전한 자유무역을 실시하기는 불가능하다. 왜냐하면 개별 국가별 특성에 따라 자국경제 및 산업을 보호할 필요가 있다는 보호주의자들의 주장이 경제적 타당성을 갖고 있기 때문이다. 여기서 보호정책의 필요성에 대해 몇 가지 이유를 살펴보고자 한다.

먼저, 성숙하지 못한 국내산업을 보호하기 위해서이다. 국내산업이 외국상품으로 인하여 발전하는 데 아무런 지장이 없다면 문제가 없지만 외국상품 때문에 발전할 수 있는 기회를 갖지 못한다면 외국상품의 국내진입에 대해서 각종 규제조치를 취하여 경쟁에 노출되지 않고, 발전할 수 있도록 하거나 국내산업에 대하여 생산보조금을 지급하여 국내산업의 경쟁력을 높일 수 있다.

둘째, 수출을 장려하기 위하여 취하는 수출상품에 대한 수출보조금을 지급한다. 그 이유는 국내산업을 발전시켜 경쟁력을 강화하고 국내고용을 증대시키므로 경제성장을 촉진하기 위한 것이다. 그리고 외화를 획득을 통하여 국제수지를 개선시키고 통화가치를 안정시키는 데도 목적이 있다.

셋째로 수입을 규제하는 이유는 외국상품에 의해서 국내산업이 발전할 수 있는 기회를 갖지 못한다면 그만큼 손실이기 때문에 국내산업이나 국내고용을 보호하기 위한 것이다. 나아가 수입의 증가는 외화의 유출은 가져와서 국제지급능력을 감소시키므로 국제수지를 개선하기 위하여 수입억제를 통하여 외화유출을 억제함으로써 국제수지를 방어할 수 있기 때문이다.

이러한 보호무역정책의 필요성은 국내산업의 발전기회를 제공하기 위한 것이며 나아가 외국으로부터의 독립하여 국민경제의 균형적인 발전을 모색하여 자립경제를 구축는 하는데 있다. 이와 더불어 교역조건 개선, 국제수지개선, 소득분배 등 여러 가지 이론적 근거하에서 다양한 논리적 근거를 가지고 있다

3) 보호무역정책의 이론

이론적으로 가장 바람직한 형태의 무역은 국내시장의 완전한 개방을 통한 자유무역이다. 그러나 현실적으로 완전한 자유무역의 실현은 거의 불가능하다. 자유무역의 경제적 이익과 효과의 우월성이 입증되고 있으나 보호무역의 주장도 경제적 타당성을 갖고 있다.

보호무역의 타당성을 입증하기 위하는 경제적 논리와 비경제적 논리가 있다. 먼저 경제적 논리에 입각한 보호무역정책의 논리적 근거를 설명하고자 한다.

(1) 보호무역의 경제적 근거

① 해밀톤의 산업분화론

미국이 독립전쟁 후 재무부장관인 알랙산드 해밀톤은 미국이 구주제국보다 제조업이 미성숙되어 있기 때문에 미국의 공업을 발전시키기 위하여 보호·육성함으로서 가능하다는 "제조업에 관한 보고서"(Report on Manufacture, 1791)를 의회에 제출하였다. 그는 보고서에서 산업활동을 활발하게 하기 위하여 농업과 공업으로 분화하는 것은 국민에게 이익이 되고, 제조업의 발달은 생산적 노동력의 증대와 농업을 개선하여 농민에게 이익을 가져다 줄 수 있다는 것이다. 공업발전은 보호무역에 의해 가능하므로 공업보호론 또는 산업분화론을 주장하였다.

해밀톤은 이 보고서에서 공업보호만을 주장한 것이 아니라 공업보호와 더불어 농업발전도 도모하여 미국의 이익을 추구해야한다고 주장하였다. 그러나 공업은 농업비하여 생산력이 높기 때문에 공업이익이 농업이익보다 높다고 주장하고 공업을 보호하기 위한 방법으로 관세, 수입금지, 보조금, 장려금 등 정책적 수단을 제시하였다.

이 같이 해밀톤의 공업보호론은 미국의 공업보호의 이익과 필요성을 내세워 유치산업인 제조업을 보호육성해야 한다고 주장하고 이를 실천하기 위해서 자유무역제도를 폐지하고 수입품에 관세를 부과해야 한다는 것이다. 이러한 해밀톤의 공업보호론에 영향을 받은 리스트는 유치산업보호론을 학문적으로 체계화시켰다.

② 리스트의 유치산업보호론

해밀톤의 공업보호론에 영향을 받아 학문적으로 보호무역론을 체계화시킨 것이 리스트의 유치산업보호론(infant industry argument for protection) 이다. 유치산업은 현재는 생산비면에서 국제경쟁력이 없어 비교열위에 있으나 시간이 경과함에 따라 경쟁력을 갖추어 비교우위로 전환할 수 있는 산업을 말하며 이 경우에 자유무역보다는 보호무역을 택하는 것이 자국의 경제발전에 도움이 된다는 것이다.

리스트는 공업의 중요성을 강조하고 공업을 발전시키기 위한 보호관세는 처음에는 공업제품의 가격을 인상시키지만 일정한 기간이 경과하여 공업이 발전하여 생산력이 발휘되면 외국에서 수입하는 것보다 저렴하게 생산된다. 그러므로 장래의 이익을 확보하기 위하여 현재의 손실을 감안하더라도 장래에 발전가능성이 있는 유치산업을 선택하여 보호해야 한다고 주장하였다.

리스트는 보호무역하에서는 발전가능성이 있는 후진국의 유치산업이 선진국의 산업과 경쟁할 경우 그 발전 가능성이 상실된다. 그러나 일정기간이 경과하여 성장될 때까지라는 제한적 보호론을 주장하고 있다. 그래서 자유무역론자인 밀(John Straut Mill)은 유치산업의 보호를 인정하고 이것을 자유무역론의 예외로 취급하고 있다.

③ 시장왜곡방지론

자유무역이 교역 당사국에 경제적 후생을 증대시킬 수 있는 것은 몇 가지 전제가정이 충족될 때 가능하다. 그 중에서 가장 중요한 것이 완전경쟁의 가정이다. 그런데 완전경쟁이 아닌 경우, 시장의 왜곡(market distortion)으로 시장의 실패(market failure)를 가져와 불완전 노동시장에서 발생하는 임금격차가 생기며 독점으로 인하여 경제적 후생이 감소하게 된다. 따라서 이 경우에 보호무역이 자유무역보다 경제적 후생을 증대시킨다.

(2) 보호무역의 비경제적 근거

보호무역의 비경제적 근거로 몇 가지 예를 볼 수 있다. 먼저 한 나라의 국방을 위해 특정산업을 보호할 필요성이 있다. 이러한 산업은 국가안보를 위하여 필요하다는 주장에 대해 경제학자들도 수긍하고 있다. 이때 어떤 산업이 국가안보를 위해 중요한 산업인가의 판단이 필요하다. 이에 특정한 산업을 보호하려면 경제적 효율성이 고려되어야 한다.

또한 식량이나 에너지 등 국민생활에 필수불가결한 물품의 경우에는 수요에 따라 공급능력을 갖추는 것이 필요하다. 이때 국내 자급율을 높이기 위하여 국가의 보호정책이 요구된다. 그러나 최적수준을 결정하고 공급량을 늘리기 위하여 경제적 합리성이 고려되어야 한다.

이와 같이 비경제적인 논의에도 경제적 판단이 필요하다.

■ 주요 용어

중농주의	국제분업	유치산업보호론
자유방임사상	산업분화론	시장왜곡

연습문제

1. 무역정책과 국제통상정책의 차이는 무엇인가?

2. 국제통상정책이 필요한 이유가 무엇입니까?

3. 국제통상정책은 대외통상활동에 대해 규제·조정·촉진하는 정책인데 이를 위한 기본적인 조치는 무엇인가?

4. 자유무역정책의 논리적 근거는 무엇인가?

5. 보호무역정책의 논리적 근거는 무엇인가?

제 9 장 국제통상정책의 수단

제1절 국제통상정책수단의 유형

20세기 세계경제질서를 이끌어 왔던 GATT체제하에서 많은 국가들이 자유무역을 통하여 자국의 공업화를 추진하여 경제성장을 달성하였다. 이러한 가운데 주류는 자유무역이지만 자유무역과 보호무역이 자국의 이익을 위해 되풀이하면서 관세나 비관세장벽을 통상정책의 수단으로 사용해 왔다. 이러한 가운데 무역자유화를 위한 노력으로 GATT는 세계무역의 확대에 크게 기여했다. 범세계주의를 표방하고 있는 WTO 체제가 출범한 현재에도 많은 국가들이 자국산업을 보호하기 위해서나 수입을 억제하기 위한 수단으로 관세나 비관세장벽을 사용하고 있다.

국제통상정책의 수단은 자유무역정책의 경우, 비교우위에 의하여 통상을 자유롭게 함으로써 자원의 최적 배분을 가져오며 국제적 분업의 이익을 극대화하여 세계의 경제적 후생을 향상시키므로 정부가 무역의 흐름에 대하여 개입하지 않아야 한다는 사상(정책)에 근거하므로 정책수단이 달리 존재하지 않는다.

이러한 자유주의 통상정책에 대하여 보호주의 통상정책은 자유무역의 부정적인 효과로 인하여 경제발전에 도움을 주지 못하기 때문에 국가이익에 도움이 되는 경제발전을 이룩하기 위해서 국내산업을 외국과의 경쟁에서 보호해야 하며 발전가능성이 있는 유치산업을 보호·육성하여야 한다는 것이다. 이를 하기 위해서는 현실적인 국가가 국제통상활동에 대하여 간섭하는 방법에 관한 국제통상정책의 수단이 보호무역정책의 수단으로 사용되며, 수출을 촉진시키거나 수입을 억제하기 위하여 여러 가지 수단이 사용되고 있다.

보호주의적 국제통상정책수단은 실시 시기나 방법에 따라 다르며 수입억제하기 위한 정책수단과 수출을 확대시키기 위한 정책수단으로 나눌 수 있다.

① 수입억제정책의 수단

수입억제정책은 수입품의 가격을 인상시키므로써 간접적으로 수입을 억제시키기 위하여 취하는 정책이며, 그 수단으로 관세와 같은 것이고, 직접적으로 수입량을 억제하는 수량적인 방법의 수단으로는 수입할당제, 수출자율규제 등과 같은 비관세장벽이 있다.

② 수출확대정책의 수단

수출확대정책은 수출경쟁력을 높일 수 있도록 취하는 정책으로 수출을 확대시키기 위한 수단으로 직접적인 수단과 간접적인 수단으로 나눌 수 있는 데 전자의 예는 수출장려금, 수출보조금, 생산보조금 지급수출금융제도 등이 있고, 후자의 예로는 환율조정, 제도개선 등이 이용되고 있다.

제2절 관세정책(tariff policy)

1. 관세의 정의와 목적

관세(customs, tariffs duty)는 외국제품이 한 나라의 경제적 경계(관세영역 또는 관세선)를 통과하는 상품에 대해 국가가 부과하는 세금이다. 관세영역이라는 것은 국제법상 국가영역과 반드시 일치하지 않으므로 국경과 관세선은 동일하지 않을 수도 있다. 관세는 재정수입을 확보하거나 자국산업을 보호하기 위하여 강제적으로 징수하는 수입억제 수단이다.

관세는 부과하는 목적과 형태가 다양하기 때문에 여러 가지 기준에 따라 분류된다. 즉 ① 과세의 목적에 따라 보호관세(protective tariff)와 재정관세(revenue tariff), ② 과세방법에 따라 종량세(specific duty), 종가세(ad valorem duty), 혼합세(compound duty) ③ 제도적 성격에 따라 일반관세, 특수관세, ④ 과세기회에 따라 수입세(import duty), 수출세(export duty), 통과세(transit duty) 등의 형태로 나누어진다.

관세부과의 주요 목적은 크게 두 가지로 요약된다.

첫째, 재정수입의 확보이다. 관세는 처음 부과할 때부터 국가가 재정수입을 확보하기 위한 목적을 가지고 부과되었기 때문에 재정관세라고 한다.

둘째, 국내산업을 보호하기 위한 관세이다. 초기의 재정수입을 위한 목적보다 차츰 국내산업을 해치는 외국상품의 수입을 억제하기 위한 산업보호가 더욱 강하게 작용하여 자국산업을 보호·육성하기 위한 것으로 사용하는 비중이 높다.

관세는 가격 메카니즘(price mechanism)을 통하여 자국과 외국의 가격격차를 조정하기 위한 정책수단으로서 일국의 통상정책 수단으로써 많이 사용되고 있다. 그럼에도 불구하고 여전히 재정수입확보의 원천으로도 중요하게 인식되고 있다.

2. 관세부과의 효과

일국이 외국으로부터 수입하는 물품에 대한 관세의 부과는 부과국의 재정수입확보나 자국산업의 보호가 중요한 목적이나 관세가 부과되면 관세 부과국과 무역상대국에 미치는 경제적 효과는 다양하다. 한 나라의 국민경제는 여러 부문으로 구성이 되어 있어 서로 영향을 주고받는 유기적이고 상호보완적인 관계에 의해 움직인다. 이러한 국민경제의 형성에서 특정부문의 변화는 다른 부문에 영향을 미치고 그에 따라 발생하는 변화는 다시 처음 부문으로 영향을 미쳐 여러 부문간 상호작용이 일어나면서 일국의 국민경제가 변화해 간다.

일국이 특정재화의 수입을 억제하기 위하여 관세를 부과하면 관세부과에 따른 관세의 경제적 효과는 다음과 같이 여러 가지 효과가 있다.

1) 소비효과

소비효과는 수입상품에 관세가 부과되면 가격이 상승하여 수입상품의 소비가 감소되는 효과이다. 그러나 관세에 의해서 수입품의 가격이 상승함으로 수입이 억제되나 차후 해당상품의 국내산업이 육성하여 발전하게 되면, 소비자는 간접적으로 이익을 얻을 수 있다.

2) 재정수입효과

재정수입효과는 수입하는 상품에 관세를 부과함으로서 국가의 재정수입이 증대되는 효과를 말한다. 수입상품에 관세를 부과함으로써 부과된 만큼의 관세가 정부의 재정수입으로 귀속된다. 그래서 전통적으로 관세는 중요한 재정수입확보의 한 원천을 마련하기 위하여 사용되어 왔으며 오늘날에도 중요한 재정수입의 원천으로 인식되고 있다.

3) 소득재분배효과

소득재분배효과는 관세가 부과되어 수입상품의 가격이 상승하면 국내경쟁상품의 가격도 함께 상승되어 실질소득이 소비자로부터 생산자에게 재분배되는 효과를 말한다. 즉 관세가 부과된 만큼 소비자는 손해를 보지만 생산자는 관세부과 부분만큼 높은 가격을 받을 수 있기 때문에 소득이 증가하게 된다.

4) 국제수지효과

국제수지효과는 관세가 부과되면 수입품의 가격이 상승하므로 수입을 줄이게 되고 수입량이 감소하면 감소된 만큼의 국제수지가 개선되는 효과를 가져온다. 즉 관세부과로 인해 국내생산은 증가하는 데 반해 소비가 감소하므로써 초과수요가 감소하므로 수입이 줄어들게 되어 국제수지가 개선된다.

5) 교역조건효과

교역조건효과는 관세를 부과함으로써 관세 부과국의 교역조건은 개선되는 반면 교역상대국의 교역조건은 악화되는 효과를 말한다. 이 경우 경제규모가 적은 국가는 국제가격을 변동시킬 수 없으나 경제규모가 큰 국가는 수입규모가 크기 때문에 가격결정자의 역할을 하게 된다.

소국에 비해 대국이 관세를 부과하면 국내가격이 상승하게 되어 수요량은 감소하게 되고 국내 생산량은 증가하여 수입수요량이 감소하게 됨으로써 세계 전체의 수요를 줄이게 됨으로써 국제가격이 하락하게 된다.

6) 소득효과

소득효과는 수입하는 상품에 관세가 부과하면 수입이 억제되므로 부족한 공급의 증대를 위한 국내 수입경쟁산업의 생산활동이 활발해지고, 생산량이 증대됨으로써 고용이 확대되고 이에 따라 소득이 증대되는 효과를 말한다. 이와 더불어 수입경쟁산업의 발달은 다른 여타 산업의 발달에 영향을 미쳐 이 산업에 종사하는 사람들 뿐만 아니라 다른 여타산업에 종사하는 사람들도 더 큰 소득을 얻게 된다.

7) 경쟁효과

경쟁효과는 수입품에 관세가 부과됨으로써 국내산업이 외국산업과의 심한 경쟁을 피할 수 있다. 관세라는 보호수단에 의해 외국제품을 일정수준으로 억제시킴으로써 자국산업의 생산이 증대되어 국제경쟁력을 가지게 된다. 이와 같이 관세의 순기능은 자국산업의 경쟁력을 가진다.

관세는 수출국의 생산자와 소비자, 수입국의 생산자와 소비자에게 각기 다른 영향을 준다. 즉 관세는 세계시장의 상품가격과 수입국의 상품가격을 상승시키는 한편, 수출국의 상품가격을 하락시킨다. 따라서 수입국내의 생산을 증가시키고 수출국내의 생산은 감소시킨다.

이외에도 자국의 경제발전을 위해서 가공도가 낮은 원료나 중간제품에 대해서는 낮은 관세를 부과하고 최종소비재에는 높은 관세를 부과하는 방법을 통해서 자국의 산업발전에 기여하고 있다[5].

관세가 특정산업의 보호와 국제교역조건의 개선 등의 목적으로 관세를 부과하면 자유무역보다 큰 이익을 얻을 수 있다. 이러한 긍정적인 효과도 있지만 생산부문에서의 비효율적인 배분과 그에 따른 교역량이 감소되는 등 부정적인 효과도 있다. 따라서 일국의 관세부과로 무역량의 감소에 따른 손실을 최대한으로 줄일 수 있는 관세부과가 부과의 목적을 달성하는 것이 중요하다.

이와 같이 관세는 자국경제에 미치는 여러 가지 효과도 있지만 타국 경제나 세계경제에 미치는 영향이 커서 세계경제발전에는 많은 부정적인 효과를 가져왔으므로 자유무역을 통한 세계경제에 발전에 기여하고자 하는 많은 국가들이 1947년 이후 관세 및 무역에 관한 일반협정(GATT)의 여러 차례 협상을 통하여 관세는 상당부분 인하되었다. 제8차 우루과이라운드의 타결은 관세율을 더욱 낮추었다.

---

5) 경사적 관세구조(tariff escalation structure)라고 하며 제품의 가공도에 따라 관세수준을 달리하는 관세구조를 말한다.

〈사례〉 농산물 관세의 종량세 적용

상품의 종류에 따라 일정율의 관세가 부과되는 종가세와는 달리 종량세는 상품에 따라 일정액의 관세가 부과된다. 따라서 종량세의 경우 같은 품목의 경우에 저가품과 고가품이 동일한 관세를 물게 되어 있어 저가품이 실질적으로 더 높은 관세율을 부여받게 되어 상대적으로 불리하게 된다. 그렇기 때문에 종량세는 저가품의 수입을 줄이는 효과를 가져온다. 한국 정부가 수입농산물에 대하여 종량세를 적용하기로 한 것도 바로 이러한 이유에서이다. 중국 등으로부터 마구잡이로 수입되는 저가 농산물로부터 국내 농업을 보호하고, 국내 농가가 중국의 덤핑공세로 인해 피해를 입는 것을 막기 위해 "저가농산품 수입을 최대한 억제하겠다"는 뜻이다.

미국, 일본, EU 등은 자국의 농업과 경쟁력 취약산업을 보호하기 위해 이미 종량세를 널리 활용하고 있다. 미국은 전체 품목 중 종량세 적용품목이 12.9%, 농산물의 경우 39.4%에 이를 정도다. 종량세로의 전환은 고가품도 저가품과 같은 관세가 부과됨을 의미하므로 어느 정도 관세수입의 감소가 불가피할 것으로 예상된다. (출처: 한국경제신문, "농산물 종량세 적용")

그럼에도 불구하고 각국은 자국의 특성에 따라 수입품에 대해 관세를 부과할 수밖에 없다면, 관세는 한 나라의 국민 후생을 극대화할 수 있는 수준에서 부과해야할 필요가 있다. 즉 정부가 관세수준을 정할 때 자국의 경제적 이익을 극대화할 수 있는 최적수준의 관세[6]를 부과해야 한다.

제3절 비관세정책(non-tariff barrier:NTB)

1. 비관세장벽의 의의와 특성

전통적인 통상정책수단인 관세이외에도 자국산업을 보호하기 위하여 사용하는 많

6) 최적관세(optimum tariff)라고 하며, 교역조건개선을 통하여 무역이익을 극대화할 수 있는 관세수준을 말한다.

은 종류의 정책도구들이 존재하고 있는 데 이러한 수단을 비관세장벽이라고 한다. 일반적으로 비관세장벽(non-tariff barriers: NTB)은 관세이외의 모든 유형·무형의 무역제한 조치를 말하며 이의 종류나 효과는 매우 다양하다.

이러한 비관세장벽(NTB)을 좀더 구체적으로 보면 그 목적은 관세와 같으나 무역의 자유로운 흐름을 왜곡시키는 관세이외의 수단으로 그 성격과 형태가 매우 복잡하고 다양하며 나라마다 다르기 때문에 통일적으로 정의하기 어렵다. 그러나 일반적으로 "수입을 양적으로 제한하여 수입량을 억제하거나 수출국의 수출업자와 수입국의 수입업자에게 대해 비용이나 위험부담을 증가시켜 수입량을 억제하는 등 관세 이외의 모든 무역장벽이나 무역제한 수단"으로 정의하고 있으며, 무역자유화를 가로 막는 방법이다.

따라서 비관세장벽도 관세장벽 못지않게 자원의 최적배분을 저해하고, 무역의 왜곡을 통하여 국제무역에 악영향을 미치며, 국제무역을 감소시키고 세계후생을 떨어뜨린다.

1970년대 이후 등장한 보호주의를 신보호주의(new protectionism)라고 하는데 이의 큰 특징은 자국산업의 보호수단으로 관세보다 비관세장벽들을 사용한 것이라 할 수 있다. 왜냐하면 관세는 이미 GATT의 성공적인 업적으로 관세율이 크게 낮아지거나 제거를 통하여 자유무역을 확대되었다([그림 9.1] 참조). 그러자 더 이상 관세는 유용성이 떨어져 관세를 대체할 수 있는 무역장벽의 수단으로 보다 강력한 비관세장벽(NTB)을 사용하게 되었다.

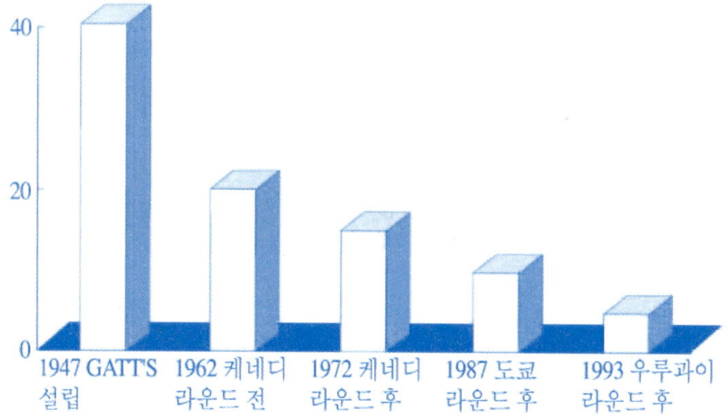

[그림 9.1] 관세율의 인하노력

이러한 비관세장벽은 비관세장벽의 종류나 효과의 다양성을 가지고 국제무역에 불리한 영향을 미치는 수입제한조치로 취해지고 있다. 이러한 비관세장벽은 몇 가지 중요한 특성을 가지고 있다.

첫째, 비관세 장벽 유형의 다양성이다. 비관세장벽은 각국이 자의적으로 도입하여 사용하고 있기 때문에 수많은 유형이 도입될 수 있다. 수출입수량과 가격에 영향을 미치는 조치와 보건위생이나 문화보전 등에 이유를 붙이는 경우도 있고, 행정절차나 표준 등 제도상의 복잡성을 가지고 있기도 하는 등 다양하다.

둘째, 비관세장벽의 무역제한효과는 측정하기가 곤란하다. 비관세장벽 역시 관세와 마찬가지로 자국산업을 보호하기 위한 무역제한 조치임에도 효과를 측정하기가 쉽지 않다. 예를 들면, 보건 및 안전기준에 대한 행정적 규제는 관세못지 않게 무역장벽이지만 그 효과를 측정할 수 없다.

셋째, 제도의 변칙적 운영이 가능하므로 가변적이다. 각국은 제도를 예고없이 변경하거나 임의로 새로운 제도를 도입하기 때문에 제도상의 가변적이기 때문에 불확실하다. 예를 들면 수입국이 수입할당제도를 자주 변경하는 경우 수출업자는 수입국의 수입할당제에 대한 정보를 확실하게 얻지 못하면 생산 및 수출을 예측할 수 없기 때문에 불확실성이 매우 높다.

넷째, 운용상의 차별성이 존재한다. 현 WTO체제하에서 관세는 물론이고 비관세의 경우도 최혜국대우의 조항에 의해 무차별원칙을 지켜야 한다. 그러나 외견상으로는 무차별한 것 같지만 실질적으로 선별적이고 차별적으로 운영되기 때문에 특히 개도국이 매우 불리하다.

다섯째, 비관세장벽은 협상이 쉽지 않다. 비관세장벽이 갖는 기본적인 특성으로 인해 균일화하기가 어렵고, 일정한 기준이 없기 때문에 협상과정에서 비관세장벽의 완화 또는 철폐를 위한 협상이 쉽지 않다.

2. 비관세장벽의 종류와 효과

1) 비관세장벽의 종류

앞에서 언급한 대로 비관세장벽은 그 유형이 매우 다양하고 효과가 매우 복합적으로 나타나기 때문에 그 종류를 일정한 기준에 따라 분류한다는 것은 쉽지 않다. 그러나 앞에서 보호무역정책의 방법으로 수입을 억제하는 정책과 수출을 촉진하는 정책으로 구분하여 보호무역정책수단을 설명한 것과 같은 방법으로 다음과 같이 분류해 영역을 나누어볼 수 있다.

비관세장벽도 수입을 억제하는 방법만이 보호의 방법이 아니라 자국 상품의 경쟁력을 높이는 방법도 주요한 방법이다. 이를 고려하여 비관세장벽을 크게 수출을 장려하기 위한 비관세장벽과 수입을 제한하는 비관세장벽으로 나누어 볼 수 있다. 전자는 생산·수출보조금, 수출신용제도, 수출신용보험제도, 기술적·행정적 지원 등이다. 이는 국내산업의 경쟁력을 높여주기 위해서 정부당국에 의해서 생산업자에게 지원됨으로써 지원정도 만큼 기업은 비용을 덜 지불할 수 있으므로 경쟁력을 가질 수 있다.

후자는 수입할당제, 수출자율규제, 기술적·행정적 규제 등이 있다. 이는 국내산업을 보호하거나 국제수지를 개선하고, 상대국의 수출을 자제시킴으로써 자국 산업의 피해를 줄일 수 있으며, 또한 기술적 애로사항이나 복잡한 행정절차를 통해서도 수입을 제한하고 있다. 또한 산업피해구제를 위한 반덤핑조치, 상계조치, 세이프가드, 원산지규정 등은 수출국의 불공정한 행위에 대하여 방어하기 위하여 취하는 조치들이다.

이를 다시 비관세장벽을 네가지 유형으로 그 범주를 나누어 설명할 수 있다.

① 가격적 장벽

가격적 장벽은 수입상품에 세금을 부과하여 수출상품의 경쟁력을 약화시키거나 보조금을 지원받은 수입상품이 국내유입되어 국내산업에 피해를 입힐 경우에 취하는 조치이다. 예를 들면, 수입과징금, 수입예치금, 최저수입가격제, 반덤핑관세, 상계관세 등이 이에 속한다.

② 수량적 장벽

수량적 장벽은 수입자체를 금지하거나 수입수량을 제한함으로써 국내산업을 보호할 목적으로 사용하는 조치이다. 예를 들면, 수입할당제, 수출자율규제, 시장질서 협정, 다자간 섬유협정 등을 들 수 있다.

③ 품질장벽

품질장벽은 수입상품에 대한 품질규격, 안전, 보건 등에 관한 규제요건을 강화함으로써 수입상품의 국내유입을 제한하는 조치이다. 예를 들면, 위생 및 검역조치, 포장이나 용기에 대한 규정, 생산공정과 규격에 대한 표준화 등을 들 수 있다.

④ 행정적 장벽

행정적 장벽은 수입절차나 서류를 복잡하게 하거나 까다롭게 하여 정상적인 수입이 잘 이루어지지 못하게 하거나 수입국이 국내에서 수입상품에 제약을 가하는 등의 수입제한 조치이다. 예를 들면, 수입허가제, 통관절차, 원산지 증명 등을 들 수 있다.

2) 비관세장벽의 효과

비관세장벽도 관세와 마찬가지로 보호주의 통상정책의 수단이므로 그 효과에 있어서는 관세와 유사하다. 그러나 관세와 다른 점은 관세는 관세수입으로 인하여 국가의 재정수입을 확보할 수 있지만 비관세는 관세수입은 없지만 그 효과의 정도와 무역당사국에 미치는 영향은 다르다.

앞에서 살펴 본 수출장려와 수입억제 효과를 중심으로 비관세장벽의 효과를 살펴보자.

(1) 수출을 장려하기 위한 비관세장벽의 효과 :

(예) 수출보조금, 생산보조금, 수출금융제도 등 수출장려를 목적으로 채택하는 조치

수출보조금은 각국에서 여러 가지의 형태로 지급되고 있으나 주로 수출재화의 생산량과 수출량을 증대시키고 국제경쟁력을 강화시키기 위하여 수출업자에게 제공되는 금융 및 재정적 지원을 말한다.

수출보조금의 효과는 수출상품의 종류에 따라 다르게 나타난다. 예를 들면 수출공급의 가격탄력성이 높은 제품과 수출경쟁이 치열한 제품이 수출보조금을 받게 되면 수출가격은 수출보조금을 받은 만큼 싸게 국제시장에서 팔 수 있기 때문에 경쟁력을 갖게 된다. 반면 수출공급의 탄력성이 낮은 제품과 수출경쟁이 낮은 제품은 수출가격의 영향을 크게 받지 않기 때문에 보조금의 효과는 적다.

생산보조금제도는 일국의 정부가 자국의 생산 상품의 수출증대와 국제경쟁력을 강화할 목적으로 자국 수출업자에게 제공하는 금융 및 재정적 지원을 말한다. 이는 수출증대와 수입억제, 국내생산 증가 등의 효과를 목적으로 수출을 장려하기 위한수단으로 많은 나라들이 사용하고 있다.

(2) 수입을 제한하기 위한 비관세장벽의 효과:

(예) 수입할당제, 수입예치금, 관세할당제 등 차별성을 가지며 직접적으로 수입억제 효과를 발생시키는 조치.

수입할당제는 일정기간 동안 특정제품의 수입규모를 일정하도록 할당하여 주는 조

치로 수입쿼타제라고도 한다. 수입할당량까지는 자유롭게 교역이 이루어지고 그 할당량이 채워지면 그 때부터의 수입에 대하여 수입국의 제한을 받게 된다. 수량 또는 금액의 일정한 범위 이내에서 제한하기 때문에 수입을 억제하는 효과가 직접적으로 매우 강력하게 나타난다. 이는 프랑스에서 먼저 사용한 이래 지금까지 보호무역정책의 수단으로 널리 이용되고 있다.

수입예치금제는 수입업자가 어떤 상품을 외국으로부터 수입할려고 할 때 수입상품의 대금의 일부 또는 전부를 사전에 관계금융기관에 예치하도록 하는 제도이다. 이는 수입업자에 자금부담을 줌으로써 수입량을 조정하는 제도로 수입수요를 억제하여 국제수지를 개선하기 위한 것이며, 미국에서 누적된 국제수지를 방어하기 위하여 처음으로 실시되었다.

관세할당제는 수입국이 수입을 억제하기 위하여 일정량의 수입에 대해서는 관세를 부과하지 않거나 낮은 관세율을 부과하지만 일정량을 초과하면 높은 관세율을 부과하는 수입제한수단이다. 이는 수출자율규제와 함께 자주 사용되며, 관세와 수입할당을 합쳐진 것으로 볼 수 있다.

오늘날 선진국은 자국의 사양산업이나 정체산업, 농업을 보호하기 위하여 사용하며, 개도국은 제조업의 수입대체를 촉진하고 국제수지의 적자를 줄이기 위하여 수입할당제를 사용한다.

(3) 복합적 비관세무역장벽의 효과:

(예) 외환관리, 위생 및 검역조치

환율 및 외환 규제는 환율 및 외환 수급의 인위적인 조절을 통해 자국의 수출을 증대시키고 수입감소효과를 높이려는 목적으로 시행되어 왔다.

환율의 변화, 즉 평가절상 또는 절하는 수출입에 영향을 미치므로써 외국통화에 대한 자국통화의 가치를 높이는 평가절상 또는 환율인하조치는 자국 상품의 수출은 감소하게 되고 수입은 증가하게 되어 무역수지를 악화시킨다. 반면에 외국통화에 대한 자국통화의 가치를 낮추는 평가절하 또는 환율인상은 자국제품의 수출은 증대되지만 수입의 감소로 나타나게 된다. 따라서 많은 국가는 국제수지를 개선할 목적으로 자국통화의 가치의 평가절상, 절하의 조치를 취함으로써 수입억제 및 수출확대를 위한 수단으로 사용하게 되었다.

위생 및 검역조치는 교통수단의 발달과 농산물 교역이 자유화되면서 수입농산물에 대한 소비자의 안정성문제가 대두됨에 따라 국민위생이나 건강보호, 국내산업 보호 등의 문제에 대처하기 위하여 식품위생이나 동식물 검역조치의 강화가 요구되었다. 이러한 조치가 비관세장벽의 일종으로 작용해 무역자유화를 가로 막을 수 있기 때문에 비관세의 일종으로 볼 수 있다.

그래서 GATT에서 농산물교역에 부정적인 영향을 초래하는 위생 및 검역조치를 최소화하기 위한 규제를 강화하여 사전에 수입제한요인을 제거하도록 함은 물론 규제기준을 국제기준과 일하도록 하고 있다.

■ 주요 용어

관세장벽	생산효과	보조금
비관세장벽	소비효과	수입할당제
신보호무역주의	국제수지개선효과	관세할당제

연습문제

1. 무역자유화를 가로막는 무역장벽이 왜 필요한가?

2. 관세와 비관세장벽의 공통점과 차이점은 무엇인가?

3. 비관세장벽(NTB)의 특성은 무엇인가?

4. 오늘날 비관세장벽이 확대되는 이유는 무엇인가?

제10장 | 주요국의 통상정책

제1절 미국의 통상정책

1. 미국경제현황과 통상정책의 변화

1) 미국경제의 현황

제 2차 세계대전을 치루면서 미국을 포함한 많은 국가들이 모두가 큰 피해를 입었다. 이러한 가운데서 미국을 제외한 대부분의 국가들은 막대한 산업피해를 입게 되었지만 미국은 유일하게 피해를 적게 입은 국가로서 전쟁 후 세계의 막대한 수요를 바탕으로 막대한 무역흑자를 기록하면서 급성장하게 되어 경제대국으로 성장하였다. 따라서 미국은 미국의 통상정책은 자유무역주의를 기조로 하여 1960년대 말까지 세계를 이끌어왔다.

그러나 1970년대 들어와서 EC, 일본, 그리고 NIEs의 등장으로 1971년 처음으로 무역수지적자를 기록한 후 계속 적자를 면치 못하여 닉슨 대통령은 신경제정책을 취하게 되었으며 재정적자는 꾸준히 증가하고 있으며 두 차례에 걸친 석유파동으로 스테그플레이션으로 경제성장이 둔화되어 보호무역주의로 선회하게 되었지만 아직도 자유무역주의는 대외정책의 기본골격을 가지고 있다.

1980년대 들어와서도 미국경제는 국제경쟁력의 약화로 후속선진국 일본, 독일 등에 추월당하지 않나 하는 걱정이 되었으나 1990년대 초에 일본, 독일 등 선진국경제가 부진한 것과 대조적으로 미국경제는 1991년 3월 이후 저물가, 저실업, 고성장을 이룩함으로써 경기순환과정에서의 최저점을 통과하여 안정성장을 계속해 왔다. 왜냐하면

1970년대 후반부터 1980년대까지 경쟁력 저하로 위기감을 느낀 미국기업들은 1990년대부터 외적 성장위주에서 비용절감을 통한 이윤극대화에 주력하는 내실위주의 성장, 즉 민간기업의 경영혁신과 안정된 노사관계 그리고 정부의 노력이 저물가, 저실업, 고성장의 결실을 맺으며 호황국면을 이끌어 왔다.

또한 미국은 경제의 대외경쟁력을 높이기 위하여 미국경제의 세계화의 전략에서도 찾을 수 있다. 미국의 개방화정책은 미국경제의 효율성을 높이는 데 기여하고 시장개방을 통해 경쟁을 촉진함으로써 생산성 향상과 물가안정을 이루고 있다. 이와 함께 정부의 일관된 노력, 즉 기업활동의 규제를 대폭 줄이고 기업의 공정한 경쟁환경을 조성하여 산업의 생산성을 높이는데 주력하고 있다.

세계 모든 국가는 그 자국의 환경이나 발전정도에 따라 자국의 이익을 위하여 노력하고 있다. 미국도 마찬가지로 자국의 이익과 번영을 위한 이기주의적 미국의 통상정책은 "명분과 원칙"(rule-oriented trade policy)을 앞세운 통상정책에서 최근에는 "무역성과 중심의 정책"(result-oriented trade policy)으로 시대가 변함에 따라 변화되어 왔다. 시대별로 변화되어 온 미국의 통상정책을 요약·정리하면 다음과 같다.

(1) 제 2차 대전 이전

이 때는 미국의 산업이 경쟁력을 갖지 못하였기 때문에 미국은 농업 중심의 경제에서 공업화를 추진하는 과정에서 성숙하지 못한 공업부문을 보호하기 위하여 평균관세율을 59%라는 높은 관세를 부과함으로써 여타 국들의 보복관세를 부과받게 됨으로 국제무역은 크게 위축되었다.

(2) 2차 대전 후부터 60년대 중반

이 시기에 미국은 각국의 보호주의가 국제무역을 위축시켰다는 것에 대한 반성으로 국제협상을 통하여 자유무역을 추진하기 위한 GATT를 창설하여 자유무역체제를 구축하였다. 세계 최대의 무역국가로서 세계무역질서의 형성을 주도하였다. 이러한 미국의 주도적 역할에 힘입어 세계경제는 괄목할 만한 성장을 달성할 수 있었으며 세계무역환경은 과거 어느 때보다 자유롭고 안정적으로 변화되었다.

(3) 1960년대 후반부터 70년대

1960년대까지 미국은 다자간 무역체제의 강화를 통상정책의 기조로 삼았으나 지속적인 무역수지의 적자 때문에 1971년 금태환조치를 취하였으며, 실업문제 등은 신보호무역주의를 대두시키는 데 기여하게 되었다. 특히 GATT의 다자간관세협상으로 낮아진 관세로 국내산업의 보호가 어려워짐에 따라 비관세장벽을 통한 보호주의를 강화시켰다. 1974년 통상법에 301조가 포함된 일련의 특별조치를 통하여 일방적인 보호조치 강화와 적용범위를 점차 확대하였다.

(4) 1980년대

미국은 누적 무역수지의 적자가 확대되면서 자유무역주의(free trade)에서 공세적 상호주의(agreessive reciprocity)로 변하고 교역국에 대하여 자국과 동일한 수준의 시장개방을 요구하는 공정무역(fair trade)을 추진하였다. 게다가 1988년 "무역 및 경쟁력에 관한 종합법"(Omnibus Trade and Competitiveness Act)에는 미 무역대표부(USTR)가 직권에 의해 조사 및 제재할 수 있도록 하는 등 행정부의 권한이 확대되었다.

(5) 1990년대 이후

1990년에는 "농업관련 법안"(1990 Farm Bill)과 "수출촉진법"(Export Enhancement Act of 1992)을 제정하여 미국통상정책을 결정하는 관련 법률을 마련하는 등 대외무역에 대한 상호주의와 공정무역을 내세워 여타국에 개방압력을 강화하고 있다.

한편 WTO체제 출범 이후 여타국들이 WTO규범의 이행을 촉구하고 서비스무역의 개방을 확대시키며, 지적재산권보호를 위한 조치도 강화하고 있다. 이와 같이 미국은 국익우선이 최우선 정책으로 이를 위해 보호무역정책 또는 자유무역정책을 병행하고 있다.

2) 미국 통상정책의 목표와 방향

(1) 미국통상정책의 목표

① WTO규정의 준수

미국은 지난 우루과이 라운드 협상과정에서 서비스무역, 지적재산권, 무역관련 투자 등의 완전한 자유화와 다자간 규범의 확립, 농산물무역의 자유화정착을 추진하였으며 그 결과에 대한 이행을 추진하고 있으며, 또한 보조금이나 상계관세, 세이프가드 등에 대한 규칙을 확립하는 데도 노력하고 있다.

② 지역무역협정의 확대

미국은 자신이 주도하여 태동한 WTO체제를 강화하는 데 목표를 두면서 지역무역협정(NAFTA, APEC 등)에 많은 관심을 가지고 최근에는 대미 의존성이 높은 아시아지역과의 자유무역협정(Free trade agreement: FTA)에도 많은 관심을 가지고 있으며,

이는 시장확대와 EU나 일본을 견제하는 방법이 되고 있다.

③ **쌍무협정의 적극적인 선호**

미국의 통상정책의 이념은 자유무역주의와 상호주위를 바탕으로 일본, EU 등 선진국 뿐만아니라 한국, 중국 등 개도국을 대상으로 여러 분야의 시장개방을 추구하기 위한 쌍무적 접근을 시도하는 등 공정무역을 실현하는데 노력하고 있으나 최근에 슈퍼 301조 등 대외통상법을 근거로 일방적인 시장개방 압력도 취하고 있다.

(2) 미국통상정책의 특징과 방향

① **미국통상정책의 특징**

미국은 세계에서 가장 개방적인 국가로써 개방적 통상정책을 실시하는 국가로써 지속적인 관세인하와 공정무역을 통해 자유무역기조를 유지하면서 다른 한편으로는 자국의 세계경제적 지위확보와 자국산업보호를 위한 수입규제를 목표로 보호주의적 통상정책을 유지해 왔다.

최근 미국통상정책은 자유·공정무역과 상호주의 기조를 유지하면서 최혜국대우의 원칙을 근간으로 다자주위 무역체제를 지키면서 다른 한편으로는 지역주의 협력을 강화하고 무역상대국의 통상관련정책, 제도, 관행이 불공정하다고 판단되면 통상법 301조를 앞세워 압력을 가하는 등 다각적인 전략을 추진하는 것이 미국통상정책의 특징이다. 이를 요약해 보면 다음과 같다.

미국 통상정책의 특징[7]은 첫째, 특정산업보다는 자국의 국익을 목표로 통상정책을 수립하고 운영한다. 즉 자국산업의 보호와 경쟁력강화를 위하여 반덤핑, 상계관세제도를 운영하고 지적재산권보호를 위한 규제를 강화하고 있다.

둘째, 상호주위와 공정무역에 입각한 국내시장과 해외시장의 개방을 동시에 추진하고 다자주의를 표방하면서 쌍무협상을 통한 통상정책을 수행하고 있다.

셋째, 미국통상정책의 중요한 특징은 정책수립과 실행과정에서 통상법에 근거하여 이루어진다. 따라서 미국의 통상법은 통상정책의 핵심이라고 할 수 있다.

② **미국통상정책의 방향**

㉠ 시장개방압력의 강화

만성적이고 누적된 무역수지의 적자와 실업문제를 해소하기 위하여 교역상대국에

7) 김정수, 국제통상정책론, 박영사, 2003, p.551

대하여 쌍무적 통상압력을 강화하고, 통상법을 통해 정부조달, 통신서비스 및 농산물 등의 분야에 외국에 대한 개방압력을 추진하고 있다.

㉡ 지역주의 협력강화

미국·캐나다·멕시코로 묶는 자유무역지역(NAFTA)협정을 1994년 맺어 NAFTA를 발족한 후 범미 자유무역지대(FTAA)를 2006년까지 발족을 위해 노력하고 있으며, APEC를 통해서도 지역통상협력을 위해 2020까지 역내 자유무역화를 추진하고 있다. 또한 최근에는 봇물처럼 유행하고 있는 자유무역협정(FTA)에 대해서도 여타국들과 다각도로 적극추진하고 있다.

㉢ 반덤핑과 상계관세 조치강화

미국은 여타국들의 낮은 가격 공세로 인한 미국 국내산업의 피해를 방지하기 위해 반덤핑관세를 부과하고, 보조금지급에 따른 국내산업의 피해방지를 위한 상계관세조치를 강화하는 등 보호주의적 통상정책을 강화하고 있다.

㉣ WTO 후속협상 추진

UR협상 후 DDA에서 추가협상과제로 통신, 해운, 서비스협상 등과 새로운 과제인 무역과 환경, 노동문제, 부패문제, 경쟁문제 등 새로운 이슈에 대한 협상에 대해서도 관심을 버리지 않고 지속적인 노력을 계속하고 있다.

3) 대한 통상정책의 방향

미국의 통상정책은 자국의 이익을 위하여 일방적인 자유무역을 추진하기 보다는 무역상대국의 개방을 유도하는 특징을 가지고 다양한 통상정책의 수단을 활용하고 있다.[8)]

이런 점을 고려하면 몇 가지로 요약하여 보면, 먼저 미국의 대한 통상정책은 통상압력의 강화를 통해 선진국 수준의 시장개방을 요구할 것이다. 두 번째, 미국이 다자간 협정을 비롯한 쌍무협정의 이행 여부를 감시하게 됨에 따라 한·미 양국간에 합의된 협정과 WTO협정을 실천하는지에 대한 감시활동이 강화될 것이다. 셋째, 미국의 대한 통상정책은 단순히 시장개방차원이 아니라 상호주의 입각한 시장개방과 공정무역의 차원에서 추진할 것으로 전망된다.

8) 왕종윤, 미국클린턴 제2기 행정부의 대외통상전략, 대외정책연구원, 1997, p.107

제2절 일본의 통상정책

1. 일본통상정책의 변화

1) 전후부터 1960년대

명치유신 후 공업화를 이룩한 일본경제는 세계 2차 대전으로 큰 타격을 받게 됨으로써 경제활동 재개를 위한 원재료수입과 기술도입을 위해 외화확보가 필요함에 따라 수출을 촉진하는 정책을 추진하였다. 일본은 전후에 대외활동이 시작되어 1950년초에 대외무역이 본격화함으로서 급속한 경제성장과 무역확대를 이룩하였다. 이 결과 가장 빠른 속도로 선진국 대열에 진입하였다.

이렇게 볼 때 1950년대는 기간산업부문의 수급불균형으로 국제수지의 균형을 위한 노력과 경제성장을 위한 공업용원료의 확보와 해외시장 확보라는 기본방향을 가지고 강력한 수출지원과 수입억제가 통상정책의 특징이였다.

1960년대에는 전후 유럽부흥에 상대적으로 위축된 미국은 무역자유화를 요구하면서 경공업을 중심으로 고도성장을 해온 일본에 대해서도 무역자유화를 요구하게 되었다. 이에 일본은 무역·외환 자유화계획을 발표하고 관세제도를 정비하여 수입자유화를 위한 체제를 정비하였다. 또한 1964년 일본이 OECD에 가입함으로써 직접투자에 대한 자유화를 요구받게 되었다. 이에 자본자유화계획을 표명하고 대응해 왔다.

2) 1970년대부터 1980년대

1960년대 초에서 1970년대 초까지 일본의 실질경제 성장율은 연평균 13%이상이었고 무역규모도 급격히 커졌다. 이에 1970년대 초반부터 일본경제에 대한 개방요구가 급증하였고 일본 스스로도 개방체제로의 이행을 추진하여 단계적 무역 및 자본자유화를 실시하였다. 1970년대 두 차례의 석유파동으로 인하여 세계적 불황에 빠져 보호무역주의를 추진함에 따라 각국의 수입제한 조치와 반덤핑제소가 급증하였다. 세계시장의 절반을 차지하고 있는 미국, 일본, EC간 통상마찰이 본격화되었다.

일본의 통상마찰은 1960년대 섬유를 시작으로 그 후 철강, 컬러 TV, 자동차 등 일본의 산업구조 고도화에 맞추어 발생하였다. 일본의 수출은 구미제국의 불황에도 불구하고 증가하고 있으며 특정 품목에 대해서는 집주호우식으로 진행되어 수출은 급증하여 통상마찰의 심각성이 컸다. 그래서 일본은 통상마찰의 해소와 수출을 원활히 추진하는 것이 주요한 과제가 되었다.

이를 위해 단기적으로는 상대국과 협상을 하고 장기적으로는 고부가가치 수출구조 구축과 수출시장다변화를 추진하였다.

3) 1980년대부터 1990년대

1980년대에 와서도 일본의 무역흑자 폭이 급증하여 국제수지의 불균형이 확대됨으로써 자동차, 금융, 서비스분야와 첨단산업 등 개별품목과 더불어 경제구조 전반에 걸쳐 통상마찰이 발생하였다. 특히 경상수지 흑자가 확대되고 세계의 최대 채권국으로 부상함에 따라 통상압력은 강화되었다. 이의 해소를 위한 과제는 제도와 관행의 투명성을 높이고 상호이해를 깊게 하고 자유무역체제를 해치는 조치는 철폐하는 것이였다.

통상압력의 해소를 위해 일본은 지속적인 자유화조치를 시행해 왔고 미국과의 쌍무적 통상협상을 통해 1980년 12월에 자본거래의 자유화, 1986년 146개 농산품 관세폐지, 1991년 소고기, 오렌지의 자유화 실시, 1995년에는 쌀시장의 부분개방을 단행하는 등 지속적으로 무역의 자유화를 추진하였다. 이와같은 일본 통상정책의 변화는 미국과의 통상마찰과 밀접한 관계를 가지고 있다.

2. 일본통상정책의 특징

일본은 GATT의 무역자유화에 편성하여 이룩한 경제성장이기 때문에 개방화를 전제로 국내 여건을 충분히 반영하고 있다. 즉 정부와 민간부문간에 자문기구를 통하여 긴밀한 협조가 이루어 지는 민관협력체제가 구축되어 있고, 통상마찰에서 오는 문제를 해소하기 위해서 수출자율규제제도를 적극적으로 활용하고 있으며, 일본의 구조적 무역장벽이 직·간접적으로 일본통상정책수립에 영향을 미치기도 하고 통상정책의 집행결과 구조적인 문제가 강화되기도 한다.

① 일본 통상정책은 정부와 의회의 긴밀한 협조하에 입안되고 실행된다. 법이 정한 범위내에서 정부는 구체적인 사항까지 입안, 실행할 수 있는 권한을 가지고 있으며, 정부와 민간부문간에는 자문기구를 통하여 협조가 이루어지고 있다.

② 일본은 다자간교역체제를 방해하는 지역적, 쌍무적, 일방적 접근을 반대해왔으나 일방적인 무역보복조치를 회피하기 위하여 쌍무적 협상을 통해 수출자율규제 등의 조치를 취함으로서 무역마찰 문제를 해결해 왔다.

③ 일본은 계열관계, 배타적 거래관행, 복잡한 유통시스템 등 구조적 무역장벽이 존재함으로 외국기업의 일본진출에 상당한 애로사항이 되고 있다.

④ 일본의 기업문화는 인간적인 유대와 신용을 바탕으로 한 장기적, 안정적 관계를 중시하기 때문에 교섭과정이 상당히 중요시 된다.

3. 일본통상정책의 방향

20세기에 이룩한 경제발전을 21세기에 와서도 일본은 자국의 경제발전의 지속성을 유지하기 위하여 대외활동이 매우 일본경제에 중요하다는 것을 인식하고 있다. 즉 무역과 투자가 원활히 행하는 것이 필요하다. 따라서 WTO규범을 준수하고 각국의 보호주의적 움직임을 감시하고 그에 대응하는 것이 일본 통상정책의 과제이다. 그리고 산업계의 이익에 합치하는 국제적 규범의 형성과 기업이 직면한 무역·투자를 가로막는 것을 제거하는 것을 중요시하고 있다.

나아가 일본은 국제사회의 일원으로써 공통과제 해결에 참여하고 공통적인 이해관계를 유지하기 위하여 선진국과의 긴밀한 협력이 필요하다. 경제발전에 기여한 동아시아 경제의 지속적인 발전을 위해 지속적으로 지원함으로써 일본의 수출시장을 확보하는 방법으로 중요한 과제이다. 이를 위해 동아시아 국가들의 발전을 위해 협력과 지원을 통해 이들 국가들의 경제기반강화에 협력과 지원하는 전략을 펴고 있다.

또한 지역간 협력이 필요하다. 즉, 1990년대의 지역협력강화 움직임은 경제의 글로발화 국제경제의 상호의존의 심화의 결과로 지역협력자체가 세계경제활성화에 기여할 것으로 보고 있기 때문에 다자주의와 개방주의의 원칙을 견지해 나아갈 것이다.

이와 같이 일본의 통상산업정책의 기본기조는 일본이 대외무역을 통해 성장한 국가이기 때문에 시장원리에 근거하고 있으며 금후에도 규제완화를 통해 이를 실행하면서 국제적인 관행을 정착시키기 위하여 지속적인 개발을 해 나갈 것이다.

제3절 중국의 통상정책

1. 중국의 경제개혁과 국제화

중국은 오래 동안 지속해 왔던 사회주의 경제노선을 모택동 사후 실용노선을 중시하는 등소평체제가 들어서면서 1970년대 말부터 중국경제는 개혁·개방정책을 추진하였다. 이 결과 지난 25년간 연평균 9%가 넘는 고속성장을 이룩했다. 이러한 지속적인 고성장을 통해 세계 6위의 경제대국으로 급부상하고 있다.

중국은 1986년 7월 이후 GATT가입을 지속적으로 추진해왔으며 1995년 1월 WTO 출범이후 계속적인 가입을 추진하여 2001년 12월 WTO가입과 2002년 말부터 시작된 당과 행정부의 지도부교체라는 정치적 변화를 겪으면서도 중국경제는 2003년 SARS(중증급성호흡기증후군)의 영향에도 불구하고 9.3%의 고도성장을 기록하면서 동아시아와 세계경제 성장의 견인차역할을 하고 있으며 2005년에도 9.4%의 성장을 달성하였다.

WTO가입을 통한 국제화진전과 경제의 지속적인 고성장은 중국의 국제사회에서의 새로운 위상 정립을 가능케 해 주었다. 또한 중국은 한국의 제1의 무역상대국으로 부상하여 수출을 통하여 경제성장을 지탱하고 있는 우리로서는 13억 인구의 거대한 중국시장이 무역 파트너로써 우리경제발전에 중요한 위치에 있기 때문에 우리나라의 무역정책 및 통상정책의 수립에 중국이 중요한 변수로 자리매김을 하고 있다. 그러므로 중국과의 관계를 경제적 관계를 발전시켜가는 문제는 우리에게 중요하다.

2. 중국 통상정책의 특징

중국이 개방·개혁 이후 추진해 온 대외통상정책은 몇 가지 특징을 가지고 있다. 첫째는 융통성이다. 즉 중국은 통상협상상대에 따라서 유효적절한 전략을 취해 오고 있다. 중국은 자국의 국력을 기준으로 협상상대국에 대해 자국의 국력이 약하면 다자협상을 선호하고, 반면 자국의 국력이 강하면 상호협상을 중시하고 있다. 이러한 예는 1986년 이후WTO가입협상에서 중국은 철저하게 미국과 EU, 일본 등의 입장 차이를 적절하게 활용하였다. 중궁의 기본적인 전략은 협상대상국에 비해 국력이 약하면 다자간 협상을 선호하고 국력이 우월하다면 양자간 협상에 의존하는 전략을 추진하였다. 이러한 결과로 중국은 드디어 2001년 12월 WTO에 가입에 성공하게 된다.

둘째는 실리성의 추구이다. 개방·개혁 이후 양자협상의 대상국은 미국으로써 협상과정에서 실리를 추구하여 왔다. 예를 들면 미국과의 경제문제의 협상으로 지적재산권관련 협상, MFN 연장협상 그리고 WTO 가입협상이 있는데 MFN 연장협상에서 막판까지 최대의 양보를 얻어내는 협상전략을 펼쳐왔다. 지적재산권의 경우에도 중국은 미국에 수세적인 태도를 견지하는 것이 아니라 최후 순간까지 미국을 곤혹스럽게 만들어 실질적인 양보를 얻어내었다는 것이다.

셋째로는 상호 견제성이다. 중국의 또 하나의 전략은 상호 비슷한 국가를 견지시키는 것이다. WTO 협상과정에서 보면 미국과의 협상을 진행시키면서 EU 나 일본과의 관계를 강화시키는 방법을 사용하는 것이다. 또 하나의 예는 한·중 경제협력을 추진하면서 일본을 끌어 들이는 것은 상호견제하기 위한 전략이다. 중국이 필요한 것은 자본과 기술로써 당장 일본의 도움이 필요하다. 그러므로 일본의 상당히 소극적인 데 대하여 비난을 해왔다. 반면 우리나라와 수교한 후 얼마지 않아 빠르게 협력관계를 강화시키고 있다. 그럼에도 일본을 끌어드리려는 중국의 의도가 숨어있다는 것이다.

3. 주요 통상정책의 운영

중국의 대외무역은 국가의 관리체계속에서 법적, 행정적, 경제적 수단에 의하여 관리되고 있다. 대외무역관리를 위한 기본적인 사항은 대외무역법, 관세법 등에서 포괄적으로 정해 두고 세부적인 사항은 관리규정이나 세칙을 통하여 관리하며 감독하고 있다.

1) 수출입관리정책

대외무역권한을 가진 공사 및 기업이 연간 수출계획을 작성하여 대외무역경제합작부에서 조정하여 대외무역수출계획을 수립한다. 매년 품목별로 수출계획에 포함된 상품에 대하여 수출허가증을 발급받아 수출할 수 있다.

수입도 수출의 경우와 마찬가지로 정부의 부서와 각 성의 유관기관이 수입계획을 작성하여 국내무역부에 보고하면 전체 계획이 수립된다. 매년 품목별 수입계획에 포함된 상품에 대하여 수입허가증을 발급받아 수입할 수 있다.

2) 외환관리정책

중국에서는 중국인민은행의 국가외환관리국이 외환과 환율을 관리한다. 환율은 관리변동환율제도이며 외환거래는 일반적으로 국가외환관리국의 외환계획에 따라 이루어지고 금융기관은 국가외환관리국의 인가를 얻어 지정된 외환업무을 수행하게 된다.

3) 관세정책

중국의 관세정책은 전형적인 산업보호 관세정책으로 상품의 수입에 있어 ① 국내생산이 불가능하거나 국내공급이 부족한 물품에 대해서 관세면제나 저율을 부과하고, ② 원자재나 필요 부품은 저율 관세를 부과하며, ③ 국내에서 생산 가능하거나 필수품이 아닌 경우에는 높은 관세를 부과하며, ④ 산업목적상 보호물품은 고율의 관세를 부과한다.

4) 비관세장벽정책

중국은 대외통상활동을 규제하기 위하여 다양한 형태로 추진되고 있다. 수입을 제한하기 위한 수입제한(수입허가, 수입공개입찰, 수입보조금 등)을 하고, 수출상품중 일정한 상품에 대하여는 수출수량을 제한하는 수출쿼타제도를 시행하고 있다. 또한 주요 수출기업에 대해 재정지원과 같은 보조금을 지급하거나 육성산업에 대한 국내제품사용을 권장하여 산업을 지원하기도 한다.

일정한 상품에 대하여 수출입할 때 수출입검사법에 의해 검사를 받도록 하고 있으며, 외국인 투자에 대해서는 정부의 가이드라인에 의해 투자를 유인하는 정책을 사용한다. 중국의 국영기업에 대하여 보조금, 공적원조지원, 계약권배정 등 독점권을 부여하는 방법으로 경쟁제한도 하고 있다.

외국의 서비스공급에 대해서도 선별적인 허용, 지역적인 제한 등 전반적으로 높은 수준의 제한을 하고 있다. 예를 들면 해상운송이나 보험에서 자국기업, 자국선박을 이용하도록 하고 있다.

제4절 EU의 통상정책

1. EU통상정책의 변화

유럽연합은 1953년 독일, 프랑스를 포함한 6개국이 중심이 되어 창설한 유럽철강공동체(European Coal and Steel Community: ECSC)가 초석이 되어 1958년 로마조약으로 농업정책을 위시해서 통상, 산업, 경쟁, 지역, 재정, 통화, 과학기술 등 다방면에 공동정책을 실시하여 GATT의 다자간 통상협상인 딜론라운드(1960-61)와 케네디라운드(1963-68)에 유럽연합집행위원회가 회원국 대표로 참석하였으나 EU의 공동통상정책은 1968년 통합조약에서 실현된 관세동맹에서 출발되었다고 할 수 있다.

1960년대는 세계경제의 호황으로 자유무역주의가 확산되어 다자간협상에서 관세인하가 추진되었다. EU는 1973년 1차 오일쇼크이전까지 비교적 개방적 통상정책이 유지되었으나 오일쇼크 후 실업증대와 물가상승이 동시에 나타나는 스태그플레이션으로 보호주의적 통상정책이 수행되었다. 그러나 보호주의정책의 채택으로 인한 세계경제와 국내경제 침체를 우려해 무역규제를 가능한 억제하였다.

GATT의 제7차 다자간협상인 동경라운드(1973-1979)가 1979년 타결됨으로써 EU의 공동관세가 크게 인하되었고 비관세장벽도 완화되었다. 그러나 1970년대 중반부터 일본이나 신흥공업국들의 경쟁으로 구조조정으로 실업이 증대하여 대외무역에 있어 보호주의가 채택되었다. 1979년 2차오일쇼크로 인하여 실업이 확대되어 보호주의 채택의 압력이 높아졌다.

1980년대 중반 이후 미국의 보호무역주의정책의 강화와 일본의 지속적인 무역흑자의 실현으로 보호무역주의의 경향이 확대되었다. 이러한 세계적으로 확산의 우려로 1986년 우루과이 라운드를 탄생시켰다. 1995년 1월 발효된 WTO는 포괄적인 규범하에 교역의 자유화를 추진하는 틀을 제공하고 있다.

1993년 유럽단일시장의 출범으로 지속적인 유지하기 위하여 역외국 도는 지역경제협력체와 자유무역지대를 형성하거나 관계강화를 위한 노력이 증가하고 있다. 그러나 EU는 지역주의를 확산시키고 역외국가들에게 상대적 차별대우를 함으로써 보호주의가 강화될 것이다라는 우려가 상존하고 있다.

2. EU통상정책의 특징

EU는 1968년 관세동맹으로 동맹을 통한 역내무역의 자유화와 세계무역의 자유화를 추구하고 있다. 그러나 덤핑이나 보조금에 대한 집단적 대응을 통하여 집단적 보호주의를 병행하고 있다. 대외통상규제조치를 통합관리하는 공동통상정책(CCP: Common Commercial Policy)을 수립하여 통상정책이 운용되며, 일반적인 통상규제뿐만 아니라 각 산업별 통상정책도 포함되고 있다.

이와 같이 EU통상정책의 기본적인 특징은 통상정책이 회원국 공동으로 채택·운용되고 있다는 점이다. EU의 기본적인 통상정책의 기조는 다음과 같다.

첫째, 원칙적으로 자유무역으로 하고, 역외국에 대해서는 공동관세부과, 수입쿼타, 수출자율규제, 반덤핑조치 그리고 상계관세, 긴급수입제한 등 차별적 조치를 취하고 있다.

둘째, 특혜무역협정을 통하여 개도국에 대하여 특혜관세를 적용하고 있다.

셋째, EU의 통상정책은 EU 집행위원회의 결의를 통하여 이루어지므로 통상정책이 투명하다. 그러나 회원국들간 이해관계가 상충하는 경우 협상추진이 어렵다(예, 농산물).

넷째, 자유무역주의와 지역주의 병존으로 1970년대 중반부터 보호주의를 강화하였으나 최근 자유무역주의의 기조하에 과거 식민국가나 유럽인접국들과 지역적인 무역협정에 의해 지역주의의 경향이 짙어지고 있다.

3. 주요 공동통상정책

1) 상호주의

호혜주의 원칙으로 어떤 국가에서 활동하고 있는 기업에게 내국민대우를 해준다면 EU도 역외국의 기업에게 내국민대우를 해주어야 한다. 이는 상호주의 원칙을 적용하는 것이다. 이는 세계 모든 국가가 경제적 여건이나 경쟁조건이 유사해야한다는 것이 전제조건이다..

2) 원산지 규정

EU는 원산지 규정을 EU의 실질적인 산업발전과 역내산업 보호를 위한 통상정책도구로 활용하고 있다. 수입하는 물품에 대하여 원산지 증명을 요구함으로써 역내 제품과 역외제품간의 차별적 대우를 하겠다는 보호무역장벽이 된다.

3) 반덤핑관세·상계관세

EU는 자국의 특정산업이 외국의 덤핑수출에 대응하여 1994년 반덤핑, 상계관세 및 긴급수입제한조치와 관련된 규정을 만들었다. 즉 역외국의 대 EU수출가격이 정상가격보다 낮은 경우에는 반덤핑관세, 역외수출국의 직접보조금 또는 간접보조금으로 EU의 역내산업이 피해를 입을 경우 불공정무역으로 간주 상계관세를 부과하고 있으며, 외국으로부터의 수입이 국내산업에 심각한 피해를 줄 우려가 있는 경우 수입량을 제한할 수 있는 긴급수입제한 조치를 인정하고 있다.

반덤핑규정에서 일반적으로는 수입업자가 부담하는 반덤핑관세를 수출업자가 대리부담하는 것에 대한 추가적인 관세부과 규정이다. EU의 반덤핑과 관련된 의사결정은 조건부 가중다수결제가 아닌 단순과반수이기 때문에 반덤핑조치가 쉽게 내려질 수 있다.

상계관세는 WTO규정에 맞게 수정·보완하여 상계관세조치의 부과를 상당히 제한적으로 사용하고 있다.

4) 공동농업정책

EEC의 전통적인 농업보호정책, 즉 농산물에 대한 수입가격과 수입기준가격과의 차이를 수입과징금으로 부과하여 수입을 억제하거나 수출자율규제협정을 통하여 수입을 규제하고, 수출보조금, 국내생산보조 등으로 인하여 농산물교역에 왜곡이 심하므로 1990년 이후 축소 또는 없어지는 결과를 가져오고 있다.

또한 세계농산물가격의 기준을 1986-88년을 기준으로 하기 때문에 WTO협정에 따른 농산물시장의 개방효과는 크지 않을 것이다.

5) 상품의 표준화정책

EU 역내교역의 활성화를 위해 만든 유럽표준이 EU시장에 유통되는 상품에 부착하도록 하고, 기술표준화 등을 EU공동규정으로 채택함으로써 역외국과의 교역에 적용되면 기술장벽이 된다.

6) 신통상정책 조치(new commercial policy instrument: NCPI)

기존의 통상정책의 강화를 목적으로 역외국들의 불공정무역에 대응하기 위한 것으로 미국의 통상법 301조와 같은 것이지만 미국 통상법과는 달리 WTO의 분쟁해결절차를 거친 후 시행토록 하고 있다.

■ 주요 용어

스테그플레이션	공동농업정책	반덤핑관세
상호주의	공동통상정책	상계관세
원산지규정	수출쿼타제도	

연습문제

1. 미국의 통상정책의 기조는 무엇인가?

2. 일본의 통상정책의 기본적인 방향은 무엇인가?

3. 중국의 통상정책책의 특징은 무엇인가?

4. EU 주요 공통적인 통상정책방향은 무엇인가?

5. 국제통상협상이 왜 필요한가?

제 4 부

국제상무

제11장 무역계약

제1절 무역계약의 준비

1. 해외시장조사

1) 해외시장조사의 개요

무역거래는 국내거래와는 달리 많은 위험에 노출되어 있다. 국내상거래에 비해 수출입거래 당사자간의 언어, 문화, 법률, 경제제도, 상관습 등이 서로 다르며 재무상태 파악도 어려워 수출입 거래에 따르는 위험발생소지가 많다. 무역거래를 통한 이익을 극대화시키고 무역거래의 위험을 최소화시키기 위해서는 정확한 해외시장조사가 선행되어야 한다. 해외시장조사란 무역을 시작하는데 있어서 최초의 단계로서 해외시장 개척과 해외마케팅활동을 효율적으로 수행하는데 무역거래를 체결하기 위한 의사결정에 필요한 정보를 수집·정리·분석하는 단계이다.

2) 해외시장조사 내용 및 방법

해외시장조사는 우선 목적 시장의 전반적 개황인 정치, 경제, 사회, 문화, 역사, 기후 등을 조사한 다음 취급상품에 대한 세부적인 내용인 무역관리제도, 시장특성, 수요와 공급, 유통구조, 경쟁상대, 거래처 등을 조사하는 일련의 단계를 거치게 된다.

해외시장조사의 방법은 첫째, 유관기관을 통한 무역 통계자료를 이용하는 것이다. 해외시장조사를 하는데 가장 편리하고 경제적인 방법이다. 과거에는 정기간행물을 통하거나 직접 방문하여 조사했으나 오늘날은 인터넷을 통하여 각종 무역통계자료를 이용한다. U.N. 무역통계연보(Yearbook of International Statistics)나 IMF발간연보(International Financial Statistics) 등의 국별 수출입통계자료를 이용하거나 기타 수출입통계월보 또는 연보 등 자료를 이용할 수 있다.

〈표 11.1〉 해외시장조사의 내용

일반적 내용	정치적 환경: 정치 제도, 정치적 안정도, 정치적 위험도 경제적 환경: 국민소득, 경제성장률, 국제수지, 임금, 물가, 수출입규모, 환율정책 사회적 환경: 인구, 종교, 문화, 관습, 교육수준, 기후
세부적 내용	시 장 조 사: 시장의 크기 및 잠재력, 유통구조, 경쟁사현황 소비자 조사: 소비자의 소득수준, 기호, 구매능력 상 품 조 사: 상품의 수요, 가격, 디자인, 규격, 포장, 성능

우리 나라의 주요 무역 유관기관인 한국무역협회(Korea International Trade Association: KITA), 대한무역투자진흥공사(Korea Trade and Investment Promotion Corporation: KOTRA), 관세청 무역통계를 이용하면 우리나라의 전체수출실적, 상품별 수출입 동향, 국가별·지역별 수출입 동향 등 기본적인 해외시장 정보를 얻을 수 있다.

둘째, 대한무역투자진흥공사(KOTRA), 한국무역협회(KITA), 및 대한상공회의소 등을 통하여 위탁조사를 할 수 있다. 대한무역투자진흥공사는 전세계적인 조직망을 가지고 있어 시장조사를 신속하고, 신뢰성 있게 정보제공을 하므로 거래처별, 품목별 자세한 시장정보를 대한무역투자진흥공사의 정보서비스를 이용할 수 있다.

셋째, 자체 현지조사의 방법이다. 대상지역을 직접 방문하여 조사하는 방법으로 가장 정확하고 신뢰성 있는 정보를 얻을 수 있다. 먼저 우리나라의 공관, 대한무역투자진흥공사의 현지 무역관, 현지국의 상공회의소 등을 방문하여 일반적인 시장현황을 조사한 다음 해당시장의 유력한 수입업자나 현지시장 대리인과 접촉을 시도하여 해당품목에 관한 구체적인 정보를 얻을 수 있다.

해외시장조사를 통한 거래처 발굴, 신용조회, 청약과 승낙을 통한 무역계약의 체결에 이른 절차는 다음의 <표 11.2>와 같다.

〈표 11.2〉 무역계약의 체결절차

계약 절차	세부 사항
① 해외시장 조사	대상지역의 전반적인 개황과 세부적인 내용
② 거래처선정과 거래제의	자체홍보물, 각종 전시회 등을 이용하여 거래처를 선정하고 잠재적인 거래선에게 거래제의서를 발송
③ 신용조사	계약으로 연결될 가능성이 있다고 판단되는 거래선의 성격, 자산, 능력 등
④ 청약 및 반대청약	청약자가 거래선에게 구체적인 사항을 제시하고, 피청약자가 거래제의 사항을 수정·보완할 것을 요구
⑤ 승 낙	청약자의 거래제의 사항에 대하여 피청약자가 무조건적으로 동의
⑥ 계약체결	2통의 계약서를 작성하여 서명한 후, 다른 당사자에게 송부한 후 상대방의 서명을 받은 후 1통을 송부 받음

2. 거래처 선정과 거래제의

1) 거래처 선정

해외시장조사를 통해 목적시장을 선정하고 이 목적시장내의 신용도가 높고 유력한 거래처를 선정해야 한다.

종전의 무역거래에서는 무역 관계기관의 소개, 상공인명록의 이용, 국내 발행 해외 홍보매체의 활용, 각종 사절단 및 전시회 참가, 자체 홍보물 이용, 직접 방문 등의 방법을 통해 거래처를 발굴, 선정하는 전통적인 방법이 있고 무역거래 알선 전문사이트나 무역관련 사이트를 이용하는 인터넷을 이용한 거래처 선정과 거래제의를 하는 방법이 있다.

2) 거래제의

해외시장조사의 자료를 근거로 해당국가의 거래 파트너가 선정되면 거래를 희망하는 내용의 서신을 보내야 한다. 이것을 거래제의 또는 거래권유라 하며, 이러한 거래를 제의하는 내용을 담은 서신을 거래제의장(Circular letter)이라 한다. 일반적으로 거래제의장을 발송할 때에는 Catalogue 또는 Pamphlet를 함께 송부하는 것이 좋다. 거래제의장에는 다음과 같은 사항이 포함된다.

① 상대방을 알게 된 경위
② 거래제의 회사의 업종, 취급품목, 거래실적 및 거래국가
③ 거래제의 회사의 자국 내에서의 위치, 경험, 생산규모
④ 거래조건(특히 결제조건 및 가격조건 등)을 명시
⑤ 신용 조회처(주로 자기 거래 은행명 및 주소)
⑥ 정중한 마지막 인사말

그리고 거래제의서한을 작성할 때 에는 다음 사항에 유의하여야 한다.

첫째, 문장은 간단하고 명료하여야 한다.
둘째, 해당 시장을 상대 회사를 통하여 처음 개척하고자 한다는 점을 강조한다.
셋째, 과장된 회사소개는 삼가하고, 회사의 규모를 표현하려면 연간생산량이나 매출액 등을 제시하여 구체적으로 표시한다.
넷째, 품질의 우수성과 경쟁적인 가격을 제시할 수 있다는 점을 강조한다.
다섯째, 처음부터 오퍼나 견품을 보내지 않으며, 상대방이 관심이 있을 경우 즉시 송부하겠다고 하는 것이 좋다.
여섯째, 거래관계가 개설되면 상호이익을 바탕으로 한다는 점을 강조한다.

3. 신용조회

1) 신용조회의 개념

신용조회는 선정된 거래처와 계약을 체결하기에 앞서 거래처로부터 발생할 수 있는 위험을 줄이기 위하여 거래처에 대한 중요한 사항들을 사전 조사하는 것이다. 국제 무역거래는 수출자와 수입자가 서로 떨어져 있어 직접적인 만남으로 협상을 하기에는 비용과 시간의 제약으로 어려움이 많다. 따라서 일반적으로 팩스 또는 전자우편과 같은 통신수단을 이용하여 계약을 체결하게 된다. 또한 종이 서류만으로 거래가 성사되기도 한다. 그러므로 거래상대방에 대한 신용조회가 거래의 확신과 지속적인

거래관계를 위하여 매우 중요하다.

2) 신용조회의 내용

신용조사를 할 경우 반드시 조사해야 하는 것은 일반적으로 3C'S라고 한다. 즉, 거래업체의 Character(성격), Capital(자산) 그리고 Capacity(능력)의 3대 요소가 기본을 이루고 있다. 이외에도 Conditions(시장상황), Collateral(담보능력), Currency(통화), Country (거래국가) 가운데 두 가지를 추가하여 5C'S라 하여 신용조사를 할 경우 반드시 알아야 하는 사항이다.

① Character(성격)

거래상대방의 성실성, 영업태도, 계약이행에 대한 열의, 업계의 명성 등 거래를 수행하는 상대방의 계약이행에 대한 도덕성을 의미한다. 신용조사의 측정요소 중에 가장 중요한 것은 Character이다.

② Capital(자산)

자산은 물적인 신용상태이다. 비록 거래상대방이 성실하고 신용있는 회사라 할지라도 재정상태가 양호하지 않으면 거래가 성립될 수 없다. 그리고 궁극적으로 대금결제가 불가능하므로 재무제표를 중심으로 자본금규모 및 자신 내용 등을 충분히 검토해야 할 필요성이 있다.

③ Capacity(능력)

능력은 거래상대방의 영업형태(개인회사, 주식회사, 기업공개 여부 등), 연간 매출액, 회사의 연혁과 영업권보유현황 등 거래상대방의 거래능력과 관계되는 사항이다. 성실하고 재정상태가 양호한 회사라도 영업능력이 없으면 장기적인 전망을 기대할 수 없다.

3) 신용조회 방법

신용조사는 상대방의 거래은행을 통하여 실시하는 경우 은행조회(Bank Reference)라 하며, 은행이 아닌 경우를 동업자조회(Trade Reference)라고 한다. 이것은 잘 아는 현지의 거래처를 통하여 신용조사를 하는 것을 말한다.

거래은행이나 상공회의소 등을 통하여 신용조사를 할 경우는 실질적인 내용 없이 형식적인 답변으로 일관할 소지가 있다. 따라서 중요한 거래를 하고자 하는 경우나,

향후 신용장을 개입하지 않고 D/A거래까지 허용할 것으로 예상되는 경우에는 국내외 전문적인 신용조사기관을 통하여 유료로 조사하는 것이 좋다. 미국의 Dun & Bradstreet, Bradstreet British Ltd., 국내의 전문적인 신용조사기관으로는 한국무역보험공사(www.ksure.or.kr), 신용보증기금(www.kodit.co.kr) 및 대한무역투자진흥공사(www.kotra.or.kr) 등이 있다.

제2절 무역계약의 체결

1. 청약

1) 청약의 의의

청약(Offer)이란 신청자가 피신청자에게 일정조건을 제시하며 매매계약을 체결하겠다고 하는 의사표시를 말한다. 청약이 확정적 의사표시라는 점에서 청약의 예비교섭단계에 있는 거래제의(Circular letter)나 문의(Inquiry)와는 구별된다. 무역에서는 보통 수출자가 상대방인 수입자에게 일정한 물품을 일정한 가격, 품질, 선적, 결제조건 등으로 매도하겠다는 의사표시를 말한다. 이러한 청약을 매도청약(Selling offer)이라 하며, 매수자가 구매의사를 표시하는 것을 매수청약(Buying offer)이라 한다. 무역거래에서는 대부분 매도인이 먼저 청약을 하고 있기 때문에 매도청약이 90% 정도를 차지하고 있다.

2) 청약의 종류

(1) 확정청약

확정청약(Firm offer)은 수출자가 수입자에 대하여 청약하는 경우에, 수입자의 승낙기간을 지정하고 그 지정기간 내에 회답할 것을 조건으로 하는 오퍼이다. 확정청약은 수출업자가 유효기간 내에는 임의로 취소하거나 철회할 수 없다. 따라서 확정청약을 취소불능청약이라고 한다.

(2) 불확정 청약

불확정 청약(Free offer)은 유효기간이 정해져 있지 않은 청약으로 보통 거래제의서와 함께 보내지며, 수입업자가 승낙을 하여도 수출업자의 재확인이 필요하다. 또한 수출업자의 자유의사에 따라 언제든지 취소가 가능하다. 불확정청약은 수출업자에게 최종적인 계약체결권이 있는 조건부청약도 포함하는 개념이다.

(3) 조건부 청약

조건부 청약(Conditional offer)은 광의의 불확정 청약인데, 조건부 오퍼에는 다음의 예들이 있다.

① 선착순 매도조건 오퍼(Offer subject to prior sale)

매수인의 승낙이 도착했을 때 해당 물품이 판매되지 않고 재고가 있어야만 계약이 성립된다는 청약이다. 이를 재고잔류조건오퍼(offer subject to being unsold)라고도 한다. 이는 물품을 빨리 처분하기 위하여 여러 곳에 동시에 청약할 때 이용된다.

② 점검 후 구매조건 청약(Offer on approval)

수출업자가 청약과 함께 물품을 송부하여 수입업자가 물품을 점검한 후 구매의사가 있으면 대금을 지급하고, 구매의사가 없으면 반품하는 조건의 오퍼이다.

③ 반품허용 조건 청약(Offer on sale or return)

수출업자가 청약과 함께 물품을 송부하여 수입업자가 판매 후 팔리지 않은 재고품은 다시 반납하도록 하는 조건의 청약이다.

④ 확인조건 청약(Offer subject to our final confirmation)

수입업자의 승낙의 도달만으로는 계약이 성립되지 아니하고 수출업자의 최종확인이 있어야만 계약이 성립된다. 이는 형식적으로는 청약이지만, 상대방에 대한 청약의 유인에 지나지 않는다.

(4) 반대청약(Counter offer)

수출업자의 청약에 대하여 수입업자가 가격, 수량, 선적조건 등에 관하여 청약내용의 일부를 변경이나 추가해줄 것을 요구하는 경우의 청약이다. 따라서 반대청약은 수입업자가 수출업자에게 제시하는 청약이다. 반대청약은 수출업자의 청약에 대한 거절임과 동시에 수입업자가 수출업자에게 제시하는 새로운 청약으로 보아야 한다. 일반적으로 무역계약이 체결되기 위해서는 여러 차례의 청약 → 반대청약 → 청약이 왔다 갔다 한 후에 계약이 성립되는 것이 일반적이다.

3) 청약의 방법과 효력발생

(1) 청약의 방법

청약의 방법은 특별히 정해져 있지는 않다. 따라서 서면, 구두, 행위로 할 수 있다. 그러나 국제무역은 당사자간의 분쟁을 예방하기 위해서는 서류상으로 하는 방법이 필요하다. 또한 국제무역은 서류상의 거래라는 점을 유의해야 한다.

(2) 청약의 효력발생시기

청약의 효력 발생시기는 상관행상으로 청약이 피청약자에게 도달하였을 때에 효력이 발생한다고 보고 있다. 왜냐하면 청약은 수입업자에게 도달하지 않으면 수출업자의 청약내용을 수입업자가 전혀 인지할 수 없기 때문이다. 청약의 효력발생시기에 관련한 법률규정에서도 "영미법, 비엔나 협약, 민법에서 청약이 피청약자에게 도달하는 때에 효력이 생긴다"라고 규정하고 있다. 이러한 것을 도달주의 원칙이라 한다.

2. 승낙

1) 승낙의 의의

승낙(Acceptance)이란 수입업자가 수출업자의 청약에 대하여 그 청약의 내용을 무조건적으로 수락하고 계약을 성립시키겠다는 의사표시이다. 따라서 수입업자가 조금이라도 새로운 조건을 붙인다면 승낙이라 할 수 없으며, 이런 경우에는 반대청약이라고 한다. 따라서 계약을 성립시키기 위한 승낙은 다음의 요건이 갖추어야 한다. 첫째, 승낙은 청약의 유효기간 내에 행해져야 한다. 둘째, 청약의 모든 내용에 대해 무조건적인 승낙을 해야 한다.

2) 승낙의 방법

승낙의 방법에 대해서 청약서상에 미리 지정되어 있는 경우에는 지정된 통신수단을 이용하여 승낙하여야 한다. 예를 들면 우편, 팩시밀리, 이메일 등으로 지정되어 있다면 지정된 방법에 따라야 한다. 그러나 청약에 대한 승낙의 방법이 특별히 지정되어 있지 않은 경우에는 가장 합리적인 방법과 수단에 의하여야 한다. 즉 청약이 이메일로 된 경우에는 이메일로 승낙해야 한다. 만약, 다른 통신수단을 이용하게 될 때 청약자의 승인이 없다면 그 계약은 무효가 된다는 점을 주의해야 한다.

3) 승낙의 효력발생시기

수출업자와 수입업자가 공간적으로 떨어져 있는 무역거래에서는 이론적으로 다음의 3가지 입법주의가 있다.

① 발신주의 : 청약자가 승낙의 의사표시를 발송한 때에 계약이 성립한다고 하는 주의이다.

② 도달주의 : 피청약자의 승낙의 의사표시가 청약자에게 도달한 때에 계약의 성립을 인정하는 주의이다.

③ 요지주의 : 승낙의 의사표시가 물리적으로 청약자에게 도달할 뿐만 아니라 현실적으로 청약자가 그 내용을 인지한 때에 계약의 성립을 인정해 주는 주의이다.

그러나 격지자간의 승낙의 효력발생시기와 관련하여 미국법, 영국법 그리고 한국의 민법에서는 발신주의를 취하고 있으나, 비엔나 협약에서는 도달주의의 입장을 취하고 있다.

3. 무역계약의 체결

1) 무역계약의 의의

무역계약은 청약과 승낙을 통한 당사자간의 합의과정을 통하여 성립하는 계약이다. 무역계약은 국제간의 물품매매가 중심이 되고 있다. 따라서 무역계약은 수출업자는 물품의 소유권을 양도하고 수입업자는 이를 수령하고 그 대금을 지급할 것을 약정하는 것이다.

이와 같이 무역계약은 상품을 계약의 목적으로 하는 국제매매 계약이기 때문에 계약이후에 분쟁이 발생할 소지가 상당히 많다. 그러므로 무역계약은 반드시 문서로 작성하여, 계약내용에 관하여 매매당사자가 상호 확인하고 후일에 있을 지도 모르는 분쟁에 대비하여야 한다.

2) 무역계약의 법적성질

무역계약의 법률적 성격을 살펴보면 다음과 같다.

(1) 합의계약

합의계약이란 일방의 청약에 대하여 상대방이 승낙함으로써 계약이 성립되는 것을 말하며, 보통 낙성계약이라고도 한다. 따라서 수출업자의 매도청약에 대하여 수입업자가 승낙함으로써 무역계약이 성립하는 것이며, 물품의 소유권 이전이나 서류의 작성이 무역계약의 성립요건이 되는 것은 아니다.

(2) 유상계약

유상계약이란 매매계약에 의하여 일방이 상대방에게 상품의 소유권을 이전시키면, 그 반대급부로서 상품의 대가를 지급하는 것을 말한다. 따라서 무역계약은 합의계약에 근거하여 수출업자가 상품을 수입업자에게 인도하면, 수입업자는 상품을 인수하고 수입대금을 지급해야 하는 것이다. 만약에 수출업자가 인도한 상품에 대하여 수입업자가 대금의 지급 없이 소유권이 이전되는 거래를 이전거래라고 한다.

(3) 쌍무계약

쌍무계약이란 계약의 성립에 의하여 매매계약을 체결한 당사자 모두에게 채무가 부여되는 것을 의미한다. 무역계약을 체결한 수출업자는 수입업자에게 계약과 일치하는 물품을 약정한 기간 내에 약정한 장소에서 인도해야 하는 의무가 있으며, 수입업자는 계약물품이 인도되면 계약과 일치하는 방법에 의해 수입대금을 지급해야 하는 의무가 있다는 것이다.

(4) 불요식 계약

불요식 계약이란 무역계약의 성립을 위해서는 당사자간의 합의 외에는 어떠한 형식을 요하지 않는다는 것이다. 따라서 구두에 의한 묵시계약이나 서류에 의한 명시계약으로 계약이 성립된다는 것이다. 또한 무역계약은 계약의 내용에 있어서도 일정한 법률적인 형식에 구속받지 않고, 계약을 체결하는 당사자가 자유의사에 따라 합의에 도달하면 이를 최우선적으로 존중한다는 것이다. 이를 계약자유의 원칙이라고 한다.

3) 무역계약서의 작성

무역계약은 앞에서 설명한 바와 같이 불요식계약이기 때문에 원칙적으로는 계약서를 작성할 필요는 없다. 그러나 장래 분쟁을 방지하기 위해서 일반거래조건협정서를 작성하고 있다. 이것은 무역거래당사자간에 개개의 무역거래를 성립시키기 전 양당사자 간에 무역거래의 일반적 기준이 될 제반조건을 협정하고 있다.

[서식 11.1] 일반거래조건협정서

Agreement on General Terms and Conditions of Business

(1) Business : Business is to be transacted between Sellers and Buyers as Principals to Principals, on their own account and responsibility for the sale of the Sellers' Cotton Goods in New York.

(2) Quality : The Sellers are to supply the Buyers with samples free of charge, and the quality of the goods to be shipped should be fully equal to the sample on which an order is given.

(3) Quantity : The minimum quantity for an order is to be the standard quantity of one package. Assortment of various articles is to be accepted so long as total quantity exceeds the minimum.

(4) Prices : Prices are to be quoted in U.S. Dollars on the basis of CIF New York unless otherwise specified.

(5) Firm Offer : Firm Offer are to remain effective for forty-eight hours after the time of dispatch, excluding Sunday and National Holidays.

(6) Order : Except in cases where firm offers are accepted, all orders are to be subject to the Seller's final confirmation.

(7) Discount : The special discount of 3% from the contract price is to be accorded on an order exceeding 5,000 dozen in quantity.

(8) Packing : Proper export bale packing is to be carried out, showing the mark with port mark, running bale number, and the country of origin.

(9) Shipment : Shipment is to be made within the time stipulated in each contract, except in circumstances beyond the Sellers' control. The date of bills of lading shall be taken as conclusive proof of the date of shipment. Unless expressly agreed upon, the port of shipment shall be at the Sellers' option.

(10) Insurance : All shipments are to be covered on ICC(B) including War Risks for the invoice amount plus ten per cent, and the insurance policy is to be made out in U.S. Dollars and claims payable at New York.

(11) Payment : Draft is to be drawn at sight under Irrevocable Letter of Credit which should be opened in favor of the Sellers immediately upon contract, for the corresponding value of an order, with full set of shipping documents viz. Bills of Lading, Insurance Policy, Commercial Invoice and other documents which each contract requires.

(12) Claims : Any claim exceeding 10% of the invoice amount is to be cabled within 10 days from the date of final discharge of goods at destination. Any claim beyond the amicable adjustment between Sellers and Buyers is to be settled by arbitration at destination.

제3절 무역계약의 주요내용

무역계약은 수출업자와 수입업자간에 어떤 품질을, 어느 정도 수량으로, 어떤 가격에, 어떤 포장으로, 언제 인도하며, 대금결제는 어떤 방식으로 할 것인가를 주요한 내용을 담고 있다.

1. 품질조건

품질조건은 품질을 결정하는 방법, 품질을 결정하는 시기 등을 분명히 하여야 한다.

1) 품질결정 방법

(1) 견본매매(Sales by sample)

무역거래에서 가장 널리 이용되는 방법으로 실제로 매매될 물품의 품질을 매매 당사자가 제시한 견본에 의하여 인도할 것을 약정하는 방법이다. 이러한 견본매매는 대량적으로 생산되는 2차 상품의 무역거래에서 많이 이용되고 있다.

(2) 상표매매(Sales by brand or trade mark)

국제적으로 널리 알려진 일류 상표의 경우에는 견본을 제시하지 않고 상표가 품질을 대표하고 있다. 예를 들면 음료수의 코카콜라, 신발의 나이키, 가죽제품의 가파치, 만년필의 파거, 카메라의 니콘 등이 있다.

(3) 규격매매(Sales by type or grade)

물품의 규격이 국제적으로 통일되어 있거나, 수출국에서 공식적으로 인정하는 것일 경우에는 규격이나 등급으로 품질을 결정하는 방법이다. 예를 들면 국제 표준화기구의 ISO, 한국의 KS, 일본의 JIS 등이 있다.

(4) 명세서 매매(Sales by specification)

고가의 물품이나 거대한 화물, 기계류와 같이 특수한 물품의 경우 견품을 제시하기 어렵기 때문에 해당 물품의 재료, 성능, 구조에 관하여 상세히 설명한 명세서를 기준으로 거래한다. 예들 들면 선박, 철도차량, 기계류, 의료용구, 중장비 등이 있다.

(5) 표준품 매매(Sales by standard)

농산물, 수산물, 임산물과 같이 1차 상품의 거래 시 동일한 품질의 상품을 생산하기가 어렵기 때문에 이용되는 조건이다. 이러한 경우에는 계약으로 제공된 표준품과 실제 인도된 상품 사이에 품질의 차이가 있을 경우에는 사후 대금을 조정하는 방법을 이용하고 있다.

① **평균중등품질**(Fair Average Quality: F. A. Q.)

평균중등품질조건이란 계약은 전년도 수확물의 평균중등품질로 하고 계약상품의 인도는 당해년도에 생산되는 수확물의 평균중등품질을 인도하기로 약정하는 방법이다. 이 조건은 곡물, 과실류, 차 등의 농산물 거래에서 많이 이용된다.

② **판매적격품질**(Good Merchantable Quality: G. M. Q.)

판매적격품질조건은 판매지에서 그 품질의 상관습에 비추어 판매가 가능하여야 매매계약이 성립되는 조건이다. 이 조건은 냉동수산물, 목재와 같이 목적지에서 절단이나 분리함으로써 상품성을 확인할 수 있는 경우에 이용되고 있다.

③ **보통표준품질**(Usual Standard Quality: U. S. Q.)

보통표준품질조건은 주로 원면 거래시 이용되는 조건이다. 이 조건은 공인검사기관, 공인표준기관에 의하여 계약 이전에 보통표준품으로 품질이 정해지고 이를 기준으로 품질이 결정되는 방법이다.

2) 품질결정시기

(1) 선적품질조건

선적품질조건은 인도되는 물품의 품질이 선적시점에 계약된 품질과 일치하면 그 후의 변질에 대하여는 매도인이 책임을 지지 않는 조건이다. 표준품 매매의 F. A. Q. 조건이 선적품질조건이다[9].

(2) 양륙품질조건

양륙품질조건은 인도되는 물품의 품질이 양륙시에 계약상의 품질과 일치할 것을 조건으로 하는 것으로 운송도중에 생기는 물품의 변질에 대한 책임을 매도인이 부담

9) 곡물류 거래에 사용하는 선적품질조건을 Rye Terms이라고 하며, 선적품질조건이지만 운송 중에 해수에 의한 손해는 매도인 부담하는 조건을 Sea Damaged Terms 라 한다.

하는 조건이다. 표준품 매매의 G. M. Q. 조건이 양륙품질조건이다[10].

2. 수량조건

무역거래에서 사용되고 있는 상품의 수량은 국가마다 차이를 가지고 있으므로 분쟁이 발생하기 쉽다. 따라서 수량에 관해서는 수량의 단위, 수량의 결정시기, 과부족용인 등에 관하여 명확히 하는 것이 필요하다.

1) 중량

(1) 중량의 측정방법

① **총중량(Gross weight)**

상품을 포장한 채로의 중량으로 상품의 무게와 포장의 무게를 합한 상태의 전체 중량이다.

② **순중량(Net weight)**

총중량에서 상품의 포장용의 무게를 공제한 중량이다. 이는 상품만의 순수한 중량을 의미한다.

③ **법적중량(Legal weight)**

상품의 겉포장의 무게는 공제하나 상품이 소매될 때 포장되어 있는 포장의 무게는 포함시킨 무게 등이 있다. 예들 들면 비누, 치약 등의 상품이 소매로 판매될 때 사용되는 포장이다.

(2) 중량의 단위

중량은 kg, lb(pound), ton 등이 단위로 사용되고 있는데, ton에 관해서는 국가마다 상당한 차이가 있으므로 주의가 필요하다.

① 영국식 : Long Ton(L/T) = 1,016 kg = 2,240 pound

② 미국식 : Short Ton(S/T) = 907 kg = 2,000 pound

③ 프랑스식 : Metric Ton(M/T) = 1,000 kg = 2,204 pound

10) 곡물류에서 매도인이 선적시의 품질은 보증하나 양륙시의 품질에 대하여는 책임을 지지 않는 조건을 Tale Quale Terms라 한다.

2) 용적

액체나 목재의 측정은 용적을 기준으로 하고 있다. 액체 단위에는 liter, gallon, barrel, 목재를 측정하는 단위는 cubic meter(M3:CMB), cubic feet(cft), super feet(SF) 등이 있다. 목재의 경우 480 SF가 1 용적톤(Measurement Ton)이 된다. 따라서 선박을 운송할 때 1 용적톤이라고 하면 480 SF 또는 40 cubic feet가 된다[11].

3) 갯수

갯수는 낱개 또는 포장단위로 piece, dozen, gross를 사용하며 잡화제품 등 셀 수 있는 제품에 많이 사용된다. 1개를 1 piece라 하며, 12 piece를 1 dozen 이라 한다.

① 1 dozen＝12 pieces

② 1gross＝12 dozen(12×12＝144 pieces)

③ 1 great gross＝12 gross(12×12×12)

④ 1 small gross＝10 dozen(12×10)

4) 길이

길이는 생사, 직물 등 섬유제품이나 전선 등의 거래에 많이 이용되며, meter, yard, foot, inch 등의 단위가 사용된다.

5) 수량결정의 시기

① 선적수량조건

선적수량조건은 선적지에서 수량이 계약상품의 수량과 일치해야 하는 조건이다. 따라서 해상수송 중에 어떠한 감량이 일어났더라도 매도인이 책임을 부담하지 않는 조건이다.

② 양륙수량조건

양륙수량조건은 양륙항에서 수량이 계약상품의 수량과 일치해야 하는 조건이다. 따라서 운송도중에서 일어난 감량은 매도인의 책임이 된다.

11) 중량과 용적의 구별은 40 cubic feet이다.

6) 과부족용인조건

석탄, 철광석, 곡물, 모래 등과 같은 화물을 산화물(Bulk cargo)이라 한다. 이러한 살화물과 유류와 같이 휘발성이 있어 운송 도중에 감량이 생길 우려가 있는 물품에 대하여 매매 계약시 일정한 과부족 한도를 정해 둔다. 이런 경우에 이 범위의 수량부족에 대하여는 클레임을 제기하지 않기로 약정하는 방법을 과부족용인조건(More or less clause)이라고 한다. 신용장통일규칙에 따르면 물품의 수량·단가 앞에 about, circa, approximately의 표현이 붙으면 ±10%의 과부족을 허용하고 있으며, 아무런 언급이 없으면 ±5%의 과부족을 허용한다고 명기하고 있다. 그러나 포장단위나 개개품목에 따라 수량이 명기된 경우에는 과부족이 허용되지 않는다.

3. 가격조건

1) 거래통화

가격조건에서 고려해야 하는 것은 매매가격을 어느 나라 통화로 표시하여 산정할 것인가의 문제로 거래통화의문제이다. 따라서 거래통화를 표시하는 데 있어서 수출국의 통화로 할 것인가, 수입국의 통화로 할 것인가, 아니면 제3국의 통화로 표시할 것인가를 계약서에 명시하여야 한다. 무역계약에서 거래통화의 결정은 환율의 안정성, 교환성 그리고 유통성 등을 고려하여 결정하게 된다.

2) 거래 가격조건

무역거래에서 매매계약의 상품가격을 결정시에는 계약상품의 인도장소, 위험부담, 가격에 포함되는 제 비용에 따라 여러 가지로 구분된다. 국제무역에서는 당사자간에 원활한 가격협상이 이루어지도록 하기 위하여 국제상업회의소((International Chamber of Commerce)가 국제규칙을 제정하였다. 이러한 가격에 관한 국제규칙을 인코텀즈라 한다.

(1) 인코텀즈의 개요

인코텀즈(INCOTREMS)란 무역조건의 해석에 관한 국제규칙(International Rules for the Interpretation of Trade Terms)을 의미하는 것으로, 통상 International Commercial Trade Terms로 불리어진다. Incoterms을 간단하게 설명하면, 국제물품매매계약에서 물

품의 이전 장소에 따른 수출업자와 수입업자간의 최소한의 책임과 의무를 규정하고 있는 국제규칙이다. 그리고 인코텀즈는 구속력을 지닌 국제조약이 아니기 때문에 관계 당사자들의 합의에 의해서만 이용되고 있다.

인코텀즈는 1936년 처음 제정된 이래 변화된 국제무역관습과 일치시키기 위하여 1953년, 1967년, 1976년, 1980년, 1990년, 2000년 그리고 2010년에 이르기까지 개정과 보완이 이어졌다.

(2) 인코텀즈의 주요내용

〈표 11.3〉 인코텀즈 2010의 구성

구분	가격 조건
운송수단에 관계없이 사용되는 규칙	① 공장인도규칙(Ex Works(named place of delivery) : EXW) ② 운송인인도규칙(Free Carrier(named place of delivery) : FCA) ③ 운송비지급인도규칙 (Carriage Paid to(named place of destination) : CPT) ④ 운송비 · 보험료지급인도규칙 (Carriage and Insurance Paid to(named place of destination) : CIP) ⑤ 터미널 인도규칙(Delivered At Terminal(named terminal at port or place of destination) : DAT) ⑥ 도착지인도규칙(Delivered At Place (named place of destination) : DAP) ⑦ 관세지급인도규칙(Delivered Duty Paid (named place of destination): DDP)
해상운송 및 내륙수로 운송에 사용되는 규칙	⑧ 선측인도규칙(Free Alongside Ship(named port of shipment) : FAS) ⑨ 본선인도규칙(Free on Board (named port of shipment): FOB) ⑩ 운임포함인도규칙(Cost and Freight(named port of destination): CFR) ⑪ 운임 · 보험료포함인도규칙 (Cost, Insurance and Freight(named port of destination): CIF)

① **공장인도규칙**(Ex Works(named place of delivery): EXW)

'공장인도'라 함은 매도인이 수출통관을 하지 않고, 자신의 영업구내 또는 지정장소에서 물품을 집하용 차량에 적재하지 않은 상태로 매수인의 임의처분상태로 놓아 두었을 때, 매도인의 인도의무가 종료되는 것을 의미한다. 따라서 이 조건은 매도인의 최소의무를 나타내며, 매수인은 최대의무를 나타내고 있다.

② **운송인인도규칙**(Free Carrier(named place of delivery): FCA)

'운송인인도'라 함은 매도인의 구내 또는 기타의 지정장소에서 약정기간 내에 매수인이 지정한 최초 운송인에게 인도하는 것을 의미한다. 이 조건에서 인도가 매도인의 영업장구내에서 이루어지는 경우에는 매도인이 적재의 책임이 있으나, 인도가 기타 장소에서 이루어지는 경우에는 매도인은 양하하지 않은 상태로 매수인이 지명한 운송인 또는 그 밖의 당사자의 처분에 맡기면 된다. 매수인은 인도 완료된 이후의 모든 위험과 비용을 부담한다.

이 조건은 두 가지 이상의 운송수단을 결합하는 복합운송을 포함하여 운송수단에 관계없이 사용될 수 있다.

③ **운송비지급인도규칙**(Carriage Paid to(named place of destination): CPT)

'운송비지급인도'라 함은 매도인이 수출통관절차를 이행한 후, 합의된 장소(당사자간 이러한 장소가 합의된 경우)에서 물품을 매도인이 지정한 운송인 또는 제3자에게 물품을 인도할 때 매도인의 인도의무는 완료된다. 그리고 그 물품을 지정목적지까지 운송하기 위해 통상의 운송경로와 관습적인 방법에 의한 운송계약을 체결하고 운송비를 부담하여야 한다. 그리고 물품이 운송인에게 인도된 후의 발생하는 모든 위험과 비용은 매수인의 부담이 된다. 이 조건은 운송인인도조건(FCA)에 목적지까지의 운송비를 지급하는 규칙이다. 따라서 운송인이라 함은 철도, 도로, 항공, 해상, 내수로 또는 이러한 운송수단들을 결합하여 운송하는 자를 말한다.

④ **운송비 · 보험료지급인도규칙**

(Carriage and Insurance Paid to(named place of destination): CIP)

'운송비 · 보험료지급인도'라 함은 매도인이 수출통관절차를 이행한 후, 합의된 장소(당사자간 이러한 장소가 합의된 경우)에서 물품을 매도인이 지정한 운송인 또는 제3자에게 물품을 인도할 때 매도인의 인도의무는 완료된다. 그리고 그 물품을 지정목적지까지 운송하기 위해 통상의 운송경로와 관습적인 방법에 의한 운송계약을 체결하고 운송비를 지급하고 운송 중의 물품의 멸실 또는 손상에 대한 매수인의 위험에 대하여 보험계약을 체결하고 보험료를 지급하여야 하는 규칙이다.

내륙에서 스스로 지정한 운송인에게 물품을 인도하고, 수입지의 지정된 목적지까지 CIP조건은 CPT와는 달리 매도인이 운송 중 매수인이 부담할 물품의 멸실 또는 손상의 위험에 대한 보험료를 지불해야 한다. 그러나 물품이 운송인에게 인도된 후의 발생하는 모든 위험과 비용은 매수인의 부담이 된다. 여기서 운송인이라 함은 철도, 도로, 항공, 해상, 내수로 또는 이러한 운송수단들을 결합하여 운송하는 자를 말한다.

⑤ **터미널 인도규칙**

(Delivered At Terminal(named terminal at port or place of destination): DAT)

'터미널 인도'라 함은 매도인은 수입통관을 하지 않고 지정 목적항 또는 지정 목적지에 있는 지정터미널에서 도착한 운송수단에서 일단 양하된 물품을 매수인의 임의의 처분상태로 둘 때 매도인이 인도하는 것을 의미한다.

'터미널'은 부두, 창고, 컨테이너 장치장(CY), 또는 도로, 철도, 항공화물 터미널과 같은 장소를 포함하며 지붕의 유무를 불문한다.

⑥ **도착지인도규칙**(Delivered At Place(named place of destination): DAP)

'도착장소인도'라 함은 매도인은 수입통관을 하지 않고 지정목적지에서 계약물품을 도착된 운송수단으로부터 양하하지 않은 상태로 매수인의 임의처분상태로 인도하는 것을 의미한다. 한편 매수인은 지정목적지에서 자신의 임의로 처분할 수 있는 상태가 된 이후의 모든 위험과 비용을 부담한다.

⑦ **관세지급인도규칙**(Delivered Duty Paid(named place of destination): DDP)

'관세지급인도'라 함은 매도인이 물품을 수입통관하고 지정된 수입국의 목적지에서 운송수단으로부터 양하하지 아니한 상태로 매수인에게 인도해야 매도인의 의무가 종료됨을 의미한다. 따라서 매도인은 수출지에서 수입지의 지정장소까지 계약상품을 운반하는데 관련되는 모든 비용과 위험을 부담해야 하며, 수출통관절차와 수입통관절차를 이행하여야 한다. 이 조건은 매도인이 수입허가를 취득할 수 없을 때에는 사용해서는 안된다. 그리고 운송방식에 관계없이 사용될 수 있으며, 매도인의 최대의무를 나타내는 조건이다.

⑧ **선측인도규칙**(Free Alongside Ship(named port of shipment): FAS)

'선측인도'라 함은 수출지의 지정된 선적항에서 본선의 선측에 적치된 때에 매도인의 의무가 끝나는 것을 의미한다. 여기서 선측이란 본선의 양하기가 도달하는 거리를 말한다. 따라서 매도인은 본선이 외항에 정박하고 있을 때에는 부선으로 본선의 양하기가 도달할 수 있는 선측까지 운반하여야 한다.

그리고 매도인은 자신의 위험과 비용으로 수출허가와 수출통관절차를 이행해야 한다. 이 밖에 매도인은 물품이 지정된 선측에 인도될 때까지 물품의 멸실과 손상에 대한 모든 위험과 비용을 부담하여야 한다. 이 조건은 단지 해상운송이나 내수로 운송에서만 사용될 수 있으며, 벌크화물인 석탄, 철광석, 곡물류 등의 거래에 이용되는 조건이다.

⑨ **본선인도규칙**(Free on Board(named port of shipment): FOB)

'본선인도'라 함은 매도인이 약정된 기일 안에 지정된 선적항에서 그 항구의 관습적인 방법에 따라 매수인에 의하여 지정된 선박의 갑판상에 물품을 인도함을 의미한다. 따라서 매도인은 자신의 위험과 비용으로 수출허가와 수출통관절차를 이행하고 물품이 지정된 선적항에서 본선의 난간을 유효하게 통과할 때까지 물품의 멸실과 손상에 대한 모든 위험과 비용을 부담하여야 한다. 그리고 매수인은 이 지점으로부터 모든 비용과 멸실 또는 손상의 위험을 부담하여야 한다. 이 조건은 해상운송 또는 내수로운송에만 사용될 수 있다.

⑩ **운임포함인도규칙**(Cost and Freight(named port of destination): CFR)

'운임포함인도'라 함은 매도인이 약정된 기일 안에 지정된 선적항에서 그 항구의 관습적인 방법에 따라 매수인에 의하여 지정된 선박의 갑판상에 물품을 인도하고, 목적항까지 해상운임과 관련된 비용을 지불해야 함을 의미한다. 그리고 매도인은 자신의 위험과 비용으로 수출허가와 수출통관절차를 이행하고 물품이 지정된 선적항에서 본선의 난간을 유효하게 통과할 때까지 물품의 멸실과 손상에 대한 모든 위험과 비용을 부담하여야 한다. 이 조건은 해상운송이나 내수로 운송에만 사용할 수 있다.

〈표 11.4〉 매매당사자의 운송계약·보험계약 체결의무

운송방식	거래규칙	매도인의 의무		매수인의 의무	
		운송계약	보험계약	운송계약	보험계약
모든 운송 방식	EXW	×	×	×	×
	FCA	×	×	○	×
	CPT	○	×	×	×
	CIP	○	○	×	×
	DAT	○	×	×	×
	DAP	○	×	×	×
	DDP	○	×	×	×
해상 및 내수로운송	FAS	×	×	○	×
	FOB	×	×	○	×
	CFR	○	×	×	×
	CIF	○	○	×	×

⑪ **운임 · 보험료포함인도규칙**
(Cost, Insurance and Freight(named port of destination): CIF)

'운임 · 보험료포함인도'라 함은 매도인이 약정된 기일 안에 지정된 선적항에서 그 항구의 관습적인 방법에 따라 매수인에 의하여 지정된 선박의 갑판상에 물품을 인도하고, 목적항까지 해상운임, 관련된 비용, 그리고 해상보험료를 지불해야 함을 의미한다. 그리고 매도인은 자신의 위험과 비용으로 수출허가와 수출통관절차를 이행하고 물품이 지정된 선적항에서 본선의 난간을 유효하게 통과할 때까지 물품의 멸실과 손상에 대한 모든 위험과 비용을 부담하여야 한다. 이 조건은 해상운송이나 내수로 운송에만 사용할 수 있다.

4. 선적조건

선적조건에서는 선적의 시기, 분할선적, 환적 등에 관하여 명확히 하여야 한다.

1) 선적의 시기

수출업자는 수출지에서 생산과정, 내륙운송과정 또는 선박수배의 어려움 등으로 정확하게 선적일자를 맞추기가 어렵다. 따라서 특정일을 명시하기 보다는 선적에 시간적인 여유를 가질 수 있는 특정한 월이나 특정한 기간을 명시하고 있다.

(1) 특정한 달로 선적시기를 정하는 경우

특정한 월을 선적기한으로 하는 경우의 표현으로는 "June shipment, shipment during June"이며, 2개월 이상을 선적기한으로 표현하는 경우에는 "June-July shipment"처럼 표기하고 있다.

(2) 조건부 선적

어떤 특정한 조건을 전제로 하여 기한을 정하는 조건이다. 실무적으로 무역계약을 체결할 때 조건부 선적기한을 많이 이용하고 있다. 예를 들면 "shipment within 30 days after receipt of the L/C"와 같은 표현이다.

(3) 조속한 선적, 즉시선적

조속 또는 즉시라는 문언으로는 immediate shipment, prompt shipment, shipment as soon as possible이 있다. 그러나 이러한 모호한 문언들은 가능한 사용할지 말 것을 권유하고 있으며, 만약 이러한 표현이 사용된 경우 은행은 이것을 무시하도록 규정하고 있다.

2) 분할선적과 환적

(1) 분할선적(Partial Shipment)

분할선적은 계약수량을 2회 이상 나누어서 선적하는 것을 말한다. 이런 경우는 매도인의 생산능력이나 매수인의 재고부담을 완화시켜 주기 위한 것이다. 분할선적은 특별한 명시가 없는 한 허용되는 것으로 간주한다.

(2) 환적(Transshipment)

환적은 운송 도중에 다른 선박에 재선적하여 최종 목적지까지 가는 것을 말한다. 이러한 경우는 출발지에서 목적지까지 직항로가 없는 경우에 많이 이용된다. 환적은 특별한 명시가 없는 한 허용되는 것으로 간주한다. 그러나 하역과 재선적 도중에 깨지기 쉬운 유리그릇이나 도자기 등은 직항로를 이용하는 것이 상품의 안전을 위하여 필요하다.

5. 대금결제조건

1) 대금결제시기

(1) 선지급

선지금은 매도인이 상품을 인도하기 전에 매수인이 먼저 대금을 송금하는 경우이다. 상품인도전에 매수인이 대금을 먼저 송금하는 방식을 Cash in Advance 라고도 한다. 그리고 주문과 동시에 대금을 송금하는 것을 Cash with Order(CWO)라고 한다. 신용장 방식에는 신용장 수령과 동시에 결제되는 선대신용장(Red Clause L/C)방식이 있다. 이 방법들은 수출업자의 신용이 확실하거나 견본이나 긴급한 물품을 주문할 때에만 사용한다.

(2) 동시지급

동시지급은 물품을 인도받거나 서류를 인도받음과 동시에 대금지급이 이루어지는 방식이다.

① **현금상환지급(Cash on Delivery: COD)**

수출물품이 수입지에 도착하면 수입업자가 직접 상품을 검사한 후 수입대금을 지급하고 상품을 인도받는 방식이다.

② **서류상환지급(Cash against Document: CAD)**

수출업자가 물품을 선적하였음을 입증하는 선화증권을 비롯한 관련서류를 수입업자의 대리점이나 거래은행에 제시하여 수출대금을 결제받는 조건이다. 이 조건은 주로 수출지에서 이루어진다. 지급인도조건(Documents against Payment: D/P)과 일람불 신용장방식(at Sight Credit)이 있다.

③ **후지급(Deferred Payment)**

물품의 인도나 선적서류의 인도가 있은 후 일정한 기간이 경과한 후에 대금지급이 이루어지는 조건이다. 이 조건을 외상거래라고 한다. 이러한 지급방식은 수출업자에게는 매우 불리한 조건이다. 인수인도조건(Documents against Acceptance: D/A)과 기한부 신용장방식(Usance Credit)이 있다.

2) 대금결제방법

(1) 무신용장 결제방식

① **송금결제방식**

송금방식은 계약물품을 선적하기 전에 수입상이 수출상 앞으로 대금을 송금하여 주는 방식이다. 이 방식은 수출업자의 입장에서는 대금결제에 대한 위험을 줄일 수 있으나, 수입업자에게는 물품인도를 받기 전에 대금전액을 송금해 준다는 것이 금융비용이나 자금부담 면에서 상대적으로 불리한 결제방식이다. 이 방식에는 송금수표(Demand Draft: D/D)[12), 우편송금환(Mail Transfer: M/T)[13), 전신송금환(Telegraphic Transfer: T/T)[14) 등과 같은 지급수단이 이용되고 있다.

12) 송금의뢰인이 은행에서 송금수표를 발행하여 송금의뢰인이 수취인에게 직접발송하는 방법으로 운송도중 분실의 위험이 있어 소액송금 등에 이용된다.

13) 송금은행이 지급지시서를 송금지급은행에 우편으로 보내는 방법으로 급하지 않은 송금, 소액송금 등에 이용가능하나 지금은 거의 이용되지 않는다.

14) 송금의 지급지시를 전신으로 하는 방법을 말하며 거액의 송금, 긴급을 요하는 송금 등에 많이 이용되며 해외송금을 할 때 가장 많이 이용되고 있다.

② **추심결제방식**

추심결제방식은 계약물품을 선적 한 후 수출상이 수입상 앞으로 대금을 청구하는 방식이다. 추심결제방식에는 D/P방식과 D/A방식이 있는데, 이 결제방식은 송금방식에서 문제가 되었던 수입업자의 상업위험을 커버할 수 있는 보다 발전된 방식이다. 그러나 이 방식은 신용장방식에서와 같이 은행이 수출업자에게 대금지급을 보장하는 것이 아니라, 오직 수입상의 신용만을 믿고 대금을 청한다는 점이다. 그러므로 추심결제방식은 본사와 해외의 자회사간의 거래, 또는 오랫동안 거래관계를 유지하여 수출업자가 수입업자를 전적으로 믿을 수 있는 경우에만 이용되고 있다. 최근에는 무역거래에서 추심결제방식의 비중이 점차 높아져가고 있다.

(2) 신용장 결제방식

신용장방식은 추심결제방식과 같이 수출상이 계약물품을 선적 한 후, 수입상 앞으로 대금으로 청구하는 방식이다. 이 방식은 추심결제방식과는 달리 은행이 대금지급을 확약한다는 점에서 차이가 있다. 그러나 신용장에 의한 은행의 대금지급 확약은 조건부지급확약이므로 수출상이 신용장 조건에 일치하는 서류를 제시하여야 대금지급을 받을 수 있다. 오늘날 신용장은 수출상의 대금회수 불안과 수입상의 물품회수 불능의 위험을 해결하기 위하여 널리 이용되고 있는 결제수단이다. 신용장 결제방식은 일람불신용장(Sight Credit)방식과 기한부(Usance Credit) 방식이 있다.

(3) 기타의 결제방식

최근에는 무역기업들이 특수한 거래형태나 지역적인 거래사정을 고려하여 새로운 거래방식을 과감히 채택함으로써 변화하는 국제무역환경에 적극적으로 대응해 나가고 있다. 이에 따라 무역거래의 대금결제방식도 청산결제, 국제팩토링, 포피팅에 의한 결제방식 등이 사용되고 있다.

① **청산결제**(open account)

특정한 수입업자와 상품수출이 빈번한 경우에 매 선적 시 마다 대금결제를 하지 않고, 일정 기간동안에 한번씩 잔액을 결제하는 방법이다. 또한 거래가 빈번한 당사자간에 일정기간 마다 장부상의 잔액에 대해서만 결제하는 방법이다.

② **국제팩토링**(international factoring)

국제팩토링이란 수출기업의 외상매출금을 매매하는 금융을 말한다. 국제팩토링을 이용할 경우 수출업자는 외상수출로 인한 대금회수 불안을 제거하면서도 만기일 전에 수출대전을 회수할 수 있으며, 수입시에는 신용장없이 팩토링회사의 지급보증으로 외상 수입을 할 수 있는 무역거래방식이다. 국제팩토링은 주로 10만 달러 이하의 중·장기 소액거래에 이용되고 있다.

③ **포피팅(forfaiting)**

포피팅이란 현금을 대가로 채권을 포기 또는 양도하는 것이다. 이는 팩토링에 비하여 거래규모가 큰 중·장기 용역거래나 재화거래에서 발생하고 있다. 이 방식에서 수출업자가 환어음을 포피터(forfaiter)인 은행에게 고정이자율로 할인하여 수출대금을 회수한다.

6. 보험조건

보험조건이라 함은 수출화물이 해상운송 도중에 발생할 수 있는 위험으로부터 벗어나기 위하여 해상보험에 가입하는 것을 말한다. 국제무역에서는 반드시 해상보험에 가입해야 한다.

1) 보험계약자

보험계약을 체결하는 당사자를 말한다. 보험계약자는 인코텀즈 조건에 따라서 결정된다. 예들 들면 CIF와 CIP와 같은 조건에서는 매도인이 보험계약을 체결하고 보험료를 지불해야 한다. 신용장조건에서는 CIF와 CIP조건에서 수출업자가 보험에 가입해야 하는 최소 보험가입금액을 송장가액의 110%로 명시되어 있다.

2) 손해보상의 범위

해상보험에서 손해보상의 범위는 보험계약에서 명시하고 있는 특정 원인에 의해서 발생한 손해에 대해서만 보상하고 있다. 따라서 보험계약에서 제외되어 있는 원인에 의한 손해는 보상받지 못한다. 해상보험에서는 보험자의 보상범위에 대해서 3가지로 규정하고 있다. 먼저 기본조건으로 ICC(A), ICC(B), ICC(C)가 있으며, 부가적인 보험료를 지불하고 보상받을 수 있는 손해는 전쟁위험과 동맹파업위험이 있다. 그리고 보험자가 보상하는 손해보상의 범위는 ICC(A) > ICC(B) > ICC(C) 순이다.

7. 포장조건

포장조건은 포장의 방법, 포장의 종류, 화인에 대해서 약정하여야 한다.

1) 포장의 방법

포장의 방법을 기능별로 분류하면 다음의 세가지로 분류할 수 있다.

(1) 개별포장(개장 낱포장)

개별포장은 물품의 상품가치를 높이기 위해서 또는 물품 하나 하나를 보호하기 위하여 하는 포장이다. 그리고 개별포장은 디자인 및 색체에 신경을 써야 한다.

(2) 속포장(내장, 내부포장)

속포장은 개별 포장된 상품이 수분, 습기, 광열 및 충격 등에 의하여 손상을 입지 않도록 겉포장의 내부에 판지, 솜, 플라스틱 등을 채우거나 칸막이 하는 경우가 해당된다.

(3) 겉포장(외장, 외부포장)

겉포장은 화물의 외부포장을 말한다. 겉포장은 물품의 상자, 포대, 나무통 및 금속 등의 용기에 넣거나 용기를 사용하지 않고 그대로 묶어서 기호 또는 화물표시를 하는 것을 말한다.

2) 포장의 종류

수출품의 포장은 의류, 완구 등 가볍고 파손의 위험이 없는 물품은 종이상자를 이용한다. 그리고 화공약품, 음료수, 석유 등은 드럼이나 용기 등을 사용한다. 또한 곡물류나 시멘트, 소금 등은 마대나 면대 또는 지대를 사용한다. 이 밖에 유리그릇, 도자기 등은 나무상자나 철제상자를 이용하기도 한다.

3) 하인

하인은 수출품의 겉포장(외장)에 특정한 기호, 포장번호, 목적항 등의 표시를 하여 포장 상호간에 식별할 수 있도록 하는 것을 말한다. 하인에는 기본하인을 제외하고는 임의적으로 표시하는 것이 일반적이다.

① **주하인**(main mark)

주하인은 다른 화물과 식별을 쉽게 하도록 하기 위하여 겉포장에 삼각형·타원형·다이아몬드형 등을 표시하고 그 안에 수출자의 상호 등의 약자 표시한다. 그러나 경우에 따라서는 삼각형 등의 표시가 없이 문자나 숫자만으로 주하인을 표시하는 경우도 있다.

② **부하인**(counter mark)

부하인은 주하인 만으로 다른 화물과의 구별이 어려울 때, 주하인에 추가하여 공급자의 약자를 표시한다. 또한 부하인이 내용물의 품질 또는 등급을 표시할 경우에는 품질표시가 된다.

③ **목적항 표시**(port mark)

화물이 다른 곳으로 잘못 운송되는 것을 막기 위한 필수적인 하인으로서 상품이 도착되는 목적항을 표시한다.

④ **상자번호**(case number)

포장물이 여러 개인 경우에는 매 포장마다 총 개수 중에서 몇 번째 개수에 해당하는지를 일련번호로 표시한다.

⑤ **원산지 표시**(country of origin mark)

상품의 생산국을 외장의 맨 아래에 우리나라가 원산지인 경우에 MADE IN KOREA로 표시한다.

⑥ **주의 표시**(caution mark)

화물의 운송 또는 보관시에 취급상의 주의를 표시한 것이다. 주의 표시는 USE No HOOK, WITH DRY, THIS SIDE UP, FRAGILE, OPEN HERE 등의 표시를 한다.

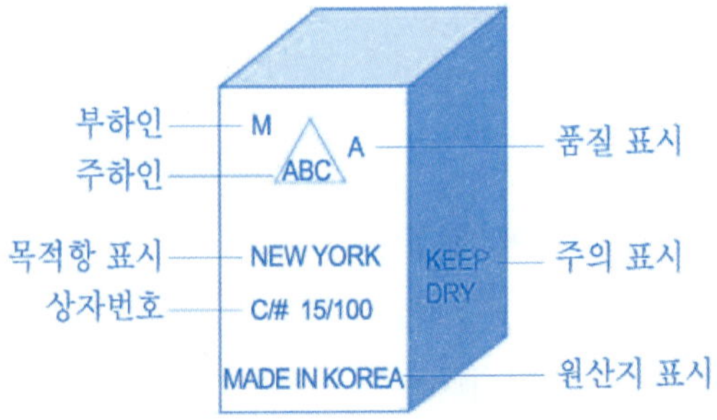

[그림 11.1] 하인의 예

위에서 설명한 하인을 모두 표시해야 하는 것은 아니지만, 주화인, 도착항표시, 상자번호, 원산지 표시 등은 필수적으로 표시해야 한다. 특히 도착항표시와 상자번호가 없는 화물을 무화인화물(NM; No Mark Cargo)이라 한다.

8. 분쟁해결조건

계약이후에 발생할 지도 모르는 분쟁해결에 관하여 구체적으로 약정하는 것이 필요하며, 불가항력조항, 중재조항, 준거법조항 등을 들 수 있다.

1) 불가항력조항

불가항력이란 무역계약의 당사자가 통제할 수 없는 모든 사건들을 말한다. 수출업자의 고의, 과실, 태만 등으로 인한 계약불이행에 대해서는 수출업자가 책임을 져야 하나, 천재지변, 전쟁 등과 같은 불가항력에 의한 계약불이행은 면책될 수 있다. 그러나 어떠한 경우가 불가항력에 해당하는가를 구체적으로 단정하기가 매우 어렵다. 따라서 구체적인 범위를 계약서에 명시해 두는 것이 필요하다.

2) 중재조항

무역클레임이 발생한 경우 원만하게 해결되지 않는다면, 가장 보편적인 방법으로 중재를 이용하고 있다. 중재는 분쟁해결을 중재에 의한다는 중재조항을 미리 계약서에 약정해 두지 않으면 중재제도를 이용할 수 없게 된다.

3) 재판관할권과 준거법조항

분쟁해결을 중재에 의하지 아니하고 법원의 판결에 의하기로 한 경우에는 재판관할권과 준거법을 설정해 두는 것이 필요하다.

■ 주요 용어

청약 및 반대청약	인코텀즈(INCOTERMS)	대금결제조건
거래제	본선인도조건(FOB)	보험조건
품질조건	운임·보험료 포함 인도	포장조건
수량조건	조건(CIF)	분쟁해결조건
가격조건	선적조건	

연습문제

1. 무역계약의 체결절차를 설명하시오.

2. 신용조회를 통해 거래상대방에 대해 알아보아야 할 3C는 무엇인가?

3. 청약의 종류에는 무엇이 있는가?

4. 무역계약의 법적성질에 대해 설명하라.

5. 품질결정방식에는 무엇이 있는가?

6. FOB 와 CIF에 대해 설명하시오.

7. 대금결제방법에 대해 설명하시오.

8. 분쟁해결조건에는 무엇이 있는가?

제12장 무역계약의 이행

제1절 국제운송

1. 해상운송

1) 해상운송의 의의

수출업자와 수입업자가 계약을 맺어 무역거래가 성사되면, 수출업자로부터 계약화물을 수입업자에게 운송시켜야 한다. 이때 선박 이용하여 화물을 운송하고 그 대가로 운임을 받는 상행위를 해상운송이라고 한다. 오늘날에서는 선박의 대형화·고속화와 더불어 하역시설의 기계화가 진전되어 더욱 중요성이 증대되고 있다. 해상운송은 다른 운송수단에 비하여 대량의 운송을 하기 때문에 화물 단위당 운송비가 저렴하다. 그리고 범세계적인 시장을 배경으로 영업활동을 하므로 매우 국제경쟁적인 산업이다. 이러한 해상운송은 선박의 운항형태에 따라 정기선과 부정기선으로 구분된다.

(1) 정기선 운송

정기선이란 특정한 선박회사가 정해진 항로에 따라 공표된 운임으로 정해진 운항일정에 따라 운항하는 해상운송업을 말한다. 정기선에서 목표로 하는 시장은 불특정다수의 2차 상품이며, 주로 개품운송계약에 의하여 운송계약이 체결되고 있다. 정기선은 항로별로 네트워크를 구성해야 하기 때문에 조직이 방대하다. 또한 정기선에는 해운동맹이라는 특수한 국제카르텔이 형성되어 있다.

(2) 부정기선 운송

부정기선은 일정한 운항계획을 가지고 있지 않고, 화주가 요구하는 수요에 부응하여 불특정 시기와 불특정 항로에 선박을 제공하여 화물을 운송하는 것을 말한다. 부정기선은 1차 화물을 한 선박에 만선 적재하는 경우가 많다. 따라서 운송계약도 소수의 대화주들과 용선계약의 형태를 취하고 있다. 그리고 운임수준은 해운시장의 수요와 공급에 따라 불규칙하게 변동하고 있어 완전경쟁에 가깝게 형성되고 있다.

〈표 12.1〉 정기선과 부정기선의 비교

구분	정기선 운항	부정기선 운항
운항빈도	정해진 날짜에, 정해진 항로들을 반복 운항	화주의 요구에 따라 언제든지 어느 항구던지 운항
운송화물	2차 공업제품 등이 주요 운송화물	1차 화물을 주로 운송
운임	운임동맹이 제정한 공통 운임율에 근거하여 운임이 책정	운송시장의 수요와 공급에 의해서 결정
운송계약	다수의 화주와 개품운송계약	소수의 화주와 용선계약
선박규모	일정대수 이상의 선대를 유지	소수의 선박
운송장	선하증권을 사용	용선계약서를 사용
조직규모	대규모 조직이 필요	최소한의 인원으로 충분

2. 해상운송계약

1) 개품운송계약

개품운송계약은 선박회사가 여러 화주들과 개개의 화물들을 대상으로 개별적으로 운송계약을 체결하는 것을 의미한다. 많은 화물들을 여러 화주로부터 받아 함께 선적하므로 정기선운송에서 이용되고 있다. 이러한 운송계약은 실제로 국내에서 이루어지는 택배서비스와 유사한 형태이다. 개품운송계약은 각각의 화주들이 자신이 운송하고자 하는 항로에서 운항하고 있는 선박을 찾아 사전에 공표된 운임율에 근거하여 운송계약을 체결하게 된다.

2) 용선운송계약

용선계약은 대량의 1차 화물을 부정기선으로 운송하고자 하는 경우에 체결하는 계약형태이다. 용선계약은 선복의 일부·전부에 대해서 계약이 체결되고 있으며 항해용선계약, 정기용선계약, 나용선계약으로 구분되어 진다.

첫째, 항해용선(Voyage Charter)은 화주가 일정한 항구에서 다른 항구까지 화물운송을 의뢰하고자 할 때 체결하는 계약이다. 항해용선계약에서는 체선료와 조출료의 문제가 발생한다. 체선료(Demurrage)란 초과정박일에 대하여 용선자가 선주에게 지급하는 위약금의 일종이다. 그리고 조출료(Dispatch Money)란 용선계약상 허용된 정박기간 종료전에 하역이 완료되었을 때 그 절약된 기간에 대하여 선주가 용선자에게 지급하는 일종의 보너스로 이다.

둘째, 정기용선(Time Charter)은 선박의 전부 또는 일부를 일정기간 동안 용선하는 것으로 그 기간 동안에는 용선소유자가 정하는 항해구역이면 용선한 선박을 어디라도 임의 배선할 수 있을 뿐 아니라 계약상 제한된 화물을 제외하고 어떤 화물이라도 적재할 수 있다.

셋째, 나용선(Bare Boat Charter)은 어떤 일정한 기간동안 용선자가 선박자체만 용선하여 승무원의 배승, 선체보험료, 항비, 항해비, 수리비등 용선자가 자본비용을 제외한 모든 비용을 부담하여 실제적으로 선박의 운항에 대하여 모든 책임을 맡게된다.

3. 선하증권

1) 선하증권의 의의

선하증권(Bill of Lading)이란 화주와 선박회사간의 해상운송 계약에 의하여 선박회사가 발행하는 유가증권이다. 다시 말하면 선하증권은 선주가 자기 선박에 화주로부터 의뢰받은 운송화물을 적재 또는 적재를 위해 그 화물을 영수하였음을 증명하고 운송화물을 도착항에서 일정한 조건하에 수하인 또는 그 지시인에게 인도할 것을 약정한 유가증권이다. 이러한 선하증권은 다음과 같은 기능을 수행하고 있다.

첫째, 선박회사와 화주 간에 운송계약이 체결되었다는 증거서류이다. 따라서 선박회사가 선하증권을 발행하면 선박회사 화주 간에 운송계약이 존재하는 것으로 간주된다.

둘째, 선하증권은 선적된 화물의 수취증이며 선적화물의 수량과 상태에 관한 명세서 역할을 한다. 따라서 선하증권에 명기된 화물의 종류와 수량은 운송회사가 화주로부터 수취하였다는 증거를 나타낸다.

셋째, 선하증권은 운송화물에 대한 권리를 주장할 수 있는 권리증서이다. 따라서 선하증권의 소지인은 화물을 소유할 수 있는 법적인 근거를 가지고 있으며 운송회사도 선하증권의 원본을 가지고 있는 자에게 화물을 인도할 의무가 있다.

2) 선하증권의 종류

(1) 선적선하증권과 수취선하증권

선적선하증권(Shipped B/L)은 계약화물을 운송할 선박에 화물이 적재된 후에 발행되는 선하증권이다. 그리고 증권면에 선적의 완료사실을 나타내는 “shipped on board” 라는 문구가 기재되어 있다. 수출대금을 결제받기 위하여서는 선적선하증권의 제시가 있어야 한다. 수취선하증권(Received for B/L)은 운송인이 선적을 약속한 화물을 하주가 지정된 창고에 입고시킨 후 하주가 요구할 경우 선적 전에 발행되는 증권이다.

(2) 무사고 선하증권과 사고부 선하증권

무사고선하증권(Clean B/L)은 화물 선적 당시에 화물의 포장상태 및 수량에 어떠한 하자나 과부족이 없는 경우에 발행되는 선하증권이다. 사고부선하증권(Foul B/L)은 선박회사가 발급하는 선하증권의 비고란에 “5 bags torn”, “3 cases loose strap” 등과 같이 포장상태가 불완전하거나 수량이 모자라는 사실을 증권상에 기재한 선하증권이다. 이런 경우, 수출업자는 선박회사에 파손화물보상장(Letter of Indemnity)을 제공하고 무사고선하증권을 발급 받을 수 있다.

(3) 기명식 선하증권과 지시식 선하증권

기명식 선하증권(Straight B/L)은 증권의 수하인난에 “Mr. Cho Sung Won, Daejeon, Korea”과 같이 수입업자의 성명이나 상호가 기재되어 있는 선하증권이다. 지시식 선하증권(Order B/L)은 수하인 난에 “order” “order of A” 등의 문구가 기재된 증권을 지시식 선하증권이라 하며 배서로 양도가 가능하다. 우리가 실무에서 볼 수 있는 것은 거의 전부가 이러한 지시식 선하증권이다.

(4) 해양선하증권과 내국선하증권

해양선하증권(Ocean B/L)은 부산과 뉴욕 또는 인천과 런던과 같이 운송화물이 한 나라의 영해를 벗어나 운송될 때 발급되는 선하증권이다. 내국선하증권(Local B/L)은 부산과 인천, 혹은 묵호와 목포 사이와 같이 국내 해상운송에 대해서 발급되는 선하증권이다.

(5) 기타 선하증권

① 통과선하증권(Through B/L)

해상과 육상을 교대로 이용하여 운송하거나, 둘 이상의 해상운송인과 육상운송인이 결합하여 운송할 경우 최초의 운송인이 전구간의 운송에 대하여 책임을 지고 발행하는 운송증권이다.

② 복합운송증권(Combined transport documents)

수출국의 화물인수장소로부터 수입국의 인도장소까지 육상, 해상, 항공중 적어도 두가지 이상의 다른 운송방법에 의해 일관 수송되는 경우에 발행되는 운송증권이다.

③ 약식선하증권(Short form B/L)

Long Form B/L은 선하증권으로서의 필요기재사항을 갖추고 있지만 이면약관이 생략된 것이다. 이 약식선하증권에 관하여 분쟁이 생기면 일반적으로 정식선하증권(long form B/L)상의 화주와 선주의 권리와 의무에 따르게 된다.

④ 집단선하증권(Groupage B/L)

화물이 한 컨테이너분량이 않되는 소량이면 운송회사가 같은 목적지로 가는 소량의 화물을 모아서 하나의 집단으로 선적해 보낼 때 선박회사가 발급하는 선하증권을 말한다. 그리고 집단선하증권에 근거하여 운송주선인이 개별 하주에게 발급하는 선하증권을 House B/L이라고 한다.

⑤ 기한경과부선하증권(Stale B/L)

선하증권의 한 형태를 말하는 것이 아니고 선하증권의 제시기간이 경과되었을 때의 모든 선하증권을 말한다. 신용장통일규칙에 의하면 선하증권이 발급된 후 21일이 경과하면 Stale B/L이라고 한다.

⑥ 전자식 선하증권(Electronic B/L)

최근의 무역거래가 전자식 자료교환(EDI)으로 많이 전환됨에 따라 기존의 선하증권을 EDI 시스템으로 전환한 것이다. 특히 전통적 양도가능 선하증권이 비유통성 해상운송장으로 점차 대체됨에 따라, 양도의 가능성이 없는 해상운송장을 전자식 자료교환방식(EDI)에 의한 메시지로 전환한 것이다.

[서식 12.1] 선하증권

<table>
<tr><td colspan="2" rowspan="2">SHIPPER/EXPORTER</td><td>DOCUMENT NO.</td></tr>
<tr><td>EXPORT REFERENCES</td></tr>
<tr><td colspan="2">CONSIGNEE</td><td>FORWARDING AGENT REFERENCES</td></tr>
<tr><td colspan="2" rowspan="2">NOTIFY PARTY</td><td>POINT AND COUNTRY OF ORIGIN</td></tr>
<tr><td>DOMESTIC ROUTING/EXPORT INSTRUCTIONS</td></tr>
<tr><td>RE.CARRIAGE BY</td><td>PLACE OF RECEIPT</td><td>ONWARD INLAND ROUTING</td></tr>
<tr><td>OCEANVESSEL/VOYAGE/FLAG</td><td>PORT OF LOADING</td><td>FOR TRANSSHIPMENT TO</td></tr>
<tr><td>PORT OF DISCHARGE</td><td>PLACE OF DELIVERY</td><td>FINAL DESTINATION FOR THE MERCHANT'S REFERENCE ONLY</td></tr>
</table>

<table>
<tr><td colspan="5">PARTICULARS FURNISHED BY SHIPPER</td></tr>
<tr><td>MARKS AND NUMBERS</td><td>NO. OF CONT. OR OTHER PKGS.</td><td>DESCRIPTION OF PACKAGES AND GOODS</td><td>GROSS WEIGHT (KGS)</td><td>MEASUREMENT (CBM)</td></tr>
<tr><td></td><td></td><td></td><td></td><td></td></tr>
</table>

<table>
<tr><td>FREIGHT AND CHARGES REVENUE TONS RATE PER</td><td>PREPAID</td><td>COLLECT</td><td rowspan="2">IN ACCEPTING THIS BILL OF LADING, the shipper, owner and consignee of the goods, and the holder of the bill of lading expressly accept and agree to all its stipulations, exceptions and conditions, whether written, stamped or printed as fully as if signed by such shipper, owner, consignee and/or holder. No agent is authorized to waive any of the provisions of the within clauses.
IN WITNESS WHEREOF, the master or agent of the said ship has affirmed to THREE(3) bills of lading, all of this tenor and date, ONE of which being accomplished, the others to stand void.
B/L NO.
DATED AT ______________________
BY ______________________</td></tr>
<tr><td></td><td></td><td></td></tr>
</table>

2. 국제항공운송

1) 국제항공운송의 의의

국제항공운송이란 항공기의 항복(plane's space)에 화물을 탑재하고 운항하는 방식을 의미한다. 여기서 화물이란 승객의 수화물과 우편물을 제외한 모든 화물을 말한다. 최근에는 부가가치가 높은 제품이 늘어남에 따라 비싼 운임을 지불하여도 충분히 채산성이 맞게 되었고, 항공운송체제의 생산성 향상으로 항공운임이 점차 저렴해짐에 따라 항공운송이 차지하는 비중이 매년 증가하고 있는 실정이다.

2) 국제항공운송의 특성

항공운송은 해상운송에 비하여 다음과 같은 특성을 가지고 있다.

첫째, 신속성이다. 항공운송은 고속으로 운항하기 때문에 해상운송에 비하여 운송시간이 매우 짧다. 우리나라에서 미국까지 항공운송과 해상운송의 기간을 비교하면 항공운송은 2일정도, 해상운송은 7일정도 소요된다.

둘째, 안정성이다. 항공운송은 운송시간의 단축으로 화물의 손해발생 확률이 감소한다. 따라서 항공운송은 해상운송에 비하여 최소한의 포장만 하여도 되므로 포장비가 대폭적으로 절감되고, 신속하고 안정하게 운항하기 때문에 보험료도 절감된다.

셋째, 경제성이다. 항공운송의 가장 큰 단점은 운임이 매우 비싸다는 것이다. 그러나 포장비, 보험료, 재고비, 자본회전비, 기타 부대비용 등을 종합적으로 고려한 총비용개념으로 살펴 보면 해상운송에 비하여 오히려 저렴할 수 있다.

3) 항공화물운송계약 형태

항공화물운송 계약은 항공운송대리점이나 항공화물운송주선업을 통하여 이루어지고 있다.

(1) 항공화물운송대리점

항공사를 대리하여 항공화물운송계약체결을 대리하는 사업을 말한다. 항공화물운송대리점은 항공사의 운송약관, 규칙, 운임율표, 스케줄에 의거하여 화물을 인수하고, 항공화물운송장을 발행하며 항공운임의 5%를 수수료로 받고 있다.

(2) 항공화물운송주선업

자기의 명의로 화물을 혼재운송해 주는 주선업자이다. 그리고 자체 운송약관, 운임율표를 가지고 혼재화물운송장(house air waybill)을 사용한다. 일반적으로 혼재업자의 운임율은 항공사의 운임율보다 10%정도 낮게 설정하여 가격경쟁력을 갖도록 하고 있다.

〈표 12.2〉 항공화물운송대리점과 항공화물운송주선업의 비교

구분	대리점	주선업
활동영역	FCL화물을 주로 취급	LCL화물을 주로취급
운 임	항공사의 운임표 사용	자체의 운임표 사용
책임부담	항공사 책임	주선업자 책임
운송약관	항공사의 약관 사용	자체의 약관 사용
수 입	운임의 5%커미션	수취운임과 지불운임과의 차액
항공운송장	항공사의 항공운송장	주선업자의 항공운송장

4) 항공화물운송장

(1) 항공화물운송장의 개념

항공화물운송장(Air way-bill)은 항공회사가 발행하는 화물수취증으로서 해상운송에서의 선하증권(B/L)에 해당된다. 기본적인 성격은 선하증권과 같으나 항공운송장은 화물의 수취를 증명하는 영수증에 불과하며 유통이 불가능하다는 차이점이 있다. 운송계약은 항공화물운송장을 발행한 시점부터 유효하며 항공화물운송장상에 명시된 수하인에게 화물이 인도되는 순간 소멸된다.

(2) 항공화물운송장과 선하증권의 차이

첫째, 항공화물운송장은 단순히 화물을 수취하였다는 영수증에 불과하지만, 선하증권은 화물을 수취하였을 증명할 뿐만 아니라 운송화물을 대표하는 유가증권이기 때문에 운송화물의 매매시에는 선하증권의 매매로 권리의 이전이 이루어진다.

둘째, 항공운송은 고속으로 운항되기 때문에 운송과정에서 화물이 매매되거나 양도될 수 있는 시간적인 여유가 없다. 이러한 특성을 고려하여 항공운송장은 비유통성이다. 그러나 해상운송은 저속으로 운항하기 때문에 선적지에서 목적지까지의 운항시간이 매우 길다. 따라서 운송도중에 선적화물에 대한 매매나 양도가 가능한 유통성을

가지고 있다.

셋째, 항공운송장은 목적지에서 수하인이 확인되면 화물의 인도가 가능하도록 수하인이 명시된 기명식으로 되어 있다. 그러나 선하증권은 운송되는 과정에 선하증권의 매매나 양도가 가능하도록 지시식(order)으로 작성되어 있다.

넷째, 항공화물운송장은 항공기에 탑재하기 전에 항공회사가 화물을 수취하였다는 수취식으로 발행한다. 그러나 선하증권은 매매계약에 지정된 선박에 화물을 선적한 후에 선박회사가 발행하는 선적선하증권이다.

다섯째, 항공화물운송장은 단순한 영수증에 불과하고 기명식으로 작성되기 때문에 매매나 양도가 불가능하다. 따라서 송하인이 작성함이 원칙이다. 그러나 선하증권은 화물을 대표하는 증권이고 화물에 대한 소유권을 요구할 수 있는 채권증권이며, 매매나 양도가 가능하므로 선박회사가 발행하고 있다.

〈표 12.3〉 항공화물운송장과 선하증권의 차이점

항공운송장(Air Way-Bill)	선하증권(Bill of Lading)
단순한 화물수취증이다.	유가증권이다.
비유통성이다.	유통성이다.
기명식이다.	지시직(무기명식)이다.
수취식이다.	선적식이다.
송하인이 작성함이 원칙이다.	선박회사가 작성한다.

3. 컨테이너와 복합운송

1) 컨테이너 운송

(1) 컨테이너의 개념

컨테이너란 화물운송에 적합하도록 내구성 및 반복사용에 견딜 만한 강도를 갖고 있으며, 상품운송을 위해 둘 이상의 운송방식에 연계할 수 있는 운송용구이다. 국제표준화기구(ISO)의 정의에 따르면 "컨테이너란 내구성 및 반복사용에 견딜만한 강도를 갖고 있고, 상품운송을 하나 이상의 운송방식에 연계할 수 있으며, 도중에 재차 채워 넣음 없이 상품운송을 하도록 특별히 설계되어 있다. 취급내용이 특히 한 운송방식에서 다른 운송방식으로 바뀔 경우 용이한 취급이 가능한 장치가 부착되고, 상품을 채워 넣고 빼내는 데 용이하게 설계되었으며 1m³ 이상의 용적을 가진 운송설비"라고 정의하고 있다.

(2) 컨테이너의 운송의 장점

컨테이너 운송은 운송의 3대 장점인 경제성, 신속성, 안정성을 달성하고 있다.

① 경제성

첫째, 컨테이너 자체가 겉포장 역할을 하여 포장비가 대폭 감소된다. 그리고 컨테이너 용기에 화물을 적입하고 봉인하게 되면 도난, 손상 등의 위험이 대폭 감소된다.

둘째, 컨테이너를 이용하여 수출자의 문전에서 수입자의 문전까지의 일관운송하는 경우에 운임의 할인혜택을 받게 된다.

셋째, 컨테이너화물은 일반화물에 비하여 약10배의 하역능력이 있기 때문에 하역비가 대폭 절감된다.

넷째, 컨테이너가 하나의 독립된 창고 역할을 하므로 부두의 유료창고에 보관할 필요가 없다. 따라서 보관비가 발생하지 않는다.

다섯째, 컨테이너하역의 기계화와 자동화로 인하여 사고의 위험도 줄어들고, 화물의 도난과 분실사고가 격감되므로 보험료가 절감될 수 있다.

② 신속성

첫째, 일반적으로 컨테이너전용선은 운항시간에 있어 일반재래선보다 약 30-40%가 더 신속하므로 운송시간이 단축된다.

둘째, 일반적으로 항만노무자 한팀(17명)의 1시간당 하역능률은 약 35톤 정도이지만, 컨테이너선의 경우는 1개의 크레인으로 1시간당 400톤의 하역이 가능하게 된다. 따라서 하역시간이 단축되고 있다.

셋째, 재래선 화물이 잡다한 선적단계를 거치는 데 비하여, 컨테이너선 화물은 야드에서 수출면장을 얻으면 바로 적입하게 되므로 서류절차를 간소화할 수 있다. 보통 재래선에 비하여 9가지에서 1가지 서류로 줄일 수 있다.

③ 안전성

콘테이너 자체가 견고하고 밀폐되어 있으며, 컨테이너 화물의 하역과정이 간편하므로 그때 생기는 화물의 파손 등의 위험은 훨씬 감소된다. 또한 화물도난을 사전에 방지할 수 있고, 화물운송 중에 풍량, 풍우, 온도, 습도 등으로부터 화물을 보호할 수 있다.

(3) 컨테이너화물의 운송형태

컨테이너화물은 적입량에 따라 단위(Full Container Load: FCL)화물과 단위미만(Less than Container Load: LCL)화물로 구분됩니다. 컨테이너화물의 운송형태는 화물의 양에 따라 다음과 같이 분류될 수 있다.

① CY/CY(FCL/FCL)

1명의 수출업자의 창고에서 1명의 수입업자의 창고까지 운송도중 컨테이너의 개폐 없이 일괄운송되는 형태이다. 여기서 CY(Container Yard)는 FCL화물들이 집화되고 인도되는 장소이다.

② CFS/CFS(LCL/LCL)

여러 수출하주의 소량화물을 혼적하여 여러 수입업자에게 소량으로 운송하는 형태이다. 여기서 CFS(Container Freight Station)는 수출지에서 소량화물을 집하하고 수입지에서 소량화물들을 인도하는 화물작업장이다.

③ CFS/CY(LCL/FCL)

여러 수출화주들로부터 소량의 화물을 CFS에서 집하하여 목적지의 수입업자 창고까지 직접 운송하는 것을 말한다. 이러한 운송방식은 다수의 소량수출업자와 단일의 수입업자간에 운송되는 형태이다.

④ CY/CFS(FCL/LCL)

단일 수출업자의 화물을 컨테이너에 만재(FCL)하여 선적하고 목적지의 CFS에서 컨테이너를 개봉한 후 화물을 분류하여 여러 수입업자에게 인도되는 경우입니다.

2) 국제복합운송

(1) 복합운송의 개념

복합운송(Combination Transport)은 컨테이너가 등장하기 시작한 이후에 본격화되었다. 국제복합운송이란 운송인이 화물을 자기책임 하에 인수하여 어떤 국가의 일정한 지점으로부터 다른 국가의 인도 예정지점까지 복합운송계약에 의거하여 적어도 두 종류 이상의 운송수단을 이용하여 행하는 운송을 뜻한다. 우리나라의 해운법에서도 “복합운송계약에 의거하여 적어도 두 가지 이상의 운송수단에 의해 운송되는 물건운송”이라고 정의하고 있다.

(2) 복합운송의 요건

첫째, 복합운송은 복합운송인이 전 구간에 걸쳐 하주에게 단일책임을 져야 한다. 복합운송은 다수의 구간운송이 결합되어 있으나 복합운송인은 전체운송을 계획하고 여러 운송구간을 적절히 연결 및 총괄하여 운송이 원활하게 이루어지도록 조정하고 감독할 지위에 있다.

둘째, 복합운송인이 하주에 대하여 전 운송구간을 담당하는 유가증권으로서의 복합운송증권을 발행하여야 한다. 복합운송증권은 하주로 하여금 금융기관에서 금융의 편의를 제공받을 수 있는 매개역할을 한다.

셋째, 복합운송은 각 운송구간마다 분할된 것이 아닌 전 구간에 단일화된 운임을 제시해야 한다. 이는 전 운송구간에 대한 책임이 복합운송인에게 집중되어 있으므로 운임도 하나로 통합되는 것은 당연하다.

(3) 복합운송의 주요구간

① 시베리아 랜드브리지(Siberia Land Bridge : SLB)

부산에서 육상운송의 시작인 나호트카나항이나 보스토치니항까지 컨테이너선으로 해상운송을 한다. 그리고 이곳에서 시베리아 철도를 이용하여 유럽과 중동의 국경까지 운송하는 해상과 육상의 국제복합운송이다. 시베리아철도에 의해서 운송된 컨테이너는 유럽의 국경에서 최종 목적지까지 여러 운송수단에 의해서 운송되는데 다음과 같이 불린다.

㉠ trans sea: 최종목적지까지 해상운송에 의하여 운송되는 형태이다.
㉡ trans rail: 최종목적지까지 철도운송에 의하여 운송되는 형태이다.
㉢ trans cons: 최종목적지까지 육상운송에 의하여 운송되는 형태이다.

② 아메리카 랜드브리지(America Land Brideg : ALB)

컨테이너화물이 부산에서 태평양을 거쳐 유럽으로 운송되어질 때, 부산에서 미대륙의 서안까지는 해상운송을 이용하고 미대륙은 동서횡단철도를 이용한다. 그리고 해상운송을 이용하여 대서양을 거쳐 유럽으로 가는 복합운송이다. 전구간을 해상운송에 의할 때보다 아메리카 랜드브리지를 이용할 경우 운송일수는 수일이 단축된다.

③ 미니랜드브리지(Mini Land Bridge : MLB)

부산에서 선적된 화물이 미국 서안항구에서 하역되어 육상운송수단인 철도나 트럭을 이용하여 미국대서양 연안의 동부 및 걸프지역 항구까지 운송되는 복합운송이다. 아메리카랜드브리지는 목적지가 유럽이지만, 미니랜드브리지는 목적지가 미국 내의 항구로 아메리카랜드브리지의 축소판이란 뜻에서 미니랜드브리지라고 부르고 있다.

제2절 해상보험

1. 해상보험의 의의

해상보험이란 해상운송 도중에 일어나는 사고와 관련되어 보험자가 보험계약자에게 손해를 보상해 줄 것을 약속하고, 보험계약자는 보험자에게 보험료를 지불할 것을 약속한 일종의 손해보험이다. 여기서 해상운송 도중에 일어나는 사고는 침몰·좌초·화재·충돌 및 그 밖의 해상위험으로 인하여 보험의 목적에 생기는 손해를 말한다.

영국해상보험법에는 "해상보험계약은 보험자가 피보험자에 대하여 그 계약에 의해서 합의된 방법과 범위 내에서 해상손해, 즉 해상사업에 수반되는 손해를 보상할 것을 약속하는 계약이다"라고 규정하고 있다. 따라서 해상보험은 해상운송 도중에 발생하는 위험을 기본위험으로 하고 해상운송과 관련되는 위험들도 특약사항으로 부가시켜 모두 커버하고 있다.

2. 해상보험의 기본원리

1) 고지의무

고지의무(Duty of disclosure)란 보험계약자가 위험의 인수 여부나 보험료 산정에 영향을 미칠 수 있는 중요사항을 계약 체결의 교섭중이나 계약의 성립 전까지 보험자에게 알려주어야 하는 의무를 말한다. 무엇이 중요한 사실인가는 보험의 종류에 따라 다르지만, 일반적으로 보험계약의 청약서에 기재되어 있는 내용이라고 볼 수 있다. 만약 고의나 중대한 과실로 고지의무를 이행하지 않으면, 보험사고가 발생한 후에도 보험회사는 계약을 해지하거나 손해를 보상하지 않는 경우도 있다.

2) 담보

담보(Warranty)란 피보험자가 이행하거나 지켜야 할 약속을 말한다. 해상보험에서 담보는 종류나 중요성을 불문하고 엄격하게 문자 그대로 충족되어야 한다. 담보가 충족되지 않는 경우에는 담보위반이 성립되어 보험자는 담보위반의 시점부터 면책되나, 담보위반 이전에 발생된 손해에 대해서 보험자가 책임을 지고 있다.

담보에는 명시담보와 묵시담보가 있다. 명시담보는 보험증권에 기입하든가 또는 보험증권에 결함된 형태의 특정서류에 명시되어야 한다. 묵시담보는 보험증권에 기재되어 있지 않지만, 보험계약자가 반드시 준수해야 할 것을 묵시적으로 요구하고 있는 것을 말한다. 묵시담보에는 감항능력담보와 적법담보가 있다.

〈표 12.4〉 고지와 담보의 비교

구분	고지	담보
의사표현 방법	구두나 서면	서면
의무이행의 시기	보험계약 체결 전	보험계약 체결이후
의무의 이행정도	보험계약에 영향을 미치는 중요한 사실을 이행	중요성에 불문하고 문자 그대로 엄격하게 이행
의무위반시 효력	중요한 사실일 경우 보험계약이 처음부터 무효	담보위반 시점부터 보험계약이 무효

3) 최대선의 원칙

최대선의원칙(Utmost good faith)이란 보험계약을 체결할 때 보험계약자와 보험자는 자기가 알고 있는 모든 사항에 대해서 거짓없이 사실 그대로 알려주어야 하는 것을 말한다. 최대선의 원칙은 다른 보험에서도 중요하지만 해상보험에서는 보험계약의 의뢰를 받은 보험목적물인 화물이나 선박에 대해서 일일이 현장조사를 하지 않고 계약자가 알려주는 사실을 그대로 믿고 보험요율을 산출하며, 그에 따라 보험계약을 체결하는 것이기 때문에 매우 중요하다.

4) 근인주의

근인(Approximate cause)이란 손해를 발생시킨 여러 가지 원인 중에서 손해에 영향을 미치는 가장 가까운 원인을 말한다. 여기에서 말하는 근인은 손실을 야기시킨 가장 지배적이고 효과적인 원인을 말한다. 근인이 담보위험에 속하며 보험자는 보상을 하고 만약 근인이 면책위험에 속하게 되면 보상하지 않는다. 이러한 보상원칙을 근인주의라 한다.

3. 해상보험의 계약의 구성요소

1) 해상보험당사자

(1) 해상보험자

해상보험자는 보험계약자와 보험계약을 체결하고 담보위험으로 인하여 사고가 발생하면 그 손해를 보상하며 주는 개인이나 회사를 말한다. 우리나라에서는 전부 보험회사로 되어 있으나, 영국에서는 Lloyd's와 같은 개인보험업자도 있다.

(2) 보험계약자

보험계약자는 보험자와 보험계약을 체결하고 보험료를 납부하는 자를 말한다. 보험자의 자격에 대해서는 별도의 제한이 없다. 보험계약자에게는 고지의무가 있기 때문에 보험계약에 영향을 미치는 중요한 사항들을 진실되게 보험자에게 알려주어야 한다.

(3) 피보험자

피보험자는 보험사고의 발생에 의해 손해를 입은 경우 보험자에게 직접 손해보상을 청구할 수 있는 자이다. 보험의 목적물이 복수인에 의하여 공유되는 경우에는 복수인이 공동으로 피보험자가 될 수 있다. 보험계약자와 피보험자는 동일인이 될 수도 있고, 다른 사람이 될 수도 있다.

2) 피보험이익

피보험이익이란 보험의 목적에 보험사고가 발생함으로써 피보험자에게 경제적인 손해를 입힐 우려가 있는 경우에 이러한 보험의 목적과 피보험자와의 경제적 이해관계를 말한다. 따라서 피보험이익이 존재하지 않는다면 사고가 발생하여도 손해를 보지 않으므로 해상보험은 성립되지 않는다.

3) 보험금액과 보험가액

보험가액이란 보험사고가 발생한 경우에 피보험자가 보험목적물에 대하여 입는 손해의 최대 한도액이다. 즉, 보험가액은 보험목적물의 실제가치를 말한다. 그리고 보험금액이란 계약당사자간의 합의에 의하여 보험자가 지급해야 할 손해보상의 최고한도액을 말한다. 보험금액과 보험가액이 같은 경우를 전부보험(full insurance), 보험금액이 보험가액보다 적은 경우를 일부보험(under insurance), 보험금액이 보험가액보다 많은 경우를 초과보험(over insurance)이라 한다.

4) 보험기간

보험기간이란 보험자가 손해보상의 책임을 부담하여야 하는 시간적 한계이다. 다른 말로 보험기간이란 보험자의 위험부담이 시작되어 종료될 때까지의 기간으로서 이를 책임기간 또는 위험기간이라고도 한다.

5) 보험료

보험자가 위험을 담보해주는 대가로 보험계약자가 지불하는 금전을 보험료라 한다. 보험료는 순보험료와 부가보험료로 이루어지는데, 순보험료가 보험금의 지급에 충당되고 부가보험료는 보험회사의 제경비로 이용된다.

4. 해상손해

1) 해상손해의 의의

해상손해(marine loss)란 해상사업과 관련된 해상위험으로 인하여 피보험목적물의 멸실이나 손상의 결과로 피보험자가 입게 되는 경제적 불이익이다. 해상위험은 보험자가 부담하는 담보위험(risk covered)과 보험자가 부담하지 않는 면책위험(risk excluded)으로 구분되는데, 여기서 해상손해는 담보위험에 의한 멸실이나 손상만을 의미하는 것이다.

2) 해상손해의 유형

해상손해는 물적손해와 비용손해로 크게 구분하고, 물적손해는 직접손해이라고도

하며 전손과 분손으로 구분한다. 그리고 비용손해는 간접손해라고도 하며 구조비, 손해방지비용, 특별비용으로 구분되어진다.

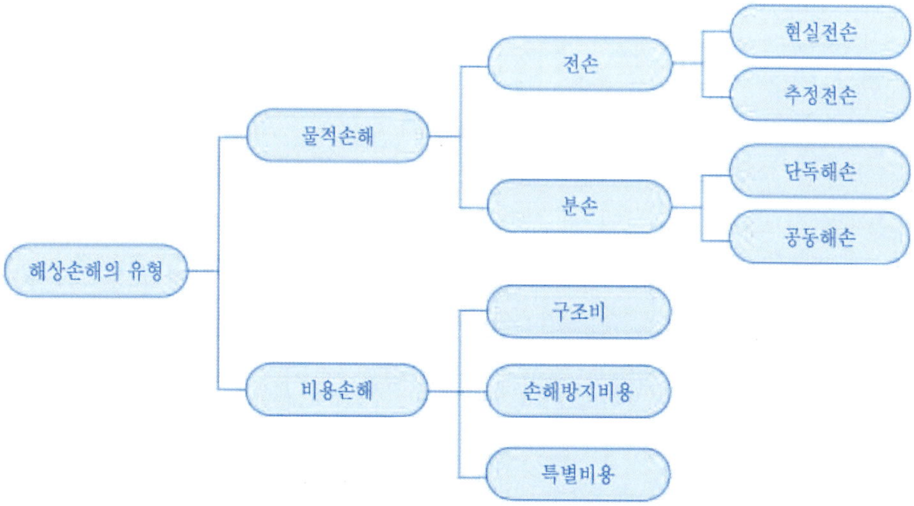

[그림 12.1] 해상손해의 유형

(1) 물적손해

물적손해는 보험목적물 자체의 전부나 일부가 멸실하거나 손상됨으로 인하여 피보험자가 입게되는 경제적 손해를 말한다.

① 전손

전손이라 함은 피보험목적물의 전부가 멸실되거나 성질의 상실, 회복의 전망이 없는 박탈, 또는 손해정도가 심하여 구조하거나 수리하는 비용이 보험가액을 초과하는 경우를 말한다. 전손에는 현실전손과 추정전손으로 구분된다.

현실전손(Actual total loss)은 영국해상보험법에서는 "보험목적물이 멸실되거나, 보험목적물이 보험계약을 할 당시의 성질을 그대로 갖지 못할 정도로 심한 손상을 입은 경우, 또는 회복할 수 없도록 피보험목적물이 박탈당한 경우에 현실전손"이라고 규정하고 있다.

추정전손(Constructive total loss)은 영국해상보험법에서는 "보험증권에 명시된 규정이 있는 경우를 제외하고 보험목적물의 현실적 전손이 불가피하다고 보이거나, 또는 현실전손을 피하기 위하여 비용이 발생할 경우 보험목적물의 가액을 초과하는 비용이 소요되기 때문에 합리적으로 위부했을 경우에는 추정전손이 성립"한다고 규정하고 있다. 추정전손이 성립되기 위해서는 반드시 피보험자가 보험목적물에 대한 일체의 권리를 보험자에게 이전하고 전손보험금을 청구하겠다는 의사표시인 위부(abandonment)를 행하여야만 한다.

② **분손**

분손이란 피보험목적물 일부의 멸실과 일부의 손상을 의미한다. 분손은 단독해손과 공동해손으로 구분한다. 단독해손(particular average)은 담보위험으로 인하여 발생한 보험목적물 일부분의 손해로서 피보험자가 단독으로 책임을 지는 손해이다.

공동해손(general average)은 항해단체(선박, 화물 및 운임 중 둘 이상)에 공동위험이 발생한 경우 그러한 위험을 피하거나 경감하기 위하여 선체나 그 장비 및 화물의 일부를 희생시키거나 혹은 필요한 경비를 지출하였을 때 이러한 손해와 경비를 항해단체를 구성하는 이해관계자들이 공동으로 분담하는 손해이다.

(2) 비용손해

비용손해는 성격에 따라 구조비, 손해방지비용, 특별비용 등으로 구분된다. 구조비(salvage charges)란 구조계약과는 관계없이 해난에 처한 재산에 대하여 자발적으로 구조작업에 착수하여 그 재산이 구조되는 경우에 구조행위를 제공한 자에게 보험회사가 지급하는 비용이다.

손해방지비용(sue and labour charges)은 담보위험이 발생하였을 경우에 보험목적물에 대한 손해를 방지하거나 경감하기 위하여 피보험자 또는 그의 사용인 및 대리인이 지출한 비용이다. 피보험자의 손해방지행위는 보험자를 위한 행동이므로 피보험목적물의 손해액과 손해방지비용의 합계액이 보험금액을 초과하여도 보험회사가 보상해주고 있다.

특별비용(particular charges)은 피보험목적물의 손해를 담보위험으로부터 방지하기 위하여 피보험자 또는 사용인 및 그 대리인이 지출한 손해방지비용과, 손해의 평가와 관련하여 목적지에서 발생하는 검사비, 화물판매비 등 순수한 특별비용을 포함하고 있다. 따라서 손해방지비용은 모두 특별비용으로 처리되지만, 특별비용은 전부 손해방지비용이 되는 것은 아니다.

특별비용	=	손해방지비용	+	순수특별비용 (목적지에서 검사비, 화물판매비 등)

[그림 12.2] 특별비용과 손해방지비용의 관계

[서식 12.2] 적하보험증권

<table>
<tr><td colspan="3">Assured(s), etc ② THE SAMWON CORPORATION</td></tr>
<tr><td colspan="2">Certificate No.
① 002599A65334</td><td>Ref. No.③ Invoice No. DS-990228
L/C No. IOMP20748</td></tr>
<tr><td colspan="2">Claim, if any, payable at : ⑥
GELLATLY HANKEY MARINE SERVICE
842 Seventh Avenue New York 10018
Tel(201)881-9412
Claims are payable in</td><td>Amount insured ④
USD 65,120.-
(USD59,200 XC 110%)</td></tr>
<tr><td colspan="2">Survey should be approved by ⑦
THE SAME AS ABOVE</td><td rowspan="5">Conditions ⑤
* INSTITUTE CARGO CLAUSE(A) 1982
* CLAIMS ARE PAYABLE IN AMERICA IN THE CURRENCY OF THE DRAFT.</td></tr>
<tr><td>⑧ Local Vessel or Conveyance</td><td>⑨From(interior port or place of loading)</td></tr>
<tr><td>Ship or Vessel called the
⑩KAJA-HO V-27</td><td>Sailing on or abount
⑪ MARCH 3, 1999</td></tr>
<tr><td>at and from
⑫ PUSAN, KOREA</td><td>⑬ transshipped at</td></tr>
<tr><td>arrived at
⑭NEW YORK</td><td>⑮ thence to</td></tr>
<tr><td colspan="2">Goods and Merchandiese ⑯
16,000YDS OF PATCHWORK COWHIDE LEATHER</td><td>Subject to the following Clauses as per back hereof
institute Cargo Clauses Institute War Clauses(Cargo)
Institute War Cancellation Clauses(Cargo)
Institute Strikes Riots and Civil Commotions Clauses
Institute Air Cargo Clauses(All Risks)
Institute Classification Clauses
Special Replacement Clause(applying to machinery)
Institute Radioactive Contamination Exclusion Clauses
Co-Inssurance Clause Marks and Numbers as</td></tr>
<tr><td colspan="3">Place and Date signed in ⑰ SEOUL, KOREA MARCH 2, 1999No. of Certificates issued. ⑱ TWO
⑳ This Certificate represents and takes the place of the Policy and conveys all rights of the original policyholder (for the purpose of collecting any loss or claim) as fully as if the property was covered by a Open Policy direct to the holder of this Certificate.
This Company agrees lossed, if any, shall be payable to the order of Assured on surrender of this Certificate.
Settlement under one copy shall render all otehrs null and viod.
Contrary to the wording of this form, this insurance is governed by the standard from of English Marine Insurance Policy.
In the event of loss or damage arising under this insurance, no claims will be admitted unless a survey has been held with the approval of this Compay's office or Agents specified in this Certificate.

SEE IMPORTANT INSTRUCTIONS ON REVERSE
⑲ LG Insurance Co., Ltd.

AUTHORIZED SIGNATORY

This Certificate is not valid unless the Declaration be signed by an authorized representative of the Assued.</td></tr>
</table>

제3절 무역대금결제

대금결제방법은 크게 은행의 지급보증 여부에 따라서 신용장방식과 무신용장방식으로 구분할 수 있다. 그러나 본·지점이나 믿을 수 있는 거래선이 아니면 보통 신용장 방식이 이용되고 있기 때문에 여기서는 신용장방식에 대해서만 설명하기로 한다.

1. 신용장의 의의

신용장(Letter of credit)이란 국제무역에서 수입상품에 대한 대금지급을 수입업자의 거래은행이 보증하는 금융서류이다. 즉, 신용장이란 국제무역에서 수출대금의 지급과 수입상품의 원활한 인수를 위하여 수입업자의 거래은행이 수입업자의 요청과 지시에 따라 신용장에서 요구하는 있는 서류들을 수출자가 제시하면 대금을 지급하겠다는 개설은행의 확약서이다. 따라서 신용장은 일정한 조건하에 수출업자에게 수출대금의 지급을 보증하는 개설은행의 조건부지급확약서이다.

2. 신용장의 특성

1) 신용장의 독립성

신용장은 수출자와 수입자간에 체결된 매매계약에 근거하여 수입업자의 요청과 비용부담으로 수입업자의 거래은행이 개설하지만, 일단 신용장이 개설되면 신용장 개설의 근거가 되었던 매매계약과 신용장과는 전혀 별개의 거래가 된다. 이것을 신용장의 독립성이라 한다. 왜냐하면 신용장 거래에서 은행이 개입하게 되는 시점은 신용장을 개설하는 시점부터이기 때문에 신용장이 개설되기 이전의 매매계약에 대해서는 은행이 전혀 알 수 없기 때문에 독립성을 부여하고 있다.

2) 신용장의 추상성

은행이 신용장을 개설하게 되면 은행의 책임은 서류인 신용장에 한정하여 책임이 주어지고 있다. 이것은 은행의 고유업무가 매매계약을 현장에서 확인하거나 물품을 검사하는 것이 아니고 서류검토이기 때문이다. 즉 신용장의 추상성이란 신용장은 상품이나 서비스의 거래가 아니고 서류상의 거래라는 것이다. 그러므로 관련은행들은 신용장의 독립성과 추상성에 근거하여 은행에서 서류만을 근거로 수출업자에게 수출대금의 지급여부를 판단하면 되는 것이다.

3. 신용장의 효용

1) 수출업자의 효용

첫째, 수입업자의 거래은행이 수출업자에게 대금지급을 보증하고 있기 때문에 수입자의 지급능력과는 관계없이, 개설은행이 파산하거나 불가항력적인 경우를 제외하고 수출업자는 반드시 수출대금의 회수를 보장받을 수 있다.

둘째, 신용장이 개설되면 신용장은 매매계약하고는 전혀 다른 독립성을 갖게 된다. 따라서 매매계약이 체결된 후 수입국의 경기변동이나 재정상태의 악화로 수입업자가 일방적으로 매매계약을 취소하더라도 신용장은 법적으로 아무런 변동이 없다.

셋째, 수출대금은 선적 후 수출업자 소재지의 은행이 매입 등을 하므로 즉시 대금회수가 가능하다. 수출업자는 신용장 상에 요구하는 조건만 갖추게 되면 선적이 끝나는 즉시 수출대금을 회수할 수 있다.

넷째, 수출품 제조 자금은 무역금융의 융자로 조달이 가능하다. 수출업자는 신용장을 담보로 은행으로부터 무역금융의 혜택을 받을 수 있다. 따라서 신용장만 도착하면 자기자금이 없더라도 수출이 가능하게 된다.

2) 수입업자의 효용

첫째, 신용장이 개설되면 수입업자의 신용은 개설은행의 신용으로 승격되므로 수입업자는 물품의 가격, 선적시기 등 매매계약상의 여러 조건들을 협상할 때, 자기에게 유리하도록 계약을 체결할 수 있다.

둘째, 신용장을 이용하게 되면 물품을 대표하는 선하증권과 교환조건으로 수입대금을 지급하기 때문에 수입업자는 상품입수불능의 위험을 제거할 수 있다.

셋째, 신용장에는 최종선적일과 유효기일이 명시되어 있어 계약상품이 언제 도착할 것인가를 확신할 수 있다. 따라서 수입업자는 국내의 유통업자와 예측 가능한 유통계약을 체결할 수 있다.

넷째, 수입업자는 은행의 신용을 이용하여 수입이 가능하므로 수입금융의 혜택을 받을 수 있다. 기한부조건으로 물품을 수입하면 먼저 수입상품을 판매한 후 만기일에 수입대금을 결제할 수 있다.

4. 신용장의 당사자 및 거래구조

1) 신용장의 당사자

(1) 개설의뢰인(applicant)

매매계약의 당사자인 수입업자는 자기 거래은행에 신용장금액에 해당하는 담보 등을 제공하고 신용장의 개설을 의뢰하게 된다. 따라서 수입업자는 신용장의 개설을 요청하는 당사자라 하여 개설의뢰인이라 불린다.

(2) 개설은행(opening bank)

수입업자의 거래은행은 자기 고객인 수입상의 요청과 지시에 따라 수출업자 앞으로 신용장을 개설하게 된다. 따라서 수입업자의 거래은행은 신용장을 개설하는 은행이라 하여 개설은행이라 한다. 개설은행은 신용장을 발행한다고 하여 발행은행이라도 한다.

(3) 수익자(beneficiary)

수출업자는 개설은행이 발행한 신용장의 수취인이다. 그리고 수출업자는 신용장 거래에서 가장 혜택을 입는 자라 하여 수익자라 불린다. 수출업자는 상품의 송하인이며 환어음의 발행인이다.

(4) 통지은행(notifying bank)

국가간의 무역거래에서 개설은행이 수출자에게 직접 통지하는 경우는 매우 드물다. 대부분 수출지에 있는 개설은행의 본점, 지점, 또는 환거래은행을 통하여 통지하게 되는데, 수출자에게 신용장을 통지해주는 은행을 통지은행(advising bank)이라 한다.

(5) 확인은행(confirming bank)

신용장 거래에서 개설은행의 지급능력이 불확실하게 되면 신용장거래는 생명력을 잃게 된다. 이러한 경우 수출자는 지급능력이 확실한 제3의 은행에게 개설은행의 지급보증을 요청하게 되는데, 개설은행의 지급능력을 보증하는 은행을 확인은행이라 한다.

(6) 매입은행(negotiating bank)

수출업자는 신용장에서 요구하는 서류를 첨부하여 개설은행 앞으로 환어음을 발행하게 된다. 이때 수익자가 발행하는 환어음을 인수하고 대금을 지급하는 은행을 매입은행이라 한다. 매입은행은 자기 은행의 자금으로 환어음을 매입하게 되기 때문에 이자와 수수료를 공제한 후 할인 매입하게 된다.

(7) 지급은행(paying bank)

개설은행으로부터 사전에 수출대금을 이체 받아서 수출자가 발행한 환어음과 상환하여 대금을 지급해 주는 역활을 하는 은행을 지급은행이라고 한다. 매입은행과 지급은행의 차이점은 매입은행은 매입은행 자금으로 대금을 지급하고 지급은행은 개설은행자금으로 대금을 지급한다.

(8) 인수은행(accepting bank)

신용장 조건에 의하여 수출업자가 발행하는 어음이 기한부어음인 경우에 이러한 기한부어음을 인수하는 은행이다. 그러나 인수은행은 환어음의 만기일에는 수익자에게 대금을 지급해주는 지급은행이 된다.

2) 신용장의 거래구조

매매계약에 근거하여 수입업자가 개설은행에 신용장 개설을 요구하여 최종적으로 대금의 지급이 이루어지는 거래과정은 [그림 12.3]과 같다.

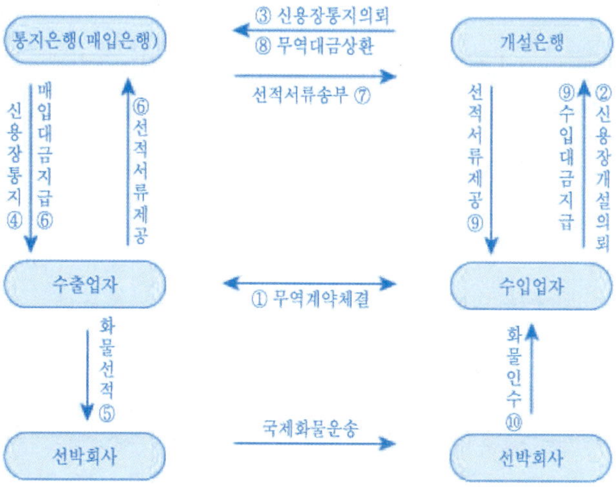

[그림 12.3] 매입신용장의 거래구조

5. 신용장의 종류

1) 화환신용장과 무화환신용장

화환신용장(Documentary L/C)은 신용장에 선화증권을 비롯하여 관련 서류들이 첨부된 신용장이다. 무화환신용장(Clean L/C)은 관련 서류가 첨부되지 않는 신용장으로 운임이나 보험료 등의 대금결제에 이용된다.

2) 취소가능신용장과 취소불능신용장

취소가능신용장(Revocable L/C)은 개설은행이 일방적으로 발행된 신용장을 취소시키거나 조건을 변경할 수 있는 신용장이다. 취소불능신용장(Irrevocable L/C)은 발행된 신용장이 관련당사자 전원의 합의없이는 취소가 불가능한 신용장이다. 여기서 당자사라 함은 개설은행, 수익자, 그리고 확인신용장의 경우에 확인은행이 된다.

3) 일람출급신용장과 기한부신용장

일람출급신용장(Sight L/C)은 수익자가 관련서류들을 첨부하여 매입은행이나 개설은행에 제시하면 이를 일람(At sight) 후 즉시 대금을 지급하는 신용장이다. 기한부신용장(Usance L/C)은 수익자가 제시하는 관련서류들을 단순히 인수하고 만기일에 대금을 지급하는 신용장이다.

4) 매입신용장과 지급신용장

매입신용장(Negotiation L/C)은 환어음의 발행인, 배서인, 그리고 최종적으로 가지고 있는 선의의 소지인에 대해서 개설은행의 대금지급을 확약하고 있는 신용장을 말한다. 지급신용장(Payment L/C)은 환어음의 배서인이나 선의의 소지인에 대한 약정은 없고 환어음의 발행인에게 개설은행의 대금지급을 확약하고 있는 신용장이다.

5) 일반신용장과 제한신용장

일반신용장(General L/C)은 신용장에 의해 발행되는 환어음의 매입을 특정은행에 제한시키지 않고 어느 은행에서나 매입할 수 있는 매입신용장을 말한다. 제한신용장(Restricted L/C)은 환어음의 매입은행을 특정은행으로 제한하고 있는 매입신용장이다.

6) 확인신용장과 미확인신용장

확인신용장(Confirmed L/C)은 개설은행 이외의 제3의 은행이 수익자가 발행하는 환어음의 지급·인수·매입을 확약하는 신용장을 말한다. 미확인신용장(Unconfirmed L/C)은 개설은행 이외의 제3의 은행에 의해 확인되었다는 문구가 기재되지 않은 신용장을 말한다.

7) 상환청구가능신용장과 상환청구불능신용장

상환청구가능신용장(with recourse L/C)은 매입은행이 환어음대금을 개설은행으로부터 지급받지 못하는 경우에 수출업자에게 이미 지급한 대금을 돌려받을 수 있는 신용장이다. 상환청구불능신용장(without recourse L/C)은 개설은행이 환어음 대금을 매입은행에게 지급하지 않는 경우에도 수출업자에게 지급한 대금을 다시 돌려받을 수 없는 신용장이다.

8) 양도가능신용장과 양도불능신용장

양도가능신용장(Transferable L/C)은 신용장에 transferable이란 단어가 표시된 신용장이며, 신용장 금액의 전부 또는 일부를 제2수익자에게 1회에 한하여 양도할 수 있는 권한이 부여되어 있다. 양도불능신용장(Non-transferable L/C)은 신용장에 transferable 이란 단어가 표시되어 있지 않은 신용장을 말한다.

9) 기타 신용장

(1) 전대신용장(Red clause L/C)

수출자에게 수출 대금의 전불(前佛)을 허용하는 신용장이다. 집하 과정을 거친다는 의미에서 packing credit이라고 하며, 이 전불을 허용하는 약관이 보통 붉은색으로 표시가 되기 때문에 red clause credit이라고도 한다.

(2) 회전신용장(Revolving L/C)

동일한 거래업자 간에 동일한 상품을 반복적으로 거래할 경우에, 일정기간동안 신용장의 금액이 자동적으로 갱신되도록 되어 있는 신용장이다.

(3) 보증신용장(Stand-by L/C)

담보력이 없는 해외지사가 현지에서 금융을 조달하는 경우에, 본사가 해외지사에게 발행해 주는 보증장으로, 엄밀한 의미에서는 신용장이 아니지만 신용장 거래절차와 똑같은 원리로 진행이 되기 때문에 보증신용장이라고 부른다.

(4) 구상무역에 사용되는 신용장

구상무역이란 양국간의 무역을 균형화시키는 것을 의미하며, 구상무역에는 동시개설신용장, 기탁신용장, 토마스신용장이 이용된다.

동시개설 신용장(Back to back credit)은 한나라에서 일정액의 수입신용장을 개설할 경우 그 신용장은 수출국에서 동액의 수입신용장을 개설해 오는 경우에만 유효하다는 조건이 붙은 신용장이다.

기탁 신용장(Escrow credit)은 수출대금이 수익자에게 지급되지 않고 수익자 명의의 기탁계정에 기탁하여 두었다가 신용장 개설국으로부터 수입하는 상품의 대금결제에만 사용하도록 규정한 신용장이다.

토마스 신용장(Tomas credit)은 일방이 먼저 신용장을 발행할 경우 상대방은 이에 대응하는 신용장을 일정기간 후에 발행하겠다는 보증서를 발행하여야만 유효하게 되는 신용장이다.

[서식 12.3] 취소불능화환신용장

THE KYOWA BANK, LIMITED PLACE AND DATE OF ISSUE(MONTH · DATE · YEAR)		
IRREVOCABLE DOCUMENTARY CREDIT	ISSUING BANK'S NO.	ADVISING BANK'S NO.
ADVISING BANK	APPLICANT	
BENEFICIARY	EXPIRY DATE (MONTH · DAY · YEAR) FOR NEGOTIATION	
AMOUNT		
We hereby issue this irrevocable documentary credit which is available against beneficiary's drafts drawn on at sight for full invoice cost accompanied by Signed Commercial Invoice in triplicate. Full set of clean on board ocean Bill of Lading made out to our order marked "Freight Prepaid" and Notify the above mentioned applicant. evidencing shipment of Insurance to be effected by buyer.		
SHIPMENT LATEST DATE FROM TO	PARTIAL SHIPMENT	TRANSSHIPMENT
All drafts drawn hereunder must indicate the number, date of issue and name of issuing bank of this credit. we hereby engage with drawers, endorsers and bona-fide holders of drafts drawn under and in conformity with the terms and conditions of this credit that such drafts will be duly honoured on presentation to the drawee bank Yours faithfully THE KYOWA BANK, LIMITED AUTHORIZED SIGNATURE		

제4절 무역클레임과 상사중재

1. 무역클레임

1) 무역클레임의 의의

무역클레임(Trade claim)이란 매매당사자의 일방이 매매계약을 이행하는 과정에서 고의나 과실로 인하여 계약을 불이행함에 따라 발생된 손해를 보상받기 위하여, 손해를 입은 당사자가 상대방에 대하여 손해배상을 청구하는 것이다. 따라서 무역클레임은 양 당사자가 무역계약을 체결하였다는 것을 전제로 계약당사자 중 일방이 무역계약을 이행하지 않거나, 이행을 지체함에 따라 발생하게 된다. 그러나 불평이나 불만도 클레임으로서의 요건을 갖추어 구체성을 가지게 되면 정식의 클레임으로 될 수 있는 소지를 항상 내포하고 있다. 따라서 무역거래에서 상대방의 불평이나 불만에도 항상 주의를 기울여야 한다.

2) 무역클레임의 제기

무역클레임의 제기방법은 무역계약시에 당사자 간에 약정한 경우에는 약정한 바에 따라 즉시 서면으로 클레임을 제기해야 한다. 그러나 클레임에 대한 약정이 없는 경우는 국제상거래관습이나 국내법상의 규정을 따르는 것이 좋다. 그리고 무역클레임의 제기기간은 계약서에서 당사자가 약정한 경우에는 기한 내에 제기해야 한다. 그러나 클레임 제기기간을 약정하지 않은 경우에 우리나라 상법에서는 즉시 발견할 수 없는 하자에 대해서는 6개월의 기간을 인정하고 있다. 국제물품계약에 관한 UN협약에서는 어떠한 경우에도 클레임 제기기간은 2년 이내로 하도록 정하고 있다.

3) 무역클레임의 해결방법

(1) 당사자간의 해결

무역클레임에 대해서는 당사자들이 가장 잘 알고 있기 때문에 당자사간에 해결하는 방법이 가장 바람직하다. 당사자 간에 해결하는 방법에는 클레임의 포기와 화해가 있다.

① 클레임의 포기

경미한 클레임에 대해서는 클레임을 포기하고 다음부터는 그렇게 하지 않도록 주의를 촉구하거나, 상대방이 사전에 또는 즉각적으로 클레임을 해결해 주는 경우에 이루어진다.

② 화해

당사자 간에 스스로 교섭과 상호 양보를 통하여 클레임을 해결하는 방법이다. 우리나라 민법에서는 화해의 요건으로 첫째 당사자가 서로 양보할 것, 둘째 분쟁을 종결할 것, 셋째 그 뜻을 약정할 것을 요구하고 있다.

(2) 제3자의 개입에 의한 해결

당사자간의 주장이 대립되는 상황에 이르게 되면 불가피하게 제3자의 냉정한 판단이 필요하게 된다. 제3자의 개입에 의한 해결방법으로는 알선, 조정, 중재, 소송이 있다.

① 알선

당사자들의 요청에 의하여 클레임의 해결에 제3자가 개입하여 원만한 타협이 이루어지도록 협조하는 방법이다. 대한상사중재원에 의뢰된 건 중 90% 이상이 알선단계에서 처리되고 있다. 그러나 알선은 양당사자의 자발적인 합의를 통한 해결이기 때문에 법률적인 구속력은 없다.

② 조정

알선에 의하여 클레임이 해결하지 못하면 양당사자가 공정한 제3자를 조정인으로 하여 조정인이 제시하는 해결안에 대하여 합의함으로 클레임을 해결하는 방법이다. 조정결과는 중재판정과 동일한 효력을 갖게 된다. 그러나 조정이 실패하면 중재인을 선정하여 중재절차를 진행해야 한다.

③ 중재

중재는 당사자의 합의에 의하여 중재인을 선정하며, 중재인이 행한 중재판정에 복종함으로써 분쟁을 해결하는 방법이다. 중재가 조정과 다른 점은 조정은 당사자 일방의 요청이 있을 때에도 가능하나, 중재는 당사자간 중재합의가 있어야 한다. 그리고 조정은 양당사자의 자유의사에 따른 해결이나, 중재는 중재인의 판정에 절대 복종하여야 한다. 이와 같이 중재판정의 결과는 강제성을 가질 뿐만 아니라 그 효력도 당사자간에는 법원의 확정판결과 동일하다.

④ **소송**

소송은 클레임을 법원의 재판에 의하여 해결하는 방법이다. 재판에 의하게 되면 비용과 시간이 많이 소요되므로 극히 예외적인 경우에 사용된다. 무역과 같은 국제거래는 상대방과 법역을 달리하기 때문에 자국의 재판력이 상대국에 미치지 않게 된다. 따라서 소송에 의하여 클레임을 해결하려는 경우에는 상대방이 거주하는 국가에서 현지 변호사를 법정대리인으로 선임하여 소송절차를 진행하여야 한다. 소송은 무역클레임이 상호간의 대화로는 도저히 해결할 수 없는 경우에 이용된다.

2. 상사중재

1) 상사중재의 의의

상사중재란 거래당사자간의 합의에 따라 상거래 분쟁의 전부 또는 일부를 법원의 판결에 의하지 아니하고 제3자를 중재인으로 선정하여 분쟁의 해결을 중재인의 판정에 맡기고 최종적으로 그 판정에 복종함으로써 분쟁을 해결하는 제도이다. 아울러 국가공권력을 발동하여 강제집행할 수 있는 권리가 법적으로 보장되어 있다. 상거래과정에서 발생하는 분쟁의 해결에는 보편적으로 소송이 있지만, 급격히 증대되는 전문적이고 기술적인 분야의 모든 분쟁을 해결하는 데는 한계가 있다. 따라서 최근에는 신속하고 저렴한 소송외 분쟁해결제도를 활용하는 기업들이 늘어나고 있으며 그 가운데서 대표적인 것이 상사중재이다.

2) 상사중재의 특징

상사중재제도는 당사자자치의 원칙을 바탕으로 하기 때문에 소송제도와 비교하여 다음과 같은 특징을 가지고 있다.

(1) 단심제

소송은 인간의 모든 사항에 대한 분쟁을 결정하므로 매우 신중한 절차를 요하게 되어 3심제를 운영하고 있다. 때로는 신체의 생사여부에 관한 형사적 문제도 심리판단하기 때문이다. 그러나 중재는 몇 나라의 예외를 제외하고는 단심제로 운영되고 있어 법원에 비하여 매우 짧은 단계를 거쳐 최종판정에 도달하게 된다.

(2) 신속한 분쟁해결

소송은 평균 대법원까지 2-3년이 걸리지만, 중재는 당사자들의 합의로써 판정기간을 정할 수 있다. 또한 긴급성에 따라서는 집중심리로 심리횟수를 줄이고 심리자체의 소요기간도 단축시킬 수 있다. 우리나라의 경우에는 당사자들이 기간을 정하기 않은 때에는 중재가 개시된 날로부터 3개월 이내에 중재판정을 하도록 되어 있다. 그러나 일반적으로는 국내중재가 약 4개월, 국제중재가 약 6개월 정도 소요된다.

(3) 저렴한 중재비용

신속한 분쟁의 해결은 그만큼 비용을 절약할 수 있다. 법원의 소송에 의할 경우 변호사의 보수를 비롯하여 매심급마다 인지대가 배가되기 때문에 중재보다 비용이 많이 들게 된다. 또한 상사에 관한 전문적인 지식과 경험을 지닌 중재인에 의한 심문은 새로운 설명이나 지식의 보완이 필요치 않음으로써 분쟁해결을 위한 중인심문들의 진술서 작성 등 시간이나 경비가 저렴하게 된다.

(4) 국제적인 인정

재판권은 국가주권의 일부이며 국가가 행한 재판은 다른 국가에 효력이 미치지 않는다. 그러나 중재는 당사자간의 합의에 의한 것이므로 사법상의 유효한 계약으로 보기 때문에 외국에서도 그 이행에 주권침해와 같은 문제가 발생치 않는다. 중재판정의 국내적 효력은 당사자간에는 법원 확정판결의 효력과 동일하며, 국제적 효력으로 뉴욕에서 채택된 "외국중재판정의 승인 및 집행에 관한 국제연합협약"에 우리나라가 1973년도 가입함으로써 외국에서도 그 집행을 보장받을 수 있어 소송보다도 더 큰 효력이 있다.

(5) 전문가에 의한 판단

국제무역에서 발생되는 분쟁의 경우에는 매매조건, 상품의 시장성, 가격의 변동, 무역관습 등 거래상의 전문화・세분화, 산업화의 전문지식을 요하고 있다. 따라서 분쟁을 정확히 해결하기 위해서는 그 분야에 맞는 전문가를 선정하여야 한다. 중재에서는 실체적 진실을 정확하게 찾아내기 위하여 분쟁 분야에 대한 해박한 지식과 경험이 있는 전문가로 하여금 분쟁을 검토하고 판정하도록 한다. 분쟁은 변호사의 법률지식, 기업인의 사업경륜, 교수의 학문적 이론 등이 종합될 때 정확한 판단이 가능하다.

(6) 심리의 비공개

법원의 소송절차는 공개주의에 입각하여 진행되므로 분쟁회사의 조업방식, 운영비용, 손익에 관한 것 등 기업비밀이 자연히 대외적으로 알려지게 마련이다. 그러나 중재심리는 당사자간의 분쟁발생 책임소재에 대한 공격과 방어과정에서 실체적 진실을 파악하는데 있다. 따라서 당사자가 허락하지 않는 한 사건과 무관한 제3자는 심문과정 참여하지 못하므로 비공개로 진행될 수 있기 때문에 모든 사업상의 비밀이나 회사의 명성을 그대로 유지할 수 있게 한다.

3) 상사중재의절차

(1) 중재계약 및 신청서 제출

중재를 신청하고자 할 때에는 당사자간의 중재합의에 근거하여 중재계약에서 정한 중재기관에 중재신청서를 관계서류와 함께 제출해야 한다. 그리고 당사자가 중재를 신청한 후 판정이 내려질 때까지 소요되는 비용을 미리 납부한다. 그리고 추후 중재판정에서 중재비용에 대한 부담비율이 결정되며, 일반적으로 패소자가 중재비용을 부담한다.

(2) 중재신청의 접수 및통지

일방당사자가 중재신청서를 제출하는 경우 당해 신청이 중재규칙에 적합한 것인지의 여부를 확인하고 적합한 경우에는 이를 접수한다. 그리고 적합한 경우에는 양당사자에게 중재신청이 접수되었음을 통지함과 동시에 양당사자에게 중재인 선정을 의뢰함으로써 중재절차는 개시된다.

(3) 중재인 선정

중재사무국은 중재인단 명부에서 중재인 후보자 10명을 선정하여 양당사자에게 보내면 양당사자는 선호하는 중재인 순위를 표시하여 중재인을 선정한다. 중재인은 당사자의 합의로 정해질 수 있지만, 중재원에 의해서 선정될 때에는 당사자가 반송한 중재인후보자 중에서 당사자의 희망순위 따라 1인, 3인, 또는 5인의 중재인을 선정한다.

(4) 심리절차

심리절차는 비공개를 원칙으로 하며, 당사자 이외의 사람은 중재판정부의 허가를 받아야 심문에 출석할 수 있다. 중재판정부는 쌍방에게 공평하고 충분한 기회를 부여하여, 필요한 서면이나 증거서류를 제출하도록 요구할 수 있다. 그리고 중재판정부는 당사자를 직접 심문하는 것이 원칙이지만, 당사자의 서면합의가 있으면 서면심리에 의한 중재 심리로 대체할 수 있다. 중재판정부는 당사자가 주장 및 입증을 다하였다고 인정될 때에는 심리의 종결을 선언한다.

(5) 중재판정 및 송달

중재판정부는 당사자의 합의 또는 법률에서 다른 정함이 없는 한 심리종결일로부터 30일 이내에 중재판정을 내려야 한다. 중재인은 판정의 정본을 당사자 또는 대리인에게 송부하고, 원본은 송부사실을 증명하는 서면을 첨부하여 관할법원에 송부함으로서 중재절차는 종료된다.

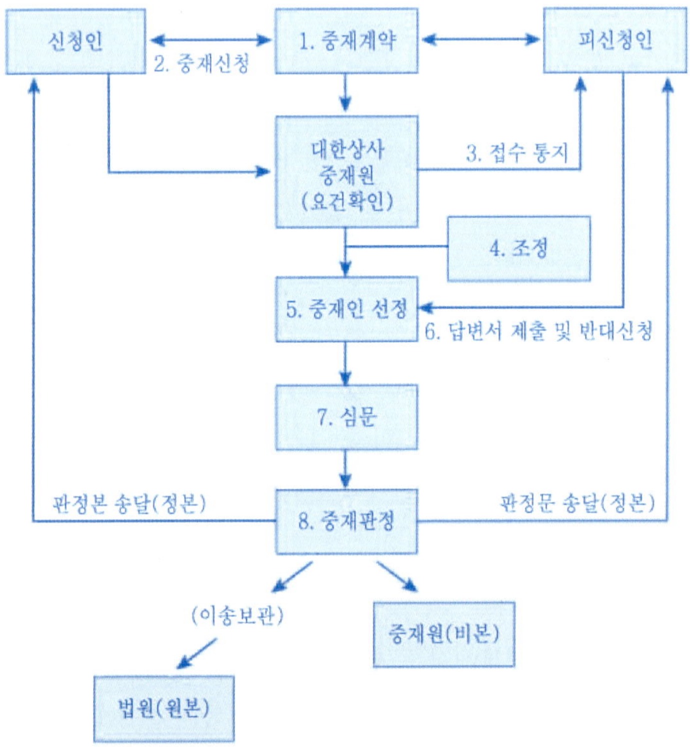

자료: 대한상사중재원

[그림 12.4] 중재절차의 흐름도

■ 주요 용어

선하증권	해상보험	신용장
해상운송	고지의무	취소불능신용장
항공화물운송장(Airway-bill)	보험금액과 보험가액	무역클레임
국제항공운송	해상손해	상사중재
국제복합운송	물적손해	

연습문제

1. 정기선과 부정기선에 대해 차이점을 설명하시오.

2. 선하증권의 종류에는 무엇이 있나?

3. 국제항공운송의 특성에 대해 설명하시오.

4. 항공화물운송장과 선하증권의 차이를 설명하시오.

5. 컨테이너 운송의 장점은 무엇인가?

6. 해상보험의 기본원리는 무엇인가?

7. 해상손해의 유형에 대해 설명하시오.

8. 신용장의 특성에 대해 설명하시오.

9. 신용장의 당사자는 누구인가?

10. 무역클레임의 해결방법에는 무엇이 있나?

11. 상사중재의 특징에 대해 설명하시오.

제 13 장 | 전자무역

제1절 전자무역의 의의

1) 전자무역의 정의

전자무역(E-trade)이라는 용어는 인터넷을 기반으로 하여 무역활동을 한다는 인터넷 무역(Internet trade), 컴퓨터 통신매체를 활용하여 가상공간에서 무역을 수행한다는 사이버무역(Cyber trade)과 함께 사용되어 왔다. 그러나 2001년 개정 대외무역법 및 무역거래기반조성에 관한 법률에서 전자무역이라는 용어를 채택하여 사용함으로써 용어상의 혼동을 피하게 되었다. 대외무역법에 따르면 "전자무역이라 함은 무역의 전부 또는 일부가 컴퓨터 등 정보처리 능력을 가진 장치와 정보통신망을 통하여 이루어지는 거래를 말한다"라고 설명하고 있다.

2) 전자무역의 특징

(1) 정보검색의 편리성

기존에 거래처 발굴을 위해서는 각 국에서 발행하는 무역업체 총람 등의 인명부를 찾아보거나, 해외로 배포되는 인쇄 매체나 현지의 광고 매체를 이용하였다. 또한 해외시장 개척단 또는 국제 박람회나 전시회 등에 참가하여 거래처를 발굴해 왔다. 그러나 인터넷에서는 무역알선사이트를 통해 유용한 정보를 접할 수 있다.

(2) 서류교환 방식의 변화

판매자와 구매자간의 상담이나 상품에 대한 정보의 획득, 거래 성사를 위한 각종 서류의 교환 형태가 전자 신호에 의한 인터넷으로 통합되어 가고 있다. 형태가 일정하지 않은 비정형화된 정보나 의사 표시는 전자우편에 의해, 포맷화된 정보나 서류는 전자문서교환(EDI)에 의해 인터넷과 같은 컴퓨터 통신망으로 통합되어 지고 있다.

(3) 대금결제 방식의 변화

기존의 무역거래에서 대금결제 수단이었던 신용장, 추심방식, 송금방식 등의 결제 방법을 전자매체를 이용하여 전자화하거나 혹은 새로운 기술과 아이디어를 도입하여 전자자금이체, 신용카드, 전자화폐, 전자수표, 스위프트 신용장(SWIFT L/C) 등이 결제 수단을 대신하고 있다. 그리고 Bolero Project, TradeCard, Identrust 등도 새로운 대금결제수단으로 등장하고 있다.

(4) 배송시스템의 변화

주문과 동시에 상품을 공급받고자 하는 소비자들의 욕구에 맞추어 지능적 수송 시스템이 구축되어 지고 있으며, 이를 위한 인터넷의 활용이 활성화될 것으로 전망되고 있다. 당초 인터넷과 같은 컴퓨터 통신망의 등장으로 기존 국제특송시장에서 많은 비중을 차지해 왔던 서류 발송 물량이 줄어들면서 국제특송시장이 위축될 것이라고 예상되었지만, 인터넷을 통한 소액 물품 거래의 활성화에 따른 상품 배송의 확대로 인해 국제특송시장은 상대적으로 부상하고 있다.

(5) 세계시장의 통합성

인터넷이라는 거대한 인프라에 의해 이제까지 국가별로 독립되어 운영되던 시장이 하나로 통합되고 있다. 이제 인터넷이란 가상공간에 의해 만들어진 시장에서 누구나 저렴한 양질의 상품과 서비스를 사고 팔 수 있게 되었다. 인터넷을 활용한 시장에서는 대기업이나 다국적 기업에 뒤지지 않게 인터넷을 통해 주요 정보를 확보할 수 있는 일반 중소기업도 세계적인 기업으로 나아갈 수 있는 기회를 제공받고 있다.

(6) 가격구조의 평준화

인터넷에서는 전문정보검색 엔진을 이용하게 되면 특정 상품이 어떤 나라의 어느 기업에서 공급되고 있는지를 쉽고 빠르게 찾아볼 수 있다. 이 때 그 특정 상품을 필요로 하는 소비자와 공급하는 기업들 간에는 철저한 시장 원리가 적용되어 가장 경제적이고 합리적인 기준에 의한 거래가 이루어지게 된다. 따라서 인터넷에서는 가격구조가 평준화되고 제품 차별화가 확고하게 진행될 것으로 예상된다.

(7) 마케팅 전략의 다양화

인터넷이라는 새로운 매체의 등장으로 인해 문자와 그림은 물론, 음성과 동영상 등 보다 다양하고 효과적인 방법으로 회사나 제품을 소개할 수 있게 되었다. 최소의 비용으로 시간의 제약이나 지면 공간의 제약도 없어지게 되었으며 소비자와 대화가 가능한 쌍방향 광고를 비롯하여 첨단 기법을 활용한 광고도 가능하게 되었다.

3) 전자무역의 중요성

(1) 비용적 측면

전자무역은 수출입 비용을 획기적으로 절감시켜 국제경쟁력 강화에도 크게 기여할 것으로 기대된다. 전자무역이 이루어지면 종이나 서류가 많이 줄어 들 뿐만 아니라 온라인으로 24시간 365일 무역거래가 가능해지는 것은 물론 엄청난 경제적 효과를 누릴 수 있다.

2010년 12월에 발표한 한국무역협회 국제무역연구원 보고서에 따르면 이러한 전자무역을 통해 얻어지는 비용 절감 효과는 2009년 기준으로 연간 6조 원에 달한다.

■ **비용절감 효과**

6조 1,289억 원(이익)−1,648억 원(비용) = 순수 비용 절감액 5조 9,641억 원

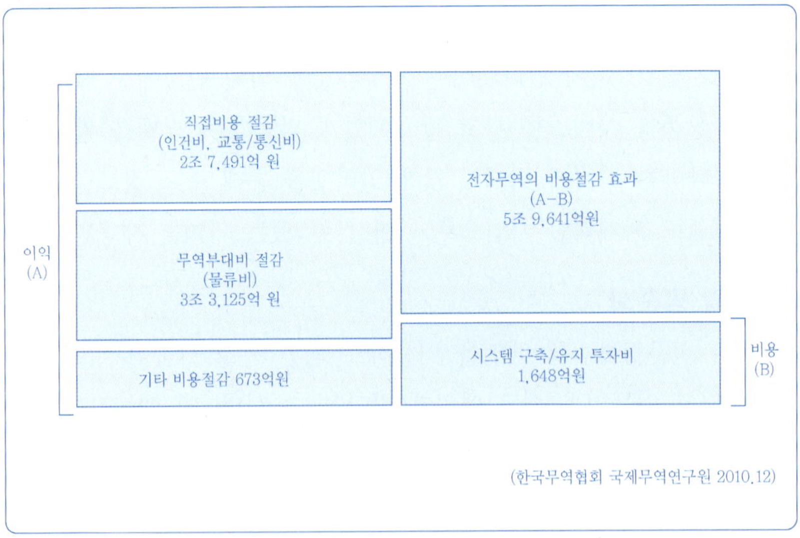

[그림 13.1] 전자무역에 의한 비용절감 효과

(2) 국민경제적 측면

무역은 지난 50여년간 우리나라 경제발전의 중요한 원동력이 되어 왔다. 전통적 무역이 지난 50년간 우리나라 경제를 지탱해온 중요한 기둥이었다면, 향후 50년은 인터넷을 기반으로 하는 전자무역이 이 부분을 대체할 것으로 전망된다.

전자무역은 단순히 무역거래방식을 전자적 수단으로 전환한다는 의미가 아니고, 국민경제전반의 구조와 프로세스 및 패러다임의 변화를 수반하는 국민경제적 중요성을 내포하고 있는 것이다.

실제 한국무역협회 발표에 따르면 전자무역이 국민경제의 경제적 효과는 기업생산성 강화효과 69억달러, 전자무역추진에 따른 무역부대비용 절감효과 72.6억달러, 인프라구축으로 인한 기업 IT 투자비용 절감효과 3억달러, 가격경쟁력 제고에 의해 발생하는 수출증대효과 44.4억달러, 세계 실질 GDP 증가에 의한 우리나라 수출증대효과 34.4억달러, 비용절감의 수입증대효과 17.5억달러, 수출증가에 따른 수입유발효과 31.6억달러로 추정된다.

4) 전통무역과 전자무역의 비교

첫째, 시장·제품 및 거래선의 정보수집 활동에 있어서 전통적 무역 방식인 경우는 관련 기관에 직접 방문하는데 있어서 시간적 공간적 제약이 있으나 전자무역 방식일 경우에는 그 한계를 극복하여 24시간 365일 무역 체제를 구축할 수 있다.

둘째, 전자무역인 경우 모든 서류가 전자적으로 처리되기 때문에 무역거래의 단계에서 발생하는 비용을 절감할 수 있다. 일반적으로 전자무역 시스템을 구축하기 위해서는 초기 투자비용이 필요하지만 장기적인 관점에서는 규모의 경제에 도달할 수 있는 이점이 있다.

셋째, 거래처의 발굴 등 마케팅 측면에서 보면 전통적 무역 방식은 기업들이 매체, 카다로그, 전시회를 활용하는 경우가 많으나 전자무역 방식은 전자카달로그를 웹사이트에 게시하거나, 홈페이지 구축하고 사이버전시회 등에 참여할 수 있다. 그리고 각국의 무역 유관기관에서 운영하는 전자무역 포털사이트의 전자게시판을 이용하여 마케팅 및 상담이 가능하기 때문에 그만큼 시장확대에 도움을 줄 수 있다. 또한 무역포탈사이트의 검색을 활용하면 필요한 제품이나 서비스를 찾을 수 있기 때문에 홍보비용이나 광고비용이 매우 저렴하다.

넷째, 전통 무역의 상담계약은 전화, 팩스 및 직접 출장 등이 필요하나 전자무역의 경우에는 효율적인 커뮤니케이션 수단으로 전자우편, 인터넷 상담, 인터넷팩스 등을 활용하여 기업으로서 커뮤니케이션 비용을 상당부분 절감할 수 있다.

다섯째, 금융통관, 대금결제 및 물류운송에 있어서도 서류작업 절차의 전자화, 부속서류의 부분적 EDI화, 물류정보시스템 구축 등 무역자동화를 통해 거래 비중이 감소하고 물류비나 운송비를 절감할 수 있다.

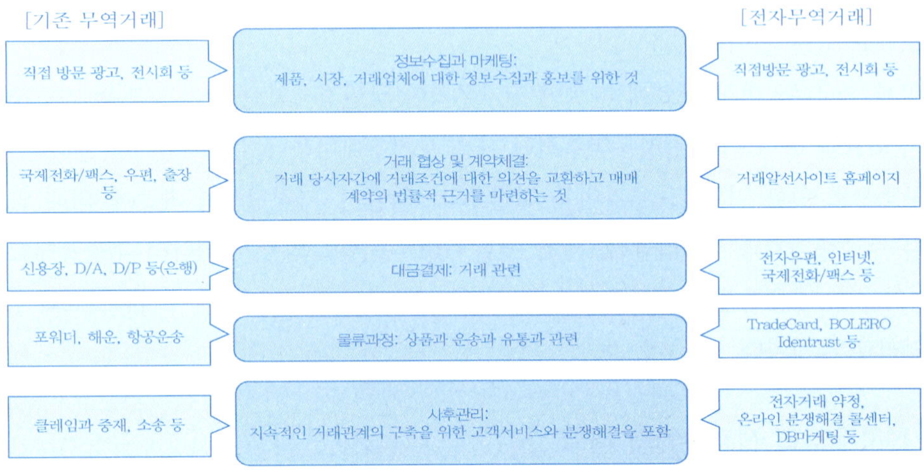

[그림 13.2] 전자무역과 기존무역과의 차이

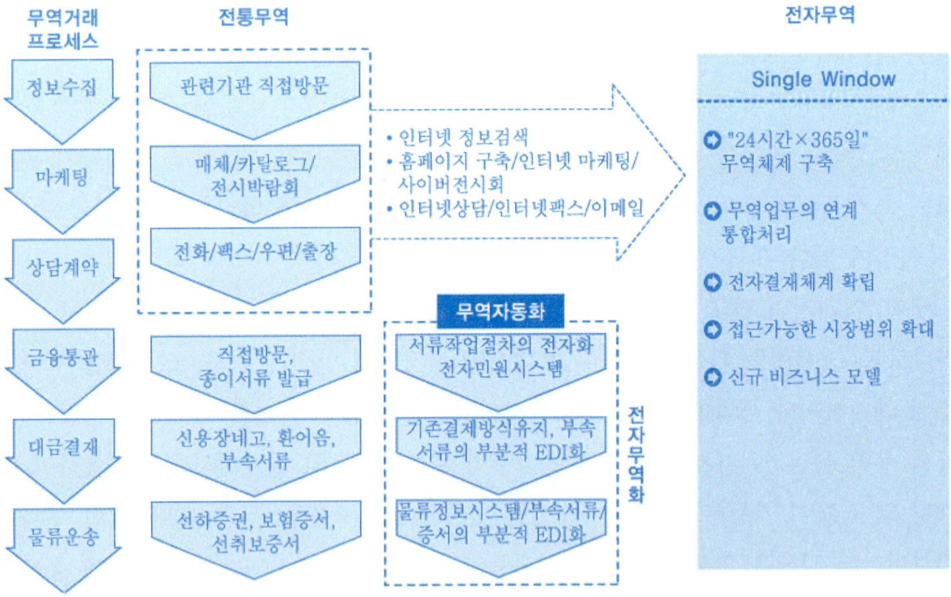

자료: 한국무역협회, http://etrade.kita.net.

[그림 13.3] 전통적 무역과 전자무역의 프로세스

제2절 전자무역절차

1) 전자무역절차의 개요

전자무역의 거래절차도 오프라인에서의 무역거래 절차와 크게 다르지는 않다. 그러나 본서에서는 순수 전자무역을 수행할 수 있는 소프트웨어, 게임, 음악 등의 제품을 제외하고 일반 제품의 매매에서 기존의 오프라인 무역의 절차 중 어느 부분이 전자무역으로 가능한 지를 설명하고, 어떻게 수행할 수 있는지를 알아보고자 한다.

첫째, 해외시장 조사 부분에 있어서는 국내외 무역 알선 사이트나 한국무역협회 등 국내기관 및 현지국 상공회의소 등 해외기관의 사이트를 통해 어느 정도 필요한 정보를 입수할 수 있다

둘째, 거래선의 발굴과 선정에서도 자사 해외지사의 활용, 현지 출장등의 오프라인 방법에서 벗어나 인터넷 사이트를 활용할 수 있다.

셋째, 계약의 성립은 계약의 청약과 승낙이 전자우편과 같은 전자적 통신매체를 이용한 전자적 의사표시가 인터넷 공간에서 수행되어진다. 전자적 의사표시란 전자적 매체(컴퓨터, 전신, 전화, 텔렉스, 팩스, 자동예입인출기)에 의하여 이루어지는 의사표시를 말한다.

넷째, 계약단계에서도 오프라인 무역과 같이 대면을 통해 상호 신뢰관계를 확보할 수 있으나 상호 협의만 이루어진다면 전자우편과 같은 전자적 수단을 사용하여 계약서를 발송하고 전자서명을 함으로써 계약체결을 이루어 낼 수 있다.

다섯째, 통관, 보험, 선적 부분에는 무역 자동화(무역 EDI)가 가능하고 대금결제도 볼레로프로젝트, 트레이드카드와 같은 전자결제 시스템를 활용할 수 있다.

2) 전자무역의 단계별 절차

(1) 해외시장조사

전자무역의 경우에 있어서 해외시장 조사는 주로 인터넷상의 검색엔진에 의한 정보검색과 각국의 정부기관 사이트나 기업의 웹 사이트 또는 무역포탈사이트를 통해 목표시장의 지리, 무역관습, 상대국의 수출입 통관절차, 수출입 관련규제 등을 쉽게 수집할 수 있다.

(2) 거래처 발굴

기존 무역업 종사자든, 전자무역으로 창업한 경우이든 거래선 발굴과 해외 시장동향과 정보에 밝아야 한다. 인터넷상에서 거래선 발굴을 할 수 있는 방법은 첫째, 한국무역협회와 같은 웹 사이트에서 무역통계를 분석하는 것이다. 둘째, 수출물품을 알리고 회사를 광고할 수 있는 자체 홈페이지를 구축하는 것이다. 셋째, 무역거래 알선사이트를 이용하는 것이다. 인터넷을 통해 무역을 하고자 하는 기업은 수출하고자 하는 시장에 거래처의 동향과 원하는 제품에 대한 정보를 각국의 무역 유관 기관 사이트, 정부기관 사이트, 기업의 웹사이트 등을 통해 쉽게 수집할 수 있다.

(3) 거래처 선정 및 거래제의

인터넷상에는 전세계 기업 및 무역업체에 대한 정보뿐만 아니라 재무정보, 동향정보, 특허정보, 전시회정보 등을 유료 또는 무료로 제공해 주는 전문 웹사이트들이 많다. 최근에는 일방적인 무역정보의 검사뿐만 아니라 거래알선까지 해주는 전문 무역거래알선 사이트들이 등장하고 있어 이제는 이를 잘 활용하면 보다 효과적으로 해외거래처를 발굴, 선정할 수 있다.

거래제의는 전자우편을 이용하는 방법과 전화나 팩스를 이용하는 방법이 있다. 전자우편을 보내는 경우에는 거래선을 알게 된 경위와 회사의 소개, 제품 소개에 대하여 자세하게 보내어야 한다.

(4) 청약과 승낙

청약은 전자우편, 전화, 팩스를 이용하며, 상대방에게 빠르고 정확한 정보를 제공할 수 있다. 청약과 승낙의 효력발생 시기는 도달주의를 원칙으로 하고 있다. 여기서 전자문서를 통한 전자적인 의사표시 도달의 의미는 청약, 승낙의 의사표시를 담은 통신이 상대방의 컴퓨터 수신장치에 입력된 때를 말한다. 즉, 무역업자 또는 무역유관기관이 무역자동화망을 이용하여 신청 또는 승인 등을 한 전자문서는 사업자 또는 지정사업자의 컴퓨터 파일에 기록된 후 상대방의 컴퓨터 파일에 기록된 때 상대방에게 도달한 것으로 본다.

(5) 무역계약체결

상대방과의 의사가 일치되면 기존의 대면계약이나 서류상의 계약에서 벗어나 EDI, 전자우편, 웹사이트와 같은 전자적 수단을 이용하여 무역계약서를 작성하고 서명하여 발송함으로써 무역계약이 체결된다.

(6) 물류운송, 통관 및 보험

물류운송의 경우, 전자상거래를 이용한 국제거래에서 운송은 물리적 상품의 경우에는 기존의 물류운송 시스템을 그대로 이용하지만 소프트웨어, 게임, 음악 등과 같은 제품의 경우에는 인터넷을 통해서 직접 전송한다.

수출통관절차는 수출시 반드시 이행하여야 할 법적 절차이다. 수출물품을 세관검사를 받고자 하는 장소에 적재하고 세관에 수출신고를 필한 후, 필요한 세관수출검사를 거쳐 수출면허를 받아 해당 수출물품을 선박(또는 항공기)에 적재하게 된다. 현행 수출신고는 무역EDI 방식으로 이행하고 있으며 내륙지의 세관(ICD에서도 가능)에서 통관절차를 거친 후 내륙운송을 한 후 선적을 할 수도 있다.

보험계약체결에 있어서 의무부담 또한 채택한 거래조건에 따라 달라지게 되지만, 수출자가 해상적하보험에 부보하여야 하는 경우에 보험EDI를 이용할 수 있다. 해상적하보험과 관련된 정보는 무역거래알선사이트에서 제공하고 있어 간편하게 활용할 수 있다.

(7) 선적

선적과 관련하여 운송관련회사들이 자사의 홈페이지를 통하여 다양한 정보를 제공하고 있다. 예를 들면 Clearfreight(www.clearfreight.com)에서는 해상운송뿐만 아니라 항공운송에 대한 견적을 제공하고 있으며 운송관련정보나 관련 사이트를 접속하여 무역운송과 관련한 다양한 정보를 활용할 수 있다. 그리고 한국복합운송주선인협회에서 운영하는 Kiffa(www.kiffa.or.kr)에서도 해상 및 항공운송과 관련한 정보 및 자료와 운송업체 리스트를 제공하고 있어 유용한 정보를 찾을 수 있다.

(8) 대금결제

대금결제의 경우, 기존의 신용장, 추심결제방식, 송금방식 등의 결제방식이 널리 이용되어 왔다. 그러나 전자무역이 활성화됨에 따라 소액거래의 경우 신용장을 개설할 필요없이 컴퓨터 통신망을 통해 수출입 서류의 전송에서 대금결제까지의 과정을 신속하게 처리할 수 있는 인터넷 기반으로 국제무역금융종합서비스가 사용되고 있다. 또한 암호화 기법 등이 발전함으로써 신용카드로도 한도 범위 내에서 안전하고도 확실하게 대금결제가 가능하게 되었다. 이외에도 전자화폐, 전자자금이체, SWIFT 등도 활용된다.

(9) 분쟁해결 및 사후서비스

기존에는 무역거래와 관련하여 분쟁이 발생하는 경우에는 주로 상사중재를 통하여 해결하려고 노력하였다. 그리고 국제 전자상거래를 이용한 전자무역 거래의 경우에도 법원을 통하여 분쟁을 해결하는 방법보다 대안적 분쟁해결방법으로서 인터넷을 활용한 화해, 조정, 알선, 중재 등을 통해 해결할 수 있다.

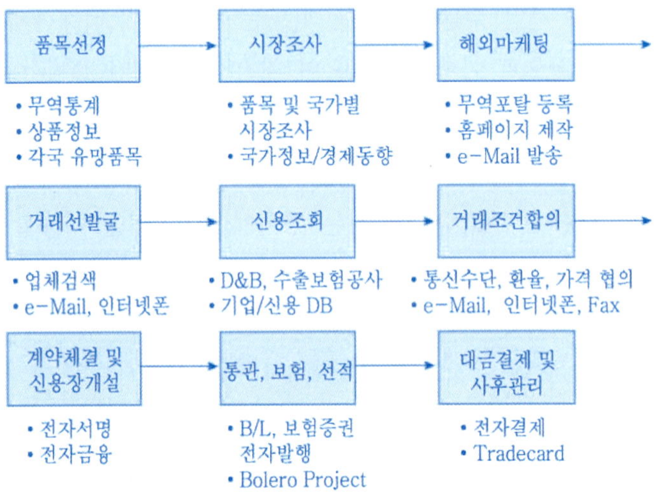

[그림 13.4] 전자무역 단계별 절차

제3절 무역자동화

1) 무역자동화의 개요

(1) 무역자동화의 개념

무역업무 자동화(Trade Automation)란 수출입에 관련된 상거래 서식을 당사자의 합의에 따라 종이서류 없이 컴퓨터가 읽을 수 있는 전자문서의 형태로 바꾸어 통신망을 통해 무역업무를 자동화하는 것이다.

(2) 무역자동화의 필요성

무역 자동화가 활성화가 되어야 하는 필요성은 첫째, 무역 규모 확대에 따른 수작업에 의한 업무 처리의 한계가 발생하였다 둘째, 국제경쟁력의 강화를 위한 방안 모색이 시급하게 제기되었다. 셋째, 심각한 항만화물 적체 및 교통체증으로 직간접의 엄청난 경제적 손실이 누적되고 있으며 이에 신속한 무역업무의 처리가 요구되고 있다. 넷째, 지방의 균형적 발전과 지방 소재 중소기업의 육성이 필요하게 되었다. 다섯째, 싱가포르, 대만뿐만 아니라 미국, EU 등 선진국 등 경쟁국도 무역자동화가 추진되었으며 유엔(UN), 관세협력이사회(CCC) 등 국제기구들도 적극 지원하며 많은 업무에 있어 전자적 거래가 이루어지도록 적극 나서고 있다. 여섯째, 국내 정보통신시장 개방에 대해 대비해야 한다.

(3) 무역자동화 사업의 목표

무역자동화 사업을 토대로 상역, 외환, 통관, 물류, 운송, 보험 등 무역절차 전반에 걸쳐 무역업무 처리시간의 단축과 관련비용의 절감 등을 통해 보다 효율적이고 자동화된 무역환경을 조성하는 것이 무역자동화의 기본목표이다. 또한 신뢰성이 있고 보안 및 안전성이 보장된 사용자 중심의 RASS(Reliability, Accessibility, Safety and Serviceability) 시스템의 구축을 목표로 하고 있다.

무역자동화 사업은 무역관련 각종 절차와 서식을 표준화하고 새로운 정보전달 수단인 전자문서교환(EDI) 기술을 이용하여 모든 무역업체와 무역유관기관을 컴퓨터 통신망으로 연결하는 무역자동화시스템을 구축하는 것을 말한다.

(4) 무역자동화 도입 후 기업의 기대효과

무역 자동화를 도입할 경우 기업에 가져오는 기대효과는 기존의 무역업무와 관련된 업무 처리시간을 대폭적으로 줄일 수 있다. 인건비, 물류비, 재고관리비 등 경제적인 효과를 증대시킨다. 무역관련 부대비용의 절감 및 항만 및 내륙운송의 적체 해소에 크게 기여할 수 있다. 또한 회신 문서 작성시 새로운 자료입력이 필요없어 재입력으로 인한 오류가 감소되며 세계화, 개방화, 정보화 시대의 무한 경쟁 속에서 업무의 효율성 증대 등 기업경영의 혁신과 고객서비스 향상 및 경쟁력 강화를 가져오게 될 뿐만 아니라 국내 정보산업의 발전 촉진시킬 수 있다.

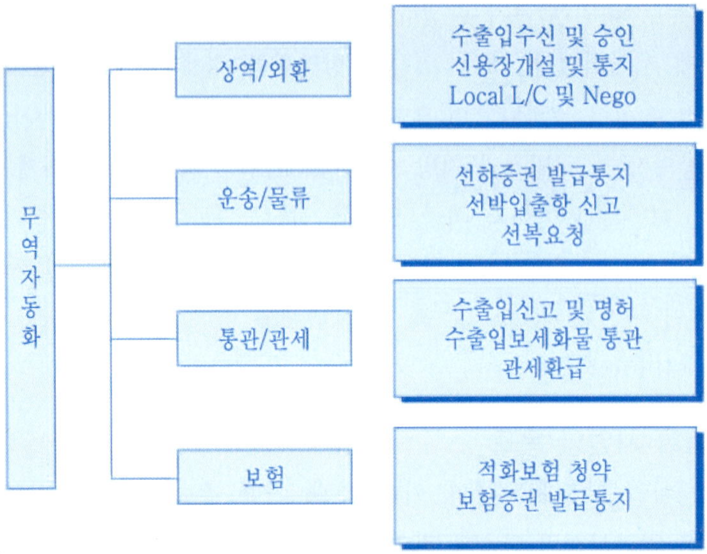

[그림 13.5] 무역자동화 범위

2) EDI

(1) EDI의 의의

① EDI의 개념

EDI(Electronic Data Interchange)란 표준화된 상거래서식 또는 공공서식을 서로 합의된 표준화된 양식에 따라 종이서류 대신 전자문서를 만들어 컴퓨터 및 통신을 매개로 상호 교환하여 재입력 과정없이 업무에 활용할 수 있도록 하는 새로운 정보전달 방식을 말한다.

EDI는 전자문서교환 또는 전자자료교환으로 해석되며, 표준화된 기업간의 거래서식을 컴퓨터와 컴퓨터간의 통신으로 교환한다는 의미에서 EBDI(Electronic Business Data Interchange)라고도 부른다.

② EDI의 목적

EDI를 통하여 문서의 작성과 전달을 전산화하여 기업의 업무비용을 최소화하고 이를 토대로 기업과 국가의 경쟁력을 강화하여 국민경제의 활성화는 물론 세계경제의 발전을 도모하려는데 있다.

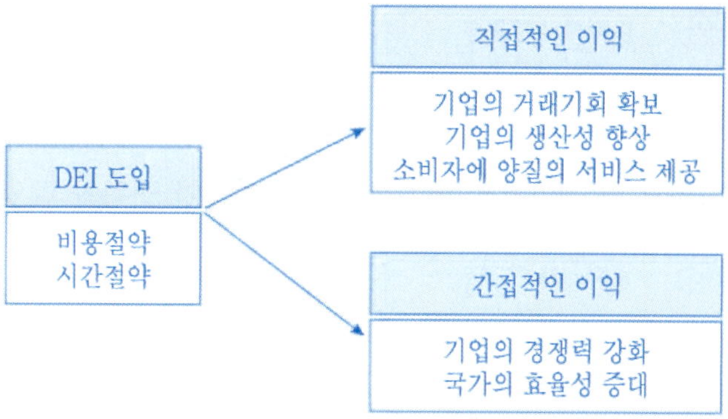

[그림 13.6] EDI 도입으로 얻어지는 이익

③ EDI의 특징

EDI는 데이터 통신망을 이용하여 컴퓨터와 컴퓨터 간에 통신하는 방법이며 데이터는 전자식으로 전달된다. EDI에 의한 데이터는 수신한 컴퓨터가 변환과 재입력이 필요없이 직접 처리되는 것이 가능하다. EDI에 의해 전달되는 데이터는 구조화되어 있고 기계로 처리 가능한 표준양식으로 되어 있다.

그리고 EDI시스템을 이용하여 전자문서를 전달하고자 하는 경우에는 거래 당사자들은 전자문서의 양식과 전달방법 및 전달 후 전자문서의 효력 등에 대해 약정이 필요하게 된다. 이와 같은 EDI는 규격화된 전자문서의 양식을 갖추고 있으며 신속성과 정확성, 사전에 양당사자가 약정한 암호를 통한 안전성 및 인건비 절감에서 오는 경제성과 효율성을 추구 할 수 있다.

〈표 13.1〉 타 통신수단과 EDI의 비교

	FAX	E-mail	EDI
데이터 전송	당사자간 즉시 전송	VAN경유(축적 · 전송)	VAN 경유(축적 · 전송)
데이터 형태	사람이 판독	사람이 판독	기계가 판독
데이터 구조	모든 형태의 데이터 (문자 · 그림 · 서식)	자유양식 (Free Format)	구조화된 표준양식 (Structured Standard Format)
데이터 입력 및 처리	수신자의 데이터 추출 및 재입력	수신자의 데이터 추출 및 재입력	응용프로그램간 데이터 자동 입력

자료: 문희철·심상렬, 무역자동화와 EDI, 무역경영사, 1998, p.26.

(2) EDI 구성요소

EDI를 구성하고 있는 주요한 요소는 EDI 표준, 사용자 시스템, 통신네트워크, 거래약정 등 4가지로 구성되어 있다. 이들 중 EDI 표준, 사용자 시스템, 통신EDI네트워크는 물리적인 요소이고, 거래약정은 거래상에서의 법적인 권리와 책임이 따르는 요소이다.

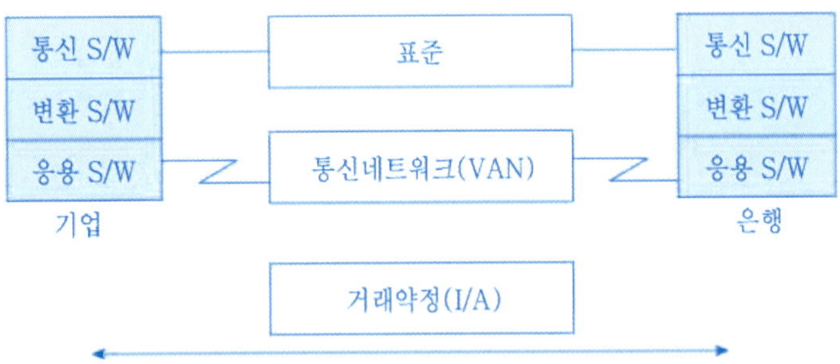

[그림 13.7] EDI의 구성 요소

① EDI표준

EDI표준(EDI standard)은 사용자간에 교환되는 전자문서의 내용, 구조, 통신방법 등에 관한 양식 및 구문(syntax)을 정한 규칙을 말한다. 이는 언어, 업무처리방식, 컴퓨터 시스템이 서로 다른 거래당사자들이 전자문서를 자유롭게 교환하는데 필요한 공통 언어라 할 수 있다.

EDI표준은 그 성격에 따라 다음과 같이 구분된다. 첫째, EDI표준은 용도에 따라 전자문서표준과 통신표준으로 구분되는데, 전자문서표준은 전자적으로 전달될 수 있는 문서, 정보, 순서와 형태, 정보 각 부분의 의미 등에 대한 지침을 의미하며, 일반적 의미의 EDI표준은 이 전자문서표준을 말한다. 그리고 통신표준은 컴퓨터를 통한 전자문서의 송수신 규약으로 어떤 정보를 어떤 방식으로 전송할 것인가에 관한 사용자간의 합의를 뜻한다.

둘째, EDI표준은 적용범위에 따라 전용표준 및 공통표준으로 구분된다. 전용표준은 특정 개별기업만이 활용할 수 있는 표준으로 사설표준이라고도 한다. 공통표준은 전용표준이 가지는 정보교환의 한계때문에 기업과 산업, 국가단위가 사용할 수 있게 개발된 것을 말하며, 여기에는 개발단계에 따라 기업표준, 산업표준, 국가표준 및 국제표준으로 다시 나눌 수 있다.

우선 국가간의 거래를 위해서는 전 세계의 모든 산업에 통용되고 이용자들이 편리하게 사용할 수 있는 국제표준이 필요하다. UN 산하의 유럽경제위원회에서 1987년 5월 EDI 국제표준으로 제정한 "유엔행정·무역·운송에 관한 전자문서교환"(Electronic Data Interchange for Administration, Commerce and Transport : UN/EDIFACT)은 이후 국제표준화기구(ISO)가 승인하여 현재 각국에서 널리 사용되고 있는 EDI국제표준이다. 우리나라는 1991년 4월 한국 EDIFACT 명의로 가입하였다.

그리고 산업표준의 예로써 자동차산업을 위한 ODETTE(Organization for Data Exchange by Tele Transmission in Europe)가 있고, 국가표준으로는 북미(American National Standards Institute Accredited Standards Committee:ASCX12)와 유럽(Guidelinked for Trade Data Interchange: GTDI)의 두 가지가 있다.

② EDI 사용자시스템

EDI 사용자시스템은 거래당사자간에 데이터 통신망을 통해 전자문서의 송수신에 필요한 컴퓨터 하드웨어, 소프트웨어 및 통신장비를 말한다. EDI는 컴퓨터에 의한 정보전달방식이므로 기본적으로 개인 컴퓨터가 필수적이며, 이 외에도 다양한 형태의 사용자 서류들을 EDI표준으로 전환시키기 위한 변환소프트웨어 및 모뎀 등의 통신장비가 있어야 한다. 특히 변환소프트웨어는 거래당사자간의 데이터베이스의 구조형태나 서식의 작성방식이 조금씩 다르기 때문에 이를 표준화해야 하기 때문이다.

EDI 변환소프트웨어는 기업의 내부문서나 자료를 EDI 표준포맷으로 만들어 상대방에게 전송하기 위해 통신시스템으로 이동시키거나, 상대방으로부터 수신하여 통신시스템에 대기중인 EDI표준자료를 기업고유의 내부자료로 바꾸어 주는 기능을 한다.

③ 통신 네트워크

전자메세지가 하나의 컴퓨터로부터 다른 컴퓨터로 전달되기 위해서는 전용 데이터회선이나 공중 테이터회선을 보유한 네트워크가 필요하다. 이러한 EDI 네트워크는 직접 네트워크, 제3자 네트워크 및 인터넷 네트워크로 구분된다.

㉮ 직접 네트워크

직접 네트워크(direct network)는 보통 모뎀을 통해 거래상대방의 컴퓨터와 직접 연결하는 방식으로서, EDI가 도입된 초기단계에 주로 사용되었다. 그러나 거래상대방이 증가함에 따라 통신회선의 유지나 비밀유지 등의 곤란으로 인하여 이후 제3자 네트워크방식을 주로 활용하고 있다.

㉯ 제3자 네트워크

제3자 네트워크(third party network)는 거래당사자간의 전자메세지 교환을 VAN방법에 의하여 제3자를 통해 간접적으로 전달하는 방식이다. 즉, 제3자 네트워크는 데이터의 전송 외에 정보의 축적, 가공, 변환처리 등을 통해 부가가치 서비스를 제공하는 정보통신망으로서, 부가가치통신망(value added network: VAN)이라고도 한다.

㉰ 인터넷 네트워크

인터넷 네트워크는 EDI의 네트워크로서 저렴한 비용으로 전자문서를 주고받을 수 있는 인터넷의 활용을 말한다. 인터넷을 활용하게 되면 VAN을 이용할 경우 소요되는 초기 가입비용과 통신비용의 부담이 필요없다.

④ **교환약정**

EDI서비스의 이용을 위해서는 우선 관련 당사자간에 서비스 이용에 관한 약정을 맺는 것이 필요하며, 이 약정에는 거래약정과 네트워크 약정이 있다.

㉮ 거래약정

거래약정(interchange agreement: I/A)은 전자거래 당사자간의 EDI거래조건에 관한 제반 사항을 약정하고 있는 표준거래약정으로서, 소위 전자거래계약이라고도 한다. 이 거래약정에는 전자문서 및 표준에 대한 합의, 해당업무별 사용자의 명시, 수신인 발신인 확정, EDI서비스 제공업자 및 데이터통신망 합의, 계약조건의 해석기준, 중재 및 준거법 등을 규정하고 있다.

㉯ 네트워크 약정

네트워크 약정(network agreement: N/A)은 전자거래가 통신사업자를 매개하는 경우, 사용자와 VAN사업자간의 EDI서비스 이용에 따른 제반 사항을 약정하는 것을 말한다. 이 네트워크 약정에는 사용자 및 요금부담자, 비밀번호, 전자교환메시지의 표준 및 시스템 운용, 전자교환메시지의 보안 및 증거적 가치, 분쟁해결에 관한 준거법 지정 등을 내용으로 하고 있다.

(3) EDI의 유형

① **무역 EDI**

국내에서 무역 부문의 EDI이용은 1989년 상공부와 한국전산원이 공동으로 종합무역자동화 기본계획을 수립한 후, 1992년 11월에 한국무역정보통신(KTNET)이 무역자동화 전담사업자로 지정되었다.

KTNET는 1994년 1월부터 수출입 승인, 신용장 부문, 수출통관부문, 수입통관부문, 수출보세화물관리, 관세환급, 내국신용장에 대한 EDI 서비스를 제공하고 있다. 이와 같이 KTNET는 무역자동화 지정사업자로써 수출입절차 전반에 걸쳐 중앙에서 무역업체와 무역유관기관을 유기적으로 연결하여 무역관련 각종 전자문서와 무역정보를 24시간 Non-Stop으로 전송하고 있다.

② 통관 EDI

EDI의 통관시스템의 도입은 1992년 EDI 통관자동화 6개년 종합계획을 수립한 이후, 1994년 EDI 수출통관시스템, 1996년 EDI 수입통관시스템, 1997년 수출화물시스템, 관세환급시스템, 수입화물시스템, 1999년 수입신고 Paperless시스템을 개발하였다. 이와 같이 관세청의 주도하에 서류없는 통관을 목표로 EDI 통관자동화시스템을 구축함으로써, 수출입신고 및 통관절차의 집행, 관세 등 제세의 징수, 수출물품에 대한 관세환급, 선박 및 항공기의 입출항 수속, 화물관리 (하역, 운송, 반출입) 등 관세행정과 관련된 모든 민원업무를 전산으로 처리하고 있다.

③ 물류 EDI

물류부문의 무역자동화는 해운항만청이 주관 하에 이루어지고 있다. 항만청에서는 내부 경영정보시스템이 PORTMIS를 토대로 민간운송 분야를 포함한 물류 운송망 추진을 위해 해운산업연구원에 의뢰하여 물류 EDI Network 기본 설계서를 1993년 4월에 완료하였다. 이에 따라 물류부문의 EDI 사업을 전담할 한국물류정보통신(Korea Logistics Network : KLNET)를 1994년 4월에 설립했으며 10월부터는 물류관련 전자문서의 시범서비스가 KTNET을 통해 시작되었다.

KLNET는 수출입전반에 걸친 화물유통과 정보흐름의 원활화를 위하여 정부와 민간업체 등 거래당사자의 컴퓨터 간에 연결된 통신망과 기존방식 이외의 새로운 정보통신기술인 EDI시스템을 이용하여 운송, 하여, 보관 입출항 분야의 자동화를 구현하는 물류정보통신망이다.

④ 유통 EDI

KTNET는 EDI서비스를 이용하여 본사와 지점, 대리점을 컴퓨터 통신망으로 연결하여 주문서, 재고현황, 일일판매현황 등 영업관련 정보를 송·수신함은 물론 온라인서비스를 제공함으로써 본사의 재고현황조회 등 컴퓨터 네트워크를 이용한 유통정보시스템의 구축 및 서비스를 제공하고 있다. 전자문서 종류로는 거래처 정보, 상품정보,

주문서, 주문응답서, 주문변경서, 발송통지서, 인수 통지서, 송장, 일반정보, 송금통지서, 재고현황보고서, 판매데이타 보고서 등이 있다.

(4) 새로운 형태의 EDI

기업 환경은 급격하게 변화하고 있고 이에 따라 EDI에 요구되는 경영상의 요구 사항들이 추가적으로 발생하고 있다. 실시간 거래의 필요성 증가, 서로 다른 산업 부문간의 업무처리 필요성 증가, 텍스트뿐만 아니라 음성, 화상 등을 포함한 모든 종류의 정보 교환의 필요성 증가, 서로 사전에 거래 관계가 없던 거래 쌍방간의 단기적인 거래 관계 수립의 필요성 증가 등을 들 수 있다. 전통적인 EDI는 이러한 기업 경영상의 요구 사항을 효과적으로 수용하지 못하고 있다. 따라서 전통적인 EDI의 문제점을 극복하고 새로운 전자상거래 환경에 적용하기 위한 차세대 EDI 표준화 연구가 활발히 진행되고 있다.

① 인터넷 EDI

인터넷을 기반으로 한 전자상거래가 활성화되면서 VAN이 아닌 인터넷을 통신매체로 활용하는 인터넷 EDI가 등장하였다. 인터넷 EDI는 UN/EDIFACT, ANSI X.12와 같은 표준메시지를 SMTP/MIME이나 FTP와 같은 인터넷 프로토콜 방식으로 전송하는 경우와 e-Form을 이용한 Web-EDI 방식이 있다. 구축비용이 전통적인 EDI 시스템 보다 저렴하기 때문에 자원이 충분하지 못한 중소업체가 EDI를 활용하기에 적합하다고 알려져 있다.

〈표 13.2〉 전통적 EDI와 인터넷 EDI의 개념 비교

구분	전통적 EDI	Internet EDI	참고
Network	폐쇄망	OPEN망(인터넷)	범용성
통신프로그램	사용자 전용프로그램	웹브라우저	표준화된 사용자 인터페이스
응용프로그램	Translator, 응용필수	Translator, 응용선택	유지보수 편이성
사용자 인터페이스	Text	Graphic	사용 용이성

② 개방형 EDI(Open-EDI)

거래과정의 문서보다 업무 프로세스에 초점을 맞추어서 모든 조직에 적용될 수 있는 일반적인 업무 프로세스를 도출하여 이러한 업무 프로세스 상에 포함되어 있는

정보를 표준화하고자 하는 새로운 EDI의 패러다임을 개방형 EDI라고 한다.

개방형 EDI는 표준 업무 시나리오와 이를 지원하기 위한 서비스를 도입함으로써 이러한 제약을 해결하고자 한다. 거래 양측이 업무 시나리오에 합의하고 Open-EDI 표준을 준수하면, 업무 시나리오에 따라서 개방형 EDI 거래를 수행하겠다는 결정 이외에는 거래 당사자간에 별도의 약정이 필요없게 된다. 또한 개방형 EDI 응용분야는 전통적인 EDI와는 달리 숫자, 문자, 이미지, 음성 등과 같은 다양한 데이터 형태를 포함시키고 있다.

〈표 13.3〉 전통적 EDI와 개방형 EDI의 비교

전통적 EDI	개방형 EDI
세1세대 EDI	제2세대 EDI
하의상달식	상의하달식
정보흐름의 축약없음	정보흐름의 축약/개선을 통한 효과성 제고
지역적 상호운용성(단일산업 내)	범세계적 상호운용성(복수산업간)
텍스트중심의 메시지교환	멀티미디어 정보교환
한번에 단일 거래지원	한번에 복수의 동시적 거래지원

③ **대화형** EDI(Interactive-EDI)

전통적 EDI가 즉각적인 전송이 이루어지지 못하는 단점과 업무량의 증대로 인한 업무지체의 단점을 극복하고자 나타난 새로운 EDI방식을 말한다. 대화형 EDI에서는 EDI 사용자가 대화형 EDI응답문서를 접속을 유지한 상태에서 기다림으로 인해 VAN에 의한 축적 전송에 비하여 짧은 시간에 업무를 처리할 수 있는 장점이 있다.

전통적인 EDI의 절차(process)와는 달리 VAN에 의해서 제공되는 전자우편과 같은 축적전송(store-and-forward) 방식이 아닌 점대점(point-to-point) 시스템에서 실시간으로 운용할 수 있다. 그리고, 점대점(point-to-point) 시스템의 특성상 제 삼자 통신망에 연결됨으로써 발생되는 전송지연이 없기 때문에 정보전송시간을 단축할 수 있다.

④ XML-EDI **방식**

가장 발전된 EDI시스템 방식이다. 업무의 한계, 폐쇄성, 고비용, 응용 프로그램과의 불연계성 등 전통 EDI 방식이 갖고 있는 단점에서 벗어나 전자상거래 전반에 걸쳐 통합적인 데이터 교환과 시스템 가동이 가능한 신개념 EDI다.

XML 방식은 기존 응용 프로그램에서 가공하기 쉽고, 작업자가 작업내용을 쉽게 이해할 수 있다는 것이 장점으로 꼽힌다. 또 실제 문서의 내용만 데이터베이스에 저장함으로써 문서 전체를 저장하는 비효율을 막고, 상이한 애플리케이션들이 XML에 기반한 문서 포맷을 공유할 수 있어 전통적인 EDI 변환 소프트웨어를 유지할 수 없는 중소기업에 적합한 방식이다.

■ 주요 용어

전자무역	B/L, 보험증권의 전자발행	무역자동화
정보검색	Bolero Project	EDI
전자서명	전자결제	개방형 EDI
전자금융	Tradecard	

연습문제

1. 전자무역의 특징에 대해 설명하시오.

2. 전자무역의 중요성에 대해 설명하시오.

3. 무역자동화의 개념에 대해 설명하시오?

4. EDI의 구성요소에 대해 설명하시오.

5. EDI의 유형에 대해 설명하시오.

제 5 부

기업의 국제화

제14장 국제경영의 이해

제1절 국제기업의 발전단계별 유형

기업은 국내시장에서 시작된 활동 범위가 수출을 통해 해외시장으로 확대되고 수출을 통해 해외시장에 대한 지식과 경험이 늘어나게 되면 해외직접투자에 의해 현지 공장을 설립하고 현지생산을 하게 된다. 이러한 현지생산기지가 전 세계 주요시장을 중심으로 확대되고 해외현지자회사가 점차적으로 경영상의 자율권을 갖게 되면서 그 기업은 글로벌 기업으로 발전하게 된다.

1. 수출기업(exporting company)

수출기업은 본국에서 생산된 제품을 간접수출 혹은 직접수출의 방법으로 외국에 수출하는 기업을 말한다.

1) 간접수출

외국시장에 대한 정보나 수출경험이 부족한 국내 제조업체가 수출중간상인 종합무역상사, 수출대리인이나 국내에 진출한 외국바이어 등에게 판매하는 방법으로 외국에 수출하는 것을 말한다. 간접수출의 경우 외국수출에 따른 모든 비용과 위험은 수출중간상이 부담하게 되며 수출에 따른 이익도 이들 수출중간상이 차지하게 된다. 국내제조업자의 입장에서 보면 위험이 적은 대신 이익이 적은 수출방법이기 때문에 가능한 빨리 직접수출 단계로 발전하는 것이 바람직하다.

2) 직접수출

외국시장에 대한 정보와 경험이 축적되면 외국의 바이어에게 직접 수출하는 직접수출의 단계로 접어들게 된다. 직접수출은 외국의 수입상이나 도매상에게 수출하는 방식도 있고 수출규모가 증가하면 해외 판매자회사나 현지법인을 설립하여 이를 통해 현지 시장진출을 보다 적극적으로 추진하는 방식으로 발전해간다. 직접수출을 통하여 기업은 해외 바이어 발굴, 수출계약체결, 통관, 선적, 수출대금수수 등의 전 과정을 직접 수행하게 되며 이러한 과정을 통해 해외시장에 대한 지식과 경험을 축적하여 보다 높은 차원의 국제화단계로 나아가게 된다.

2. 다국적(다국가)기업(multinational company)

다국적기업은 2개국 이상의 나라에서 그 나라의 법률에 따라 설립되고 운영되는 현지자회사를 거느린 기업집단을 말한다. 1970년대나 1980년대까지만 하더라고 다국적기업은 선진공업국의 대기업에게만 해당되는 것으로 여겨졌다. 그러나 1980년대 이후에는 전세계적으로 선진국뿐만 아니라 선발개도국의 중견, 중소기업들까지도 해외진출을 통하여 다국적기업으로 변신하게 되었다. 일반적으로 기업은 수출을 통하여 세계 각국시장에 진출하게 되며 이 과정에서 국제경영에 대한 경험과 지식을 축적하게 된다.

수출물량이 늘어나게 되면 현지 정부의 수입규제의 대상이 되기도 하고 현지경쟁업체의 다양한 견제를 받기도 한다. 또 수출만을 통해서는 현지시장을 장악하거나 현지고객을 만족시키는데 한계가 있기 때문에 기업은 현지 생산을 고려하게 된다.

한국의 경우 1987년 정치적 민주화와 함께 그 동안 과도하게 억제되었던 노동운동이 자유화되면서 이후 4-5년 동안 극심한 노사분규에 따라 국내임금수준이 급상승하게 된다. 이에 따라 국내 중소기업들의 경영환경이 극도로 악화되면서 1990년대 들어 생산기지를 해외로 이전하는 기업들이 많이 나타나게 되었다. 1990년대 초에는 중소기업들이 해외의 저임노동력을 활용하기 위하여 동남아시아나 중국으로 많이 진출하였다. 그러나 1990년대 후반에는 대기업들이 해외시장을 확대하기 위한 목적으로 선진국 중심의 해외진출이 많이 이루어졌다.

일반적으로 다국적기업의 특징을 다음과 같이 정리할 수 있다.

첫째, 본사를 중심으로 세계 각국에 많은 자회사들이 설립되어 본사의 강력한 통제에 따라 운영된다. 본사는 전략을 수립하고 각각의 자회사들은 이에 따라 운영된다.

둘째, 본사는 신기술, 신소재, 신제품개발과 관련된 연구개발 임무나 자금조달 등 참모기능을 수행하면서 동시에 본국시장을 중심으로 생산, 판매, 영업활동을 동시에 수행한다.

셋째, 해외자회사들은 본사가 부여한 부품의 생산, 원자재개발, 특수 기술의 개발, 완제품생산과 같은 다양한 기능들을 수행한다. 생산된 원재료, 부품, 완제품은 본사의 지침에 따라 처리한다. 즉 본국시장으로 역수입되어 판매되거나, 특정 시장에 판매된다. 각각의 해외자회사들은 본사가 허용한 범위 안에서 일정한 경영자율권을 보장받는다.

다국가기업(multi-domestic corporation)은 1980년대 이전 유럽의 대기업들이 해외시장에 진출하면서 채택했던 기업형태였다. 이는 자회사에게 경영상의 자율권을 최대한 보장하고 본사 차원의 통제는 최소화하는 기업형태로서 현지 시장에 적응하는 데는 유리하지만 기업 전체 차원에서 자원의 효율적 사용이라는 측면에서는 문제가 많은 기업형태이다.

〈사례〉 수출에서 현지생산으로

■ 현대자동차 美현지공장 준공에서 풀가동까지

현대자동차의 미국 앨라바마 공장 가동율이 2005년 5월 준공식 이후 9개월 만에 90%를 넘어섰다. 현대차는 앨라바마 공장의 생산량 증가가 최근 환율 악화에 따른 수출 이익 감소문제를 해결해 줄 것으로 기대하고 있다. 현대차 관계자는 “하루 최대 생산능력이 1300대인 앨라바마 공장의 생산량이 2006년 2월 들어 일일 1170~1200대로 늘어나, 공장 가동률이 90%를 돌파했다”고 밝히고 “미국 자동차 업계에서 90% 이상의 가동률은 사실상 풀가동을 의미한다.”고 말했다.

앨라바마 공장은 주·야간 2교대 생산 기준으로 연간 30만대를 생산할 수 있으나, 2005년 5월 준공 직후에는 가동률이 30%에 불과하였다. 이후 쏘나타(NF)의 현지 판매량이 급증하면서 2005년 7월 2교대 가동에 들어갔고, 2006년 들어서는 주간 8시간, 야간 8시간 등 총 16시간의 정규 근무시간외에 하루 4시간씩 잔업까지 실시하고 있다. 이에 따라 앨라바마 공장의 월 생산대수는 2006년 1월에는 1만 8376대로 늘어났다. 신설 자동차 공장의 가동률이 1년 이내에 90%를 넘는 것은 세계적으로 드문 일이다.

중국 자동차 업계에서 조기 정상화에 성공한 공장으로 꼽히는 베이징 현대차(北京現代汽車)공장도 2002년 12월 가동에 들어간 후 가동률이 90%를 넘기까지 2년 9개월이 걸렸다. 또 국내의 르노삼성 부산공장(연산 24만대 규모)은 지난 98년 1월 생산을 시작했으나, 8년이 지난 2006년 현재에도 가동률이 50% 안팎에 불과하다.

현대차 미국법인 관계자는 “앨라바마 공장에서 만드는 차는 중요 부품을 미국 현지에서 조달하므로 국내에서 제작해 수출하는 차와 달리 환율문제가 발생하지 않는다” 면서 “앨라바마 공장의 생산대수 증가는 최근 환율하락에 따른 수익성 악화 문제를 해소하는 역할을 하고 있다”고 말했다.

이에 따라 현대차는 올들어 앨라바마 공장에 쏘나타외에 신형 싼타페를 추가로 투입했다. 싼타페는 2006년 4월부터 현지판매에 들어간다. 앨라바마 공장에서 생산 중인 ‘쏘나타 3.3’ 모델의 판매수익도 높은 편이다. 이 차의 현지 소비자 가격은 2만 2895달러이다. 현대증권 송상훈 애널리스트는 “할인판매가 심한 미국 시장에서 쏘나타(2006년 형)의 할인액은 500~1000 달러 수준으로, 3000~4000 달러를 깎아주고 있는 미국 업체에 비해 상대적으로 수익성이 좋다”고 말했다.

(자료: 한국경제신문 2006년 3월 31일)

■ 현대자동차 미국 현지공장 기공

현대자동차는 2002년 4월 16일 미국 남동부 앨라배마주(州) 몽고메리시(市)에서 미국 현지공장 ‘현대모터 앨라배마’ 기공식을 가졌다. 현대차는 이 공장에 3년간 총 10억 달러(약 1조3000억원)를 투자, 연산 30만대 규모의 생산설비를 갖출 계획이다. 또 2005년 상반기부터 ‘뉴EF쏘나타’와 ‘싼타페’의 후속모델 2종을 생산, 북미지역에 판매할 방침이다.

현대차는 투자비 10억 달러 중 7억 달러는 미국판매법인(HMA)을 통해 직접 투자하고, 나머지 3억 달러는 현지에서 차입해 조달할 계획이다. 앨라배마주 재무담당관은 “현대차 공장에 대해 향후 20년간 법인 소득세를 면제해 주기로 했으며 이전에 앨라배마주에 공장을 설립한 벤츠나 혼다에 비해 유리한 조건을 현대차에 제공했다”고 말했다. 현대자동차 측은 기공식 후 가진 기자간담회에서 현대자동차가 미국에 현지공장을 설립하는 것은 수출만으로는 시장 진출에 한계가 있고 또 통상마찰을 회피하면서 미래에 보다 크고 안정적인 수익을 얻기 위한 장기 전략이라고 말했다.

한편 에번스 미국 상무장관은 일본, 중국 순방을 앞두고 4월 11일 워싱턴 외신기자센터에서 내외신 회견을 갖고 자동차현안을 둘러싼 한미 양국 간 무역마찰에 대해 언급, 현대자동차의 미 현지공장 건설을 "매우 긍정적 신호"라고 거듭 강조했다.

에번스 장관은 현대 자동차의 미 현지공장 건설과 GM의 대우자동차 인수가 한국의 자동차판매시장에 대한 미국의 불만을 완화하는데 기여할 것으로 보느냐는 물음에 이같이 답변했다. 그는 또 "우리는 한국과 대단히 좋은 관계를 유지하고 있으며 그 같은 관계가 유지되도록 계속 노력할 것"이라고 말했다.

(자료: 한국경제신문 2002.04.17)
현대자동차 홈 페이지: www.hyundaimotor.co.kr

3. 글로벌 기업(global corporation)

사회주의 국가들이 시장경제체제로 전환하면서 세계단일시장의 성립은 본격화되기 시작하였으며 1980년대 이후 교통과 통신의 발달 그리고 WTO체제의 성립은 세계전체가 하나의 단일시장으로 통합되는 자본주의 세계단일 시장체제의 성립을 가속화시켰다. 세계의 주요 산업들은 하나의 시장체제에 맞추어 구조조정이 시작되었다. 이러한 환경변화에 능동적으로 대응하는 과정에서 세계 각국의 다국적기업들은 글로벌기업으로 변신하게 되었다. 즉 지금까지의 다국적기업의 특성이었던 강력한 중앙통제방식에 더하여 현지 자회사가 하나의 지역거점으로서 좀 더 확대된 자율성을 지니게 된다. 글로벌 기업의 특징은 다음과 같다.

첫째, 다국적 기업의 경영이 본사중심경영인데 반해 글로벌기업의 경영은 글자그대로 범세계적 차원에서의 경영을 지향한다. 본국시장은 많은 지역거점시장들 중의 하나가 된다. 본사가 독점적으로 수행하던 연구개발(R & D)기능이나 기타 자금조달, 인재발굴 및 등용 등의 임무를 해외지역거점(Regional Headquarters)들이 나누어서 수행하게 된다. 본사가 본국이 아닌 해외주요 거점지역에 위치할 수도 있다.

둘째, 글로벌기업의 경영전략은 범세계적 차원에서 기업집단전체의 수익극대화를 추구한다. 본사와 자회사간 혹은 자회사 상호간의 거래에 있어 개별 자회사의 이익보다는 기업전체의 이익을 극대화하는 방향으로 거래가 이루어진다.

셋째, 해외자회사들은 다국적기업시기보다 더 큰 경영상의 자율권을 누린다. 각각의 해외자회사들은 기업전체 차원의 경영전략과 부합되는 범위 안에서 독자적인 경영전략을 가질 수 있으며 아시아, 유럽, 북미 등 지역에는 지역본사가 있어 지역차원의 전략을 수립, 시행하기도 한다.

제2절 국제경영의 개념과 특성

1. 국제경영의 개념

1) 국경을 넘어서

국제경영은 기업이 국경을 넘어 범세계적인 차원에서 경영활동을 수행하는 것을 말한다. 이는 기업의 기본적인 속성인 이윤극대화를 위한 끊임없는 시장확대의 과정에서 나타나게 된다. 기업은 이윤을 극대화하기 위해 세계 전체를 누비고 다니며 세계 어느 곳에나 뿌리를 내리고 정착해야 하며 나아가 자기의 연고지로 만들어야 한다. 또 기업은 국내시장을 장악하고, 국경을 넘어 외국시장에 침투하며, 궁극적으로는 세계 전체를 자기의 활동공간으로 삼게 된다.

그런데 오늘날 세계에는 200개가 넘는 국민국가가 있으며 이들 국민국가들은 고유한 법률과 제도를 가지고 상품과 원료 부품과 자본의 이동에 제약을 가하고 있다. 이런 상황에서 기업이 국경을 넘어 활동하는 것은 국내에서 활동할 때와는 달리 많은 어려움에 직면하게 된다.

2) 세계시장으로

따라서 미국, 유럽, 일본 등의 선진국 기업들은 세계시장 진출에 걸림돌이 되는 장애물을 제거하기 위하여 자국정부와 협력하여 각국 정부의 무역·외환·자본이동관련 규제를 자유화하려고 노력한다. 그리고 더 나아가 세계의 모든 국민국가에서 조세제도·산업보호정책·경쟁촉진제도·환경규제·노동법·사회보장제도 등이 균일화되기를 바란다. 이렇게 되어야만 기업은 세계 어느 나라에서든지 자유롭게 차별받지 않고 활동할 수 있기 때문이다.

기업이 국경을 넘어 외국시장으로 진출하고 나아가 전세계 시장을 대상으로 활동하는 것을 기업의 세계화(Globalization)이라고 부른다. 이러한 기업들의 노력의 결과로 WTO와 같은 국제기구가 만들어지고 전세계 시장이 하나의 단일시장으로 통합되어 가고 있는 것이다.

2. 국제경영의 특성: 다국적기업에서 무국적 기업으로

1) 무국적기업의 시대

비록 완전하지는 않지만 오늘날 세계전체는 하나의 단일시장으로 통합되었고 이에 따라 원칙적으로 세계의 모든 기업들은 특정국가의 기업이라는 국적을 가질 필요없이 어느 나라에서든지 자유롭게 활동할 수 있게 되었다. 그리하여 현실적으로도 다국적기업(Multinational Corporation)의 국적을 따지기가 어려운 무국적기업(Stateless Corporation)의 시대가 도래되었다.

2) 세계화(표준화)와 현지화(적응화 혹은 차별화)

2000년대에 들어 세계시장의 통합에 따라 기업들은 지역별 대응을 요구하는 적응화 혹은 현지화(localization)와 더불어 세계적 차원에서 통합을 해야 하는 세계화(globalization)라는 두 가지 상반된 환경변화에 대응하지 않으면 안 되게 되었다.

한편으로는 교통과 통신수단의 발달, 국가 간 무역장벽의 완화에 따른 소비자 욕구의 동질화 등으로 세계 전체가 동질적인 단일시장으로 통합되어 가는 세계화 현상이 나타나고 있으며, 다른 한편으로는 이러한 세계화 경향에도 불구하고 여전히 존재하는 국가별 상이한 시장구조와 소비자 선호 등 현지화 필요성이 상존하고 있다. 세계 전체를 상대로 활동해 나가야 하는 기업들에게 있어 이러한 상반된 두 가지 환경 요인에 어떻게 조화롭게 대처해나가느냐 하는 것이 국제경영전략의 중요한 과제가 되고 있다.

일차적으로 세계 단일시장으로의 통합이라는 환경 속에서 기업들이 경쟁력을 유지하기 위해서는 범세계적인 규모의 경제(global economy of scale)를 활용하는 것이 매우 중요한 전략적 과제가 되고 있으며, 다른 한편으로는 각국별 시장 니즈(Needs)에 맞추어 나가야 하는 전략적 유연성도 동시에 요구되고 있다.

넓어지고 동질화되는 세계시장을 위해서는 표준화된 제품을 대량생산하여 공급함으로써 규모의 경제 실현을 통한 가격경쟁력을 확보하여야만 하나, 다른 한편으로는 각 지역별 요구에 맞추어 각기 차별화된 제품을 공급해야만 하는 이중의 부담을 지게 되는 것이다.

3) 전략적 유연성의 요구

이러한 전략적 과제를 해결하기 위해서는 전략적 유연성(flexibility)의 발휘가 요구되는데 이것은 특정 제품의 연구개발, 부품의 조달, 생산 및 판매에 관련되는 여러 기업활동중 규모의 경제에 민감한 기업활동은 한 곳으로 집중시켜 관리하는 반면, 현지화의 필요성이 요구되는 기업활동은 각국에 분산시키는 이원적인 전략적 접근이 필요하다. 즉, 각국에 흩어져 있는 자회사들간 분업과 연계를 통해 규모의 경제를 살리면서 동시에 지역적 차별화 요구는 그 요구대로 수용하여 두 가지 전략적 목표를 동시에 달성할 수 있다는 것이다.

제3절 국제기업과 글로벌 네트워크

1. 국제기업의 내부 글로벌 네트워크

1) 해외 현지법인의 배치와 통제

이는 기업이 범세계적 차원에서 경쟁력을 극대화하기 위해 해외 현지법인들을 어디에 배치할 것인가와 관련되는 전략적 과제이다. 국제기업에게 있어 경쟁력 확보를 위한 핵심적 전략과제는 해외의 여러 나라가 보유하고 있는 노동력, 고급연구인력, 시장규모, 원료, 부품 등 여러 가지 요소를 고려하여 기업의 연구개발센터, 부품생산단지, 완제품생산단지, 물류센터, 판매법인 등을 어디에 배치할 것인가 하는 문제이다.

나아가 이렇게 배치된 해외자회사와 본사간에 혹은 해외자회사 상호간에 부품, 원자재, 완제품, 연구개발성과 등을 어떻게 효율적으로 이동시키고 결합시킬 것인가 하는 것이 국제기업의 내부 글로벌 네트워크의 형성을 통해 추구하는 전략과제라고 할 수 있다.

2) 글로벌 네트워크(Global Network)

오늘날 크기에 관계없이 대부분의 국제기업들은 세계의 3극(Triad) 즉 북미, 유럽, 아시아 지역을 중심으로 세계 각 곳에 연구개발 센터, 부품제조기지, 제품생산거점, 판매거점과 A/S센터 등을 서로 연결시킨 글로벌 네트워크를 구축하고 있다. 일반적으로 기업의 글로벌 네트워크 전략이라 함은 글로벌 연구개발(R&D) 네트워크, 글로벌 물류(Logistics)네트워크, 인터넷의 발달과 보급에 따라 기업의 효율적 운영과 관리를 위한 정보(Information) 네트워크를 포괄하는 개념이다.

3) 글로벌 물류네트워크

기업들은 효율적인 글로벌 물류네트워크를 구축함으로써 기업 전체 차원에서 불필요한 재고와 보관시설을 제거하여 비용을 절감할 수 있고, 적절한 상품을, 적절한 시기에, 적절한 장소에서, 적절한 상태로 그리고 적절한 비용으로 공급함으로써 고객만족을 극대화 할 수 있다. 또한 이러한 글로벌 물류네트워크를 효율적으로 운영하기 위해서는 이의 중추신경계라고 할 수 있는 글로벌 정보네트워크의 구축이 필수적으로 요구된다.

4) 글로벌 정보네트워크

효율적인 글로벌정보 네트워크는 기업본사의 최고경영층이 전세계적 관점에서 신속한 의사결정을 내릴 수 있도록 한다. 과거와는 달리 오늘날 대부분의 크고 작은 다국적기업들은 부품생산기지, 최종생산거점 및 판매거점 등을 지역별로 따로 설립하여 범세계적 차원에서 이들 해외 자회사들을 네트워크로 연결하여 상호의존적으로 운영하고 있다.

다국적기업 본사의 최고경영층은 범세계적 차원에서 최적의 자금 조달지, 원자재나 부품 조달지, 생산지 및 판매지역 등을 결정하고 또한 이들간의 최적상태의 상호의존 체제를 구축할 필요가 있으며, 이를 위하여 전세계적인 정보를 일원적으로 수집, 분석할 수 있는 글로벌 정보네트워크의 구축이 요구되게 된다.

2. 국제기업의 외부 글로벌 네트워크

1) 글로벌 아웃 소싱(global outsourcing)

(1) 단순 국제하청생산에서

세계단일시장체제하에서 기업들은 경쟁력 강화를 위해 아웃소싱 전략을 활발히 전개하고 있다. 이 전략은 과거 1970년대부터 일부 산업분야에서 선진국 기업들을 중심으로 국제하청의 형태로 시행되어 왔다. 예컨대 전자산업의 경우 세계적인 지명도를 가진 미국업체들은 고도의 노동숙련도가 요구되는 중요한 작업은 미국 내에서 실시하고 단순가공이나 단순조립공정을 한국, 대만, 홍콩, 싱가포르와 같은 선발 개도국 기업에게 맡김으로써 값싼 인건비를 활용하는 국제노동분업 시스템을 활용해왔다. 또한 신발 산업의 경우에도 미국 본사에서는 신모델이나 신소재 개발, 신발의 디자인 개발과 같은 고부가가치의 활동만을 시행하고 단순 생산활동은 한국, 대만 기타 동남아시아 국가들에게 맡김으로써 가격 경쟁력을 확보할 수 있었다.

(2) 글로벌 아웃소싱(외부조달)으로

이러한 국제분업활동이 2000년대 들어 더욱 가속화하고 있다. 오늘날에 와서는 아웃소싱 전략이 국내외를 불문하고 또 생산공정이나 업무의 중요성과 관계없이 경쟁력확보 차원에서 활발하게 이루어지고 있다. 과거 개도국의 저임금을 활용하기 위해 주로 이루어지던 아웃소싱이 이제는 국내, 국외를 불문하고 자기기업의 경쟁력을 강화할 수 있다고만 하면 업무영역에 관계없이 이를 실행하는 단계에 이르렀다.

이러한 활동이 경쟁기업과의 전략적 제휴를 통해서 이루어지기도 하고 국내외 부품업체와의 협력적 동반자 관계의 확립을 통해서 이루어지기도 한다. 또 구조조정 차원에서 기업 내 일부 부서를 독립시켜(Spin-off) 특정 서비스를 아웃소싱 형태로 공급받기도 한다.

2) 기업내 국제분업과 무역

국가 간 무역으로부터 기업내부거래로 다국적기업은 각국에 배치되어 있는 해외생산자회사를 본사의 통제 하에 두고 장기경영전략에 따라 운영하기 때문에 자연히 다국적기업내 국제분업이 생성하게 된다. 이러한 예는 개도국에서 조립, 가공하여 본사로 반송된 후 거기서 범세계적 마케팅전략을 전개하는 전자산업이나 의류산업, 그 외

많은 제조업에서 쉽게 찾아볼 수 있다.

다국적기업의 해외진출 자체가 현지국의 유리한 조건과 기업이 가지고 있는 경쟁우위요소를 결합하여 활용하기 위한 것이므로 지역에 따라 생산품목이나 생산공정, 공장규모 등이 다르고, 한편으로 다국적기업이 본사의 총체적 통제하에 움직이면서 그룹전체로서의 이익을 중시하기 때문에 본사와 자회사간의 기업 내 국제거래가 크게 증대된다.

기업 내 국제분업에 따라 본사와 자회사간, 혹은 자회사 상호간의 거래는 그룹전체로서의 이익을 중시하여 거래의 방향과 가격조작에 의한 거래가격에 따라 이루어지는 것이 일반적이지만 세금도피나 절세를 위한 목적으로 이루어지기도 한다.

전 세계적으로 기업 내 국제거래가 어느 정도나 이루어지고 있는가에 대한 정확한 통계는 없다. 그러나 1990년대 중반 미국의 경우 다국적기업 관련수출의 40.6%가 모회사에서 자회사로 수출된 것이고 수입의 45.9%가 자회사에서 모회사로 수출되고 있어 미국 전체 수출의 20.5%, 전체 수입의 15.7%가 다국적 기업의 기업 거래에 의한 것이다. 일반적으로 개발도상국의 경우 전체 무역의 40~50%가 다국적 기업의 내부거래에 의한 것으로 추정된다.

제4절 국제기업의 글로벌전략 과제

글로벌기업들은 범세계적 차원에서의 경영전략을 수립, 집행함에 있어 두 가지 상반된 전략적 필요성에 노출된다. 그것은 범세계적 차원에서의 통합에 대한 압력과 지역별 대응의 압력 즉 지역시장에 대한 적응의 필요성이다.

1. 범세계적 통합의 압력(pressures for global integration)

범세계적 통합을 요구하는 시장환경요인들을 구체적으로 살펴보면 다음과 같다.

- 범세계적 소비자들의 존재 : 이들은 전 세계에 걸쳐 있는 공급자들의 가격 및 서비스 등을 비교하여 제품구입을 결정하게 된다.
- 범세계적 경쟁자(공급자)들의 출현 : 세계시장 차원에서의 치열한 기업 간 경쟁

을 통해 범세계적 경쟁을 촉발시키게 된다.

▶ 첨단산업을 중심으로 한 R&D 집약적인 산업의 등장 : 대규모로 투자된 연구개발비를 회수하기 위해 보다 넓은 세계시장을 상대로 한 마케팅활동을 전개하게 된다. 이는 특히 초기에 대규모 투자가 소요되는 자본집약적인 사업의 경우에 해당된다.

▶ 비용절감에 대한 압력 : 생산비용이 낮은 지역에서 생산을 추구하고 대규모 공장을 건설하여 규모의 경제와 경험효과를 추구한다.

▶ 소비자욕구의 동질화경향으로서 교통과 통신의 발달에 따라 전세계를 하나의 단일시장으로 파악하고 전략을 수립하는 글로벌경영을 요구하고 있다.

2. 지역별 대응의 압력(pressures for local responsiveness)

지역별 대응을 요구하는 시장환경요인들을 살펴보면 다음과 같다.

▶ 소비성향의 이질성 : 국가 혹은 지역별로 다양한 소비자 요구를 충족시키기 위해 지역적 대응전략이 필요하다.

▶ 시장구조의 상이성 : 각국 간에 존재하는 유통경로, 가격결정, 제품 포지셔닝, 판매촉진과 광고 등의 차이를 말한다.

▶ 현지국 정부의 압력 : 그 나라의 산업발전을 위해 혹은 환경, 보건위생이나 안전과 관련하여 다양한 규제를 하게 될 때 이에 대응하기 위해 각국별 적응전략이 요구된다.

3. 전략적 대응(strategic response)

글로벌기업이 범세계적 통합과 지역적 대응이라는 이중의 요구에 전략적으로 어떻게 대응하는가는 기업이 보유하고 있는 자원이나 전략적 목표, 기업에 가해지는 개별 요인들의 압력의 크기에 따라 달라질 수 있다. 이에 따라 세 가지 전략적 모델이 있을 수 있다.

1) 범세계적 통합전략(global integration strategy)

글로벌기업의 여러 자회사가 본사에 의해서 직접적으로 지휘, 통제를 받으며 특히 생산이나 판매 면에서 자회사들 간에 긴밀한 상호의존성을 갖는 경우의 전략을 말한다. 통합의 필요성은 비용절감과 투자의 효용극대화이며 이를 위해 임금이 싼 국가에 공장을 설립하여 타국시장으로 선적하고 규모의 경제를 실현하기 위해 대규모의 전문화된 공장을 건설한다. 이 전략은 보통 중앙집권적 조직구조를 가진다.

2) 지역별 대응전략(local responsiveness strategy)

개별국가의 환경에 맞추어 마치 그 나라의 기업처럼 현지국에서 자율적으로 활동하도록 하는 것을 말한다. 따라서 자회사는 현지의 경쟁자나 소비자의 요구에 반응하여 독자적으로 경영전략을 수행하게 된다. 따라서 지역별 대응전략은 주로 분권적 조직구조를 갖게 된다.

3) 절충형태의 다중초점전략(multi-focal strategy)

자회사들이 독자적인 자율경영권을 가지되 북미, 유럽, 아시아와 같은 거점지역별로 지역본부를 중심으로 자회사 상호간 조정과 상호협력을 갖는 것을 의미한다. 즉, 연구개발의 우선순위를 조정하고 범세계적 소비자에 대한 가격결정을 조정하며 본사에서 자회사로 혹은 자회사 상호간에 기술이나 경영정보, 마케팅 노하우 등을 공유한다. 이 전략은 자회사들에게 차별화된 목표를 달성할 것을 요구하는데 이를 통해 자회사 상호간 경쟁을 통해 기업전체의 수익극대화를 도모한다.

〈사례〉 한국기업의 글로벌 경영

국내 초일류 기업들이 세계 각지에서 한국의 얼굴로 떠오르고 있다. 이제 각국의 소비자들은 삼성, 현대자동차, LG, SK 등 우리의 초우량 기업 브랜드로 한국을 떠올리고 기억한다. '메이드 인 코리아'가 세계적인 브랜드로 자리 잡고 있는 것이다. 한국 기업들은 이미 세계 100여 개 국가에 생산기지를 건설해, 세계를 무대로 글로벌 경영에 나서고 있다. 반도체, 조선, 철강, 자동차 등 국가 경제를 이끌어 가는 핵심 산업 분야에서 '메이드 인 코리아'는 선두를 다툰다.

과연 한국의 초일류 기업의 위상은 세계적으로 어느 정도일까. 삼성, 현대·기아차, LG, SK 등 국내 4대 그룹의 매출과 부가가치 창출액을 각국의 국내총생산(GDP)과 비교해 분석했다.

4대 그룹 매출액과 세계 각국 GDP

삼성+LG+SK+현대·기아차	매출액 합계: 2514억 달러
•노르웨이	2504억 달러
•사우디아라비아	2488억 달러
•덴마크	2423억 달러

자료: Econstats.com

미국 시사주간지 '타임'은 2005년 "근육을 사용하던 한국이 이제 머리를 쓰기 시작했다"고 평가했다. 단순한 흉내로 '디스카운트'의 대상이 됐던 한국 기업들이 이제 고부가가치 두뇌 산업을 이끌어 가는 '프리미엄급'으로 인정받게 됐다는 것이다.

2005년 4대 그룹의 매출과 부가가치는 2004년에 비해 기업별로 10~20% 늘어난 것으로 추정되지만, 정확한 비교를 위해 합산 재무제표가 공개된 2004년 통계를 활용했다. 분석 결과에 따르면 국내 최대 그룹인 삼성그룹의 2004년 매출은 약 104조9576억원. 이 가운데 삼성이 순수하게 만들어 낸 부가가치는 26조3338억원 수준이다. 나머지 차액은 국내외 협력회사 등이 창출한 부가가치다.

현대·기아자동차그룹은 64조8243억원의 매출에 11조7656억원의 부가가치를 만들어 냈고, LG그룹은 63조6299억원의 매출로 13조886억원의 부가가치를 창출했다. SK그룹도 54조1435억원의 매출에 11조9224억원의 부가가치를 만들었다. 이들 4대 그룹의 총매출액은 287조5555억원, 부가가치 창출액은 63조1105억원이다.

2004년 평균 환율(달러당 1143원)을 적용하면 매출은 2514억 달러, 부가가치 창출액은 552억 달러가 된다. 경제 규모 비교를 위해 4대 그룹 합산 매출액을 각국의 국내총생산(GDP)과 비교해 보면 세계 24위권이다.

GDP 2578억 달러인 인도네시아(23위) 다음이다. 2504억 달러인 노르웨이, 2488억 달러인 사우디아라비아, 2423억 달러인 덴마크도 한국의 4대 그룹보다 작은 경제 규모를 갖고 있다. GDP가 한 국가 내에서 발생하는 부가가치의 총합임을 감안해 국내 기업의 부가가치액과 각국의 GDP를 비교해도 4대 그룹의 위상은 놀라운 수준이다.

4대 그룹의 부가가치 합계는 552억 달러로 세계 57위에 해당한다. 방글라데시(562억 달러), 쿠웨이트(518억 달러)의 GDP와 맞먹는 수준이며, 베트남(439억 달러), 크로아티아(332억 달러)보다 많다. 삼성그룹 하나의 부가가치 창출액(230억

달러)만으로도 세계 70위권인 불가리아(239억 달러)의 GDP와 맞먹고, 도미니카 공화국(194억 달러)과 우루과이(120억 달러) 등을 앞지른다.

이한득 LG경제연구원 연구위원은 "국내에 초일류 기업이 늘어날수록 국가 위상도 그만큼 높아지게 된다"며 "더 많은 초일류 기업을 탄생시키기 위해 정부와 경제활동 주체가 힘을 모아 기업하기 좋은 나라를 만들어 가야 한다"고 강조했다.

동아일보 2006년 3월 31일 박정훈 기자 sunshade@donga.com

연습문제

1. 국제기업의 발전단계별 유형에 대해 논하시오.

2. 국제경영의 개념과 특성에 대해 논하시오.

3. 국제기업의 내부 글로벌 네트워크에 대해 논하시오.

4. 국제기업의 외부 글로벌 네트워크에 대해 논하시오.

5. 국제기업의 글로벌 전략과제에 대해 논하시오.

제15장 해외시장 진입전략

제1절 해외직접투자

1. 해외직접투자의 개념과 동기

1) 해외직접투자의 개념

해외직접투자란 외국의 투자대상기업에 대한 경영권을 확보하기 위한 목적을 가지고 이루어지는 투자를 말하며 이에 반해 간접투자는 배당수익, 이자소득, 시세차익의 획득을 목적으로 이루어지는 증권투자를 말한다. 이때 투자자원은 자본뿐만 아니라 기술이나 특허 상표권 또는 경영관리기법이나 마케팅 노하우 등을 포함한다.

2) 해외직접투자의 동기

해외직접투자의 동기는 국내외 환경변화에 따라 달라질 수 있다.

(1) 자원추구형

기업이 해외의 농수산물, 광물, 임산물 등과 같은 천연자원을 저렴한 확보하기 위하여 이루어지는 투자를 말한다. 우리나라 최초의 해외직접투자는 1968년에 남방개발에 의해 이루어진 인도네시아에서의 원목개발을 위한 투자였다. 포항제철이 철강생산에 필요한 철광석이나 유연탄 개발을 위해 오스트레일리아나 미국에 대해 투자하는 경우도 여기에 해당된다.

(2) 시장추구형

기존의 수출시장을 방어하기 위하여 혹은 신규시장개척을 위해 현지투자를 하는 경우가 여기에 해당된다. 이런 형태의 해외직접투자는 비용상의 문제나 현지국 정부의 정책적인 규제 등의 이유 때문에 수출을 통한 매출증대가 지속되기 어려울 경우에 주로 활용된다.

2002년 4월에 현대자동차가 미국 앨라바마주에 연산 30만대 규모의 자동차 생산공장을 세우기로 한 것은 바로 미국정부의 한국시장 개방압력에 대처하고 미국시장 점유율을 확대하기 위한 전략적 배려차원에서 이루어진 결정이라 할 수 있다. 또한 삼성, LG, SK 등 한국의 대기업들이 중국을 제 2의 내수시장으로 간주하고 적극적인 진출을 서두르고 있는 것도 같은 이유 때문이라고 할 수 있다.

(3) 생산효율추구형

주로 후발개도국의 저임 노동력을 활용하여 값싸게 제품을 생산하여 국내시장으로 들여오거나 해외의 제3국 시장에 판매하기 위하여 이루어지는 투자형태를 말한다. 한국의 섬유, 신발, 봉제, 완구 등 경공업분야의 중소기업들이 1987년 이후 국내의 급격한 임금상승에 따른 원가부담을 견디지 못하고 중국이나 동남아 국가들로 생산기지를 이전한 것이 생산효율추구형 해외직접투자라고 할 수 있다.

(4) 지식, 정보 추구형

기업들이 급격한 기술혁신의 시대에 대응하고, 경쟁력을 확보하기 위해서 해외에 연구소나 기술정보센터를 설립하는 경우가 여기에 해당된다. 한국의 대기업들이 해외 주요 지역에 연구소를 설립하거나 미국의 실리콘 밸리에 현지법인을 세우는 것이 여기에 해당된다.

〈사례〉 중소기업의 생산효율추구형 해외직접투자: 영원무역 사례

영원무역은 국내에서는 이름이 별로 알려지지 않은 종업원 2백80명의 중소업체다. 나이키(Nike), 노스패이스(North Face) 등 세계 유명 스포츠메이커에 주문자 상표생산방식(OEM)으로 스포츠의류를 공급하고 있다. 이 회사가 생산하는 제품은 스키복, 등산복, 사냥복, 낚시복, 오토바이복 등 고급스럽고도 독특한 기능성을 살린 고가제품이 대부분이다.

섬유업계의 불황 속에서도 영원무역은 1990년대에 연간 30~50% 의 높은 수출증가율을 기록해왔다. 이처럼 빠른 성장세는 국내 섬유업계에선 매우 독보적이다. 영원무역측은 바이어가 원하는 제품을 가장 빠르고 정확하게 만들어주는 것이 높은 매출 성장률의 비결이라고 말한다.

영원무역의 성공은 제품을 만드는 기획력이 뛰어나고, 남들보다 먼저 임금이 싼 동남아 지역으로 발빠르게 나간 해외투자 전략에서 비롯됐다. 영원무역의 국내 직원은 2백80명. 모두 사무직이며 생산직은 한 명도 없다. 1997년 초 높은 인건비 부담을 이기지 못해 유일한 국내공장이던 성남공장을 폐쇄해 버렸다. 해마다 20억 원의 적자를 보고 있던 성남공장은 당시 2백 명의 근로자를 가지고 있었다.

이에 대해 회사측은 한국에서는 근로자 한 명 채용하는데 1백 20만원 이상이 든다며 손해보는 공장을 끌고 갈 수가 없었다고 말했다. 영원무역은 현재 방글라데시 1만2천명, 중국 칭타오(청도)에 3천명 등 모두 1만5천명의 종업원을 고용하고 있다. 해외공장의 근로자 평균 임금은 1인당 월 5만원선(50～60달러)에 지나지 않는다. 한국에서 만드는 것보다 품질이 다소 떨어지기는 하나, 인건비가 한국의 20분의 1정도밖에 들지 않는다.

특히 1987년부터 가동에 들어간 방글라데시 공장은 방글라데시 수출 1위 기업이다. 현재 하루 스포츠의류 4만 피스, 폴리에스터패딩 및 부자재 13만5천 야드, 원단염색 7만 야드의 생산능력을 갖춘 초대형공장이다. 그러나 이러한 대형공장에도 한국인 직원은 10명 내외에 불과하다. 가능한 모든 업무는 현지인이 맡고 있다. 임금이 비싼 한국인 직원을 1명이라도 줄여 가격경쟁력을 확보하는 것이 무엇보다 중요하다고 한다.

영원무역은 제품의 기본 디자인과 컴퓨터디자인(CAD)작업만 서울본사에서 진행한다. 원단 등 원재료와 제조기계 등은 전세계 국가에서 가장 값싸게 구입, 해외공장에 조달한다. 이런 탁월한 생산능력과 가격경쟁력을 갖춘 스포츠의류 제조업체는 전세계적으로 거의 전무하다. 영원무역 측은 홍콩에 경쟁업체가 하나 있었으나, 지난 94년 부도가 나서 없어져 이젠 경쟁업체가 없는 셈이라고 말한다. 이에 따라 영원무역은 세계적인 품질경쟁력과 가격 경쟁력을 확보하고 지속적인 성장을 이루어나가고 있다.

(자료: 한국경제신문 2001.09.05.) 영원무역 홈 페이지 : www.thenorthfacekorea.co.kr

2. 해외직접투자의 형태와 방식

1) 해외직접투자의 형태

해외직접투자에는 단독투자와 합작투자의 두 가지 형태가 있다. 어떤 형태를 선택하느냐 하는 문제는 각의 기업의 투자목적, 글로벌 경영전략, 경영자원의 투입가능성 등 제반 여건을 고려하여 결정한다.

(1) 단독투자

단독투자는 해외현지법인의 주식을 100% 소유하고 경영권을 확고하게 행사하는 경우를 말한다. 단독투자는 주로 다음과 같은 경우에 선택된다.

① 제품이나 기술에 대해 본사가 강력한 통제를 필요로 하는 경우
② 본사와 자회사간에 핵심적인 원자재를 공급하는 경우
③ 범세계적인 차원에서 본사가 해외 자회사들의 경영을 강력히 통제할 필요가 있는 경우
④ 범세계적인 차원에서 생산활동의 합리화와 집중화가 필요한 경우

(2) 합작투자

현지국의 정부기관, 현지 기업인, 현지에 진출한 제 3국기업 등과 공동투자를 통하여 현지법인을 설립하는 경우를 말하며 다음과 같은 장·단점이 있다.

① **장점**

▶ 현지사정에 정통한 파트너를 확보하여 대 정부관계나 마케팅 전략수립 등에서 단독투자보다 유리한 입지를 구축할 수 있다.

▶ 현지기업으로 인식될 수 있기 때문에 외국투자기업으로서의 잠재적인 불이익을 피할 수 있다.

② **단점**

▶ 본사가 범세계적인 관점에서 글로벌 경영전략을 수립 실천하는데 장애요인이 된다.

▶ 기업경영상의 주요한 의사결정에 있어 합작파트너와 의견이 대립될 수 있다.

2) 해외직접투자의 방식

해외직접투자에는 신규설립 방식과 인수·합병 방식의 두 가지 방식이 있는데 그

차이점을 알아보면 다음과 같다.

(1) 신규설립 방식

기업이 범세계적인 차원에서 자기 기업에게 적절한 규모, 시설, 인력배치를 통하여 본사의 전략적 목표를 달성하는데 도움이 된다. 또한 최신의 생산시설과 기법을 활용할 수 있으며 현지국 정부로부터 여러 가지 다양한 혜택을 얻을 수 있다. 다만 신규설립의 경우 투자결정으로 생산개시까지 오랜 시간이 필요하다는 것이 문제점이라 할 수 있다.

(2) 인수·합병 방식

이미 존재하는 기업을 인수 혹은 합병하는 것이므로 짧은 시간에 현지 시장에 진출할 수 있고 피 인수기업이 확보하고 있는 기술이나 마케팅능력, 현지시장에서의 평판 등을 활용할 수 있다는 장점이 있다. 그러나 부채가 많거나 문제가 있는 기업을 잘못 인수하는 경우 어려움에 직면할 수도 있다.

〈표 15.1〉 한국의 해외직접투자 현황

(단위 : 백만불)

구분		1999	2000	2001	투자잔액
아시아	중국	471	698	910	4,509
	인도네시아	142	86	170	1,062
	홍콩	398	289	63	1,276
	인도	216	12	14	486
	아시아 계	1,569	1,603	1,497	10,367
북미	미국	1,570	1,191	815	7,964
	캐나다	19	41	18	380
	북미 계	1,600	1,270	840	8,568
유럽	영국	153	55	24	957
	독일	75	36	104	583
	프랑스	18	9	31	272
	네덜란드	10	23	1,685	1,888
	EU계	318	143	1,853	4,104
	유럽 계	1,055	312	3,736	8,649
기타	브라질	115	5	40	266
	호주	22	120	11	439
	기타 계	137	125	51	705
총계		4,654	4,955	4,573	29,028

자료: 재정경제부

제2절 계약방식에 의한 해외시장 진입

1. 국제라이센싱에 의한 해외시장진출

(1) 국제라이센싱의 개념

국제라이센싱은 공여기업(licensor)이 로열티 수입 등의 대가를 목적으로 다른 나라의 기업인 수혜기업(licensee)에게 특허·거래비밀·노하우·상표·상호 등의 무형자산(intangibleassets)을 제공하는 계약을 말한다. 일반적으로 특허나 기술 등의 국제적 이전에 있어서는 이들의 올바른 사용법을 지도하기 위한 기술서비스가 수반된다. 무형소유권에 대한 분류는 다음과 같다.

▶ 특허, 발명, 공식, 공정, 디자인

▶ 저작권·문학·음악 등의 예술적 작품

▶ 상표, 상호, 브랜드명

(2) 국제라이센싱의 동기

① 국내에서 이미 사용한 기술에 대해 추가적인 수익을 올리고자 하는 경우

② 교차 라이센싱(cross-licensing)의 경우에는 라이센싱의 대가로 외국 수혜기업의 연구결과를 도입·활용하고자 하는 경우

③ 특정국에서 자사의 특허·상표 등의 무단사용을 방지하기 위한 차선책으로 활용

④ 과실송금에 대한 규제가 강한 국가에 있는 현지자회사들로부터의 자금송출을 용이하게 하기 위하여

⑤ 무역장벽과 외국인 소유권 규제에 대응하기 위한 차선책

⑥ 가장 근본적인 동기는 해외시장진출

(3) 국제라이센싱의 장단점

① **장점**

▶ 관세·쿼터 등의 무역장벽을 회피할 수 있다.

▶ 해외직접투자보다 정치적 위험(political risk)에 적게 노출된다.

▶ 특정 제품의 경우 본국이나 현지국의 규제 또는 외국인 투자규제 대상이 되어 라이센싱만이 가능한 진입방식일 수도 있다. 예를 들면 방위산업·통신산업 등

국가의 기간산업에 대해 본국정부나 현지국 정부가 자국기업에 대한 기술이전을 목적으로 자국기업과의 라이센싱만을 허락하는 경우가 있다.

▶ 서비스산업의 경우 라이센싱을 통해 해외시장 진출한다. 서비스산업에 속해 있는 대부분의 기업들은 속성상 라이센싱을 통해서만 해외진출이 가능하다. 또한 공산품의 경우 현지소비자들의 기호에 맞추기 위해 제품의 현지적응이 불가피한 경우 제품수정비용과 투자위험을 낮출 수 있다. 시장잠재력이 아직 미약한 경우에는 일단 라이센싱 방식으로 진출하여 시장기회를 노릴 수 있다. 특히 기술력 있는 중소기업에게는 매우 유용한 해외진입방식이라 할 수 있다.

② **단점**

▶ 공여기업이 현지시장에서 수혜기업의 마케팅 계획과 프로그램을 통제하기 어렵다.

▶ 수출 또는 해외직접투자에 비해 예상소득의 절대 규모가 낮다.

▶ 미래의 경쟁사를 양성할 수 있다. 정치적 위험은 낮은 반면 상업적 위험(commercial risk)은 매우 높다. 그러므로, 공여기업은 수혜기업의 판매지역을 제한하거나 계약 만료 후 제공된 기술의 사용을 금지하도록 하는 조치 등에 의하여 상업적 위험을 어느 정도 감소시킬 수 있다.

▶ 수혜기업이 계약위반을 했을 경우 법적인 조치를 취하는데 많은 시간과 비용이 소요된다. 공여기업의 기술을 수혜기업이 의도적으로 제3자에게 노출시킬 경우에는 상업적 위험이 매우 크다.

〈사례〉 기술수출로 추가적인 수익 올린다. 종근당의 라이센싱 사례

종근당은 지난 2000년 미국 5대 첨단 생명공학 회사인 알자사와 CKD-602에 대한 라이센싱 계약을 체결하고 3백만 달러를 지급 받았다. 향후 총 3천만달러의 기술수출료와 상품화 이후 매출액에 따른 경상로열티 5%를 매년 지급 받기로 했다. 종근당은 또 알자사와공동으로 약물전달시스템(DDS)인 스텔스리포좀(Stealth Liposome)기술을 이용한 신제형 항암제를 개발하고 있다.

종근당은 신제형개발 부문에서 첨단기술을 이용한 다양한 고부가가치 제품 개발을 목표로 DDS에 집중적인 투자를 하고 있다. 현재 미국의 대학들과 공동으로 포트시스템을 이용한 신규제제, 3세대 세파계 경구용 항생제 개발을 수행하고 있다. 생물공학 제품의 경구제 개발 및 초임계 기술을 이용한 나노입자 개발을 위해 국내 전문연구기관들과 공동연구를 추진하고 있다.

(자료 : 한국경제신문 2002-06-28) 종근당 홈 페이지 : www.ckdpharm.com

2. 국제프랜차이징

1) 국제프랜차이징(franchising)의 개념

국제프랜차이징이란 프랜차이저(franchiser)가 독립된 다른 기업이나 개인 즉 가맹점인 프랜차이지(franchisee)에게 사업시스템을 제공해주고 사업운영에 필요한 원료나 구체적인 운영방법의 제공 등을 내용으로 하는 사업 방식이다. 일반적으로 사업본부측은 가맹점들이 사업본부의 상호와 경영방식에 의거하여 사업활동을 조직화하고 관리할 수 있도록 도와주는 대가로 이들로부터 수수료, 운영 로열티(running royalty) 및 여타 보상금을 받는다. 프랜차이징은 국내외를 막론하고 활발하게 이루어지고 있는데 1960년대 미국을 중심으로 급성장 하였으며, 현재 외식업, 호텔, 의류, 등 다양한 사업분야에서 활발히 이루어지고 있다.

프랜차이징은 기업이 처음으로 해외에 진출할 때 많이 활용하게 되는데 특히, 미국의 많은 기업들은 일단 프랜차이징을 이용하여 외국시장에 진출한 후 현지국의 시장잠재력이 큰 경우 일정기간을 거쳐 합작 또는 단독투자 형태로 전환시키는 방법을 많이 쓰고 있다.

2) 국제프랜차이징의 장단점

(1) 장점

① 적은 자본비용으로 해외시장에 신속히 진입

② 독특한 이미지 구축과 표준화된 마케팅 프로그램 사용

③ 의욕적인 가맹점 확보

④ 낮은 정치적 위험

(2) 단점

① 제한된 이익

② 가맹점의 영업에 대한 전면적 통제의 한계

③ 예비경쟁자 양성의 가능성

④ 프랜차이징에 대한 현지국 정부의 규제

3) 국제프랜차이징 시스템 관리

① 프랜차이징은 가맹점들의 영업에 강력한 통제를 가할 수 있다는 점에서 라이센

싱과 구별된다. 프랜차이징 계약에서는 가맹점들이 준수해야만 하는 영업지침(operating manual)을 명시하게 된다. 즉 사업본부측이 가맹점의 모든 업무를 감독할 수 있는 권한과 제품이나 서비스의 이미지를 해치는 가맹점에 대해서는 영업활동을 금지시킬 수 있는 권한을 가지게 되는 것이 통상적인 것이다.

② 사업본부측이 가맹점의 영업활동을 지속적으로 지원하지 않는다면 프랜차이징 시스템은 유지되기 어렵다. 사업본부측의 지원업무에는 장비, 표지 및 간판, 판촉소재, 제품 및 그 밖의 가맹점이 필요로 하는 물품 등의 보급 등이 포함된다. 이 이외에도 가맹점들의 영업성과를 일정수준으로 유지시키는데 필수적인 교육훈련, 재정 및 기술지원, 회계, 거래 및 일반적 영업관리 등을 지원하며, 가맹점들을 대표하여 광고활동도 실시한다.

③ 사업본부는 현지국의 정치적·경제적·사회, 문화적 환경에 적합하도록 프랜차이징 패키지를 수정·보완하여 진출하는 경우도 많다. 한 연구보고에 따르면 프랜차이징의 사업본부측 3분의 1 이상이 현지시장에서 자신들의 로고(logo), 판매촉진, 색상주제(color themes) 및 디자인을 수정하여 사용하고 있는 것으로 나타났다.

3. 국제계약제조

1) 국제계약제조의 개념

국제계약제조(international contract manufacturing)는 특정 기업이 외국의 다른 기업에게 생산 및 제조기술을 제공하면서 특정 제품의 생산을 주문하고, 생산된 제품을 현지시장이나 제3국시장에 재판매하는 방식을 말한다. 이는 국제 라이센싱과 해외직접투자의 중간형태라고 할 수 있다.

2) 국제계약제조의 장단점

(1) 장점

① 자본 등 기업자원이 적게 개입된다.

② 외국시장으로의 신속한 진출이 가능하다.

③ 현지국에서의 소유권 문제를 회피할 수 있다.

④ 라이센싱과는 달리 마케팅 및 판매후 서비스에 대한 통제가 가능하다.

⑤ 현지시장의 규모가 직접투자로 진출하기에 너무 협소하거나 수출을 통한 진출이 무역장벽으로 어려울 때 매우 유용하다.

(2) 단점

① 라이센싱의 경우와 같이 현지기업에 대한 통제가 어렵다.
② 적합한 현지생산업체를 발굴하기 어렵다.
③ 일정 수준의품질수준 유지를 위한 상당한 기술적 지원이 요구된다.
④ 미래의 경쟁자를 양성시킬 수 있는 위험이 내포되어 있다.

제3절 전략적 제휴

1. 국제 전략적 제휴의 개념

전략적 제휴란 기업들간에 자원, 능력, 핵심역량 등을 서로 공유함으로써 상호간의 이익을 추구하고자 하는 기업간 동반자 관계를 말한다. 이러한 전략적 제휴를 체결하는 이유는 상호 파괴적인 경쟁의 회피, 추가적인 자원에의 접근, 자원, 기술, 자본의 풀링(pooling), 위험의 분담, 연구개발 비용의 분담 등이다. 이러한 전략적 제휴는 국경을 넘어 다국적 기업들 간에도 활발히 이루어지고 있는데 국제 전략적 제휴(international strategic alliance)에는 다양한 형태가 있다.

세계의 주요 대기업들간 전략적 제휴가 가장 많이 이루어지는 것이 연구개발 제휴 또는 기술제휴이다. 기업들간 더욱 긴밀한 제휴관계를 맺게되면 합작투자(joint venture)가 되는데 합작투자는 기업들의 지분참여도가 높고 제휴당사자들간에 참여(commitment)하는 정도가 높은 전략적제휴의 한 형태이다.

이러한 전략적 제휴는 1980년대부터 활발하게 이루어져 오다가 1990년대 중반 이후부터 급격히 증가하고 있다. 그 이유는 세계단일 시장의 성립과 급격한 기술혁신에 따른 제품의 수명주기 단축에서 찾을 수 있다. 즉 세계 단일시장의 성립에 따라 아무리 세계적인 대기업일지라도 독자적으로 세계 각국의 다양한 고객층을 모두 만족시킬 수 있는 다양한 제품(product mix)을 공급할 수는 없게 되었기 때문이다. 또 급격한 기술발전에 따라 독자적으로 엄청한 연구비를 감당할 수 없게 되었으며 기술개발의 실패에 따른 위험부담을 독자적으로 감당 할 수도 없게 되었다.

2. 국제 전략적 제휴의 형태

전략적 제휴는 마이클 포터의 가치사슬(value chain)상에 있는 여러 기능별 분야 즉 연구개발, 생산, 마케팅, 유통 등의 분야에서 이루어진다. 이런 기능별 제휴에서는 합작투자와 같은 새로운 조직이 창출되지 않고 제휴의 영역 역시 제한적이다. 주요한 기능별 제휴형태를 보면 다음과 같다.

1) 국제연구개발 제휴

연구개발 제휴는 첨단산업분야에서 많이 이루어지며 기업들간 특정 주제를 공동으로 연구하는 것이 일반적이다. 세계항공기산업에서 잘 알려진 Airbus는 영국, 프랑스, 독일 등의 기업들이 공동 출자한 컨소시엄형태의 기업이다. 또한 반도체, 통신 등의 첨단산업에서는 세계 각국의 다국적기업들이 참여한 컨소시엄이 많이 나타나고 있다.

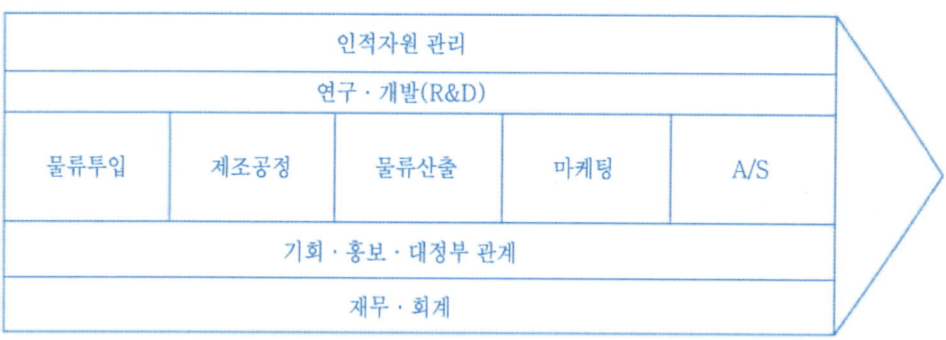

[그림 15.1] 포터(M. Porter)의 가치사슬

2) 국제기술제휴

기술제휴는 한 기업이 다른 국가의 기업에게 생산기술을 공여하거나 자신의 기술을 기반으로 하여 신제품을 개발할 수 있는 권리를 부여하는 것을 의미한다. 이러한 기술제휴와 제품개발 라이센스는 대체로 매출의 일부분을 지속적으로 로열티로 지불하게 되는데 주로 신제품개발과 생산의 위험과 비용을 절감하는 것이 주된 목적이라고 할 수 있다.

특히 기술제휴 또는 기술제휴 라이센싱(technology licensing)이 국제적인 전략적 제휴의 주요한 형태가 되는 이유 중의 하나는 교차라이센싱(cross-licensing)에서 살펴볼 수 있다. 교차라이센싱은 기업들끼리 서로 기술을 주고받는 형태이다. 예를 들어서 삼성전자는 일본의 Toshiba와 D-RAM분야에서 서로 기술을 주고받고 있다. 이와 같이 기업간에 필요한 기술을 서로 주고받음으로써 제휴관계를 맺는 것은 제휴관계 이외의 기업들에 대하여 더 높은 경쟁우위를 확보할 수 있는 좋은 방법이 된다.

3) 국제생산 제휴

국제생산 라이센스(production license)는 규모의 경제를 활용하고 유휴생산시설을 활용하기 위한 방법으로 둘 이상의 기업이 공동생산을 하는 경우를 말한다. 의류산업이나 운동화산업 등의 경우 선진국 기업들은 디자인이나 신모델개발에 전념하고 생산은 동남아시아 여러 나라 기업들이 전담하고 있다. 이러한 국제하청생산도 선진국 기업들이 기술과 디자인을 제공하고, 하청업자가 생산을 전담하여 공급하는 국제적인 전략적 제휴관계로 파악할 수 있다.

4) 국제제품 스왑

국제제품 스왑(product swap)은 판매제휴를 의미한다. 제품스왑이나 판매제휴의 유형은 타사의 생산품에 자사의 브랜드를 붙여 마치 자사의 생산품 인 것처럼 판매하는 방식이다. 주문자상표부착생산방식(original equipment manufacturing: OEM)이 대표적인 생산방식의 하나이다.

과거 미국의 Ford와 GM은 한국의 기아자동차와 대우자동차의 프라이드와 르망을 OEM방식으로 수입해 갔던 사례가 있다. 이들 차는 Ford와 GM의 상표를 붙여 수출되어졌다. 이는 자동차산업에서 다양한 제품을 만드는 데 소요되는 비용을 절감하기 위하여 일부 차종과 부품을 서로 OEM으로 공유하며 그 대신 자신이 경쟁우위를 갖고 있는 분야에 집중투자를 하는 전략적 제휴의 한 유형이다.

이상에서 살펴본 바와 같은 기능별 제휴는 기업이 수행하는 여러 활동 중에서 제한된 일부기능에서만 일어나기 때문에 많은 경우 기업들은 지분참여를 하지 않고서도 가능하다. 그러나 이런 기능별 제휴의 일부에서도 상호 유대관계를 높이기 위해서 주식을 교환하기도 한다.

실제로 많은 기업들은 주식을 서로 교환함으로써 양자간의 유대관계를 더욱 공고히 하고 있고, 따라서 이런 상호주식교환이 기능별 제휴의 성공가능성을 더욱 높일 수 있다고 믿고 있다. 예를 들어 Daimler-Chrysler는 현대자동차 주식의 15% 가량을 소유하고 있다. 이러한 지분 참여를 통하여 양 기업은 상호보완적인 핵심역량을 더욱 잘 활용할 수 있고, 제휴관계를 더욱 확대할 수 있다. 또한 이러한 지분참여는 일부 사업분야에 국한된 제휴관계를 더 넓은 제휴관계로 그 폭을 확장할 수 있는 가능성을 제시하여 주기도 한다.

3. 국제합작투자

국제합작투자는 국제기업간 한 기능이나 한 업무분야에 국한되지 않고 연구개발, 생산, 마케팅, 유통 등과 같이 여러 분야에 걸친 종합적인 협력관계가 필요할 때 이루어진다. 이때 참여기업의 지분율은 합작사업에 대한 파트너의 기여도 및 교섭능력에 따라 좌우된다.

예를 들어 합작기업에 자신의 독특한 기술을 제공하는 기업은 그 대가로 많은 지분을 요구할 수도 있다. 이와 같이 지분율은 합작투자에 양 기업이 제공할 수 있는 핵심역량을 누가 더 많이 갖고 있는가와 더불어 궁극적으로 양자간의 교섭능력에 따라서 결정이 된다. 대부분의 합작투자의 경우 투자기업들이 50대 50으로 지분참여를 하고 있으나 한 기업이 51대 49와 같이 지분을 더 많이 소유한 경우나 더 불균등하게 소유한 경우도 있을 수 있다.

50대 50의 합작투자의 맹점은 두 회사가 의견이 다를 때 양 기업의 갈등을 합리적으로 또 신속하게 해소할 수 있는 방법이 원천적으로 없다는 점이다. 이러한 문제점은 1980년부터 1992년까지 50대 50의 합작투자였던 대우자동차와 GM의 합작사업에서도 살펴볼 수 있다. 동등한 지분율을 갖고 있는 대우와 GM의 합작투자는 양사의 글로벌 경영전략의 차이로 인해 많은 의견대립이 발생하였다. 즉 GM의 입장에서는 한국내 대우자동차는 한국시장에 진출하기 위한 방편이었기 때문에 신모델의 개발과 같은 중요한 과제는 GM의 유럽 자회사인 독일의 Adam Opel사가 맡도록 하였다. 이러한 글로벌 전략상의 입장 차이나 경영방식의 차이는 자금지원이나 시장진출결정에 있어서의 의견충돌을 조정하는데 많은 걸림돌이 되었다.

〈사례〉 LGPhillips LCD 사례: 기술표준 선점을 위한 제휴

1999년 한국의 LG와 네델란드의 필립스(Philips)는 50대50 합작투자를 통해 세계적인 TFT-LCD(초박막 액정표시장치)회사를 탄생시켰다. 세계 LCD시장에서 삼성전자에 이어 2위를 달리고 있고 모니터용 LCD부문에선 세계 1위로 올라선 상태지만 모든 측면에서 1등이 되어야겠다는 야심은 조금도 시들지 않고 있다. 1등 기업 구현은 기술표준 선점을 통해 나타날 것으로 보인다. 이미 고수익이 확실시되는 15인치 모니터 LCD시장에서 기술표준을 선도하고 있는데 이어 다른 부문에서도 표준 개발에 박차를 가하고 있다. 특히 2000년부터 본격 가동하고 있는 4세대 생산라인은 상당수의 일본 및 대만의 업체들도 규격을 채택할 것으로 예상돼 표준 선점에서 유리한 위치를 확보했다.

정보통신의 디지털화가 급격하게 진행되면서 기술표준을 선점하기 위한 관련 업계의 이합집산이 활발하게 이뤄지고 있다. 아날로그시대 비디오테이프 녹화방식을 놓고 소니와 마쓰시타가 벌인 표준전쟁은 기술전략경쟁의 전범이면서 앞으로 전개될 디지털표준대전이 전자시장에 가져올 충격의 강도를 가늠케 해준다. 80년대 중반 소니는 베타방식, 마쓰시타는 VHS방식을 각각 추진했지만 시장경쟁은 불과 5년만에 마쓰시타가 독식하는 것으로 결말이 났다.

당시 마쓰시타는 필립스 등 경쟁업체들에 기술노하우를 전수하고 할리우드 영화사들과도 적극적으로 제휴하는 방식으로 동맹군을 만들어 소니(베타방식)를 포위해 고사시켜 버렸다.

표준경쟁은 기술적 우위보다 누가 전략적 동맹군을 많이 만드느냐에 달려있으며 한번의 실패는 해당기업에 돌이킬 수 없는 타격을 준다. 이런 상황에서 세계무역기구 무역상기술장벽협정(WTO/TBT)은 가맹국에 대해 불가피한 경우를 제외하고는 국제표준을 따를 것을 권고하고 있어 표준경쟁을 급진전시키고 있다.

표준을 주도하는 쪽이 챙기는 경제적인 이득은 어마어마하다. 동영상 사례를 보자. 2000년 10월 프랑스 라볼에서 열린 국제표준화기구(ISO) 멀티미디어 기술표준 국제총회에서 한국이 제안한 22개 동영상 검색저장 전송 기술이 국제표준으로 채택됐다. 이 기술은 인터넷 등에서 움직이는 영상을 보여주는 것은 물론 저장 검색 이동까지 가능케 하는 기술로 IMT2000이 상용화되는 2005년이 되면 한국 업체들은 연간 3억달러의 로열티수입을 올릴 수 있을 것으로 전망된다.

(자료: 한국경제신문 2001.02.27) LG Philips LCD 홈 페이지 : www.lgphilips-lcd.com

제4절 국제 인수·합병

1. 인수합병의 개념

합병(merger)이란 한 기업이 다른 기업을 흡수하여 한 개의 기업이 되는 것을 의미한다. 합병에는 흡수합병과 신설합병이 있다. 흡수합병이란 한 기업이 다른 기업을 완전히 흡수하는 것을 의미하고 신설합병은 통합된 두 기업이 완전히 소멸되어 제3의 새로운 기업이 탄생하는 것을 의미한다. 인수(acquisition)는 피인수기업을 그대로 존속시키면서 경영권을 행사하는 방법이다.

2. 인수·합병의 동기

1) 신속한 시장진입

다국적기업들이 해외진출시 인수합병을 선호하는 이유는 신속한 시장진입이 가능하기 때문이다. 기업이 신설투자의 형태로 외국시장에 진출하는 데는 많은 시간과 노력이 요구된다. 신설투자를 할 경우 공장부지를 확보하고 생산설비를 갖추며, 종업원들을 신규채용하고 훈련시키는 데에는 많은 시간과 노력이 필요하다. 이러한 신설투자는 기업들이 자신이 필요로 하는 종업원들을 선택하여 자신이 원하는 규모로 공장을 세울 수 있다는 이점이 있으나, 모든 것을 처음부터 스스로 해야 한다는 점에서 상당히 많은 시간과 노력을 필요로 한다. 오늘날과 같이 기업환경과 기술환경이 급변하는 상황에서 해외생산시설의 신규설립에 필요한 2-3년은 매우 긴 기간이다.

이에 반해서 인수합병의 형태로 해외시장에 진출할 경우 그 기업은 피인수기업이 갖고 있는 공장설비, 부동산, 종업원, 브랜드, 유통망 등을 일순간에 획득할 수 있다. 따라서 인수합병을 통한 시장진출은 인수와 동시에 자동적으로 이루어지는 것이다. 1997년 말 외환위기 이후 많은 외국기업들이 한국기업들을 인수하거나 합병하는 방식으로 한국 시장에 진출하였다. 특히 그 동안 한국시장 진출에 소극적이었던 유럽기업들이 적극적으로 한국기업들을 인수·합병하여 한국시장에 이미 진출해 있던 미국이나 일본계 기업들과 경쟁체제를 갖추었다.

이와 같이 기업의 인수합병은 이미 그 사업분야에서 활동하고 있는 기업을 인수하므로 피인수기업이 갖고 있는 경영자원과 핵심역량을 일거에 습득할 수 있고 시장진입에 소요되는 시간을 줄일 수 있다는 점이 가장 큰 매력이다.

2) 경영자원의 획득

해외기업의 인수합병은 경영자원의 취득을 목적으로 일어난다. 1990년대 중반 이후 한국기업들이 미국과 유럽에서 적극적인 인수합병을 벌이고 있는 주요 목적 중의 하나는 피인수기업이 가진 기술과 브랜드를 인수합병에 의해 획득하려는 것이다.

예를 들어, LG전자가 미국의 제니스(Zenith)를 인수한 것은 Zenith가 갖고 있는 디지털신호처리 및 압축기술을 습득하여 디지털 TV와 멀티미디어산업에 응용하고, 미국에서 Zenith가 갖고 있는 브랜드이미지를 획득하기 위한 것이다. 또한 현대전자가 미국 컴퓨터 하드디스크 드라이브 제작업체인 Maxter를 인수한 것과, 삼성전자가 컴퓨터회사인 AST Research를 인수한 것 역시 이들 기업이 가진 기술력과 브랜드를 획득하려는 목적에서 이루어진 것이다.

또한 기업들은 때로 해외인수·합병을 통해 규모의 경제와 범위의 경제를 실현하고자 한다. 한국에서 은행들이나 유통업체들이 합병을 통해 대규모 기업으로 변신하는 것도 구매와 물류에서의 규모의 경제를 이용하기 위한 전략이다. 또한 초과설비가 존재하는 산업에서 합병은 유휴설비를 활용하여 생산시설의 효율성을 높인다.

한국기업의 해외인수합병은 1980년대 초부터 나타나기 시작하여 1990년대에 들어 큰 폭으로 증가하고 있다. 1986년에서 1995년 사이의 한국 상장회사의 해외인수합병은 총 51건으로 한국기업들이 해외인수합병을 하는 지역은 미국, 캐나다, 일본, 독일 등 주로 선진국을 중심으로 이루어지고 있으나 최근 대우그룹은 우즈베키스탄, 폴란드, 루마니아와 같이 개발도상국가에서도 활발한 인수합병을 벌이고 있다.

한국기업들의 해외인수합병의 주요 동기는 주로 기술취득, 사업영역의 확대, 제품라인의 다양화와 같은 경영자원 취득목적의 동기가 주종을 이루고 있으며, 그 밖에도 해외시장개척, 지역적으로 영업을 다변화하기 위한 시장진입도 주요 목적으로 대두되고 있다. 한편 규모의 경제 달성과 기업성장, 원자재공급확보를 위한 목적의 해외인수합병도 여러 건 나타나고 있다.

3) 시장지배력 강화

1990년대 중반 WTO체제가 출범되고 세계단일시장이 성립된 후 세계 주요 기업들간 세계시장 쟁탈전은 더욱 치열해져가고 있다. 이에 따라 다국적기업들은 세계시장에서의 시장 지배력을 강화하기 위하여 외국의 경쟁기업을 인수·합병하는 사례가 급격히 증가하고 있다. 모든 산업분야에서 세계 시장점유율 10위안에 들어가는 거대기업들간의 공격적인 인수·합병이 매우 빈번히 일어나고 있다. 특히 금융, 보험, 통신, 자동차, 철강 등의 분야에서 거대규모의 인수·합병(mega merger)이 활발하게 일어나고 있다.

4) 신규사업 진출

인수합병은 단순히 기존사업분야에서 기술과 브랜드를 강화하는 것뿐만 아니라 새로운 사업에 진출하는 경우에도 활발하게 활용되고 있다. 이는 첨단기술 분야에서뿐만 아니라 성숙산업분야에서도 많이 이루어지고 있다. 일본의 Sony사는 1989년 미국의 Columbia Pictures와 CBS Records를 인수함으로써 연예·오락산업에 신규 진출하였다.

이렇게 신규사업진출을 목적으로 한 인수·합병은 인수·합병 후의 통합절차가 그 성패를 결정하는 주요 요인이 된다. 왜냐하면 기술이나 마케팅 능력과 같은 경영자원은 많은 경우 피인수기업에서 일하는 직원들에게 체화되어 있는 경우가 많기 때문이다. 만일 인수 후 이러한 무형의 경영자원을 가진 종업원들이 그 기업을 떠난다면, 인수기업은 원래의 목표를 달성할 수 없게 된다.

〈사례〉 세계기업들간 국경을 초월한 인수합병 붐

세계 기업들이 발빠르게 변하고 있다. 세계경기가 빠르게 하락하고 있는데 다 기업간 경쟁이 심화됨에 따라 퇴출의 위험이 그 어느 때 보다 높아지고 있기 때문이다. 생존을 위해 적과의 동침도 마다하지 않는 분위기가 확산되고 있고 핵심 생산시설을 아예 없애고 생산전문기업에 위탁하는 등 획기적인 발상의 전환이 잇따르고 있다. 이밖에 인원삭감 등 과감한 슬림화에 이어 가격파괴 등 제살 깎는 구조조정이 세계기업으로 확산되면서 세계산업, 금융분야가 급격히 재편의 회오리 속에 빠져들고 있다.

우선 M&A와 전략적 제휴(alliance)를 포함하는 기업간 짝짓기는 이제 선택 아닌 생존의 문제가 되고 있다. 이 같은 기업간 짝짓기는 구 경제·신 경제 구분 없이 업종을 가리지 않고 광범위하고 급속도로 진행되고 있다. 세계화(globalization)

의 실현에 따라 각국간 경제적 장벽이 허물어지고 이에 따라 협력 파트너의 필요성이 절실해지기 때문이다. 이를 통해 상호간 중복되는 인력이나 유통망 등을 통합 관리함으로써 비 용 절감 및 시너지 효과를 노리는 전략도 이 같은 기업간 짝짓기를 부추기고 있다.

특히 최근 들어선 M&A보다 전략적 제휴가 폭발적으로 증가하고 있다. M&A에 따른 수직적 관계설정보다는 수평적인 제휴관계 수립이 더 효율적이라는 인식이 기업인들 사이에서 빠르게 확산되고 있기 때문이다. 톰슨 파이낸셜에 따르면 2000년에 성사된 다국적 기업간 제휴 건수만도 1만 건을 훨씬 넘고 있다 .

전통산업들도 치열한 경쟁환경 속에서 살아남기 위해 업종을 다각화하거나 다른 업종끼리 전략적 짝짓기를 적극 구축하고 있다. 금융. 철강. 자동차. 조선. 유화. 제약 분야 등의 M&A 및 제휴가 활발히 진행되고 있는 것이다. 대표적인 예로 독일의 세계적 보험회사인 알리안츠의 드레스드너 은행 인수, 일본 주요 은행들의 4대 은행으로의 재편, 퍼스트유니온과 와코비 의 제휴, 철강 부문에서 일본 신일본제철과 프랑스 유지노간 전략적 제휴, 일본내 2, 3위인 가와사키와 NKK의 합병, 자동차 부문에서 포드와 도요타, 다임러크라이슬러와 현대의 제휴 등을 들 수 있다.

(자료 : 매일경제 2001.07.08)

연습문제

1. 해외직접투자의 개념과 동기에 대해 논하시오.
2. 해외직접투자의 형태와 방식에 대해 논하시오.
3. 국제라이센싱의 개념, 동기, 장단점에 대해 논하시오.
4. 국제프랜차이징의 개념과 장단점에 대해 논하시오.
5. 국제계약제조의 개념, 장단점에 대해 논하시오.
6. 전략적 제휴의 개념과 형태에 대해 논하시오.
7. 국제 인수·합병의 개념과 동기에 대해 논하시오.

제 16 장 국제마케팅 전략

국제마케팅(international marketing)은 국내마케팅과 달리 영업활동이 국경을 넘어 이루어지기 때문에 수많은 상이한 환경에 직면하게 되며 따라서 마케팅활동이 훨씬 복잡해진다. 기업은 국내외를 막론하고 기업내적 요소인 제품, 가격, 판매촉진, 유통경로 등에 대해서는 그 통제가 가능하다.

국제마케팅 믹스전략은 기업내의 통제가능요소인 제품(product), 가격(price), 유통(placing), 광고 및 촉진(promotion)의 4P를 다양한 해외목표시장 여건에 부응할 수 있도록 이를 혼합하고 조정하는 활동을 의미한다. 다음에 소개하는 LG인도법인의 경우 인도시장의 특수성에 맞는 제품을 개발하고, 고가격전략을 채택하였으며 경쟁기업과 다른 독특한 판매촉진과 유통전략을 채택하여 성공하였음을 잘 보여주고 있다.

국제마케팅 믹스전략은 이처럼 각국의 경제, 정치, 법률, 사회 및 문화적 변동요인에 적응하고 각국의 마케팅제도, 그 나라의 마케팅 발달 상황 및 소비자의 특성 등을 고려해야 한다. 이와 같이 국제마케팅은 다양하고 서로 다른 수많은 해외시장에서 전개되기 때문에 마케팅 믹스가 훨씬 복잡하고 그 구성 폭도 광범위해진다.

〈사례〉 LG의 인도시장 진출전략

2002년 7월 현재 LG는 뉴델리 인근 노이다 공단에서 가전 생산공장을 가동중이지만, 늘어나는 수요를 감당하지 못해 2003년에는 2000만 달러를 추가로 투자하여 제 2 가전 공장을 지을 계획을 가지고 있다. 또 LG는 2002년에 인도에서 2001년도보다 40%가 늘어난 7억달러의 매출을 올리고 2003년에는 10억 달러 매출을 달성해 인도 가전시장을 석권한다는 목표를 세웠다. 2002년 7월 현재 한국의 삼성과 LG 제품을 합쳐 인도 전자레인지 시장의 55%를 장악하고 있으며 에어컨은 38%, 냉장고가33%, CDMA휴대전화는 60%에 달한다.(매경 2002.7.11보도)

본 사례는 인도시장에 선진국 가전회사들보다 늦게 진입한 LG전자가 어떻게 프리미엄 브랜드로 자리를 잡을 수 있었는가를 다루고 있다. 상품을 차별화하여 프리미엄 브랜드를 만들고, 고가에 판매하여 LG제품을 취급하는 유통업체들에게 고수익을 보장해 주는 것이 인도에서의 마케팅 성공비결이라고 할 수 있었다.

1. LG의 제품차별화 전략

LG가 1997년 인도에 생산공장을 설립하여 진출할 당시 인도시장에서는 선진국 제품들간 치열한 경쟁상태에 있었다. 이러한 상황하에서 LG가 선진업체, 특히 일본업체들을 이기기 위해서는 일본상품보다 LG 제품이 더욱 우수하다는 것을 소비자들에게 느끼도록 하는 것이 차별화의 핵심전략이었다.

예컨대 일본의 SONY는 전세계적으로 똑같은 제품을 인도에서도 그대로 판매하는 범세계적 제품표준화전략을 구사하였으나, LG전자는 현지 연구개발센터에서 현지사정에 맞는 제품을 개발해 LG제품은 뭔가 다르다라는 차별화된 이미지를 구축하는데 성공하였다. LG가 인도에 출시한 제품은 최신 모델이기도 하였지만, 인도 현지의 사정을 충분히 고려하여 만든 신제품이었기 때문에 소비자들에게는 매우 매력적이고 독특한 제품으로 인식될 수 있었다. 이를 위해 LG 인도법인은 현지에 연구개발(R&D) 조직을 구축하고 세밀한 시장조사를 통해 고객의 요구를 파악한 후 고객의 수요성향에 적합한 제품을 개발하였다.

이러한 노력의 결과로 LG는 인도 진출 2년 만인 1999년에 대형 냉장고시장에서 시장의 37%, 대용량 세탁기시장의 30%, 가정용 룸에어컨 시장의 35%, 그릴형 전자레인지시장의 45%를 차지하면서 SONY와 마쓰시다 등 일본업체를 제치고 시장점유율 1위를 기록할 수 있었다. 그리고 TV의 경우에는 12%(3위)의 시장점유율을 기록하게 되었다.

2. LG의 가격전략

LG 인도법인은 LG제품의 품질에 대한 자신감을 바탕으로 인도시장에서 LG의 브랜드 이미지를 높이는 전략을 취하는 동시에, 가격전략도 고가격전략(premium pricing)을 실시하였다.LG는 일본의 SONY 제품과 동일가격 혹은 더 높은 가격을 LG제품에 책정하였다. 이러한 전략은 상당한 위험부담을 안고 있다. 그러나 제품이 소개되는 초기에 이류제품으로 소비자에게 인식되어 버리면 이후에 이를 다시 바꾸는 것이 어렵기 때문에 공격적인 고가격전략을 세우고 실행하였다.

물론, 현지의 딜러들은 LG의 이러한 가격전략을 처음에는 인정하려고 하지 않았었다. 그러나 LG는 딜러들이 가격인하를 요구하여도 초기에 세운 고가격 전략을 일관되게 유지했다. 이러한 일관된 가격정책은 이후에 딜러와 소비자들에게 신뢰감을 주었고, 얼마 후에는 LG제품이 고가제품이라는 인식이 딜러와 소비자들에게 각인되게 되었다.

3. LG의 판매촉진전략

LG의 고가격 전략이 성공하기 위해 가장 필요하였던 것은 LG의 브랜드 이미지 향상이었다. 넓은 국토를 가진 인도에서 LG제품을 소개하고 판매하기 위해서는 경쟁업체와는 다른 차별화된 판매촉진활동이 필수적이었다.

1) 언론매체를 통한 광고전략 : LG 인도법인은 신문·TV광고를 통해 '왜 SONY 제품이 LG플래트론보다 값이 싼가?', '왜 LG는 백화점 할인 행사기간에도 가격을 인하하지 않는가?'와 같은 공격적인 광고문구를 사용하여 LG제품이 SONY의 제품보다 우수함을 강조하였다.
2) 스포츠 마케팅 : 인도에서 가장 인기 있는 스포츠인 크리켓의 세계대회인 월드컵크리켓 게임이 인도에서 개최될 때 이 대회를 후원하여 브랜드 이미지를 향상시켰다. 대회가 끝난 후 여론조사를 실시한 결과 브랜드 인지도가 대회 전 30%정도였던 것이 대회 후 70%까지 증가한 것으로 나타났다.
3) 제품전시회와 판매촉진 : 인도에서는 축제기간이나 연휴기간 동안 각종 제품전시회를 개최하는데 이때에는 인도에 있는 모든 가전업체가 참가하여 제품을 홍보한다. 경쟁업체들은 제품의 판매보다는 제품의 홍보에 노력하고 있는데 그러나 LG는 전시회를 통해 홍보와 판매를 동시에 실시하였다.
4) 소규모 판촉활동(Small Size Acticity) : 국토가 넓은 인도에서는 딜러들이 인도의 전지역을 다 책임질 수가 없다. SSA는 4명이 1개의 팀을 구성하여 진열용 텐트를 들고 다니면서 딜러와의 사전합의하에 지역을 선택하여 금,

토, 일 3일 동안 외부전시를 통하여 제품을 판매하는 40개 정도의 팀이 운영되고 있었고 보통 1개의 팀이 1달에 200대 정도를 판매하였다.

5) 이동전시회 방식 : 다른 로드쇼 방식은 트럭 뒤에 컨테이너를 연결하여 컨테이너 안에 전시공간을 마련하여 제품을 전시하면서 제품을 판매하는 방식이다. 주로 농촌지역을 중심으로 가장 인기 있는 모델을 전시하고 이를 판매하는 방식이었다. 1999년 기준으로 15대가 운영되고 있고 1대가 보통 1년에 250대를 판매하였다.

이러한 LG의 다양한 촉진전략은 크게 성공을 거두어 인도에서 사업을 시작한지 26개월만에 인도인들의 90%가 LG의 브랜드를 인지하게 되었다. 더욱이 소비자들이 인지하고 있는 LG브랜드 이미지는 SONY의 브랜드 이미지와 거의 동등한 수준에 놓이게 되었다.

4. LG의 유통망관리

LG는 인도에 진출한 후 인도를 동, 서, 남, 북 4개 지역으로 분리하여 유통망을 개척하여 6개월만에 18개 지사를 설립하였고, 전국에 1,800여 개의 유통망과 85개의 서비스센터를 가지게 되었다. 한 지역에서 LG제품을 취급하는 딜러의 수는 1개로 제한하여 딜러들에 의한 가격인하를 방지하였으며 선정된 딜러에 대해서는 여러 가지 지원과 특혜를 통해 이들이 LG제품에 몰입될 수 있도록 유도하였다.LG는 딜러들에게 고마진을 보장하여 딜러들이 경쟁업체의 제품 5대를 팔아서 얻을 수 있는 이윤을 LG제품 1대를 판매하면 얻을 수 있도록 하였다. 고마진 보장은 딜러들이 소비자들에게 LG제품을 더욱 더 적극적으로 권유하는 계기를 만들었다.

또 LG는 다양한 인센티브(incentive)를 제공하였는데 우선 판매량에 따른 인센티브를 제공하고, 3개월, 6개월 단위로 목표 판매량을 설정하여 목표량을 달성한 경우 한국에 방문하여 한국과 LG에 대해 좋은 인상을 가질 수 있도록 최선을 다해 접대하였다. 이러한 것들 이외에 LG는 여러 가지 간접적인 지원을 통해 딜러들을 관리하였다. 우선 매장내부에서 제품에 붙이는 스티커나 여러 가지 장식 등을 현대적인 모습으로 바꾸어 주었고, 제품에 대한 불만이 발생하는 경우 85개의 서비스센터를 통해 24시간 이내에 수리가 가능하도록 하였다.

이러한 유통망 관리전략은 큰 성공을 거두어 각 시장별 지정 딜러는 LG의 제품을 계속적으로 판매하기 위하여 LG제품을 소비자에게 적극적으로 홍보하였고 부실채권이 발생하지 않도록 노력하였다.

〈자료 : 한국이 낳은 글로벌 기업 LG 전자, 이장로 저, 무역경영사〉에서 발췌 정리

제1절 표준화와 차별화 전략

표준화전략은 경제성과 효율성을 지니고 있으나 각국의 상이한 시장여건이 고려되지 못한다는 단점을 가지고 있고, 그 반면 차별화전략은 차별화 된 시장의 고객의 욕구는 충족시킬 수 있으나 기업전체의 일관성 있는 운영이 어렵고 비용이 많이 소요된다는 단점을 가지고 있기 때문에, 통상적으로 다국적기업은 극단적인 표준화전략이나 또는 극단적인 차별화전략을 채택하지는 않는다.

1. 표준화전략

다국적기업이 본국시장에서와 동일한 마케팅전략을 해외 모든 목표시장에 동일하게 적용하는 것을 의미한다. 마케팅전략의 표준화는 제품, 포장, 광고 등을 표준화시킴으로써 규모의 경제 및 시너지효과를 달성할 수 있으며, 통일된 마케팅전략을 여러 시장에 동일하게 이용함으로써 효율성을 증대시킬 수 있을 뿐만 아니라 기업 및 제품의 통일적 이미지를 확립할 수 있다. 또한 질서있는 마케팅계획 및 통제가 가능하며, 효과적이고 독창적인 마케팅방법을 전세계적으로 광범위하게 활용할 수 있다. 표준화전략은 시장이 점차 동질화되어가고 있는 오늘날과 같은 세계시장에서 효율적으로 활용할 수 있는 전략이다.

2. 차별화전략

앞에서 소개한 LG인도법인의 경우처럼 차별화전략은 마케팅전략을 각기 상이한 해외 개별시장의 기호와 욕구 그리고 여건에 맞추어 수립하는 것을 의미한다. 현실적으로 각기 상이한 여러 해외시장을 대상으로 마케팅활동을 전개하고 있는 다국적기업의 경우에는 각 시장의 성격이나 산업여건, 마케팅제도, 법적 규제 등이 현격히 다르기 때문에 마케팅전략의 표준화가 거의 불가능하다고 할 수 있다. 이러한 경우에는 마케팅전략을 목표시장의 제반여건에 부합하게 차별화 함으로써 마케팅전략의 기대효과를 극대화 할 수 있다.

국제마케팅전략의 표준화와 차별화는 결국 그 목적이 기업이 설정한 목표의 달성에 있는 만큼 이 두 가지 전략을 명확히 구별하여 마케팅활동을 전개하기보다는 제품 및 시장에 따라 필요한 경우 이 두 가지 전략을 적절히 배합하는 통합적인 전략을 활용하는 것이 보다 효과적이라고 할 수 있다. 즉 현지의 자회사는 현지시장의 독특한 부문만을 계획하고, 본사는 이를 전사적인 계획안에 반영시킴으로써 조화로운 마케팅전략을 수립하는 경우와 같은 것이 그것이다.

제2절 국제제품전략

국제 마케팅믹스에 있어 가장 중요한 요소가 제품전략이다. 제품전략에 의해 가격, 판매촉진, 유통전략이 결정되며, 고객 및 경쟁자도 그 기업이 제공하는 제품에 의하여 결정된다. 마케팅활동의 모든 측면이 제품전략에 커다란 영향을 받는다. 국제기업이 겪게되는 가장 큰 도전 중의 하나가 세계적 차원에서 시장의 욕구, 경쟁 및 자사의 가용자원에 가장 적합한 제품전략을 개발하는 것이다.

1. 제품의 개념과 차별화 전략

제품의 개념 : 제품이란 눈에 보이는 물리적인 실체 이상의 것이라는 점을 깨닫는 것이 중요하다. 소비자가 구입하는 제품은 물리적 실체 외에도 포장, 색채, 상표, 부착물, P/S 및 A/S 서비스, 품질보증, 할증서비스 등 일체의 것을 포함한다. 이와 같은 종합적 제품(total product)개념을 이용하여 국제기업은 물리적 실체를 바꾸지 않고서도 자사의 제품을 현지시장수요에 맞게 얼마든지 수정하거나 적응시킬 수 있다. 이러한 전략에 따라 동일한 제품을 해외 시장별로 소비자 기호에 맞게 포장, 색채, 상표, 품질보증, 할증서비스나 광고방법 등을 적응시켜 판매할 수 있는 것이다.

LG인도법인의 경우처럼 해당제품이 소비재제품인 경우 산업재 보다 현지시장의 욕구를 맞추기 위해 보다 많은 적응전략이 요구된다. 또 그 소비재 제품이 유행에 민감하거나 스타일이 중시되는 제품일 경우 현지 소비자의 기호에 맞게 차별화 되어야 할 사항이 많다.

2. 국제제품의 표준화전략과 적응화전략

제품전략에는 기본적으로 표준화전략과 적응화전략이 있다. 표준화전략은 국내에서 판매되고 있는 제품을 아무런 변경없이 그대로 국제시장에서 판매하는 전략이며, 적응화전략은 자사제품을 각기 상이한 해외 현지시장의 여건에 맞도록 변경시켜 판매하는 전략이다.

다국적기업이 어떤 전략을 선택할 것이냐 하는 것은 기업내·외적인 마케팅환경의 영향을 받게 되지만 두 가지 전략은 기본적으로 다음과 같은 특성을 가지고 있다.

1) 제품 표준화전략

규모의 경제를 달성할 수 있지만, 그것은 제품적응화 전략을 이용하는 경우의 매상고 및 이익증대와 비교되어야 한다.

2) 제품 적응화

시장에서 소비자의 호응이 더 크기 때문에 표준화된 제품보다 판매고를 더 높일 수 있다. 그러나 중요한 것은 제품적응화를 위해 추가적으로 지출된 비용을 고려할 때 과연 이것이 이익과 직결되느냐 하는 점을 고려하여야 한다. 왜냐하면 제품을 현지 소비자의 기호에 맞도록 적응시키기 위해서는 연구·개발비가 추가되고 생산규모가 축소되기 때문에 생산원가가 증대되며, 신시장개척 및 제품변경에 따른 추가비용이 발생하게 된다.

제품표준화전략과 제품적응화를 촉진시키는 요인들에는 다음과 같은 것들이 있다.

(1) 제품표준화를 촉구하는 요인

① 생산에 있어서의 규모의 경제 실현
② 제품에 대한 연구 · 개발의 경제성
③ 마케팅활동의 경제성
④ 소비자의 상표충성도
⑤ 제품생산국의 이미지
⑥ 첨단기술의 보급
⑦ 수출증대를 위한 전략적 선택

(2) 제품적응화를 촉진하는 요인

① 시장별 제품사용조건의 차이

② 시장별 소비자 욕구의 차이

③ 현지국 정부의 위생, 안전, 무역 정책

제3절 국제가격전략

국제가격전략이란 해외소비자에게 판매되는 제품의 가격을 계획하고 결정하는 일체의 조치를 의미한다. 가격은 소비자의 상품선택과 경쟁에 민감하게 작용하고 해당 기업의 경쟁력과 시장점유율 그리고 매출액 및 이익에 결정적인 역할을 한다. 가격은 제품이나 유통, 촉진과는 달리 공급 및 수요변동에 부응할 수 있도록 변경이 용이하다는 점에서 전략적 중요성을 갖는다.

1. 해외시장에서의 가격결정 방법

1) 원가중심가격결정

원가중심가격결정은 제품의 단위당 비용에 일정비율의 금액을 가산하여 가격을 결정하는 방법이다. 여기에는

(1) 이윤가산결정방법(mark-up pricing)

이윤가산결정방법은 제품의 구매원가에 일정률의 이윤을 가산하여 가격을 책정하는 방법이다.

(2) 비용가산결정방법(cost-plus pricing)

비용가산결정방법은 사전에 총원가를 정확히 산정할 수 없는 제품의 경우 사후에 확정된 원가에 일정률의 이윤을 가산하여 가격을 결정하는 방법이다.

원가중심가격결정은 가격책정이 용이하고 기업이 적정이윤을 목적으로 할 때 합리적이며, 또한 장기적으로 안정적이기 때문에 많은 다국적기업들이 채택하고 있는 방법이다. 그러나 이 방법은 국제시장에서의 수요와 경쟁을 고려하지 못하고 또 경기변

동이나 계절성, 제품수명주기상의 단계 등이 반영되지 못하는 단점을 가지고 있다.

2) 수요중심가격결정

수요중심가격결정(demand-oriented pricing)은 비용보다는 해외시장 소비자의 지각과 수요에 따라 국제가격을 결정하는 방법이다. 여기에는 지각가치가격결정방법과 차별가격결정방법이 있다. 지각가치가격결정방법은 구매자의 지각에 의해서 가격을 설정하는 방법이며 차별가격결정방법은 동일한 제품의 가격을 시장에 따라 달리하는 방법이다. 차별가격방법으로서는 고객기준, 제품형태기준, 장소기준, 시간기준 등이 있다.

3) 경쟁중심가격결정

경쟁중심가격결정(competition-oriented pricing)은 제품가격을 경쟁기업의 가격설정을 중심으로 일정비율만큼 높거나 또는 낮게 책정하는 방법이다. 여기에는 시장대응가격(going rate pricing)과 입찰가격(sealed-bid pricing)결정방법이 있다. 시장대응가격결정은 동일한 제품을 고도로 경쟁적인 시장에서 판매하고자 할 때 시장에서 이미 결정되어 있는 시가에 따르는 방법이고, 입찰가격결정은 설비와 건설공사 등과 같이 입찰을 낙찰 받으려고 하는 기업이 사용하는 방법으로서 가격을 경쟁기업보다 낮게 결정하는 것이 일반적이다.

2. 국제이전가격전략

이전가격(transfer pricing)이란 다국적기업의 계열기업간 또는 본사와 해외자회사간에 거래되는 제품 및 서비스에 적용되는 가격을 의미한다. 다국적기업은 이전가격을 이용하여 이익을 극대화하거나 또는 범세계적인 차원에서 기업의 전략적 목표를 달성할 수 있다. 이를 위해서 인위적으로 이전가격을 높게 조작하거나 또는 낮게 조작하기도 한다. 또한 다국적기업은 이전가격을 이용함으로써 관세 및 세금을 감소시키고 송금규제나 환위험 등을 피할 수 도 있다. 다국적기업이 이전가격을 결정할 때 이용할 수 있는 방법으로서는 다음과 같은 것들이 있다.

- ▶ 현지제조원가에 표준이윤을 가산하여 판매하는 방법
- ▶ 기업 내에서 가장 효율적으로 생산하는 원가에 표준이윤을 가산하여 판매하는 방법

▶ 협상가격으로 판매하는 방법

▶ 일반고객에게 판매하는 가격과 동일한 정상가격(arm's length price)으로 판매하는 방법 등이 그것이다.

어떤 방법이 가장 적합한가 하는 것은 자회사 및 시장의 특성에 따라 다르겠지만 다국적기업은 일반적으로 세율이 높거나 송금규제나 강한 국가에 대해서는 정상가격보다 높은 이전가격을 책정하고, 관세가 높거나 세율이 낮은 국가에 대해서는 이전가격을 낮게 책정하여 기업의 이익을 증대시키고 있다.

제4절 국제유통전략

1. 국제유통경로의 의의

유통경로는 제품이나 서비스가 생산자로부터 최종 소비자에게 이르기까지 거치게 되는 기업내부의 조직부서 및 외부의 도매상, 소매상 및 대리점 등의 구성을 말한다. 일반적으로 유통경로는 제품이나 서비스의 공간적, 시간적 효용을 증대시켜 보다 효과적인 마케팅 활동이 가능하게 한다. 보다 효율적인 유통경로관리에 의하여 소비자가 원하는 시간, 원하는 장소에 제품이나 서비스가 공급되도록 함으로써 소비자가 느끼는 상품의 가치를 극대화시키는 것이 국제유통전략의 목표라고 할 수 있다. 국제기업이 유통경로를 설계할 때는 우선 각국 시장의 소비자 특성, 제품특성, 각국 시장의 마케팅 구조, 경쟁의 정도, 기업자체의 특성 등을 고려하여 국제기업의 장기목표와 부합되도록 설계하여야 한다.

유통경로를 선택하는 데는 제품의 특성이나 목표시장의 특성, 기업 자체의 특성과 기업의 장·단기목표 등에 따라 달라질 수 있다. 소비재의 경우에는 자사 제품을 통신판매, 인적판매, 생산업자 직영지점 등을 통해서 판매할 수 있다. 한편 생산재의 경우에는 유통경로가 훨씬 간단하다. 즉, 자사의 판매망이나 도매상 또는 이 양자를 결합하는 다양한 유통경로개발이 가능하다.

2. 국제유통경로관리

다국적기업이 자사의 능력이나 취급제품의 특성 그리고 현지시장국의 특성을 고려하여 적절한 유통경로를 선택하면, 다음으로는 이러한 유통경로를 효율적으로 관리하고 환경변화에 맞도록 적절하게 수정보완 하는 등의 유통경로 관리가 이루어져야 한다.

해외유통기구를 효율적으로 관리하지 못하는 경우 자사의 제반 목표를 달성할 수 없으므로 해외유통업자를 직접적으로 통제하기보다는 오히려 동기를 부여하는 방법을 활용하는 것이 보다 효과적이다. 또한 국제마케팅관리자는 유통경로를 효율적으로 관리하기 위해서 중간상의 영업상태를 점검할 필요가 있으며, 유통경로가 국제기업의 제반목표를 달성하는 데 비효율적일 때에는 이를 수정하는 것이 필요하다. 유통경로를 수정하는 것은 통상 국제기업의 영업범위가 크게 확장되었거나 또는 현지유통기구가 대형화된 경우, 그리고 그것이 비효율적인 경우에 이루어지게 된다.

유통경로를 수정하고자 하는 경우에는 새로운 유통경로가 마케팅목표달성에 적합한가 그리고 경로수정에 따르는 영향을 충분히 흡수할 수 있는가 등을 살펴보는 것이 필요하며, 한번 수정된 유통경로라고 할지라도 이는 또 다시 수정될 수 있으므로 융통성을 두는 것이 좋다.

제5절 국제촉진전략

국제촉진전략이란 해외시장에서 자사제품을 널리 알리고 해당 기업에 대해 소비자들이 좋은 이미지를 가질 수 있도록 하기 위해 기업이 벌리는 일체의 행위를 말하며 광고, 홍보, 다양한 이벤트 등을 말한다.

1. 국제광고전략의 전제조건

광고가 소비자에게 정보를 전달하고 설득력 있는 소구를 수행한다는 점에 있어서는 국제광고라고 해서 국내광고와 특별히 다른 것이 없다. 하지만 국제광고는 정치, 문화, 사회, 경제 등 제반환경이 상이한 지역을 대상으로 이루어지기 때문에 광고에 있어서의 언어·회화·도형·도안·색채 등의 선택이 달라지게 된다. 광고매체에 대해 살펴보면 신문이나 잡지는 세계적으로 가장 많이 이용되는 광고매체이며 TV나 라디오는 그것이 국영이거나 그 보급률이 극히 낮은 경우에는 이용이 불가능하다.

효율적인 국제광고전략수립을 위해 기본적으로 고려해야 할 요인으로서는 현지의 광고에 대한 규제, 언어 및 문화, 소비자운동 등을 들 수 있다.

▶먼저 광고에 대한 규제는 국가마다 정도의 차이는 있지만 오늘날에는 그 규제가 하나의 세계적인 현상으로서 각국은 자국의 제반여건을 고려하여 광고시간이나 광고대상, 세금 등에 대해 규제조치를 취하고 있다.

▶ 다음은 언어에 대한 고려인데, 어떤 국가의 경우에는 너무 많은 언어가 사용되어 광고효과를 기대할 수 없는 경우가 있는가 하면, 동일한 언어나 또는 발음이 사용되는 장소에 따라서 전혀 다른 뜻을 의미하기도 한다. 또 국가에 따라서는 문화적 환경이 너무 상이해서 색채선호나 생활관습 등이 크게 다르고 서로 다른 금기사항들이 많이 존재한다.

▶ 소비자운동은 선진국일수록 더욱 활발한데 소비자들에게 상품정보를 제공하기도 하고 소비자 보호운동을 벌이기도 한다. 소비자 운동은 국제기업의 마케팅전략에 있어서 신중히 고려되어야 할 사항이다.

2. 광고메시지 및 매체선정

국제광고를 위한 의사결정에 있어서 가장 중요한 두 가지 영역이 광고메시지의 선정과 광고매체선정 문제이다.

먼저 목표시장에 적합한 소구내용을 담은 광고메시지를 개발하는 것이 무엇보다도 중요하다. 광고메시지는 목표시장, 예상 구매자, 언어 등을 고려하여 자사제품을 예상고객에게 강력히 소구할 수 있는 내용으로 개발되어야 하는데, 이 메시지에는 광고주제, 분위기, 제품의 특징에 대한 표현 등이 포함된다. 메시지는 가능한 한 짧은 것이 좋으며 시각적 표현을 가미하는 것도 바람직하다.

다음으로 광고매체의 선정에 대한 의사결정을 내려야 되는데 이용가능한 광고매체에는 여러 가지가 있으나 지역에 따라서 광고매체의 역할이 달라질 수 있다. 따라서 광고 및 촉진전략을 수립하기 위해서는 광고매체에 대한 현지의 환경, 즉 광고매체의 비용과 이용가능성, 광고매체의 특성과 효과 및 전파영역 등을 우선적으로 고찰해야 한다. 그리고 국제적인 광고매체를 선택할 것이냐 또는 현지의 지역적 광고매체를 선택할 것이냐 하는 것도 결정해야 한다.

광고매체들은 각기 서로 다른 장·단점을 가지고 있으며, 그 효과나 이용가능성도 현지의 경제적·문화적 환경에 따라 차이가 있다. 다국적기업의 경우 광고매체는 판매되는 제품에 따라서 매체를 각기 달리하거나 또는 몇 가지 매체를 병행하여 이용하는 것도 바람직하다.

3. 광고의 표준화와 현지적응화

국제광고에 있어서 광고를 세계적으로 표준화시킬 것이냐 또는 각 지역특성에 맞게 적응화시킬 것이냐 하는 것은 대단히 중요한 문제이다.

코카콜라, 펩시콜라, 코닥필름 등과 같이 범세계적인 시장을 목표로 제품을 개발하거나 또는 모든 시장에서 동시에 동일한 제품을 도입시키는 다국적기업들은 표준화된 광고전략을 더 선호하고 있다. 표준화전략을 이용하는 경우에는 비용절감, 광고의 국제성, 그리고 광고 조정능력 등의 이점이 있다.

한편, 광고의 현지적응화는 비록 인간의 본성이나 동기는 전세계적으로 다소 비슷하다 할지라도 잠재적 고객의 상이한 심리적·문화적 욕구를 충족시키는 방법은 다를 수 있기 때문에 광고 메시지나 매체가 국가마다 달라야 한다는 데서 출발하며 특정 지역의 제반환경을 고려한 광고가 그렇지 않은 광고보다 훨씬 높은 성취도를 보인다는 데에 근거를 둔 전략이다. 하지만 적응화는 많은 비용이 소요되고 현지의 제반환경을 과도하게 고려하는 경우 인간이 가지고 있는 공통분모를 너무 소홀히 하게 된다는 단점이 있다.

현실적으로 완전한 표준화나 완전한 적응화를 채택하고 있는 다국적기업은 찾아보기 힘들며 이 양자를 적절히 배합하는 광고전략을 채택하는 것이 일반적이다.

〈사례〉 현대자동차의 현지 밀착 마케팅전략

한국 자동차산업이 정체기를 맞던 95년 초, 현대자동차 신차개발팀에 "미국시장을 공략할 수 있는 새로운 차종을 만들라"는 지시가 떨어졌다. 성숙단계로 접어드는 내수시장만으로는 장기적인 성장을 기대할 수 없으니 세계 자동차시장의 주무대인 미국에서 승부를 걸어야한다는 판단에서였다. 미국시장을 공략하려면 그쪽에서 원하는 제품을 만들어 그쪽 방식으로 판매해야 한다는 취지로 '연구개발 현지화 역량 강화 프로젝트'가 출범했다. 이 프로젝트에서 탄생한 첫 작품이 2000년 출시된 이후 국내와 미국시장에서 인기를 끌고 있는 스포츠유틸리티차량(SUV)인 '싼타페'다. 세계자동차가 다 모여 경쟁을 벌이는 미국시장에 불황의 그늘이 짙은 가운데서도 명확한 목표와 치밀한 전략이 만들어낸 결과는 놀라웠다.

2000년 9월부터 수출을 개시한 싼타페는 불과 3개월만에 1만332대를 팔았고 2001년 들어서는 7월까지 모두 2만8971대의 수출실적을 올렸다. 2001년 4월까지는 월 평균 판매대수가 3000대에 머물다 7월에는 5146대로 늘어날 정도로 시간이 지날수록 현지 호응은 더욱 뜨거워지고 있다.

1. 목표와 전략은 상품기획부터 : 제품개발 초기 미국시장 공략을 위해서라면 현지에서 새롭게 각광받는 차종인 스포츠용 다목적차량(SUV : Sports Utility Vehicle)로 개발돼야한다는 결정이 내려졌다. 당시 차량개발을 담당했던 현대차상품기획 담당이사는 "당시만 해도 미국의 SUV시장은 연간 10만대 수준에 불과했다"며 "그러나 젊은층의 선호도가 높아지고 있어 차세대 시장으로는 가장 유력하다는 판단에서 싼타페의 개발이 착수됐다"고 설명했다. 특히 SUV는 당시 만해도 국내에서는 생소한 것이었으며 95년 가을 동경모터쇼에서 일본회사들이 신제품을 내놓는 정도였다. 내수판매용으로 내놓아 당장 돈을 벌어 와야하는 임무를 가진 차량이었다면 개발조차 어려웠던 상황이었다. 이 이사는 "수출용으로 차세대 시장을 공략한다는 목표가 분명히 세워졌기 때문에 집중적인 투자가 가능했고 그것이 이제 와서 수출확대에 큰 기여를 하는 결과를 가져오고 있다"고 평가했다.
2. 현지인을 위한, 현지인에 의한 제품 : 한국 자동차의 수출방식은 우선 내수용으로 내놨다가 반응이 괜찮으면 적당히 개선을 해서 수출에 나서는 방식을 답습해왔다. 디자인은 그대로 둔 채 배기량을 높이거나 현지요구에 맞춰 사양을 덧붙이는 수준이었다. 이것만으로도 현지의 교포나 하류층에는 통할 수 있었지만 주력 구매층을 뚫기는 역부족이었다. 이 같은 한계를 극복하기 위해 싼타페는 우선 디자인부터 현지에서 이뤄졌다. 싼타페의 프로젝트명인 'SM' 개발에 착수한 미국 캘리포니아 디자인 스튜디오는 혼다의 CR-V, 도요타 RAV-4, 포드 익스플로러 등 경쟁차종을 분석한 결과 과도한

비용지출 없이 좋은 스타일의 차를 탈 수 있다'는 만족감을 준다면 승산이 있다는 판단이 섰다.

이를 통해 SUV의 선발주자였던 일본차들이 밋밋한 스타일링을 가졌던 반면 싼타페는 커다란 체구의 미국인들답게 근육질의 강인한 스타일링을 갖게 됐다. 코카콜라 1.8리터 페트병도 충분히 넣을 수 있는 대형 컵홀더를 장착한 것도 현지화를 추진한 세심한 부분 중 하나다. 이전에 미국에 수출된 차들은 맥도날드 라지사이즈 음료수도 세울 수 없는 정도로 미국인들의 기호를 외면한 채 만들어졌던 것과는 대조적이다. 스타일 뿐 아니라 엔진과 섀시 등 파워트레인도 철저히 현지의 요구에 따랐다. 혼다나 도요타는 채택하지 않았던 6기통 엔진을 장착해 성능에서도 결코 뒤쳐지지 않는 차를 만들었고 승용차 섀시를 적용해 핸들링과 승차감의 만족도를 높였다.

3. 고품질, 고가격 : 현대차는 과거 엑셀처럼 미국시장에서 히트를 친 경험이 있다. 그러나 이전에는 물량 면에서 성공을 거뒀지만 품질에서는 결코 좋은 평가를 받지 못했다. 중산층 이상에서는 외면 받는 '싸구려' 차에 머물 수밖에 없었다. 현대차는 이 같은 한계를 극복하기 위해 싼타페를 현지의 경쟁차종과 당당히 경쟁할 수 있는 동급으로 만드는데 주력했다. 평균 판매가격도 2만1000달러로 포드의 이스케이프의 95% 선으로 책정됐다. 더 이상 가격경쟁력만 갖고 수출되는 차종이 아닌 품질과 성능으로 평가받는 차종으로 인정받기 시작한 것이다.

   품질에 대한 자신감은 10년 10만㎞의 보증기간을 제시하는 등 서비스에서도 충분한 경쟁력을 갖출 수 있는 바탕이 됐다. 컨슈머리포트 등 현지 유력 언론과 자동차평가기관들에서 최고수준의 품질평가를 받은 것도 고급 브랜드이미지 구축에 도움이 됐다. 이 이사는 "현지에서 요구하는 품질수준을 갖추기 위해 각종 테스트도 대부분 미국인에 의해 미국에서 이뤄질 정도로 철저히 현지화 전략을 추구했다"고 설명했다.

매일경제(2001년 08월 21일)

연습문제

1. LG의 사례와 현대자동차 사례를 중심으로 국제제품전략의 표준화 전략과 차별화 전략의 장단점에 대해 논하시오.

2. LG와 현대자동차의 고가격전략이 성공한 배경은 무엇인가?

3. 국제판매촉진전략이 성공하기 위한 전제조건은 무엇인가?

4. LG의 인도시장에서의 유통전략의 특성과 성공요인에 대해 논하시오.

5. 국제마케팅 전략의 성공요인에 대해 논하시오.

찾아보기

[국문]

ㄱ

ㅈ

ㅊ

ㅋ

ㅌ

ㅍ

ㅎ

[영문]

저자 소개

성일석 : 한남대학교 중국경제통상학과 교수

이강용 : 한남대학교 중국경제통상학과 외래교수

김홍기 : 한남대학교 경제학과 교수

이영혜 : 한남대학교 중국경제통상학과 외래교수

(제2판)

국제통상학원론

2006년 8월 30일 초 판 발행
2024년 3월 5일 제2판 2쇄 발행

저 자 · 성일석 . 이강용 . 김홍기 . 이영혜
발행자 · 오판근
발행처 · 교우사

주 소 · 서울특별시 동대문구 약령시로 8 교우빌딩 2층
전 화 · 925-2861(代), 편집부 / 925-2825, 홈쇼핑 / 969-5762
팩 스 · 925-2860

이메일 / kyowoo@kyowoo.co.kr
홈페이지 / http://www.kyowoo.co.kr
북스토어(쇼핑몰) / http://www.kyowoo.co.kr

등록번호 / 1994년 3월 24일 제6-0256호

ISBN 979-11-251-0118-5(93320)

값 27,000 원